全国高等院校精品教材

人际关系心理学

（第3版）

彭贤 马千珉 编著

清华大学出版社
北京交通大学出版社
·北京·

内 容 简 介

本书是编者多年来对从事人际关系心理学教学与培训之实践经验的概括与总结,分为基础篇、应用篇、专题篇、实践篇和活动篇五部分。其中:基础篇和应用篇涵盖了从基础知识到现实应用的人际关系的诸多方面;专题篇就两性之爱进行了耐心细致、独到深刻的剖析与引导;实践篇是萨提亚模式在人际关系中的实践与运用;活动篇则注重学生学习该课程时的深度参与,方便任课教师参考实施培训式教学,为学生在课堂上创造大量实践、感受、思考与体悟的机会。总之,本书的设计与编写力图弥补以往同类著作和课本比较理论和抽象的遗憾,希望通过该课程的教学与培训,读者首先能使自己和周遭最亲近的人受益,有意识有能力地构建一种更快乐、更和谐、更有效、更成功的人生。

本书内容全面,条理清晰,具有一定的科学性、系统性、实践性及学术性,同时,也力求哲理文采,注重文本的可读性。它不仅可供高等院校广大非心理学专业的学生作为公共选修课教材,也是心理学专业,尤其是应用心理学专业基础课的必备内容。另外,也适合社会各界同人,尤其是青年学子、家长、教育工作者、管理工作者、社会活动人士及广大心理学爱好者阅读、借鉴。

本书封面贴有清华大学出版社防伪标签,无标签者不得销售。
版权所有,侵权必究。侵权举报电话:010-62782989　13501256678　13801310933

图书在版编目(CIP)数据

人际关系心理学/彭贤,马千珉编著. —3版. —北京:北京交通大学出版社:清华大学出版社,2019.11(2024.8重印)
ISBN 978-7-5121-4097-4

Ⅰ. ①人… Ⅱ. ①彭… ②马… Ⅲ. ①人际关系学-社会心理学 Ⅳ. ①C912.11

中国版本图书馆 CIP 数据核字(2019)第 242415 号

人际关系心理学
RENJI GUANXI XINLIXUE

责任编辑:	韩　乐
出版发行:	清 华 大 学 出 版 社　邮编:100084　电话:010-62776969
	北京交通大学出版社　邮编:100044　电话:010-51686414
印 刷 者:	北京鑫海金澳胶印有限公司
经　　销:	全国新华书店
开　　本:	185 mm×260 mm　印张:17.5　字数:437千字
版 印 次:	2019年11月第3版　2024年8月第5次印刷
定　　价:	46.00元

本书如有质量问题,请向北京交通大学出版社质监组反映。对您的意见和批评,我们表示欢迎和感谢。
投诉电话:010-51686043,51686008;传真:010-62225406;E-mail:press@bjtu.edu.cn。

序

受彭贤和马千琪两位作者之邀,为他们刚刚编著的《人际关系心理学》第3版作序,我欣慰他们对专业的这份礼敬:能将自己多年所学结合实践经验,以自己理解的方式呈现给大众,这弥足珍贵。

人的世界,是关系的世界。人从出生的那一刻起,就与父母或其他养育者、亲人们开始互动。每个人的人生都在与他人的沟通、交往中展开。一个人在家里与父母、亲人的关系;在学校与老师、同学的关系;在生活中,与同伴、朋友的关系,在工作中与领导、同事的关系……这所有的人际关系都编织着我们的生活,影响我们生活的质量。人生的美好是人情的美好,人情的美好是人际关系的丰富。因此,能多学习一些人际关系心理学的理论和方法,增强人际交往能力,拥有和谐的人际关系,对于我们人生的幸福与成功非常必要。

大学生处于人生发展的重要阶段,良好的人际交往能力对于大学生在校的学习和生活,对于未来的事业成功和人生幸福都具有重要意义。《人际关系心理学》涵盖了人际关系的基础知识和人际交往现实应用的诸多方面。

本书的两位作者在高校一直担任大学生心理健康教育课程的教学,从事大学生的心理健康教育与心理咨询实务工作,他们一直努力钻研心理学的理论,积极参加心理培训,又广泛涉猎相关学科的知识。他们对大学生始终抱有一份深厚的情感,热爱学生,关心学生的心理成长。自本书前两版出版以来,他们自身在人际关系的理论上又不断扩展自己,特别是他们两位近年来系统学习了国际著名心理学家萨提亚的转化式系统心理治疗理论,并且将这一理论在教学和心理咨询中进行实际运用,取得了很好的实践效果。他们将近年来对萨提亚心理治疗中人际沟通理论的学习和应用引入到本书的第3版中,使本书更富有特色。他们在介绍萨提亚的人际沟通理论时,超越了以往一些人际沟通书中注重人际沟通技巧训练的做法,突出了萨提亚人际沟通理论的核心:由内而外的改变。该理论强调自我和谐在一致性沟通中的重要性,从原生家庭探索人们不和谐沟通行为的产生,运用身体雕塑,帮助人们体验性觉察自己的不一致沟通行为,从而达到现实生活中人际关系的改善,提高人际沟通的质量。本书第3版中萨提亚人际沟通理论和方法内容的补充,使全书的理论内容更加丰富,实践的操作方法更具体验性,灵动性,能够更好地帮助大学生们提升人际交往能力,处理好与父母之间的亲子关系;与同辈之间的同学关系、宿舍关系、恋爱关系;与老师之间师生关系,学会处理人际冲突,拥有和谐的人际关系。本书很适合高校心理教师的使用和大学生的学习。

我相信《人际关系心理学》第3版的出版,能够给教师们提供教学的参考,能更好地帮助大学生增强人际交往能力,提升大学生的综合素养。

是为序!

蔺桂瑞
2019年9月

目 录

基 础 篇

第1章 走进人际关系心理学 ... 1
1.1 人际关系心理学的概念 ... 2
1.1.1 什么是关系 ... 2
1.1.2 什么是人际关系 ... 3
1.1.3 什么是人际关系心理学 ... 5
1.2 人际关系与心理健康 ... 5
1.2.1 心理健康 ... 6
1.2.2 建立良好的人际关系对心理健康的意义 ... 8
1.3 人际关系为人的需要 ... 11
1.3.1 需要 ... 11
1.3.2 良好的人际关系是人的需要满足的条件 ... 14
1.3.3 人际关系的需求类型与倾向 ... 16
1.4 人际关系与个体成功 ... 16
1.4.1 良好的人际关系为个体的成功打下基础 ... 17
1.4.2 人际关系是人才成长的土壤 ... 19
思考题 ... 22

第2章 人际关系的形成与发展 ... 23
2.1 人际关系的心态类型 ... 23
2.1.1 交往动机 ... 23
2.1.2 人际关系的类型 ... 23
2.1.3 人际交往的基本模式 ... 24
2.2 人际关系心理学的理论基础 ... 25
2.2.1 社会交换理论 ... 25
2.2.2 社会需要理论 ... 26
2.2.3 社会实在理论 ... 26
2.2.4 互动理论 ... 26
2.3 人际关系的发展阶段 ... 26
2.3.1 觉察相识 ... 27
2.3.2 表面接触 ... 27
2.3.3 亲密互惠 ... 27
2.3.4 稳固相容 ... 27
2.4 衡量人际关系深浅的标志 ... 28

  2.5 人际关系建立的条件 ··· 29
  2.6 人际关系的瓦解 ··· 30
  思考题 ·· 31
 第3章 人际关系与人格类型 ··· 32
  3.1 人格对人际交往的影响 ·· 32
  3.2 MBTI与人际关系 ·· 34
   3.2.1 MBTI的由来 ·· 34
   3.2.2 MBTI中的术语 ··· 34
   3.2.3 不同心理类型的人格特征及其在人际关系上的特点 ····················· 35
  3.3 测一测你的心理类型 ·· 40
  3.4 关于"十六种人格因素问卷"的使用 ·· 45
   3.4.1 人类的交往因差异而丰富 ·· 45
   3.4.2 学习和使用MBTI应注意的几个问题 ·· 46
  思考题 ·· 46

应 用 篇

 第4章 人际交往原则与艺术 ··· 47
  4.1 人际交往原则 ·· 47
   4.1.1 诚信原则 ·· 47
   4.1.2 平等、尊重原则 ··· 48
   4.1.3 交换原则 ·· 49
   4.1.4 自我价值保护原则 ··· 50
   4.1.5 情境控制原则 ··· 51
   4.1.6 宽容原则 ·· 51
   4.1.7 适度原则 ·· 53
  4.2 人际交往艺术 ·· 54
   4.2.1 听和说的艺术 ··· 54
   4.2.2 给人留下良好印象的艺术 ·· 57
   4.2.3 其他技巧 ·· 59
  思考题 ·· 61
 第5章 人际魅力提升 ··· 62
  5.1 人际魅力形成规律 ··· 62
   5.1.1 外貌式吸引 ·· 62
   5.1.2 邻近式吸引 ·· 63
   5.1.3 相似式吸引 ·· 63
   5.1.4 互补式吸引 ·· 64
   5.1.5 交换式吸引 ·· 64
   5.1.6 个人品质吸引 ··· 65
   5.1.7 异性吸引 ·· 65

5.2 人际魅力提升技巧 ··············· 66
5.2.1 充分开发自身资源 ··············· 66
5.2.2 合理地接近他人,增加与人交往的机会 ··············· 67
5.2.3 管理好自己的第一印象 ··············· 67
5.2.4 人际魅力中的天时、地利、人和 ··············· 68
思考题 ··············· 69

第6章 人际冲突处理 ··············· 70
6.1 人际冲突的含义、产生和影响 ··············· 70
6.1.1 人际冲突的含义 ··············· 70
6.1.2 冲突产生的起因 ··············· 70
6.1.3 冲突造成的影响 ··············· 71
6.2 人际冲突的类型和过程 ··············· 72
6.2.1 人际冲突的类型 ··············· 72
6.2.2 人际冲突的过程 ··············· 73
6.3 人际冲突的解决 ··············· 74
6.3.1 解决人际冲突的步骤 ··············· 74
6.3.2 避免人际冲突的原则 ··············· 75
6.3.3 处理人际冲突的原则 ··············· 75
6.4 与冲突处理有关的量表 ··············· 77
6.4.1 处理冲突的倾向调查表 ··············· 77
6.4.2 平息人际冲突能力测验 ··············· 78
思考题 ··············· 79

第7章 人际障碍调适 ··············· 80
7.1 人际交往中的心理障碍及其调适 ··············· 80
7.1.1 自我中心 ··············· 80
7.1.2 自卑心理 ··············· 81
7.1.3 羞怯心理 ··············· 82
7.1.4 猜疑心理 ··············· 82
7.1.5 嫉妒心理 ··············· 83
7.1.6 孤僻心理 ··············· 85
7.1.7 逆反心理 ··············· 86
7.2 人际肿瘤防治 ··············· 87
7.2.1 刻板印象 ··············· 87
7.2.2 晕轮效应 ··············· 89
7.2.3 投射作用 ··············· 90
7.2.4 成见 ··············· 90
7.2.5 偏见 ··············· 91
7.2.6 完美主义的期待 ··············· 93
7.3 人际交往中的心理障碍分析 ··············· 93

- 7.3.1 积极地投入到人际交往中来 ··· 94
- 7.3.2 调整认知结构 ··· 94
- 7.3.3 培养良好的个性品质 ··· 94
- 7.3.4 学习交往技能 ··· 94
- 7.4 人际障碍调适 ··· 94
  - 7.4.1 改变自己的认知 ··· 94
  - 7.4.2 改变自己的行为 ··· 96
  - 7.4.3 团体训练 ··· 96
- 思考题 ··· 97

专题篇　两性关系专题

第8章　佛学与爱情：两性关系的心理地图 ··· 98
- 8.1 身体之爱：情感的亲密 ··· 99
- 8.2 头脑之爱：思想的亲密 ··· 101
- 8.3 心灵之爱：意志的亲密 ··· 102
- 8.4 全人的爱：永恒的亲密 ··· 105
- 小结 ··· 109
- 思考题 ··· 112

第9章　男人与女人：两性关系的心理分析 ··· 113
- 9.1 爱之名：亲密关系界定的理论 ··· 113
  - 9.1.1 鲁宾的爱情态度理论 ··· 113
  - 9.1.2 斯滕伯格爱情三角理论 ··· 113
  - 9.1.3 李的爱情观类型理论 ··· 114
- 9.2 爱之路：亲密关系发展的理论 ··· 115
  - 9.2.1 鲁斯布尔特的投资模式 ··· 115
  - 9.2.2 默斯坦的SVR理论 ··· 116
  - 9.2.3 人类学家海伦·费希尔的观点 ··· 117
- 9.3 爱之密：亲密关系的科学分析 ··· 117
  - 9.3.1 爱情的源头在哪里 ··· 117
  - 9.3.2 爱情的筛选标准 ··· 118
  - 9.3.3 大脑内还有爱情"生产线" ··· 118
- 9.4 爱之谜：亲密关系的心理分析 ··· 119
  - 9.4.1 爱情的情结理论 ··· 119
  - 9.4.2 爱情的依恋理论 ··· 125
- 小结 ··· 129
- 思考题 ··· 129

第10章　相爱与相处：两性关系的心理艺术 ··· 130
- 10.1 奉献宽容：修善缘 ··· 130
- 10.2 围城内外：化嫉妒 ··· 132

10.3 知己知彼：好相处 ……………………………………………………………… 136
  10.3.1 四种个性偏向 ……………………………………………………… 136
  10.3.2 16种恋爱类型 ……………………………………………………… 137
  10.3.3 四种恋爱气质 ……………………………………………………… 141
10.4 沟通欣赏：常保鲜 ……………………………………………………………… 142
  10.4.1 基于个性偏向的沟通与欣赏 ……………………………………… 143
  10.4.2 基于恋爱气质的沟通与欣赏 ……………………………………… 147
小结 ……………………………………………………………………………………… 148
思考题 …………………………………………………………………………………… 149

实 践 篇

第11章 走近萨提亚女士 走进萨提亚模式 ……………………………………… 150
11.1 维吉尼亚·萨提亚是谁？ ……………………………………………………… 150
11.2 何以称为萨提亚模式？ ………………………………………………………… 152
11.3 萨提亚模式与人际关系 ………………………………………………………… 154
  11.3.1 萨提亚模式的核心信念与人际关系 ……………………………… 155
  11.3.2 萨提亚模式的五大元素与人际关系 ……………………………… 156
  11.3.3 萨提亚模式的四大目标与人际关系 ……………………………… 162
  11.3.4 萨提亚模式的第三度诞生与人际关系 …………………………… 164
小结 ……………………………………………………………………………………… 164
思考题 …………………………………………………………………………………… 165

第12章 人际关系的核心——与自己的关系 …………………………………… 166
12.1 概述 ……………………………………………………………………………… 166
  12.1.1 核心理论概述 ……………………………………………………… 166
  12.1.2 活动的主要目的 …………………………………………………… 166
  12.1.3 内容整体设计 ……………………………………………………… 166
12.2 认知自己 ………………………………………………………………………… 167
  12.2.1 表达性自我介绍 …………………………………………………… 167
  12.2.2 与情绪一起喝咖啡 ………………………………………………… 168
  12.2.3 与观念(观点、信念)一起谈情说爱 ……………………………… 170
12.3 悦纳自己 ………………………………………………………………………… 172
  12.3.1 独特的我,丰富的自然界 ………………………………………… 172
  12.3.2 我是独特的 ………………………………………………………… 173
  12.3.3 复杂的我,完整的我 ……………………………………………… 175
12.4 完善自己 ………………………………………………………………………… 177
  12.4.1 自我关爱曼陀罗——自我环 ……………………………………… 177
  12.4.2 创造心想事成的自己 ……………………………………………… 178
小结 ……………………………………………………………………………………… 179
思考题 …………………………………………………………………………………… 180

第13章 人际关系的应用——与他人的关系 ... 181
13.1 概述 ... 181
13.1.1 核心理论概述 ... 181
13.1.2 活动主要目的 ... 181
13.1.3 内容整体设计 ... 181
13.2 洞见人际困扰的真面目 ... 182
13.2.1 真情遇见你 ... 182
13.2.2 紧抓我的信念,无法接纳你与我不同 ... 183
13.2.3 人际互动舞蹈 ... 184
13.3 健康有效的一致性沟通 ... 186
13.3.1 不健康的人际沟通长什么模样 ... 186
13.3.2 健康沟通长什么样——表达与倾听 ... 187
13.3.3 搭建彩虹桥 ... 189
13.4 使用爱的语言 ... 190
13.4.1 爱的语言 ... 190
13.4.2 亲爱的,我想对你说 ... 191
13.4.3 诗朗诵——我和你的目标 ... 192
小结 ... 193
思考题 ... 193

第14章 人际关系的源头——与原生家庭的关系 ... 194
14.1 概述 ... 194
14.1.1 核心理论概述 ... 194
14.1.2 活动主要目的 ... 194
14.1.3 内容整体设计 ... 194
14.2 家庭规条 ... 195
14.2.1 探讨我的家庭规条 ... 195
14.2.2 我是这样被捆绑的 ... 197
14.2.3 将背负放下,轻松走路 ... 198
14.3 家庭图 ... 199
14.4 家庭重塑 ... 203
14.5 重要他人的影响 ... 204
14.5.1 影响轮 ... 204
14.5.2 关于姓名的探索 ... 206
14.5.3 感恩生命中的贵人 ... 207
小结 ... 208
思考题 ... 208

活 动 篇

第15章 初次相识 ... 209
15.1 最佳拍档 ... 209

15.2　猜猜我是谁 ··· 209
　15.3　棒打薄情郎 ··· 210
　15.4　连环炮 ··· 211
　15.5　大树与松鼠 ··· 211
　15.6　开火车 ··· 212
第 16 章　建立信任 ··· 213
　16.1　信任之旅 ··· 213
　16.2　信任考验 ··· 213
　16.3　信任圈 ··· 214
第 17 章　自我探索 ··· 215
　17.1　自画像 ··· 215
　17.2　我了解自己吗？ ··· 215
　17.3　生命线 ··· 216
　17.4　目光炯炯 ··· 217
第 18 章　共同成长 ··· 218
　18.1　你的难题我来解 ··· 218
　18.2　脑力激荡 ··· 218
　18.3　秘密大会串 ··· 219
　18.4　勇于承担责任 ··· 220
　18.5　报数 ··· 220
　18.6　快乐动物园 ··· 221
第 19 章　综合一 ··· 222
　19.1　挤眉弄眼 ··· 222
　19.2　词语接龙 ··· 223
　19.3　左右护法 ··· 223
　19.4　你说我做 ··· 224
　19.5　自我成长体验——人际关系中的我 ··· 225
　19.6　20 个"我是谁" ··· 226
　19.7　这是我的花生 ··· 226
　19.8　周哈里窗 ··· 227
　19.9　暖身活动 ··· 229
　19.10　我拿鸡蛋我来说 ·· 229
　19.11　上课演示教案 ·· 230
　19.12　谁先出局 ·· 231
　19.13　价值观体验 ·· 231
　19.14　创意射飞机 ·· 232
　19.15　最舍不得的人 ·· 234
　19.16　合力吹气球 ·· 234
　19.17　捆绑过关 ·· 235

Ⅶ

19.18	七手八脚	236

第20章　综合二　237

20.1	终极密码战	237
20.2	"画"中有话	237
20.3	独木桥	238
20.4	蒙眼作画	239
20.5	冒险气球	240
20.6	我说你做	240
20.7	微笑一分钟	241
20.8	找领袖	242
20.9	突围闯关	242
20.10	飞来横祸	243
20.11	Discovery	244
20.12	我是谁？	245
20.13	优点与缺点	246

第21章　校园——恋人板块　247

21.1	水手与姑娘	247
21.2	理想伴侣	248
21.3	爱情大拷问	248
21.4	众志成城	250
21.5	瞎子背瘸子	251
21.6	你怎么看他/她？	251
21.7	你在看我吗？	252

第22章　家庭领域活动　254

22.1	Happy family	254
22.2	新居落成	255
22.3	再选你的父母	256
22.4	幸福感小测试	257
22.5	谁是你的重要他人？	257

附录A	有关面对面说服的自我分析问卷	259
附录B	人际特质问卷	260
附录C	压力核查表	261
附录D	萨提亚女士真实的成长历程	262
参考文献		263
后记		265

基 础 篇

第 1 章　走进人际关系心理学

《荀子·王制》里有这样一段话:"人,力不若牛,走不若马,而牛马为用,何也? 曰:人能群,彼不能群也。……人,生不能无群……君者,善群也。"所谓"人能群""人,生不能无群"指的是人必须通过与他人的交往才使得自己在现实社会中有生存下去并使得自己发展得更好。按照人本主义心理学家马斯洛的需要层次理论里所提及的爱和归属的需要,是指个人渴望得到家庭、团体、朋友、同事的关怀爱护理解,是对友情、信任、温暖、爱情的需要,这本身就是一种社交的需要。美国社会心理学家 W. 巴克说:"人离不开人——他要学习他们、伤害他们、帮助他们、支配他们——总之,人需要与其他人在一起。"

其实,不光是人,对于相当多的物种来说,都需要通过交往获得新技能,使得其本身所在的这个物种延续下去。有这样一个小故事。

20 世纪 30 年代,英国送奶公司送到订户门口的牛奶,既不用盖子也不封口,因此,麻雀和红襟鸟可以很容易地喝到凝固在奶瓶上层的奶油皮。后来,牛奶公司把奶瓶口用锡箔纸封起来,想防止鸟儿偷食。没想到,20 年后,英国的麻雀都学会了用嘴把奶瓶的锡箔纸啄开,继续吃它们喜爱的奶油皮。然而,同样是 20 年,红襟鸟却一直没学会这种方法,自然它们也就没有美味的奶皮可吃了。

这种现象引起了生物学家的兴趣,他们对这两种鸟儿进行研究,从解剖的结果来看,它们的生理结构没有很大区别,但为什么这两种鸟在进化上却有如此大的差别呢? 原来,这与它们的生活习性有很大的关系。麻雀是群居的鸟类,常常一起行动,当某只麻雀发现了啄破锡箔纸的方法,别的麻雀就可以通过观察学习学会。而红襟鸟则喜独居,它们以圈地为主,与同类的沟通仅止于求偶和对于侵犯者的驱逐,因此,就算有某只红襟鸟发现锡箔纸可以啄破,因为它们不是群居动物,因此其他的鸟也无法知晓。

对于物种来说,需要集体交流和行动,只有这样才可以使得其所在的物种真正地发扬光大,生生不息。而对于人类来说,更是一刻也离不开与他人的交往。从生活方式来看,"人"是群体生活的,人的社会属性是人的本质特征之一。一个人要想成功,健康良好的个性固然重要,但更重要的则是取决于人际关系的好坏。只有在人际交往中,我们才能更好地认识自己和他人,通过他人的反应、态度和评价,发现自己的长处与不足,找出自己与他人的差距,才能合理定位自己,才能扬长避短、取长补短,从而发展自己,完善自己。

人际关系心理学的研究,可以使人们明了人际关系当中的种种心理与行为发生、发展的原因、条件和背景,从而有助于人们对自己和他人的人际关系进行预测、调控和疏导,建立和谐的人际关系。这里，我们将着重探讨人际关系心理学的界定、人际关系的类型、人际关系和心理健康的关系，以期让人们对这一门学科有一个整体上的认识。

首先让我们从了解人际关系心理学的概念开始。

1.1 人际关系心理学的概念

1.1.1 什么是关系

"关系"是中国社会特有的本土现象，在英文中没有一个与"关系"完全对应的词汇。在以英文发表的社会科学文献中，"关系"常见的翻译有 personal relationship，interpersonal connection，particularistic tie，instrumental-personal ties，networks of personal connections 等。这些翻译虽然都反映了"关系"一词的一些含义，但都没有完整地揭示中国人的"关系"概念的复杂丰富的意蕴。因此，有人建议在英文文献中直接使用 guanxi 一词。现在，guanxi 已经成为一个专有名词，经常出现在英文学术文献和报刊中。若我们想追根溯源了解中国人心目中"关系"一词的含义，可以首先从"关""系"二字的字形演化说起。

"关"，从字形上来看，《汉语大字典》里列出来了"关"字自诞生以来的八种字形演化图（图1-1），现在所用的"关"字是繁体字"關"的简化。"关"字从其繁体字形上可以看出，它指的是门的一种状态，左右两扇门并在一起，实为"关门"之意。从其繁体字形上也可以很清楚地了解"关"字的本义：门闩。《说文·门部》："关，以木横持门户也。"实则指的就是门闩。所以从"关"字的字形演化可以了解，"门闩"即为"关"字的本义。后来，随着时间的推移，"关"字有了更多的含义，《汉语大字典》里列出了"关"的32种含义，这其中有一种引申义为：关系，交接。《洪武正韵·删韵》："关，联络也。"此种含义与现代我们所理解的"关系"一词的意思就很接近了。从"关"的本义也较容易推论其引申义：作为"关"本义的门闩，其功能就是连接左右两扇门，使得两扇门被联系在一起，由此很容易引出"关"的引申义：联系、联络、关系等。

"系"，其读音有两种，xì 和 jì，作为"关系"一词中的"系"，念 xì。从字形上来看，《汉语大字典》里列出来了"系"字自诞生以来的九种字形演化图（图1-2）。从图1-2"系"字的字形演化可以看出，"系"字由上下两部分构成，上面的"爪"后来演化为现在的"丿"；下面部分后来演化为"糸"（读音有两种：mì 和 sī，其本义为"细丝"）。从字形上能看出最一开始造字的时候"系"字体现出手和细丝的联系，手抓细丝，手和丝联系在一起是为"系"。从手和细丝的关系亦很容易得出"系"的本义：连属、连接。《说文·系部》段玉裁注："系者，垂统于上而承于下也。"由上述可以看出，"系"的本义和"关"的引申义"联系、联络、关系"相一致，故"关系"一词中"关"与"系"均作"联系、连接"讲。

"关系"一词，综合各类工具书中的解释，总共有如下几种含义。

① 事物之间相互作用、相互影响的状态。比如，这个电门跟那盏灯没有关系。

② 人和人或人和事物之间的某种性质的联系。比如，他们是亲戚关系。

③ 对有关事物的影响或重要性，值得注意的地方（常跟"没有、有"连用）。比如，没有关系。

④ 泛指原因、条件等。比如,由于时间关系、暂时谈到这里为止等。
⑤ 表明有某种组织关系的证件。比如,随身带上团的关系。
⑥ 动词,关联、牵涉。比如,这是关系到性命攸关的大事。

图1-1 "关"字字形演化图

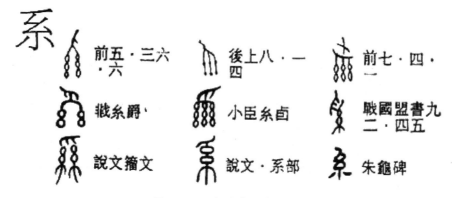

图1-2 "系"字字形演化图

很明显,上文"关系"中的第二种含义更契合"人际关系"一词中的"关系"的内涵,即:人和人或人和事物之间的某种性质的联系,在"人际关系"中,一般是指人和人之间的某种性质的联系。

1.1.2 什么是人际关系

"人际关系"作为专用名词是在20世纪初由美国人事管理协会最先提出来的。对于"人际关系"内涵的界定没有一个统一的标准,一般而言,人际关系的内涵有广义和狭义之分。从广义的角度来看,人际关系是指人与人之间的关系,包括社会中所有的人与人之间的关系,以及人与人关系的一切方面。显然,这是一个非常大而广的定义,这种定义没有揭示出人际关系的特殊性。从狭义的角度来看,人际关系是人与人之间通过交往与相互作用而形成的直接的心理关系,它反映了个人或群体满足其社会需要的心理状态,是社会关系的表现形式,由认知、情感、行为三种相互联系的成分构成。

由人际关系狭义的定义可知,人际关系是由一系列的心理成分构成的,它既有认知成分、情感成分,也有行为成分。认知成分反映个体对人际关系状况的认知和理解,是人际知觉的结果,是理性条件;情感成分是对交往的评价态度,反映了双方在情感上的满意程度和亲疏关系,是人际关系的基础;行为成分是双方人际交往的外在表现和结果,是表现个性的一切外在行为。

一般情况下,人际关系的认知、情感和行为三种心理成分要协调统一,这样才会使得个体在人际交往过程当中达到内外身心的协调统一。但是这三种成分也有可能出现不一致的情形,见表1-1。

表1-1 人际关系中的知、情、行

模式	心理成分			人际关系模式
	认知成分	情感成分	行为成分	
1	√	√	√	知情行协调一致,正向的完美的人际关系
2	×	×	×	知情行协调一致,负向的人际关系
3	√	√	×	知与情均是积极的肯定,行为消极
4	√	×	×	认知上肯定,情和行均否定
5	√	×	√	认知和行为肯定,情感否定
6	×	√	√	认知上否定,情和行肯定
7	×	×	√	知和情均否定,行为肯定
8	×	√	×	认知和行为否定,情感肯定

在表1-1中,把人际关系的知、情、行三种成分分别界定为肯定和否定两种情况,即两大类,再将这三种成分的不同态势进行排列组合,可以得出八种不同的人际关系模式。

第一类,知、情、行三种成分协调一致。这种协调一致指的是这三种成分或者同为肯定,或者同为否定,三者达到统一。三种成分同为肯定——表1-1的第1种模式,这是一种正向完美的人际关系模式,当事人会对其人际关系作肯定的认知,对交往的对象给予积极评价,在情感上愿意与对方交往,表现在行为上与交往对象互动密切。如,初坠入爱河的小女生,找到了自己心中的白马王子,正在品尝爱情的甜蜜。三种成分同为否定——表1-1的第2种模式,也可以使当事人达到一种认知、情感与行为的平衡。认知上觉得没有必要进行交往,情感上也不愿意进行交往,行为上表现为没有交往。

第二类,知、情、行三种成分表现失调。这种失衡体现在知、情、行三种成分不会同为肯定或者同为否定,而是三种成分各自肯定与否定的不同排列组合,如表1-1中的第3～8种人际关系模式。由于人际交往过程当中各种不同因素的影响,如上所说的6种人际关系模式每一种都有存在的可能,这里从中选取一二进行简单的分析。

如第3种模式,认知与情感均是肯定,而行为上表现出否定、消极、不接受。这似乎与常识相违背,为什么在认知上对于交往对象作积极评价,情感上也愿意接受,愿意交往,就是行为上不表现出来呢?大家可以想象一个极为羞涩的女孩被一个自己心仪的男孩子追,之前好多"热心人"给她灌输:女孩子不能轻易答应男孩子,否则他就拿你不当回事了。吊一下他的胃口,这样给他以阻力,他经过很大的努力才得到你后,他也会很珍惜你的。这种想法正确与否姑且不论,女孩深以为然。于是就会出现第2种人际关系模式里出现的情形。

再比如第8种模式,认知和行为均是否定,而情感上是肯定。这种模式如何理解呢?举例说明。比如,一个女研究生爱上了自己的导师,而自己的导师已有家室,且家庭和睦。对于这个女研究生而言,她自己能清楚地认识到自己和导师不可能走到一起,他们的关系仅限于师生关系,不可能更进一步,她也不想破坏导师的家庭。所以,尽管她在情感上对自己导师倾注了极大的热情,但也没有在行为上表现出来。这是表1-1中所提及的第8种模式。

其余几种模式限于篇幅,不再一一详细阐释,感兴趣的读者可以自己尝试着解读。当然,如果要深究的话,以上8种模式在真正的人际交往过程中所遇到的交往对象也会因为知、情、行这三种成分的不同排列组合而出现交往的双方对彼此人际关系的认知或一致或有偏差的情形,若要一一列举,这又是一项非常烦琐的工作,因为每一种模式理论上都有可能遇到另外其他8种模式。限于篇幅,这里也不一一阐释,只是简单列举一例,以期起到抛砖引玉的作用。比如,一些网友针对不同的QQ状态写了下面一段话:"有一种感情叫作隐身对其可见,有一种厌恶叫作在线对其隐身;有一种放弃叫作取消对其隐身可见,有一种悲剧是你隐身对其可见的人在线对你隐身……"其实,如上一段话能够很好地体现交往双方由于在知、情两种成分上的不同认知和评价而导致的行为上的区别对待。

1.1.3 什么是人际关系心理学

人际关系心理学是在人际关系心理方面的客观事实和规范的基础上,运用现代心理学的研究方法和知识探讨人际关系心理方面客观规律的心理学分支。本质上,人际关系心理学是一门社会心理学分支或应用心理学分支。人际关系心理学的研究对象从社会心理学角度考察,其主要研究的是人与人之间的各种心理现象,包括人际知觉、人际吸引、亲社会行为、人际冲突、竞争等,研究范围涉及社会生活的各个方面。其学科框架由人际关系理论和人际关系实践两部分构成,限于本书的研究旨趣,将重点放在人际关系应用和实践上,目的是通过对于这些内容的了解,帮助人们正确处理人际关系,有效调整人际关系,并不断改善人际关系。

1.2 人际关系与心理健康

佛祖释迦牟尼问他的弟子们:一滴水怎么才能不干涸?

弟子们面面相觑,谁也没答出来。释迦牟尼说:把它放到大海里去。

一滴水放到大海里才不会干涸,一个人融入社会里才会活出生命的本真。人的社会性决定了人必须生活于广泛的人际关系网中,从中获得物质需要和精神需要。人际关系的广泛性和复杂性,对人的心理健康产生了深刻而持久的影响。从心理卫生学的角度看,良好的人际关系可以满足人们的下列心理需要:

- 获得安全感;
- 满足归属感;
- 提高自尊心;
- 增强力量感;
- 获得友谊和帮助;
- 减少孤独、寂寞、空虚、恐惧、痛苦,宣泄愤怒及压抑。

因此,人际交往对于心理健康具有重要意义。然而事实还不止这么简单,人际关系与心理健康是相互促进的。人际交往对人的心理健康有重要意义,而只有心理健康的人才能建立健康的人际关系。

1.2.1 心理健康

1. 健康

在一切幸福中,人的健康胜过其他幸福,我们可以说一个健康的乞丐要比疾病缠身的国王幸福得多。

——叔本华

健康是人生最大的财富。健康并不代表一切,但失去了健康,便丧失了一切。人只有健康了,才能有效率地工作、学习和交往。那么什么是健康呢？其实,不同的社会发展水平下人们对健康的认识是不同的。在生产力发展水平低下的时期,人们主要依靠体力同自然做斗争,于是只要躯体没有疾病,有能力进行劳动,就是健康的。并且将健康与疾病对立起来,只要没有疾病就是健康。随着生产力水平的发展,特别是现代科学和医学的发展,人们逐步认识到人的整体性及人与环境的统一,人们对健康的认识已发生了实质性的变化。世界卫生组织提出21世纪人类健康的新概念:"健康不仅是没有疾病,而且包括躯体健康,心理健康,社会适应良好和道德健康。"这是对健康的全面、系统的定义,包括生理、心理、社会适应与道德的健康。其中社会适应与道德的健康就是人际关系的体现。

2. 心理健康

随着社会竞争的日益激烈,大众对心理健康的关注日益增长。什么是心理健康呢？对此的研究论述很多,但目前尚没有一个公认的定义。

有人认为心理健康就是没有心理疾病。但是日常生活中我们发现,有些人虽无心理障碍,没有精神疾病、神经官能症,但他们或者缺乏积极的生活态度,对生活感到厌倦,对别人不信任,拒绝与人交往;或者妄自尊大、人际关系失调等。这些都是心理不健康的表现。

心理健康的定义不同,衡量标准也不一致。

关于心理健康的界定,美国心理学家马斯洛(Maslow)和密特尔曼(Mittelman)提出的10条标准被心理健康研究者引为经典:

- 有充分的自我安全感;
- 能充分了解自己,并能恰当估计自己的能力;
- 生活理想切合实际;
- 不脱离现实环境;
- 能保持人格的完整与和谐;
- 善于从经验中学习;
- 能保持良好的人际关系;
- 能适度地宣泄和控制情绪;
- 在符合团体要求的前提下,能有限度地发挥个性;
- 在不违背社会规范的前提下,能适当地满足个人的基本需要。

联合国世界卫生组织(WHO)提出了人的身心健康的八大标准。即"五快""三良",如图1-3所示。

"五快"是指:

- 食得快,说明胃口好,不挑食,证明内脏功能正常;

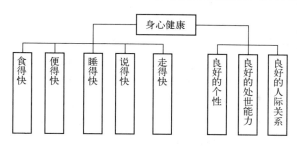

图1-3 身心健康的八大标准

- 便得快,说明排泄轻松自如,胃肠功能良好;
- 睡得快,证明中枢神经系统功能协调,内脏无病理信息干扰;
- 说得快,表明头脑清楚,思维敏捷,心脏功能正常;
- 走得快,证明精力充沛、旺盛、无衰老症状。

"三良"是指:

- 良好的个性,即性格温和,意志坚强,情绪乐观;
- 良好的处世能力,即待人接物合情入理;
- 良好的人际关系,即遇事达观,不斤斤计较,助人为乐。

在这个身心健康的标准中,"五快"与身体健康密切相关,而"三良"与心理健康密切相关。

总而言之,心理健康是指一种持续的、积极的心理状态,个体在这种状态下能更好地适应环境、发展自我。这种积极的心理状态是良好的个性、良好的处世能力、良好的人际关系及与环境保持良好适应的能力。

由这些身心健康的标准(上述"三良")可以看出,人际关系在人的心理健康中的重要性。亚里士多德曾说,能独自生活的人不是野兽就是上帝。良好的人际关系是人健康成长的基本条件,不仅能调节人们的日常生活,且有益于身心健康。日本一项进行了10年之久的研究表明:缺乏良好人际关系的人,一般健康状况常存有问题,且死亡率也比其他人高2~5倍。美国耶鲁大学病理学家利沙伯克曼和加州大学的列昂纳德·西姆研究发现,独身者、不交朋友者、少有亲戚来往者和不参加社会活动者的死亡率是其他人的2倍。临床统计发现,大约有60%的人是由于人际关系不良问题而接受心理咨询的。

人与人之间的友好交往是人的基本需要。许多精神病理学的案例说明,如果爱的需要、人际交往的需要受到阻挠或威胁,往往会成为心理失调乃至引起生理失调的重要基础,直至造成非正常死亡。随着现代社会的人际关系日趋复杂,人际关系已成为影响人们心理活动、导致心理应激的主要来源之一。一般而言,引起人们损失感、威胁感和不安全感的社会环境造成的心理刺激最易致病,不良的人际关系就是其中之一。人际关系需求不能满足,是现代社会里影响心理健康的极为重要的因素。一个人对社会环境的适应能力,很大程度上表现为人际关系的适应能力。现代社会下,人们企求一种心理的平衡、心灵的安宁,寻求情感的需求,以平衡多变、动荡、日新月异的社会环境。人与人之间的矛盾冲突远较人与自然的矛盾冲突对人的影响更深远。现代社会人际关系的错综复杂性容易使人们陷入焦虑状态,而焦虑状态既是诸多神经症的普遍症状,又是引起或加重神经症的关键性因素。发达国家的神经症患者高于发展中国家,城市高于农村,这与人际关系复杂性依次增加密切相关。人际关系失调之所以影响心身健康,是因为它使人的基本需要得不到满足,构成了一种挫折源,进而产生了不良的情绪反应。

诸如焦虑、不安、恐惧、孤独、愤怒、敌对等,而不良的情绪又会作用于生理活动,从而对人的心身健康产生不良影响。诸如神经衰弱、抑郁症、恐惧症、偏头痛、溃疡病等常与人际关系失调有关。不仅如此,由此产生的心理行为还会直接影响一个人的社会适应和活动效能。应该看到,人际关系不良会影响一个人的心理健康水平,另外,心理健康状态不佳、有心理障碍的人也往往容易引起人际关系失调。二者有时互为因果,容易导致恶性循环。

对在校的大学生来说,有无良好的人际关系,既是本身心理、社会协调的表现,又关系着其将来在工作岗位上能否妥善处理各种人际关系问题,可以说意义十分深远。

1.2.2 建立良好的人际关系对心理健康的意义

我国早期著名的医学心理学家丁瓒说过,"人类的心理适应,最主要的就是对于人际关系的适应,所以人类的心理病态,主要是由于人际关系的失调而来。"具体来说,人际关系对一个人的心理健康到底具有哪些意义呢?我们将从以下三点详细论述。

1. 良好的人际关系是心理和个性保持健康的基本条件

人本主义心理学家马斯洛认为,人人都具有这样一种基本需要:归属于一定的社会团体,得到他人的爱与尊重。这些社会性需要是与吃饭穿衣等生理需要同等重要的缺失性需要,即非得被满足不可,否则,主体将丧失安全感进而影响心理健康。社会学与人类学的研究更是肯定,群体合作具有生物保存与适应的功能。如果没有群体的合作,不仅是人类,许多生物都要灭绝。

不同的人际关系会引起不同的情绪情感体验。良好的人际关系能给我们带来良好的情绪体验。人们在心理上的距离越接近,双方就越会感到心情舒畅,情绪高扬。凭经验我们知道,如果生活在一个幸福和睦的家庭里,大家相互体贴关心,彼此信任依赖,在情感上非常融洽,大家都会感到温暖。如果家庭成员之间经常发生矛盾和冲突,意见无法沟通和协调,心理上的距离很大,缺乏相互的关心,那么大家都会产生不愉快的情绪体验,会低落、消沉,甚至会感到孤独和忧伤,进而会出现生理不适应,直接影响到身心健康。

良好的人际关系能丰富我们的社会角色。角色,在社会心理学里是指一定社会身份所要求的一般行为方式,以及理解事物的态度和价值观。角色的获得,是指站在别人的立场上,体验别人的角色,了解别人在特定交往情境中的期望与情感。通过角色获得,我们可以知道别人在特定条件下期望我们怎样行为,了解此时此地,我们怎样表现才恰当,接下来调节自己的行为,使我们的行为能达到自己的期望。

心理学家发现,通过角色获得,我们可以细致地了解别人在特定条件下对我们的感受。如果到位的话,我们甚至可以知道应该用多高的声音说话,选择怎样的姿势表达等。一般来说,一个人参加的社会活动越广泛,承担的社会角色越多,人的发展就越丰富、越全面。当我们跟师哥师姐学习交谊舞的时候,我们承担了一个学生的角色;如果我们兼职做一份家教,我们又承担了一个老师的角色;在我们伸手帮助别人的时候,我们扮演了一个助人者的角色;当我们有了烦恼的事向朋友倾诉的时候,我们又扮演了一个求助者的角色。丰富的社会角色既能帮助我们了解别人,也能帮我们认识自己。而且,当我们投入到一个新的角色中的时候,我们很快会感到生活的一种新的意义,对自我成长的一份新的要求。

良好的人际关系可以改善我们性格中的缺陷。有些人特别容易害羞,害怕在人多的场合讲话,或者是在有异性在场的时候感到神经紧张,慌乱不安,说话结巴,语无伦次等;有些人害怕与陌生人打交道，交往总是限定在一个小圈子里；有些人特别容易嫉妒别人，别人的成功意味着自己的痛苦；有些人性格孤僻，与他人保持一定的距离，独来独往，封闭自己的心灵。这些性格中的缺陷有些有其先天的基础，但更大程度上还是后天形成的。通过良好的人际关系，这些缺陷都会得到改善。由于人际交往是一种双向互动的活动，他人的期待和回应往往会成为我们做出回应的动力。比如，有个同学在上大学以前养成了性格孤僻的特点，不愿意与人交流。在初、高中阶段，大家的主要任务就是学习，很容易逃避人际交往，但大学里生活不再局限于知识的学习了，这位性格孤僻的同学就很难再做到独来独往。现在班里要集体排演一出节目，即使他不愿意参加演出，也会有同学积极地劝说，迫于别人的情面，他可能就开始了与人交流的尝试。而在与人的交流过程中，他又开始认识别人，得到别人的反馈，开始认识自己，这样性格就能得到改善。

2. 良好的人际关系能给人带来安全感与归属感

心理学家埃德·迪纳和马丁·塞利格曼进行过这样一项研究：他们以大学生为研究对象，对大学生的幸福感做调查。首先，他们要求被调查的学生列出自己感觉幸福的程度。然后，他们将自我感觉最幸福的学生和感觉一般及感觉最不幸福的学生的各个方面进行比较，结果发现：主观幸福感最高的学生共同并且独有的一点是他们有非常好的人际关系。最幸福的学生很少独处，他们和朋友、家人或恋人之间的关系非常稳固，并且花费很多时间和家人、朋友或恋人共处。他们比主观幸福感一般或较低的学生更为开朗、更为友善，也感觉到较少的压力。这样，他们对自己的生活非常满意，在生活中体验到更多的积极情绪。

基于这项研究，塞利格曼教授认为，以往关注的影响个体主观幸福感的因素，比如体育锻炼，良好的睡眠，参加宗教活动，与朋友、恋人、家人保持良好的人际关系，频繁地参加社交活动等都不是幸福和快乐的必要条件。影响个体主观幸福感最重要的因素是"我们内心最深处的归属感及与他人交流的需要"。然而，塞利格曼教授忽略了一个问题："内心最深处的归属感及与他人交流的需要"是如何产生或获得的？实际上，心理上的这种归属感和安全感是人际交往的一个结果，只有获得了良好的人际关系，我们才能获得这种心理上的安全感和归属感。

有一个大三的女学生小萍来到咨询室寻求帮助。她发现自己近来心理的恐惧很严重，一个人的时候不敢独自待在宿舍里，上自习的时候，身边如果没有认识的人，就不能安心地学习，如果强忍着坚持下去，就会出现心悸。通过与她的交流，咨询师得知事出有因。

小萍宿舍里有一个女生小栾（化名）生活习惯不好，自己的东西随处乱放，经常找不到自己想要的东西。有一次，她在宿舍里丢了十块钱（据咨询者讲，当时是不是真丢钱还不确定，她的钱经常随处乱丢，而且只是十块钱，谁都很难把自己的钱财数目记得那么清楚），而恰巧当时小萍也在场。找了一会儿没找到，小栾嘟哝了几句，说："算了，算了，幸好只是十块钱，就当花钱买个教训，以后我可得把自己的钱保管好喽！"

原本以为事情就这样过去了。大约一个星期后，在去上晚自习的路上，同宿舍另一个跟她关系不错的女生告诉小萍："你知道吗？小栾当时丢的十块钱怀疑是你偷的，我不相信你是那种人，你要不要向她澄清一下？"小萍听到此事后很气愤，但这种事情确实很难处理，弄不好越抹越黑。最后她就坚持了一个道理：身正不怕影子斜。同时，也断绝了与小栾的交往。可能也是由于这件事的打击，她在与人交往的时候变得十分谨慎，与同宿舍其他人的关系也开始变得冷淡。同时，舍友们由于发现她这个人越来越冷淡，也就知趣地不再与她多交往。后来小萍得知被小栾怀疑这件事又传到了小栾的耳朵里，小栾主动地向小萍道歉，表示自己当时只是猜测,不是故意要伤害她的。小萍回敬了她一句"破镜不能重圆",彻底与小栾断绝了交往。由于自己成绩不错,小萍相信学业上的成功可以给自己带来好心情。于是就这样坚持了一个学期,心情不但没有得到改善,由于不能集中精力学习,学业成绩也开始滑坡。小萍就在这种走投无路的情况下,来到了咨询室。

通过以上介绍可以发现,舍友小栾的为人的确有些问题——背后说人坏话,但小萍在遇到了同学的误解之后,采取了回避的解决办法,继而使自己与他人的人际交往受到影响才是问题的根源。小萍在一次受伤之后,在与其他人交往的时候采取了消极的姿态,使得自己与所有人的交往都受到了影响,从而在宿舍里找不到归属感,而其他宿舍里的人又都有固定的伙伴关系,很难接纳她的加入,于是她等于把自己孤立了起来。同时,她自己又很期望能得到别人的理解和关心,希望自己在上自习课的时候能有个朋友在身边陪着。既期望别人的理解又拒别人于心门之外,既希望能交到朋友又害怕受到伤害。在这种严重的心理冲突之下,能安下心来学习,真不是件容易的事!最后,在咨询师的建议下,她主动跟小栾进行了交流(此前,咨询师和她就交流过程进行了模拟,以保证她能以一种平和的态度来解决问题),开始以开放的心态与其他的舍友进行交往。她与小栾的关系要想重归于好可能需要时间,但只要她与其他舍友的关系能步入正轨,重新找回失去的归属感,相信不久之后问题就能圆满地解决。

3. 良好的人际关系对一些心理问题有治疗作用

人际关系不仅是人健康成长的基本条件,同时也是治疗心理障碍的一个重要资源。各种对于严重的精神障碍及危机的干预,虽然方法不同,技术各异,但有一个共同点,都需要配合以支持治疗。所谓支持治疗,其中最重要的支持是来自周围亲人与朋友的关心与理解。当你感到悲观失意、伤心抑郁时,有了亲人的安慰与关怀,你会感到精神的慰藉与支持,从而获得战胜困难的勇气;相反,如果亲人冷言冷语,也许会使你跌入失望的深渊,甚至走上轻生的道路。

国外在归因治疗领域的研究表明:患者家属的情绪表达(expressed emotion,EE)会导致患者精神分裂症的复发。这里的"情绪表达"指的是家庭的一个成员在谈论另一个成员的时候用一种敌意的、批评的方式,或这种方式显示该成员的情感过度卷入。它的发生机理是这样的:如果患者家属把患者的病因看成是患者可以控制的(即认为患者表现出的症状是由于患者自己不努力控制造成的),患者家属就会较多地使用敌意的、批评的方式与患者交流,这种不良的交往方式会导致精神分裂症患者的复发。相反,如果家属把患者的症状表现看成是一种病态的,是患者主观无法控制的,患者家属就较少使用敌意、批评的方式与患者交往,结果,精神分裂症的复发率明显减少。

正如弗洛伊德所言,人伴随分娩而产生的基本焦虑,只有依靠他人才能得到缓解,在他人的轻轻拍打、安抚下,他得到了拯救。

与人的交往可以减轻个体的焦虑。因为进入群体,当人们在一起互动和讨论时,可引入消除不协调的认知因素,如新的消息和意见,从而使焦虑大大减轻。心理学家沙赫特通过实验证实了这一点。他的实验以女大学生为被试者,将被试者分成两组。高焦虑组被告知将接受比较厉害的电击,但不会造成永久性伤害;低焦虑组被告知将接受很轻的电击,只会产生发痒或震颤的不舒服感。焦虑唤起后,休息10分钟,休息方式可选择:独处或与他人集中一起等待。实验结果为:高焦虑组选择和他人一起等待的占62.5%,而低焦虑组选择和他人一起等待的只占33.5%。实验结果说明焦虑在与人的交往中可以得到一定程度的缓解。

许多人际交往理论强调交往的功利价值,比如社会交换理论、得失论等。日常生活中,人们对人际交往重要性的理解,也多停留于这样一种实用主义的水平。多个朋友多条路,是这样一种观点的最通俗的注解。但著名的心理学家罗杰斯(C. Rogers)提出的人际关系哲学观却强调人际交往对个体成长的意义。罗杰斯是基于自己的成长经验得出这一结论的。罗杰斯出生于一个虔诚的宗教家庭,因为周围的邻居都是异教徒,所以从小罗杰斯就被父母关在家里,不让他与邻居的孩子一起游戏,罗杰斯感到非常孤独。这样一种离群索居的童年生活使罗杰斯非常渴望友谊,在别人看来非常普通的人际交往,在他看来却非常珍贵。后来,他创立了自己的人际关系理论,将人际关系的讨论上升到一种哲学的高度。他认为,人与人的交往是可能的,人们不仅可以交流思想,而且可以分享许多隐私的情感:对未来的梦想、内心的感受、隐私的冲动……人际交往不仅是可能的,而且是有益的。通过沟通,可以相互启迪、丰富彼此人生;在友谊关系中,人们相互接纳及彼此探索,可以促进个人的成长,满足其自我实现的需求。

1.3 人际关系为人的需要

美国心理学家沙赫特曾做过一个"人际剥夺"实验:他以每小时 15 美元的高薪招募应试者到他创设的一个小房间里去居住,居住的时间越长,得到的报酬越多。这个小房间完全与外界隔绝,没有报纸,没有电话,不准写信,听不到外界的声音,当然更找不到人聊天。每天只供应饮食等必需的用品。先后有 5 人应聘参加了这个实验。实验的结果是:1 个人在小房间里待了 2 小时,3 个人待了 2 天,只有 1 个人待了 8 天。这个待了 8 天的人出来以后说:"如果再让我在里面待 1 分钟,我就要疯了。"

这个实验充分地验证了作为社会性的人,离不开与别人的交往。就像吃饭、睡觉一样,人际交往也是人的一种需要,良好的人际关系是人生存和发展的基础和条件。

人际关系是人们在交往过程中建立起来的人与人之间的心理的和社会的关系。关系的好坏反映了人们在相互交往过程中物质的和精神的需要能否得到满足的心理状态,需要得到满足,就喜欢和亲近;反之,则厌恶和疏远。其实质是人与人之间的心理距离,距离越近人际关系就越亲密,距离越远人际关系就越疏远,所以人际关系具有强烈的情感色彩,这与其他社会关系层面上的政治关系、法律关系等有一定的区别。

1.3.1 需要

刚出生的婴儿不需别人教就会吃奶;春心萌动的少男少女们不用别人引导,就会自然地萌发对异性的好奇和爱慕,甚至想压抑都压抑不住。这就是需要的力量。在长期的劳动和实践中,人从动物群中分离出来,组建成形形色色的社会群体。无论是处于群体中的人还是个体的人,其活动都是由人的内在需要决定的。人类需要的产生、发展和不断满足,是实现个人与社会和谐发展的客观基础。

1. 需要的概念

心理学者朱智贤认为,需要是个体和社会的客观需求在人脑中的反映,是个人心理活动和行为的基本动力。黄希庭认为,需要是有机体内部由于生理或心理上的某种匮乏而产生的不平衡状态,它表现出有机体的生存和发展对于客观条件的依赖性,是有机体活动的积极性源泉。还有人认为,需要是人在生活中感到某种欠缺而力求获得满足的一种心理状态,是对客观事物需求的反映。但无论怎么定义,我们都可以清楚地认识到需要是一种需求,它推动人的行为的产生。人际交往是人类高级、复杂的行为,它同样是由需要推动的。交往的需要导致人际交往的产生,又在人际交往过程中发展并得以满足。

2. 需要的形成

人的需要是一个由低级的生理性需要的满足逐渐产生出高级的社会性需要的发展过程。任何生物体想生存和繁衍都会产生不同的需要,植物需要必要的阳光、空气、水分等,动物需要必要的食物、生存空间……它们的这些需要是自然而然地产生的。而人的需要则与此不同,人不仅是一个自然的人,同时还是一个社会的人,人是离不开人际关系,离不开社会活动的。人的需要有其动物性的一面,主要满足人的生理层面需求,也有人性的一面,体现人的心理层面需求,更有神性的一面,突显人作为万物之灵的精神层面的需求。

从出生到死亡,人会处于不同的发展阶段,而每一个发展阶段都有不同的需要。刚出生的婴儿,其基本需要就是生存的需要,即满足进食、睡眠等先天性的本能需要。这种需要的满足,离不开其照看者的照顾。随着生理的发展和与成人交往的增多,婴儿会产生出爱与亲密的需要及其他更多的情感需要。例如,两个月的婴儿就逐渐产生对人脸的积极情绪反应,他们喜欢看人的脸,并对其微笑。这不是生理的反映而是社会性需要开始产生了。由此看来,就连襁褓中的婴儿都开始懂得发展人际关系的重要了。稍大点的幼儿,他们会对周围环境表现出强烈的探求欲望,特别喜欢模仿并想象成人那种无所不能的生活,于是他们通过游戏来体验成人社会的需要。在游戏中,他们可以是任何人,"妈妈""医生""将军""老师"……到了学龄期,孩子们的主要任务是学习,同样,学习也离不开交往。在学校与家庭的生活中,通过与老师、同学及父母亲人的交往,他们学习书本知识,学习相关的社会知识,以成为好学生而得到学校、家庭、社会的积极肯定来满足自己爱与尊重的需要。青年期的时候需要表现更为丰富的社会内容,他们通过参加社会、集体的各种活动,以满足自己在工作、学习、友谊、爱情等方面的需要。成人期,人们更频繁地参与人际交往,保持良好的人际关系,以满足自我价值实现、追求完美人生的需要。由人的需要的发展变化可以看出,人的需要由生理性需要向社会性需要转变,并且社会性需要的比重越来越大。

3. 需要的种类

人的需要是多种多样的,分类的标准也是多种多样的,只能选择其中一二来讨论。

1) 从需要的起源来看,需要主要有自然需要和社会需要

自然需要主要指人的衣、食、住、行、性等需要,这是为了维护个体生存和繁衍而自然产生的。虽然人和动物都有自然需要,但在需要的内容、表现方式及满足需要的手段上有本质的区别。人的需要不仅可以通过自然物体得到满足,还可以通过人际交往活动过程中的社会生产得到满足。例如,对食物的需要不仅为了解除饥饿感,还有饮食文化,对食品的色香味、餐具、进餐环境、进餐礼仪等都有不同的需求。对衣物不仅有遮羞、保暖的需要,还要求穿着合体、美观、漂亮。可以说,现在普通人的各种需要都体现着社会性。

社会需要是社会生活的要求在人脑中的反映,是人在社会交往中产生的对人际关系、生产活动的需要和欲望,如交友的需要、学习的需要、受人尊重的需要等。社会需要是人所特有的,是在自然需要的基础上发展和升华出来的。

2) 从需要的指向性看,需要主要有物质需要和精神需要

物质需要是指对物质产品的占有为目的的需要。它可分为低级的物质需要和高级的物质需要。低级的物质需要是指向最基本的食物、繁殖等的需求,高级的物质需要是指向高级住宅、高档服饰等的需求。

精神需要是指人对社会精神生活及其产品的需要,如对文学艺术的需要,对爱的需要,对审美的需要。

物质需要与精神需要既有联系又有区别,精神需要的满足要建立在物质基础之上。如人对艺术品的收藏,首先要有一定的物质基础,才能实现这种收藏的愿望。物质需要不等同于精神需要,物质生活水平低同样可以有精神上的需求;反之,高水平的物质生活未必就能满足精神上的需要。

3)从需要的总体归类来看,主要有生理需要、心理需要、精神需要

(1)生理需要。主要涉及物质方面,然而生理需要中还有一种本能性需要,即逃避痛苦、追求快乐的需要(包括性的需要)。每个人都不喜欢痛苦,因为它使人难受,为了避免这种痛苦,人们就会想尽办法来躲避它。快乐则正好相反,它使人觉得释放、自由,人们都想"找快乐"。为了满足生理方面的快乐感,逃避某种程度上的痛苦,人们于是抽烟、喝酒、追求性欲的满足,甚至吸食毒品……

(2)心理需要。可分为尊重的需要、安全的需要、自主的需要及归属的需要。

① 尊重的需要。美籍华人心理治疗家张宝蕊认为,尊重就是一种"关心"和"重视"的表示。每个人都有被关心及被重视的需要,当这种需要被满足时,个体对自己的肯定与自信会增加;否则,自我怀疑、自我否定很容易产生。人与人是各不相同的,由于经历与生活环境的不同,我们彼此有不同的看法、想法及感受。尊重就是能让对方与自己不同的地方平等地"存在"。我们不一定要认可这些不同,但却可以对它们表示重视与关心;我们不一定要接纳它们,但却无须"打压""否定"它们——这就是尊重。在尊重的情况下,人们不用担心自己的言行怪异,不用害怕别人的批评,不用压抑自己独特的意见会招来异样的眼光,人们才是真正的"自己"。

② 安全的需要。安全是人毕生所追求的一种感觉。母亲对孩子为何总是具有吸引力呢?当孩子在蹒跚学步、开始探索这个陌生世界时,他常常走出两步就要回头看看母亲,为什么?当孩子长大离家之后,受到挫折时,人们第一个想到的往往是家和母亲,为什么?从本质上来说,这是因为母亲给我们的是一种安全感。

③ 自主的需要。我们经常会看到这样的现象,一个刚开始学吃饭的孩子,同样的饭,母亲喂他的时候他不吃,如果让他自己来,即使弄得一塌糊涂,也兴趣盎然。一个孩子自主性的成长,从他/她在不同年龄段最常用的口头语中就可以略窥一斑:幼儿园的小朋友经常说"我妈/爸说……";小学生经常说"我们老师说……";初中生经常说"我们同学说……";高中和大学生则越来越多地使用:"我觉得……""我认为……""我喜欢……""我选择……""我决定……"。这些充分反映了人对自主性的需求。

④ 归属的需要。一个新组合的班级,其凝聚力总是比不上一个旧班级。班里的每个成员都会觉得这个新班级不如原来的班级好。实际上,真的是原来的班级更好吗?真实原因可能是这些新成员在这个新班级里找不到归属感。归属感左右了班级成员对一个班集体的评价。

(3)精神需要。此处的精神需要与上面所讲的与物质需要相对的精神需要不完全一致。简单地说,精神需要是指一个人"心灵"的需要,它主要是走出狭隘的"小我"而进入"超越个

人"的层次。举例来讲,"生命诚可贵,爱情价更高,若为自由故,二者皆可抛"讲的就是人的一种精神需求,比如,对自由、对真理、对全人类的福旨的追求,是最高层面的人类需求,反映了人类最诚挚的对于自身生命存在的价值和意义的追寻。从这些需要的分类可以看出,越是高级的需要,越是与人际关系息息相关。

1.3.2 良好的人际关系是人的需要满足的条件

1. 良好的人际关系是人的本能需要

人类的祖先——古猿的自我保护能力很差,它们没有锐利的牙齿和爪子来充当自卫的武器,奔跑的速度也不如其他动物,正可谓"无爪牙之利,无筋骨之强",因此,我们的祖先要生存、保护自己、繁衍后代,就必须群体活动,依靠集体的力量来抵御敌害与灾难。经过长期的进化,我们的祖先形成了一种集群的习性,并通过种族繁衍传留给后代,因此人天生就有与别人共处、与别人交往、与别人保持良好关系的需要。也只有与群体中的其他人保持良好的关系,人才能真正具有安全感。

2. 良好的人际关系是心理健康的需要

人具有社会性,交往是人类社会的本质特征。我们的成长、幸福、快乐,都是与他人的交往和关系相联系的;我们的烦恼、痛苦、怨恨,同样与别人的交往和关系密不可分。大量的研究和人们的生活实践都已证明,对任何人来说,正常的人际交往和良好的人际关系是心理正常发展和生活幸福感的必要前提。

心理学家发现,在人为的孤立环境下成长的猴子会形成许多心理缺陷,它们性格孤僻,胆小。对这种状况最有效的治疗手段就是让它们与正常的同龄猴子一块玩耍,过不了多久,这些问题猴子就会变得正常起来。

动物如此,何况人类。成长中的儿童如果缺少与成人的正常交往及由此建立起来的亲密关系,不仅个性发展会出问题,而且智力发展也将明显滞后。例如,孤儿院中成长的孩子,由于不能像普通家庭中的孩子那样受到照看者的充分关注,缺乏与照看者形成稳定的亲密关系,导致多数孩子性格存在缺陷,社会化程度落后于其他同龄人,并且智力发展水平也低于同龄一般儿童。但当他们被普通家庭领养后,其人际关系会发生根本变化,自身的许多交往需要也会得到满足,其智力发展速度很快赶上普通儿童,且性格逐渐得到完善。

人际关系的状况还直接影响到人的心理状态和性格养成。如果一个人长期缺乏与别人的积极交往,缺乏稳定良好的人际关系,则此人往往有明显的性格缺陷。在临床实践中也发现,绝大多数青少年的心理问题,都是与缺乏正常的交往和良好人际关系相联系的。在友好、合作、氛围融洽的宿舍中,多数大学生由于有良好的同伴交往,即使远离家乡亲人,也往往表现出欢乐、注重成就和学习、乐于帮助别人等特点,对大学生活感到满意。相反,在同伴关系不融洽的宿舍中的大学生,往往表现为压抑、敏感、自我防御性强,生活满意度低等特点。

3. 良好的人际关系是社会生活的需要

个体心理学的创始人阿德勒认为,每个人的生活都有三个最重要的内容:职业选择、爱情婚姻、参与社会活动。这三个重要内容都离不开与人的交往。每个人都具有与别人和谐相处的需要,这叫"社会兴趣"。个体能否正确完满地解决这些问题,反映了他的社会兴趣是否得到了充分的发展,也表现了他对生活的意义是否具有最深切的感受。一个人如果有美满的爱情生活,也非常热爱自己的职位,有可观的成就,在社会生活中有良好的人际关系,就可以说,这个人有丰富的社会兴趣。相反,如果一个人婚姻不美满,工作不如意,在社会上又没有什么朋友,难以和别人交流,那么这个人就一定是缺乏社会兴趣的,他生活的意义就是有缺失的。阿德勒说"所有失败者——神经症、精神病、罪犯、酗酒者、娼妓——之所以失败,就是因为他们缺乏从属感和社会兴趣。"在阿德勒看来,要想使失败者恢复有意义的生活,就要发展他们的社会兴趣。人际关系的重要性由此可见一斑!

人的需要的满足离不开人际交往,人际交往是人的需要满足的途径。作为社会生活中的人,其活动的目的无非是确立自身价值感和满足安全感。为了使自己的人生具有价值,获得明确的自我价值感,人需要通过别人来了解自己,需要爱和被爱,需要获得归属感,需要助人和得到别人的帮助,以使自己有机会显示自己的优势和专长……所有这些,都需要同别人进行交往,需要同别人建立并保持一定的关系。自我保存是人最根本的原发性需要,是人生存的第一生活法则。这种自我保存的需要就是安全的需要。当人们面临危险情境而感到恐惧时,与别人在一起可以直接而有效地减少人们的恐惧感,使人感到安宁。但当独自面对危险情境时,人会备感孤独,应付危险情境的勇气与信心大大降低。沙赫特曾用实验的方法激起人们的恐惧感,考察人们的交往倾向。实验发现,与对照组相比,安全感受到威胁的被试者,更需要与别人在一起、需要交往的倾向明显增加。他们宁愿放弃实验提供的独自一人享受的条件,也要同别人在一起。这是因为与别人在一起或与别人交往,可成为一种有效的安全线索。

然而,现实生活中有很多人认识不到良好的人际关系是一种需要。有位刚上大二的女学生,大一一年的生活都过得非常不如意,为了摆脱这种局面,来向咨询师求助。她说由于上大学之前没有住过校,来到大学这个陌生的环境后,不知道怎么与周围人,特别是同宿舍的人交往,与舍友的关系搞得非常不好。她发现舍友们都很自私,做事的时候只顾自己,她则时常感到受伤害;她觉得舍友两人或三人一伙,"拉帮结派",自己则经常感到受冷落。面对这种局面,她的解决办法就是不经常回宿舍,一个人在自习室里学习。用她的话说,惹不起我还躲不起吗? 在她看来,躲避这个令她不悦的环境,拒绝与舍友进行交往,就不会因为人际关系再生烦恼了。但事与愿违,她发现原本就很紧张的关系搞得更紧张了,甚至出现了宿舍里的几个人联合起来孤立她的可怕局面。她再也承受不了这些压力,于是向心理咨询师来求助。心理咨询师问她除了躲避,还采取过哪些试图改善与舍友关系的做法,她很干脆地回答:我不求与她们搞好关系,只要她们别针对我就行了。求助者的回答表现出她还没有认识到与人交往是自身的一种需要。

这种消极、被动的人际交往模式是在大学生交往中常见的一个现象。要改变这种不良的交往模式,首先要改变认识,认识到与人交往是此生回避不了的事实,从而产生与人交往的动机。

通过建立良好的人际关系,人的个体发展的需要也能得到满足。在人际交往的过程中,个人的心理得以形成和发展。从来到这个世界上起,每一个个体不仅需要食物和衣物,也需要得到别人的爱抚、关怀和帮助。社会群体中人与人之间的交往,会形成一种相互理解、信任、友爱和关心的心理气氛。在这种气氛中,个体的心理会得到健康、合理的发展。一个人只有在与他人的交往中,才能形成生活所需要的勇气、乐趣、情感。在当前的高度信息化的社会中,人际关系不是变得轻淡了,而是变得更加重要了。我们日益离不开手机,是因为我们需要更加快捷地与人交往;网络生活变得越来越重要,是因为它提供给我们更便捷的交往模式,满足了我们之间特殊的交往需要。在今天,只有更加重视人际交往,形成良好的人际关系,才能充分利用人类社会提供给我们的一切优秀成果,才能使自己得到全面的发展。

1.3.3 人际关系的需求类型与倾向

每个人都需要与别人交往,人际关系是一种需要,但不同的人对人际关系有不同的心理需求。这些需求可分为以下三类。

1. 包容的需求

包容的需求是指希望与别人来往、结交,想与他人建立并维持和谐关系的欲望。基于这种动机而产生的行为特征为:交往、沟通、参与、亲和等。与此相反的是孤立、退缩、排斥、疏远等行为。

2. 支配的需求

支配的需求是指在权力基础上建立并维持良好关系的欲望。其行为特征表现为,运用权力、权威,去超越、控制、支配与领导他人。与此相反的是,抗拒权威,忽视秩序,受人支配,追随他人等行为。

3. 感情的需求

感情的需求是指在感情上希望与他人建立并维持良好关系的欲望。其行为特征表现为喜爱、亲密、同情、热情等。与此相反的是憎恨、厌恶、冷淡等行为。

心理学家修兹(Schuts)根据上述三种人际关系需求,把行为反应划分为主动地表现和被动地期待两种,从而划分出以下六种基本人际关系倾向:

- 主动与人交往;
- 期待他人接纳自己;
- 支配他人;
- 期待他人引导自己的感情;
- 对人表示亲密;
- 期待他人对自己亲密。

修兹认为,一个包容动机很强的行为主动者,即"主动与人交往"型,一定是个外向、喜欢与人交往、积极参加社会活动的人。如果他的感情动机也很强,即"对人表示亲密"型,则不但喜欢与人相处,同时也关心爱护别人,必受人爱戴、赞美,适应良好。

此外,心理学家霍尼(Horney)依个人与他人的关系,将人际关系的需求分为以下三种类型。

① 逊顺型。其特征是"朝向他人",无论遇到谁都倾向于意识到"他喜欢我吗?"
② 进攻型。其特征是"对抗他人",这类人总想窥探对方力量的大小,或他人对自己的用处如何。
③ 分离型。其特征是"疏离他人",这类人常想躲避他人的影响和干扰。

1.4 人际关系与个体成功

哈佛大学心理学教授威廉·詹姆斯对大学生进行研究后,得出一个结论:一个大学生一生所发挥出的能量,仅仅是他可能发挥的能量的 10% 到 15%。换句话说,也就是还有 85% 到 90% 的潜在能量应该发挥而没有发挥的时候,人的一生就画上句号结束了。如果这个研究结论确凿的话,人才的浪费成了最大的浪费。而为什么会出现这种人才浪费的现象?人际关系是其中一个很重要的因素。美国卡耐基工业大学对 1 000 人的个案记录进行分析,结果发现:"智慧"、"专门技术"和"经验"只占成功因素的 15%,其余 85% 均取决于良好的人际关系。人际关系在个体的成功中真占有那么重要的作用吗?通过本章内容的学习,你会发现,个体的成功真的离不开良好的人际关系。在新的历史条件下,如何让大学生更快地适应社会,在大学阶段培养、提高其处理人际关系的能力是非常重要的。

1.4.1　良好的人际关系为个体的成功打下基础

1. 人际关系是心理发展的土壤

人的发展是从自然人到社会人转化的过程,在这个过程中与人的交往让我们真正成为人。

大家可能听过"狼孩"的故事。那还是 1920 年,在印度加尔各答东北的一个名叫米德纳波尔的小城,人们常见到一种"神秘的生物"出没于附近森林,往往是一到晚上,就有两个用四肢走路的"像人的怪物"尾随在三只大狼后面。后来,人们打死了大狼,在狼窝里发现这两个"怪物",原来是两个裸体的女孩。其中,大的约 7 岁,小的约 2 岁。这两个小女孩被送到米德纳波尔的孤儿院去抚养,还给她们取了名字,大的叫卡玛拉,小的叫阿玛拉。然而,还没到第二年阿玛拉死了,而卡玛拉也在 1929 年死去。

这就是曾经轰动一时的"狼孩"的故事。

像印度"狼孩"这种野兽抚育人类幼童的事例绝不止一件。1875 年时,著名的瑞典生物学家林耐所著的生物分类著作中,就记载了关于野兽抚育孩子的事例。

1344 年,在德国黑森发现了被狼哺育长大的小孩;1661 年在立陶宛发现了与熊一起长大的小孩;以及 1672 年在伊朗发现了为绵羊所哺育的小孩。据传,我国古籍中也记载过有关"狼孩"的事例。

至 20 世纪 50 年代末,科学上已知有 30 个小孩是在野地里长大的,其中 20 个孩子为猛兽所抚育:5 个是熊、1 个是豹、14 个是狼哺育的,其中最著名的即本文开头讲的印度"狼孩"。

印度"狼孩"刚被发现时用四肢行走,慢走时膝盖和手着地,快跑时则手掌、脚掌同时着地。她们总是喜欢单独活动,白天躲藏起来,夜间潜行。怕火和光,也怕水,不让人们替她们洗澡。不吃素食而要吃肉,吃时不用手拿,而是放在地上用牙齿撕开吃。每天午夜到清晨三点钟,她们像狼似地引颈长嚎。她们没有感情,只知道饥时觅食,饱则休息,很长时间内对别人没有兴趣。不过她们很快学会了向科学家的妻子去要食物和水,如同家犬一样。只是在一年之后,当阿玛拉死的时候,人们看到卡玛拉"流了眼泪,两眼各流出一滴泪"。

据研究,7 岁的卡玛拉刚被发现时,她只懂得一般 6 个月婴儿所懂得的事,花了很大气力都不能使她很快地适应人类的生活方式,两年后才会直立,6 年后才艰难地学会独立行走,但快跑时还得四肢并用,直到死也未能真正学会讲话:4 年内只学会 6 个词,听懂几句简单的话,7 年时才学会 45 个词,并勉强地说几句话。在最后的 3 年中,卡玛拉终于学会在晚上睡觉,她也不怕黑暗了。不幸的是就在她开始朝人的生活习性迈进时,她死去了。研究者估计,卡玛拉死时已 16 岁左右,但她的智力只相当于三四岁的孩子。

如果说这些"兽孩"没有发展出正常人的能力是因为他们从小就与人类隔绝,那么成年人是否能脱离与人的交往呢？在日军侵华战争期间，中国山东的农民刘连仁被日本侵略者抓到北海道做苦工，因为不堪忍受欺辱而逃到北海道的深山老林里。一个人过了13年的穴居野人生活，1958年当他被发现的时候，已丧失了说话能力。

由此我们看出，不管是幼儿还是成年人，都不能缺少与人的交往。每个人都是在与人的交往中发展起来的，人的各种能力也是在与交往的过程中形成的。可以说是人际交往让一个"自然人"演变成了一个"社会人"。

2. 人际关系是心理健康的源泉

还记得前面讲到的沙赫特"人际剥夺"实验吗？美国心理学家沙赫特以每小时15美元的高薪招募被试者到他创设的一个小房间里去居住。这个小房间完全与外界隔绝，没有报纸，没有电话，不准写信，当然更找不到人聊天，每天只供应必需的饮食等生活用品。先后有5人应聘参加了这个实验。实验的结果是：1个人在小房间里待了2小时，3个人待了2天，只有1个人待了8天。这个待了8天的人出来以后说："如果再让我在里面待1分钟，我就要疯了。"

据参与实验的被试者报告，在实验的最初阶段，被试者会以睡觉、思考问题的方式来打发时间，但过不了多长时间就开始感觉到恐怖。再接下来是一段平静的时期，被试者开始表现出对这个"剥夺"环境的适应。短暂的平静期过后被试者会感觉到精神崩溃，极力想逃避这种"剥夺"环境。

北京大学许又新教授自1996年以来，一直在大学生的心理健康教育课上对大学生的人际关系方面的心理状况进行调查。调查结果发现，约有80%以上的学生在人际交往方面存在心理上的困扰，有的班级甚至高达95%。这一数据甚至超过了大学生在学习方面的心理压力。据北京青少年心理咨询中心不完全统计，在学生咨询的问题中，有50%以上涉及人际交往问题。而《中学生科学报》编辑邓子每天都要收到学生的来信，"学生最关心的还是人际交往问题，最多的时候一天15封学生来信中有13封是咨询这方面的难题和困惑的。"

精神分析理论认为，人伴随分娩会产生基本焦虑，这种基本焦虑只有在与他人的关系中才能得到缓解。新精神分析学家霍尼认为，神经症是人际关系紊乱的表现。国内也有大量的研究发现，人际关系与个体的心理健康水平、主观幸福感、社会支持等方面有正向的影响。从心理健康的角度来讲，良好的人际关系能满足个体安全、归属和自尊的需要，能增强个体的力量感，同时还能使个体获得友谊和社会支持。良好的人际关系能减少空虚、孤独、寂寞、恐惧、痛苦等负面情绪，可以宣泄愤怒和压抑。没有健康的心理状态，一个人是很难在当今社会取得成就的；而如果没有良好的人际关系，一个人很难获得健康的心理状态。

3. 人际交往是了解自己的一个重要途径

"人贵有自知之明"，"知人者智，自知者明"——这些传统文化中的智慧一再告诉我们"自知"对于一个人来说是多么重要。那么，我们应该怎样在现代心理学体系下理解"自知"呢？笔者认为它类似于现代心理学体系下的"自我知觉"。自我知觉也叫自我认识，是指个体对自己的觉知，个体能够感觉到自己此时此地的身心状态。自我认识也包括正确地认识自己的需要、兴趣、能力、个性、行为及心理状态。

自我包含三个层面的意思：一是身体自我，即自己的身体特征、体态仪表、家庭结构、实物占有等方面；二是社会自我，即自己在社会上的名誉、地位、亲友、财产拥有等状况；三是精神自我,即自己的智慧、才识、能力、道德等状况。自我认知是人际交往的基础,一个人如果不了解自己,就会产生不正确的认知和行动。把自己看得过高会产生自傲心理,把自己看得过低会产生自卑心理;太过自信会变得自我中心,太不自信会变得羞怯。只有恰当地估计自己的能力和特点才能从容自如地与别人交往,而恰当地估计自己的能力和特点的前提就是在与他人交往的过程中不断地发现自己,认识自己,最终完善自己。

根据心理学家库利提出的"镜像自我"理论,我们的自我概念是对他人判断的反映,我们觉得自己好或者坏,依赖于别人对我们判断的设想。最简单的例子就是我们在做重大决定的时候,会先向身边重要的人请教,以此来保证自我与周围人的判断一致。如果我们买了一件新衣服,我们会争取周围人的评价,即使嘴上不说,我们内心里也是期待他人的评价。他人对我们重要决定的意见往往是针对社会自我或精神自我的,他人对我们新买来的衣服的赞美往往是针对我们自身的。他人肯定我们,我们会觉得很高兴,我们知道自己正在朝着好的方向发展;他人否定我们,我们会很失落,因为我们知道有些地方需要改进。自我知觉就是在这个或者肯定或者否定的过程中慢慢发展而来的。

通过人际交往我们做到知己知彼,在人生的道路上我们就能做到百战不殆。

1.4.2 人际关系是人才成长的土壤

荀子说:"人力不若牛,走不若马,而牛马为用,何也?曰:人能群,彼不能群也。"在自然界里,再没有一种生物像人类一样,需要如此漫长的完全依靠照顾的幼儿期,但同时,自然界里也再没有一种生物像人类一样发展了如此高的智慧。正是在这种"群"里,无爪牙之利,无筋骨之强的人类才在自然界成为最强大的群体。

1. 人际关系是一种智力

随着心理学家对人类智力研究的不断深入,智力理论较以前有了较大的发展。而现代智力理论中较有代表性的是加德纳的多元智力理论。加德纳在其智力理论中明确区分出七种智力,包括语言智力、音乐智力、逻辑智力、空间智力、身体活动智力、人际关系智力、内省智力。这些智力成分是相互独立的,受不同的脑部神经调节。

加德纳这样定义人际关系智力:能够认知他人的情绪、性情、动机、欲望等,并能做出适度的反应。

除此之外,联合国21世纪智能开发小组,对21世纪的人才进行研究得出结论,21世纪的人才应该同时具备五种智商,智商在英文里面是用Q来代替,也就是5个Q:第一,基本智商IQ,这等同于我们传统意义上的智商;第二,成就智商AQ,也就是创新、民主、进步的灵魂;第三,道德智商MQ,德行,内容包括体贴、尊重、容忍、宽恕、诚实、合作、负责、勇敢、平和、忠心、礼貌、独立、幽默等各种美德,因此,亦称为美德智商;第四,情感智商EQ,良好的人际关系;第五,体能智商PQ,健康的身体和充沛的精力。

这些研究成果表明,处理人际关系是一种智力。踏入社会的人都知道,这种智力有时候要比我们的专业文凭重要得多。

2. 在与人的交往中提升自己的能力

美国心理学家艾里克森提出人格发展的八阶段理论,认为每个阶段都包含一个需要解决的危机。

① 婴儿期(0～1.5岁):基本信任和不信任的心理冲突。
② 儿童期(1.5～3岁):自主与羞耻和怀疑的冲突。
③ 学龄初期(3～5岁):主动对内疚的冲突。
④ 学龄期(5～12岁):勤奋对自卑的冲突。
⑤ 青春期(12～18岁):自我同一性和角色混乱的冲突。
⑥ 成年早期(18～25岁):亲密与孤独的冲突。
⑦ 成年期(25～65岁):生育与自我专注的冲突。
⑧ 成熟期(65岁以后):自我调整与绝望期的冲突。

我们可以看到,这八种危机多数是与人际关系有关的,也就是说,只有在良好的人际关系中,这些危机才能得到圆满的解决。

我国的家庭教育中存在一个误区,我们的家长都认为成绩是孩子成才的关键。其实这是一个舍本逐末的做法。孩子的自尊、自信等良好品质比成绩更重要。当一个孩子自尊降低时,这个孩子用于学习的动力和能量也就降低了,从而落入失败的恶性循环中。而自尊、自信等品质又是在人际交往的过程中获得的,没有良好的人际交往,孩子便不能养成自尊、自信等良好的心理品质,如果一个孩子没有这些良好的心理品质,他们在学校生活中就很难融入集体,与同学们发展亲密关系。零点调查公司在其发布的《中学生文化研究报告》中说,在所有可见的指标上,与同学和朋友的关系均可见其不同一般的重要性:与同学关系是对学生校园生活满意度影响最大的因素(57.9%的学生做此选择,高于与老师关系——36.7%);体验不到学校乐趣的学生,即使短时期内努力取得好成绩,也很难保持下去。当孩子学习成绩不好的时候,家长往往不能从孩子的心理方面入手,而是着手说教,采取强迫的办法让孩子学习,这样做的结果经常是适得其反。

这些在人际关系中发展起来的品质多与情商(EQ)有关,比如,了解自我、自我激励、自我控制、了解他人的情绪和发展人际关系等,这是不是说人际交往与智商(IQ)完全没有关系呢?其实不然。

幼儿发展智力的主要方式是游戏,而互动性的游戏对智力的开发要远远大于单独的游戏,如果一个小孩有自卑、社交恐惧、自我中心等不良特点时,他就很难融入互动游戏中来,别的小孩子会孤立他。现在多数孩子都是独生子,家长由于盲目地加强早期教育,使得孩子与小朋友互动的机会减小,这既对孩子的智力发展不利,也对孩子的社会交往不利,而二者又会互相加强,形成恶性循环。

另外,情绪和认知这二者是相互影响的。心境是一种弥散性的情绪。情绪对认知的影响主要表现在心境对认知的影响上。心境不但影响对记忆材料的提取,也影响推理内容,影响加工方式和决策方式。积极心境会加速对决策有关的材料的加工,促进思维的流向,使人较容易地回忆起更多材料,从而简化决策过程的复杂性。同时,积极心境下的人喜欢用肯定的眼光看事物,通常表现出积极的行为;而消极心境下的人往往用否定的眼光来看问题,通常表现出消极行为。一个学生如果在学校里没有朋友,没有形成良好的人际关系,很难想象他能保持良好的情绪状态。

3. 人际关系是一种生产力

为了让读者对这个问题理解得更加透彻,从以下三个方面来叙述。

1) 良好的人际关系具有信息功能

美国心理学家费斯汀格认为，人际交往有两个功能：一是传达信息的功能；二是满足个体心理需要的功能。苏联心理学家莫洛夫认为，人际交往有三个功能：一是信息沟通；二是思想沟通；三是情感沟通。这两个心理学家均认为人际交往有信息传递的功能。人际交往的第一步就是传递信息，如果这一步没法完成，人们彼此就没法认识，更深层次的人际关系也就无从建立。

没有人能否认社会是一个信息的社会，信息已经成为我们生活中很重要的资源。在互联网上信息获取起来可能更容易，因为基本上不用通过人际交往你就可以在上面获得信息。在生活中的每个人也都有自己掌握的"独家信息"，这些信息可能是附近哪一家超市的东西质优价廉，可能是 Word 使用上的一个小技巧，也可能是人生路经历了一次教训之后得来的经验……总之，这些信息对我们的生活和成长是有用的，但只有建立了良好的人际关系，我们才能获得这些信息。在良好的人际关系中，人们能把这些信息相互交流。这个过程，使得交往的双方都能得到发展。正像萧伯纳所说的"你有一种思想，我有一种思想，交换之后我们每个人都有两个思想。"相反，如果人际关系不好，人们彼此间不愿意分享自己的"独家信息"，大家的进步都会受到阻碍。

2）良好的人际关系能产生社会促进作用

所谓社会促进效应，是指人们在共同工作或有人在旁边观察的时候，活动效率会比单独进行时升高或降低。它是一种集体效应。最早进行研究的是社会心理学家特里普利特。他有一次偶然发现，自行车运动员训练的时候，单独训练时骑车的速度要比和多个运动员共同训练时慢20%。后来，他又找来一些小孩，让他们干一种活：绕鱼线。干的时候分成两组，一组是一个人单独绕，另一组是集合起来一起绕。结果发现，一起绕线比单独绕线的效率要高 10%。他据此得出结论：个人在集体中活动的效率要比单独活动的效率高。

头脑风暴是激发思维、创造性地解决问题的一种方式。当问题陷入困境的时候，几个人在一起畅所欲言，从未有过的大胆想象和排列组合在短时间内一个个迸发出来，这种思维上的碰撞能够产生"智力共振"，把问题的解决带到"柳暗花明又一村"的局面。这种解决问题的方式是在群体的环境中进行的，而成员之间如果没有好的人际关系，彼此怨恨，恶语相向，根本坐不到一块讨论问题，那么头脑风暴也就无从刮起。

良好的人际关系不但能给人力量感，还能给人解决问题的信心和智慧。当我们陷入困境的时候，朋友一句鼓励的话，可能就能让我们重新获得生活的勇气；当我们遇到难题的时候，朋友一句不经意的点拨可能就让我们豁然开朗。

3）良好的人际关系能产生经济效益

有一种说法叫"没有笑脸别开店"，形象鲜明地指出了人际关系的经济效益。

关于良好的人际关系能产生经济效益这一说法，企业家们可能最为认同了。对外而言，企业家们的人际交往能给自己企业的发展带来很多的商机。打一个电话就能解决问题，通过认识几个朋友就能为自己的商品打开销路。企业家们建立人际关系的能力几乎决定了一个企业的生死存亡。对内而言，一个公司的氛围很大程度上取决于公司内部员工的和睦程度。而工作的氛围能影响员工的创造力和工作效率，所以说员工之间的人际关系影响着一个公司的生命力。特别是对大公司的职业人士来说，良好的人际关系是舒心工作、安心生活的必要条件，是他们选择某一个公司的重要条件。如今的毕业生，绝大部分是独生子女，刚从学校里出来，自我意识较强，来到一个新的工作环境中，经常会产生人际关系适应不良的问题。如果经过较长时间还是不能适应,对公司或个人来说都是一种损失。

一位阿拉伯哲人说过:一个没有交际能力的人,犹如陆地上的船,是永远不会漂泊到人生大海中去的。在现代社会中,一个不会建立人际关系的人,即使他(她)非常优秀,也很难踏上成功的旅途。

思考题

1. 你认为心理健康的衡量标准是什么?
2. 建立良好的人际关系对保持心理健康有何意义?
3. 良好的人际关系与人的需要有什么关系?
4. 请结合实际情况谈谈人际关系有哪些方面的需求类型。
5. 良好的人际关系与人的成功有什么关系?

第 2 章 人际关系的形成与发展

2.1 人际关系的心态类型

2.1.1 交往动机

人类的每种交往行为背后都有其交往动机，不同的交往动机会引发不同类型的交往行为。那么人类都具有哪些类型的交往动机呢？这对于研究人际关系是非常重要的。由于人际关系的复杂性，使得我们不容易对交往动机做出一个明确的区分。下面从亲和动机、成就动机、赞许动机三个主要方面来分别进行论述。

1. 亲和动机

亲和动机是指个体欲与他人形成紧密的接触和联系，或欲与他人合作、发展友谊甚至发展爱情的需求。动机和需要是紧密相连的，亲和动机的产生缘于人类普遍存在的亲和需要。亲和需要是指寻求被他人喜爱和接纳的一种愿望，是保持社会交往和人际关系和谐的重要条件。亲和动机是人类普遍具有的最主要的动机之一，它可以满足人类生活和心理平衡的需要。

2. 成就动机

所谓成就动机，就是指个体追求成就或实现目标的一种个人动机。成就动机可以促成很多人际交往行为的发生。

3. 赞许动机

当我们从事某种活动的时候，总是希望得到他人或组织的肯定、赞赏，这就是一种赞许动机。赞许动机被满足，意味着个体得到群体中其他成员的肯定、承认、赞扬，这些就已经促成了良好人际关系的基础。所以，在现实生活中，赞许动机与人际交往密不可分。

心理学家做过这样一个实验：把一群学生随机分成三组，都做难度相等的练习题，每天做 15 分钟，连续做 5 天，但每个组受到不同的激励。结果发现：经常受到表扬的一组对学习就更投入，成绩最好；经常遭到批评的，也能化批评为激励，转变失败局面，成绩仅次于前者；成绩最差的是那些被教师忽视，放任自流，自暴自弃的学生。由此也可对人的赞许需求略窥一斑。

2.1.2 人际关系的类型

人际关系的纷繁复杂使得心理学家对人际关系类型的分类莫衷一是，下面列举几种比较有代表性的分类方式。

1. 按人际关系的媒介分类

按人际关系的媒介不同，可分为血缘关系、地缘关系、业缘关系和趣缘关系。血缘人际关系泛指因血缘联系和姻缘联系而形成的人际关系。如：亲子关系、叔侄关系、夫妻关系、婆媳关系等。地缘人际关系是因为人们共同的生活空间而形成的人际关系，如老乡、邻居、校友等。业缘关系是指人们在职业、行业、专业、事业的基础上建立的人际关系。趣缘关系是指人们在社会生活中因情趣相投建立的人际关系，如棋友、球友等，共同的兴趣、爱好是形成这种关系的基础，兴趣是维系这种关系的纽带，友谊和兴趣相得益彰。

2. 按互动的方式分类

美国心理学家雷维奇(P. Lewicki)对一千多对夫妇进行研究后，把人际关系分成八种类型：主从型、合作型、竞争型、主从—竞争型、主从—合作型、竞争—合作型、无规则型。

主从型人际关系是人际关系中最基本的一种，几乎所有的人际关系都有主从型人际关系的成分。如果你仔细去观察，你会发现在我们的生活中，有一些人比较喜欢支配别人，与此相对的是，另一些人则愿意服从别人的支配。这二者如果碰到一起，就成就了主从型人际关系，周瑜打黄盖———一个愿打，一个愿挨。

竞争型的人际关系是指交往的双方为了各自的目标而互相竞赛，互相排斥的人际关系。这是一种既让人兴奋，又让人焦虑的局面。交往的双方都在自己的身边安置了一个潜在的威胁。

人们比较推崇的人际关系是合作型的人际关系，指交往的双方为了达到共同的目标而达成的互相配合、互相忍让的人际关系。

现实生活中，这些人际关系的区分并不是如此泾渭分明，而是彼此杂糅的。有时候是一个人与不同的人有不同类型的人际关系，有时候是同样的交往双方在不同的时候采取不同类型的交往方式。

3. 按人际反应倾向分类

按人际关系的需求分成三类：包容的需求、支配的需求、感情的需求。在人们的交往行为中，每个人对别人的需求方式不同，因此也就使得每个人对他人的基本反应倾向有所不同，这种基本的反应倾向叫作人际反应特质。

2.1.3 人际交往的基本模式

人际关系的成功与否，往往与一个人的心态有关。盖一座房子，它的高度、样式都与其地基、用料有关。同样，人际心态的不同类型是人际关系取向的基础。有良好的心态类型才能有良好的人际关系。

英国著名的心理学家爱利克·伯奈(E. Berne)根据个体对自己和对他人所采取的态度，将人际交往归为以下4种基本的模式。

1. 我不好-你好，我不行-你行

这是一种常见的心理自卑者与他人的交往关系。它的特点是，交往的一方深深感到自己是无能和愚笨的，无论做什么都不行，似乎所有的人都比自己强得多。持这种交往心态的人对自己相当消极，常给自己消极的评价，觉得自己处处不如人，也对不起他人，往往选择牺牲自己来成全他人的快乐。这种人与他人交往的时候往往会过度赞美他人而过度贬低自己。刚开始与这种人交往的时候会感觉很舒服,因为这种人总是给别人赞赏的言辞,而对待自己则比较谦虚。但时间长了,这种交往就会让另一方感觉很不舒服,由于这种人总是给他人过度赞美的评价,所以很难让人相信这些赞美的真实性。

2. 我好-你不好,我行-你不行

持这种态度者,总认为自己对别人好,而别人对自己不好,为此愤愤不平,把人际交往中的失败与挫折归结为他人不好,或者把自己看成是充满了优越感的人,把交往的对方当作缺乏头脑的笨蛋。这种人似乎充满自信,其实是虚弱的,他们的心理防御倾向往往比较突出。这种对他人否定的态度在与人交往的时候不可避免地会流露出来,所以多数人都会因为难以忍受这种傲慢的态度而中止与他的交往。

3. 我不好-你也不好,我不行-你也不行

交往者自认低能,同时也认为别人并不比自己优越多少。他们既不相信自己,也不崇拜他人;他们既不会去爱人,也拒绝别人的爱。这种人常陷入可悲的场面,他们捧着灰色的面孔,无论走到哪里,都带来生活的低潮,而且常常得不到他人的怜悯。

4. 我好-你也好,我行-你也行

这是一种健康的心理状态,它的特点是,充分体会到自己拥有一种强大的理性能力,并对生活的价值有着恰当的理解。他们是爱自己与爱他人、相信自己与相信他人的统一。虽然他们并非十全十美,但他们能客观地悦纳自己和他人,正视现实,并努力去改变他们能改变的事物。他们善于去发现自己、他人和世界的光明面。肯定自己也肯定他人,态度开放、真诚、自然。人们喜欢与之交往,因为这种人的生活中充满了阳光,在交流的过程中彼此肯定、共同提高。

以上四种人际交往的基本模式是建立在一定的价值观念、认知方式、个性特征以及行为习惯诸因素基础上的,现实生活中种种复杂的人际交往方式都是这四种基本模式的不同程度的展现。一般来说,前三种模式容易引起人际交往的障碍,是不符合心理健康要求的。

2.2 人际关系心理学的理论基础

目前,关于人际关系的理论有四种是比较成熟的,这里一一简要讨论。

2.2.1 社会交换理论

美国社会学家霍曼斯(G. C. Homans)1958 年提出这样一种理论:社会互动行为是一种商品交换,不只是物质商品的交换,而且是诸如赞许、荣誉或声望之类的非物质商品交换。在商品生产的社会里,人际交往就如同商品的交换原则一样是等价的,是公平交易的。根据这样一个理论基础,他提出了人际双方的报酬与代价问题,认为在人与人之间的关系都是相互作用、相互回报的,人们都想利益最大,支出最小。付出多而得到少的关系总会终止,而得到多的关系会维持。

霍曼斯的社会交换理论最富有成效的一项结果,就是他发展了"分配上的公平原则"。霍曼斯认为,在人际交往中存在一种制约社会交换的普遍规范,人们指望通过交往,得到的报酬与他们付出的代价成正比。

2.2.2 社会需要理论

社会需要理论是由心理学家魏斯(Robert Weiss)在1974年提出来的。魏斯分析了人类的亲和需要,提出了六条基本的"社会关系律",即依附的需要、社会整合的需要、价值保证的需要、可靠同盟的需要、寻求指导的需要、关心他人的需要。从这六条基本定律中,可以看出,如果要使这些需要得到满足,人就不可避免地要与他人进行交往。社会需要理论认为人类亲和的需要是人际交往发生的基础。

2.2.3 社会实在理论

社会实在理论是由美国社会心理学家费斯汀格(L. Festinger)提出的。费斯汀格用社会实在性观点解释人际交往现象。所谓社会实在性,是指当人们对自己的态度和意见正确与否的判断没有一个确定的标准时,往往会将周围其他人的态度、意见或行为作为暂时性判断标准,以使自己的认识和行为与周围人保持一致。

费斯汀格指出,当人们一时难以寻求到判断事物的客观依据及标准时,就采用现实主义的立场和观点来评判事物,认同团体的意见与行为。此时团体内人际关系及人际交往有助于促使个体的认知协调和保持团体内个体的心理上的平衡,并取得团体中其他成员的帮助、支持,消除个体判断事物正确与否的标准或行为表现的偏差。

2.2.4 互动理论

互动理论是近一段时期以来西方人际关系研究中比较重要的一种理论。其研究重点在于人与人之间的交互影响、交互作用的过程。它的基本研究单位是互动中的个体,而不是个人的人格和社会结构。个人的互动过程可以这样描述:最初个体的观点与团体的观点有所差距,当得知团体的观点后,个体就会将自己的态度加以修正以符合团体的观点,互动过程就是这种不断修正和改变的过程。简而言之,个人创造社会,社会也创造了个人,这二者是不可分的,这是一个互动的连续的过程。

处于良好人际关系中的人是幸福、快乐的;处于糟糕人际关系中的人是不幸、痛苦的,但他们之间有个共同点,就是他们都不能没有人际关系,不能没有与人的交往。人需要与他人发展一定的情感联系,这种与他人的情感联系会随着人们共同生活的历程,按照自己独有的规律产生和发展。

2.3 人际关系的发展阶段

人与人之间的关联状态从无关(零接触状态)到关系密切(深度卷入状态)要经过一系列的变化过程。这种变化过程有长有短,但归结起来有一定的规律性,都可分为相对明确的四个阶段。

2.3.1 觉察相识

人际关系的建立是从觉察开始的。如果一方开始觉察到对方,或者双方彼此产生了相互注意,那么,人与人的相互作用就已经开始,一方开始形成对另一方的初步印象。觉察相识是有指向性的,它本身反映着某种需要倾向。比如,我们在选择恋人时,那些与我们观念中理想的情人相像的异性,尤其能引起我们的注意。短暂的一场社交会后,我们只对其中的一个或几个异性高度注意,而对其他在场的人视而不见,就是这个道理。我们究竟决定选择谁作为交往对象,并与之发展良好的关系,往往要经过自觉的觉察过程。只有那些在价值观上对我们有重要意义的人,我们才会将之作为交往和建立关系的对象。

觉察相识阶段还未形成有效的沟通和交往,仅处在观察阶段,没有相互的情感卷入。刚入校的新生,同班同学甚至是同宿舍的同学由于彼此还不熟悉,刚开始可能会对其他人进行观察,但还没有相互交往,这就是"觉察相识"。在觉察相识阶段,人们只是对对方的身材仪表、言谈举止进行知觉,同时做出相应的评价,如果赞许、有好感就会产生想进一步交往的动机,如果厌恶、鄙夷就可能没有想深入交往的愿望。

2.3.2 表面接触

觉察能了解对方的某些心理品质和个性特征,因为人的态度、表情和行为方式能在一定程度上反映其内在的素质。但觉察所能获取的信息终究是有限的,无法根据自己的意图获得所需要的信息。因此,利用觉察来了解对方缺乏定向性。要深入地了解对方必须彼此接触,进行面对面的交往,开始直接谈话,即表面接触阶段。之所以说此时的接触是表面的,是因为交往的双方之间几乎没有情感卷入,它仅仅是情感关系发展的起始点。

通常我们与之交往的对象多数均保持在表面接触阶段。因为交往初期的接触只能是表面的,开始就进行坦诚的情感交流是不现实的。此阶段交往双方情感涉入的程度都比较浅,所保持的并非完全是个人关系,而是类似于一种职业或角色化的关系。维持这种交往水平,既是由于个人时间、精力有限,无法与众多对象进行深入的交往,也是出于良好交往的需要。作为良好的社会交往,应能尽量扩大交往对象,但不要求都能收到比较亲密交往的效果,只要是彼此相处得和睦、友好即可。

2.3.3 亲密互惠

通过表面接触,交往双方彼此产生好感,并为对方的某些品质所吸引,双方的交往会越发频繁和密切。随着沟通的深入和扩展,双方沟通的内容和范畴越来越广泛,情感色彩越来越浓厚,心理卷入和相互渗透的程度也越来越大,关系的性质也就发生了实质性的变化,双方已开始确立相互的信任感和安全感,关系较为密切。此阶段,由于相互帮助、体贴,双方彼此感到十分充实、愉快,逐渐无话不说,并提供真实的评价性反馈信息,相互欣赏,建立友谊。如果此时关系破裂,将会出现焦虑、痛苦等负性情绪。

2.3.4 稳固相容

这一时期,人际心理进入了高度相容阶段,双方在认知、情感和行为上均达到相当一致,关系比较稳定,这是人际关系的理想阶段。此时,人际相容程度进一步加强,对现实的态度和价值取向也逐渐高度一致,并表现出相似的行为方式,彼此可以允许进入对方高度私密性的个人领域。刎颈之交、唇齿相依的知交,"一日不见,如三秋兮"的恋情即属此列。实际生活中很少有人达到这一情感层次的友谊关系。

当然,这一阶段双方并非没有矛盾,只是有强烈的情感吸引,容易求同存异,将矛盾化解。有了矛盾,双方如能相互尊重,相互谅解,就能将亲密相容的关系稳固长久保持。

2.4 衡量人际关系深浅的标志

从 2.3 节的分析不难看出,随着人际关系的深入,交往双方间的自我暴露逐步广泛深刻,自我暴露的程度是衡量人际关系深浅的标志。

随着我们对一个人的接纳和信任越来越多,我们也会越来越多地暴露自我,同时也希望别人越来越多地暴露自己。我们要想知道自己同别人的关系深度如何,想知道别人对我们有多高的接纳性,只需要了解别人对我们的自我暴露程度如何就可以了。我们在日常生活中也有这样的经验,面对陌生人、熟人和亲密朋友时,自我暴露的深度和广度上是明显不同的。对于陌生人,交流是很有限的,交流所涉及的内容是非亲密性话题,自我暴露的深度和广度极为狭窄。面对熟悉的人时,自我暴露的深度和广度会增加,但只在很小范围内涉及亲密话题。面对亲密的朋友,交流会很充分,所涉及的亲密性话题和非亲密性话题都很广泛,自我暴露在深度和广度上都非常宽泛。

事实上,对于任何人,无论关系多么亲密,我们都有不愿暴露的地方。这些多是属于自我深层的个人隐私方面的东西,如自己某些不为社会观念所接受的念头(偷窃)、行为(第一次性经验)等。这方面的信息,我们可能一辈子也不会对任何人暴露。因此,我们没有理由因为是亲密的情侣或夫妻就要求对方完全敞开心扉,更不能任意侵犯对方所不愿暴露的领域。否则,对方会产生强烈的排斥情绪,从而导致人际关系的裂痕。

通过了解别人在什么层次上对我们暴露自己,我们可以很好地了解别人对我们的信任和接纳程度,了解相互的人际关系状况。当然,我们自己对别人的信任和接纳程度如何,也可以通过自己对别人所暴露的那方面的信息来了解。自我暴露层次越深,说明自己对人际关系的卷入越深。

开始学习与人交往的人要记住这一点:要适当地对别人暴露自己。不善于与人交往的人,往往本身具有自闭的性格特点,他们很希望有人能走进自己的内心,但同时又很害怕对别人暴露自己,越是这样,越无法与别人形成良好的、深入的人际关系。

然而,凡事都有度,有些人过度暴露自己,反而搞坏了人际关系。暴露是双方相互的,单方面的暴露对人际关系起不到任何加强作用。有位刚上大一的女学生,因为和高中时候的男友考了不同的学校,最终分手了。这颗"青苹果"的落地让她伤心不已,逢人就诉说自己的失恋之苦。一开始的时候,周围的同学都耐心聆听,好言相劝。但时间一长,同学们发现她对遇到的每个人都会倾诉这些心事,于是对她的倾诉也不再那么上心了,再后来她倾诉的时候也只寥寥安慰几句敷衍了事。我们要学会做一个暴露者,同时又要学会做一个倾听者,在暴露自己故事的同时,学会倾听别人的故事。否则到头来,就会像祥林嫂到处给人讲阿毛的故事一样,让人唯恐避之不及。

2.5 人际关系建立的条件

积极建立人际关系,是为了确立自我价值和寻求心理安全感。人们总是希望别人能够承认自己,希望别人能够接纳自己,于是,在人际关系的建立和发展中往往更加注意自我表现,注意吸引别人的注意。这种以自我为中心、不考虑他人需要的倾向,便是阻碍良好人际关系建立的原因之一,而良好的人际关系建立的条件有以下几点。

第一,良好的人际关系是建立在交往双方的需要都得到满足或者相对满足的基础之上的。通俗地说,就是人与人之间相互重视、相互支持,满足彼此都希望被接纳、被认同的需要。这被称为人际交往的交互条件。如果一方的这种需要得到满足而另一方的需要得不到满足,就不可能建立起良好的关系。任何人都不会无缘无故地被接纳、被喜欢。被别人喜欢是有前提的,那就是喜欢他人,承认他人的价值,给他人以某种程度的安全感。这可用社会心理学中的强化理论来解释:人们喜欢给自己带来酬赏的人,而讨厌给自己带来处罚的人。这是由于酬赏性的关系能使人的物质和精神得到一定满足,处罚性的关系则破坏这种满足。同时,我们不只是喜欢直接给我们提供酬赏的人,对与提供酬赏有时间、空间联系的人也会产生好感。

第二,除了这种内在需要得以满足的交互条件外,人际关系建立还需要其他条件。

1. 一定的时空条件

在特定的时间和场所,人际关系得以建立并发展。由日常经验可知,原本陌生的同学、同事关系,由于在一定时间并处于相同的场所,相互接触,逐步熟悉,并发展出友谊甚至爱情。然而,随着毕业或者工作的变动,原本朝夕相处的同学和同事,天各一方,开始还保持一定的联系,以后关系逐渐淡薄,终至疏远。有些悲观的人看到事情的这一面,把朋友和同事看成同路人,即当大家在同一条路上走的时候,彼此相惜,一旦旅途结束,大家又分道扬镳,各奔东西。

2. 一定的人际交往技巧

良好人际关系的建立与维持还需要一定的技巧。人际关系的技巧是在一定的知识和经济基础上形成的交往技能。掌握好一定的人际交往技巧,对于处理好人际关系中的问题,搞好人际关系作用很大。

首先,要形成良好的第一印象。第一印象在人际关系的建立与发展中起着强烈的定向作用。初次交往的男女,如果彼此有好感,在双方头脑中留下强有力的第一印象,其关系就有可能很好地发展下去,即使以后在交往中发现对方的一些细节问题,如不修边幅,也不会太往心里去。如果初次见面就给对方留下不好的印象,很可能就没有进一步交往的可能了,即使本身有很多优点。

其次,要主动交往。对于任何一个社会需要发展正常的人来说,都希望有一个良好的人际关系世界。许多人虽然有交往的欲望,但仍不得不忍受孤独,他们朋友很少,这是由于他们在人际关系的建立过程中总是采取消极、被动的退缩方式,总在等待别人来首先接纳他们。主动交往对性格内向的人来说更为重要。

再次,要懂得移情。此处的移情通俗地说是将心比心,懂得心理换位,体验别人的真实情感。如果一个人不能很好地理解别人,体验别人内心的真实情感,他就无法使自己的人际关系向良好的方面发展。

最后，要学会帮助别人。对任何人来说，只有当一种人际关系是有价值的，他才愿意去建立、维持。所以说，帮助别人对良好人际关系的建立与维持是非常必要的。此处的帮助不仅指物质上的，而首先是情感上的支持，如痛苦的分担，观点的赞同等。

此外，还要在平时注意自己言谈举止中的细节问题，如表达委婉含蓄、注意聆听、掌握交谈对话的技巧等。

2.6 人际关系的瓦解

每个人都希望永远拥有良好的人际关系，长久地享受美好的爱情、友谊。然而遗憾的是，在一个人所交的朋友中，很多都会或早或迟地分道扬镳的。许多一度美好的婚姻最终却以天各一方而终结，仇恨往往发生在最亲近的人之间，这都成为司空见惯的事实。

人际关系从融洽开始瓦解，到最终终结，大约经历以下五个阶段。

1. 分歧

共同情感的存在是人际关系的基础，共同情感消失，人际关系就破裂。人际关系的瓦解是从双方的分歧开始的。分歧是人际关系双方不同点扩大，心理距离扩大，彼此接纳性下降，随之而来的是双方在直觉和理解上都朝不利于原先关系的方面倾斜。当分歧出现时，双方情感的融洽程度下降，彼此开始对对方的情感和动机状态没有把握。如果这一阶段的分歧不是很大，问题在双方共同努力下可以得到解决；如果分歧得不到解决，就会导致进一步的冲突。

2. 疏远

当人际关系出现分歧时，裂痕出现，双方总的沟通量会有所下降。在这一阶段，交往双方在表面上还试图维持关系状态良好的印象，实际上彼此关系已出现明显的裂痕，两者都能明确地感觉到。自发的沟通减少，以前的情感融洽程度降低，相互关系处于疏远状态。一般而言，如果第一阶段出现的分歧没有得到顺利解决，导致双方长时间都以疏远的方式交往，则关系会出现进一步的恶化。

3. 冷漠

在这一阶段，交往双方开始放弃增进沟通的努力，人际关系的气氛处于冷漠阶段。通常情况下，此时人们已经不太愿意进行直接的谈话，而是仅凭非语言方式来实现必要的沟通和协调。不同于情感融洽时的状态，此时的非语言沟通是缺乏热情的，目光是冰冷的，已没有原先温存的感觉。多数时候，冷漠阶段的人际关系会持续很长一段时间。一方面是因为双方或者某一方期望关系会朝好的方向发展，因而不愿一下子就明确终止关系，另一方面是因为考虑到自身的利益。有时人们在情感上和实际生活的许多方面，很难一下子适应突然失去某种关系的支持。这就会促使人们即便是勉强，也需要在一定程度上维持某种关系。多数双方在此阶段会有痛苦的情绪体验。

4. 逃避

随着关系进一步恶化，为脱离痛苦体验，人际关系的双方会尽可能地相互回避，特别是避免只有两个人在一起无所适从的窘境。关系恶化到这一步，人们往往感到很难判断对方的情感状态和预言对方的行为反应，双方常常具有不友好、敌意和对抗的举动。在这种状态下，人们都有强烈的自我保护欲望，对许多原本正常的人际行为都会有过敏的反应。婚姻关系或者亲人关系处于这一阶段的许多人,经常通过第三者来实现间接的沟通。这一阶段持续多久取决于双方的意愿和其他因素。

5. 终结

处于这一阶段的人际关系双方,在相互关系给自己带来痛苦的折磨下,把相互间的接触视为一种负担,以终结人际交往作为解脱痛苦的方式。在某种情况下,关系的终结有一个明显的标志,即在先前关系恶化的基础上发生一次直接的、激烈的冲突。也可能是在前几个阶段关系恶化的延续下,彼此相互交往的隔断或彼此利益依存关系的解脱,冷漠和逃避的关系状态最后转为人际关系终结。

心理学研究发现,认清人际冲突或分歧的本质,特别是建设性地处理分歧和冲突,可以有效地减少人际关系的瓦解和恶化。有时候恰当地处理好业已存在的分歧和冲突,不仅能维持原来的人际关系,同时还可能将之推进到更好的状态。

思考题

1. 英国著名的心理学家爱利克·伯奈提出的人际交往的模式是什么?
2. 人际关系发展要经历哪些阶段?
3. 衡量人际关系深浅的标志是什么?
4. 良好的人际关系建立的条件是什么?

第 3 章　人际关系与人格类型

3.1　人格对人际交往的影响

有一次,一位向我咨询人际关系问题的学生向我讲了这么一个事件:他所学的专业一共有两个班级,共三十多个男生。由于是一个专业,这两个班学生的宿舍都彼邻。刚上大学不久,他就发现另外一个班级里有一个男生小新(化名),很喜欢跟随在他们宿舍的一个男生左右。后来他发现,这个小新不只是喜欢跟随他们宿舍的这个男生,也喜欢跟随另外几位男生。当然,他们绝不是什么同性恋的关系,只是由于小新这个人依赖性很强,什么事都喜欢跟别人一起去做。这时候来向我咨询的这位同学就觉得很不舒服:二十多岁的人了,还像个小孩子似的跟随在别人后边!

有一次,小新到他们宿舍去借水,他故意不借给他。一来二去,这位同学实在忍不住了,说:"我看见你就恶心,没主见,像个女人似的。"没想到那位同学反唇相讥:"我还看见你就恶心呢!独来独往,自以为是。"结果两个人大吵了一架,这位同学把长期以来对小新的蔑视都表达了出来,而恰好棋逢对手,小新似乎也对这位同学有很多怨气。吵完架后,这位同学的心情一直不能平静。"从来没想到过自己会成为别人讨厌的对象。"所以在接下来的好几天里,他感觉自己像受了莫大的打击。后来他找到我,问我:"老师,凭你的观察,你觉得我是一个自以为是的人吗? 我觉得别人这样评价我,太让我受不了了。"

在我们交流之后,他开始渐渐地思考自己为什么要和小新吵架。两个人从来没有什么恩怨,也没有过冲突,但彼此就是看对方不顺眼。这位同学觉得小新这个人很让他生气,因为小新已经是大人了,还像个孩子似的跟在别人屁股后边,一点都没有男子汉的味道。

不用说,你也已经猜到,这位同学是比较特立独行的那种人,与小新恰好相反。看看吧,两个人从来没有什么恩怨,仅仅是因为人格上的差异,使得两个人不但没有建立起良好的关系,还出现了严重的人际冲突。

我们不禁要问:人格对人际关系有那么大的影响吗? 下面先看一下人格指的是什么。

在心理学领域里,人格是几个较难定义的概念之一。关于人格的定义,不同的心理学流派有不同的看法。

有代表性的人格流派对人格的看法有以下几种。

① 特质理论把人格当作许多个别特点的组合。认为对一个人的描述如能确实代表此人在某种情境下的行为特点,它也预示在另外的场合下他将会怎样表现。这种行为的一致性和倾向性可概括为某人的人格结构,即特质,它是人格最基本的测量单元,也是行为不同于他人又相似于他人的原因。

② 精神分析人格理论创始人弗洛伊德把人的心理分为意识和无意识两部分。意识只占心理生活的小部分,是浅层的经验部分;无意识是深层的、更重要的部分,对人的思想和行为起

主导和决定的作用。弗洛伊德认为人格是一种动力组织,其能量的来源是"里比多"(即性力)。心理性欲的发展阶段也就是人格的发展阶段。任何阶段的发展阻止或停滞都会对个体的人格产生持续的后效。弗洛伊德过分强调人格的本能和生物学方面,受到其他新精神分析论者的批评和修正。而新精神分析即社会文化历史学派强调社会及文化因素对人格形成和发展的决定性影响。

③ 现象学人格理论把注意力集中在个人的当前和未来。例如,罗杰斯强调人的功能的完善性;马斯洛强调人的自我实现和自我超越,他们都强调个人是如何知觉和解释事物的,都重视个体对世界的独有的观点。

美国人格心理学家伯格(Jerry M. Burger)在其著作《人格心理学》中对人格作了这样的定义:人格是指稳定的行为方式和发生在个体身上的人际过程。他的这个定义明确地指出了人格对人际关系的影响。伯格对这个定义是这样解释的:其一,人格是稳定的,可以通过不同的时间和不同的情境来鉴别这些稳定的行为方式。可以肯定地说,今天活泼开朗的人,明天也会是活泼开朗的,他决不会成为一个内向含蓄的人。其二,人格是发生在个体身上的人际过程,不同于个体的内部过程,而是影响着我们怎样行动、怎样感知的所有情绪过程、动机过程和认知过程。每个人都具有相似的体验焦虑的能力和对待恐惧事件的能力,但怎样运用这些过程,人的性格起着决定作用。

人格常会影响人与人之间的交往。以内外向为例,一般来说,外向者比内向者更能表现出交往的意愿和行动,在人与人交往时更坦率、大胆;内向者虽然表现得不善于交往,但并非都是不愿与人交往,而往往是顾虑重重,有胆怯、羞涩等心理。虽然从交往的广度来看,外向者比内向者占有优势,但从交往的深度来看,二者并没显著差异,内向者往往有可能与少数知心者结下深厚的友情。

人格理论对亲子关系也有很重要的影响。不良亲子关系是很多父母头痛的问题,也是很多孩子烦恼的根源。大人在面对孩子的需要时,常常以为对他们而言什么最好,对孩子也是最好的。由于缺少对儿童人格倾向的确认和接受,使孩子的自尊受损,形成对抗或紧张的人际关系。

人格特征对人际关系产生很大的影响已经成为心理学家的共识。社会心理学家认为,下列人格特征容易阻碍人与人之间的吸引,不利于人们的团结与协作,在与人交往的时候要注意避免:

- 不尊重他人人格,对人缺乏感情;
- 自我为中心;
- 对人不真诚,只关心自己,不顾别人的利益和需要;
- 过分服从并取悦他人;
- 过分依赖他人而又丧失自尊心;
- 嫉妒心强;
- 怀有敌对、猜疑、偏激情绪;
- 过分自卑;
- 性情孤僻,不愿与人交往;
- 怀有偏见、固执、不愿接受他人规劝;
- 好高骛远,苛求他人;
- 过多使用心理防御机制,报复心强。

3.2 MBTI 与人际关系

3.2.1 MBTI 的由来

瑞士心理学家荣格（Carl Jung）1923年出版了《心理类型》（*Physiological Types*）一书，心理类型的概念就从这里产生了。荣格认为每个人对"四种基本心理功能——思维、情感、感觉、直觉"的选择都是独特的，再加内向与外向两种自然的倾向，可以构成八种不同的"功能类型"或者叫作"心理类型"。此后，有许多的心理学家根据荣格的心理类型的理论发展出不同的人格量表。19世纪中叶，伊莎贝尔·迈尔斯（Isabel Myers）同她的母亲凯瑟琳·布里格斯（Kathryn Briggs）一道，重新研究了荣格的《心理类型》，依据荣格的心理类型，补充、引申和完善，设计出一种用于鉴定不同类型人格的问卷调查表，并将其命名为"迈尔斯-布里格斯个性分类指标"（Myers-Briggs type indicator，MBTI）。

MBTI 在美洲和欧洲重新激发了人们对人格分类学的兴趣，从19世纪50年代初开始，该测试已作为一种研究工具得到广泛传播，19世纪90年代，每年都有超过百万以上的个人参加 MBTI 的测试。MBTI 被广泛地应用于以下领域：

- 自我了解和发展；
- 组织发展，团队建设；
- 管理和领导培训；
- 婚姻辅导；
- 职业发展和指导；
- 问题解决；
- 人际关系咨询；
- 教育及课程发展等。

3.2.2 MBTI 中的术语

迈尔斯母女从荣格的《心理类型》中发现了以下用语：
E（extroverted，外向的）/I（introverted，内向的）；
T（thinking，思想）/F（feeling，情感）；
S（sensory，感觉的）/N（intuitive，直觉的）；
J（judging，判断）/P（perceiving，知觉）。
这些字母的含义分别引申为：
E（expressive，善表达的）/I（reserved，矜持的）；
T（tough-minded，坚定的）/F（friendly，友善的）；
S（observant，敏锐的）/N（introspective，内省的）；
J（scheduling，计划性的）/P（probing，探索性的）。
她们把 E/I、T/F、S/N、J/P 所代表的特征当作是相互独立的人格组成部分或元素，组合成四类16种不同的人格类型，从而用简单的文字的方式分辨出人们之间存在的一些明显的差异。

① 理想型（NF）：直觉接受信息能力强，重心理感受、自我认定、自我肯定；会倾听，喜自

在,易受伤害。

② 监护型(SJ):感官接受信息能力强(直觉弱);持续性、目标性很强;重责任、意志;如果是老板,可能会让下属觉得不近情理,不能处理危机。

③ 理性型(NT):对问题敏锐,善规划。静观、客观感受、观察力强,弱点是执行能力并不很强。

④ 艺术型(SP):重外界感受、外界色相。优点:活在当下、享受生活,对发生在当下的事情极为敏感,善调停、危机干预。缺点:不懂"责任""目标"为何物,缺乏持续力,总是喜欢最后一秒中的挑战。

四类人对同一句话的解读也会很不同。

例如:说"祝你有好的一天"他们的解读分别是:

- NF 型,有启发性的一天(重自我感受);
- SJ 型,有效率的一天(重行动);
- NT 型,最有趣的一天(重客观感受,以问题为中心);
- SP 型,及时行乐的一天(重外界色相)。

四类人又细分为以下 16 种人格类型。

① NF 型:ENFJ(教导者)、INFJ(劝告者)、ENFP(奋斗者)、INFP(化解者)。
② SJ 型:ESTJ(监督者)、ISTJ(检查者)、ESFJ(供应者)、ISFJ(保护者)。
③ NT 型:ENTJ(陆军元帅)、INTJ(策划者)、ENTP(发明家)、INTP(建筑师)。
④ SP 型:ESTP(创业者)、ISTP(手艺者)、ESFP(表演者)、ISFP(创作者)。

3.2.3　不同心理类型的人格特征及其在人际关系上的特点

1. ISFP 创作者型

人格特征:不大愿意采用社交形式展示自己(I)、观察力敏锐(S)、为人友善(F)、机会主义者(P)。

人际关系特点:这类人内心有很多的爱,对他人敏感,头脑清醒而且对生活很感激。在所有的人格类型中,这种人是最能与自己或他人有深度接触的。他们没有很强的领导、控制他人的欲望,有很大的包容力,喜欢和谐,并尊重别人的空间与隐私,而且能激发别人的潜能。他们对那些行事很有计划性,并且也要求他/她有计划性的人难以接受。在所有的人格类型中,他们是很容易被忽略的。因为他们比较害羞,喜欢为他人提供服务,有创造力,喜欢享乐,喜欢有色彩的组合,对音、色、动作的感觉都极其敏锐。他们不喜欢演说、写作及会话,因为这些太抽象、不具体,他们对他人的言行非常敏感,不喜欢用太多的语言。他们不是没有表达能力,而是没有兴趣。他们是自由的人,不能被限制,渴望回归大自然。容易对他人产生信任、为人慷慨、喜欢消费。

2. ENTJ 陆军元帅型

人格特征:喜爱社会交往(E)、内省(N)、意志坚强(T)、热衷做出符合计划的判断(J)。

人际关系特点:这一类型的人有领导欲,他们一生的目的是为成功而努力。他们通常很有逻辑、分析及判断能力,也很会组织计划,但做计划的目的只是想通过它们来完成自己的目标。他们内省能力比较弱,需要靠别人的提醒来弥补。他们比较理性认为任何事都必须有正当的、合理的理由及解释。他们也会要求别人果断,有计划性。他们对工作的投入是无可挑剔的,总是工作第一,娱乐第二。他们也是有创新,有点子的人。他们常是众人的中心,总是在做安排与指挥。与他在一起生活或工作的人压力很大,因为他们较少顾及别人的感受,只是重视服从与达到目标。他们有原则有次序,头脑很清楚但缺少浪漫,缺少理想。

3. ENFP 奋斗者型

人格特征:渴望向别人表达自己的观点(E)、内省(N)、友善温和(F)、热衷于探索事物发展的各种可能性(P)。

人际关系特点:他们是具有观察力的人,事事都逃不过他们的眼睛。他们的主动性很强,而且有既定的目标;他们非常敏感、机灵,但不喜欢单调重复,对人或事物很快就感到厌倦;有领袖气质,很能吸引人,但对组织、计划很反感;他们喜欢别人,也喜欢帮助别人,也能将一个僵化的气氛搞活,总之,他们能让人们觉得很有趣。他们充满了想象力,不喜欢被拘束,也不喜欢有最后期限的工作。他们很难在制度下工作,因为无法忍受太多的限制。喜欢变化,不喜欢平静的日子,所以也很难坐下来思考问题。这种类型的人很少会考虑为自己的将来做一份有保障的安排,比如储蓄或买保险。

4. ISTJ 检查者型

人格特征:总是宁静自闭(I)、对周围环境有着敏锐的观察力(S)、意志坚强(T)、在制订计划的过程中具有判断力(J)。

人际关系特点:他们是所有人格类型中最为负责任的。只要你交付给他们事情,他们一定不负众望。他们会说话,有较强的社交能力,人际关系不错,只要他们清楚出席的场合,就会应对自如。一般人会以为他们是外向型的,其实不然。由于他们常做思考,收集外界的信息,因此当他们表达一个观点的时候,常能引经据典,用资料或证据来说话。他们常能帮助别人了解事情的具体情况。由于他们自己是如此清楚事件的发展并能清晰地表达,当他人不是这样的时候,他们常常会感到焦虑和难受。由于他们组织能力很强,又有良好的社交能力,所以常常是领袖人物。但由于他们的这种领导能力是由于责任感造成的,久而久之,他会感到烦躁,失去耐心。对 ISTJ 类型的人来说,一切的事情都要按照"应该的样子"来完成,如果不按时间表,不按计划来完成,他们会感觉很不舒服。他们经常能保持一个地方整洁干净。对于跟自己不同的人,他们常会有抗拒,但一旦适应之后,他们就会把这个人纳入"负责任"的范围。

5. ESTP 创业者型

人格特征:渴望向别人表达自己的观点(E)、对周围环境有着敏锐的观察力(S)、意志坚强(T)、热衷于探索事物发展的各种可能性(P)。

人际关系特点:这种人坚信"行动至上",强调"活在当下"。他们在与人的交往中获得活力,但却以完成事情为导向。他们脚踏实地,一切以感官所看到的为依据。他们搜集资料或做评估工作的时候,很客观。有时候他们也会有弹性,开放,可能采纳新的观念。他们对外界反应快、客观、准确并且有技巧。他们认为做计划或准备工作是浪费时间,因为他们相信时不我待,在做计划或准备工作的同时,可能把现在的机会都浪费了。他们喜欢投入到现实而非书本中去学习知识。他们喜欢行动,不喜欢静止不动。这种类型的人一般而言,是舞台的中心人物。他们会碰到难题,是由于他们不喜欢规矩,很容易惹怒上级、领导。当他们被责怪的时候,常会觉得很奇怪。别人会视他们为麻烦制造者,但他们不会自责,很快会专注于下一个目标。他们聪明、风趣,对细节很敏锐。他们喜欢给别人惊喜,让别人高兴,但通常不会有深度的交往。

6. INFJ 劝告者型

人格特征:总是宁静自闭(I)、内省(N)、友善温和(F)、在制订计划的过程中具有判断力(J)。

人际关系特点:他们是内向情感倾向的人,对人际关系看得很重,乐于助人,喜欢为他人的幸福服务。对人间事、天上事都在观察与思考。由于他们具有特殊的直觉能力,能很容易体会到表面上看不到的事实,即使是人的深层感受。他们很有创造力,而且做事果断,计划性强,能及时完成应该完成的任务。他们不常与人分享自己的感受,除非是相识的或他们认为值得信任的人。他们是天生的作家、艺术家、诗人等。能够独处,享受孤独,他们也能聆听与洞察,是很好的朋友及助人者。他们喜欢被肯定,不喜欢被批评。但他们不能长时间地待在人群中,这样他们会觉得疲惫,也难以忍受过多的分析与解释。

7. ESTJ 监督者型

人格特征:渴望向别人表达自己的观点(E)、对周围环境有着敏锐的观察力(S)、意志坚强(T)、在制订计划的过程中具有判断力(J)。

人际关系特点:这种类型的人对外界环境很注意,是一种管理型的人。他们很有组织能力,能够正确而且准时地完成事情,但很容易以成功为目标,并且也常将自己对事情的判断强加到别人身上。管理型的人不一定是领导,做事非常踏实、精确,但却不太注意到别人的看法和感受。对事物的处理能力很强,但对人的问题则会碰到难题。出了问题之后,一般不会逃避责任。喜欢参加晚会并与人交谈;喜欢给别人提意见,但不见得听取别人的意见。这种类型的人比较具有男性气质,有坚定的意志,是保护者,很外向,并且自我肯定;比较喜欢处于主导地位,如果得到听从或者配合就会很高兴。反之,一旦与他(她)们意见不合,他(她)们就会不高兴。

8. INFP 化解者型

人格特征:总是宁静自闭(I)、内省(N)、友善温和(F)、热衷于探索事物发展的各种可能性(P)。

人际关系特点:这种类型的人言行比较谨慎,很关心别人,也很乐于帮助别人,但绝不会过火。他(她)们在人生的旅途中一直在追求自己的理想,为理想而努力、奉献。由于他(她)们很直觉,比较不重视一般人所了解的逻辑,有一套自己的处事方式,认为细节不是那么重要,组织及计划也不需要那么循规蹈矩。能与他人保持良好的人际关系,重视别人的感受,对别人可以将心比心,感同身受。因为这类人是内省的,所以比较偏好独自的情况,与人保持相当的距离;比较重视价值,追求真善美,很重视道德;天生有一种助人的使命感,愿意为帮助别人而牺牲自己;喜欢和谐,总是尽量避免与别人的冲突,而且努力取悦他人。直接表达内心的情感对他们来说有些困难,但他们却很乐意去努力尝试。

9. ESFP 表演者型

人格特征:渴望向别人表达自己的观点(E)、对周围环境有着敏锐的观察力(S)、友善温和(F)、热衷于探索事物发展的各种可能性(P)。

人际关系特点:这种类型的人给人的感觉是乐观、平易近人、开放、口才好,让人觉得很舒服。强调以活在当下为重点;对日常生活的规则及程序不太在意,认为这些会阻碍人们享受生活。非常重视他人的需要,不喜欢谈论让人沮丧的话题,如果有人吵架,他(她)们就努力转移到开心的话题上来,以避免令人不愉快的场面出现。这种类型的人也是挫折容忍力最差的人,甚至对于本来应该发生,但未发生的事情也会有很多的担心。一般而言,当作了自己想做的事情,就可以放松下来,否则就很难放心。喜欢成为人们的中心,喜欢许多活动,受不了孤寂的时刻;不在乎别人的干扰,也一直默默观察外界的人或物;不喜欢科学或工程,而是喜欢与人有关的东西。

10. INTJ 策划者型

人格特征:总是宁静自闭(I)、内省(N)、意志坚强(T)、在制订计划的过程中具有判断力(J)。

人际关系特点:在所有的人格类型中,这种人是最具有自信及独立性的,有内省能力,常进行逻辑性的思考,是天然的决策家,很果断也很重视做事的效率,不太重视权威,只要是能使他信服,他自然就会对你产生信任。这种人是实用主义者,也是理性主义者,喜欢思考、创新、想点子,根据自己的直觉来选择满足自己需要的逻辑;有预测能力,能预测自己理念的实现;往往是工作第一、娱乐第二;喜欢挑战,尤其是那些需要创造力才能完成的任务。但由于重视完成任务的质量,在事业上投入太多而忽视别人的存在与感受。当别人觉得受伤害或被忽略时,他(她)们常会觉得莫名其妙。因为这种人在工作上的投入是过度的,自己是如此,对别人也要求这样,因此常会带给别人压力;会对自己的组织或团体非常投入与卖力,是很好的员工。人员的流动对他(她)影响不大,他(她)不是没有感情,只是那不是他(她)们关注的中心罢了。追求自律,不希望被别人干涉太多。

11. ESFJ 供应者型

人格特征:渴望向别人表达自己的观点(E)、对周围环境有着敏锐的观察力(S)、友善温和(F)、在制订计划的过程中具有判断力(J)。

人际关系特点:这种类型的人是任何活动中天然的主持人。非常善于社交,很招人喜欢,喜欢和谐,不喜欢有任何争吵发生;能以温和的态度,将任何场合的次序及需要组织的地方,处理得非常好;对人很敏感,也会尽量使别人快乐,并不想做领导;非常具有母性气息,非常顾家,常常以家为其生活的中心。当看到屋内乱七八糟的东西时,一定要收拾干净后才能休息。若是其他的人不配合,他(她)们就会很难受,感觉到自己受了伤害。一般而言,很会照顾人,注意到别人的需要,如果不被重视或不被欣赏,就会感觉到不舒服。喜欢服从规矩,喜欢讨论实际的事件,而非理论的、抽象的探讨。如果人际关系上出了差错,会认为原因在自己,并会因此感到很沮丧。

12. ENTP 发明家型

人格特征:渴望向别人表达自己的观点(E)、内省(N)、意志坚强(T)、热衷于探索事物发展的各种可能性(P)。

人际关系特点:这种类型的人是外向和直觉的,对外界事物的发展相当敏感。具有丰富的想象力,擅长分析,对许多事情都显示出很大的兴趣,能鼓励激发他人;有创意,不喜欢墨守成规,也不喜欢一直投入到工作中;求新、求变,喜欢创新的过程而非常规地达到目的,也就是说目的只是创造过程的一个自然结果罢了。不过并非是无中生有的创造者,而是通过改进即成的东西来完成创造；对外界的变化有很强的适应能力。除了丰富的想象力外,也具有很强的理性来协助他(她)们对外界的观察。喜欢新鲜的任务而非一成不变的例行公事；与人的关系很好,能给大家带来乐趣与活力,但不会把精力过多地投入到人际关系上,这会使他(她)们产生逃避的想法,因为他们喜欢冒险,不喜欢一成不变的人际关系。

13. ENFJ 教导者型

人格特征：渴望向别人表达自己的观点(E)、内省(N)、友善温和(F)、在制订计划的过程中具有判断力(J)。

人际关系特点：这种人格特质的人,较倾向于成为"领导者"。有创意,也很重视工作的气氛,不会拼命地工作,不会给自己太大的压力；关心他人,也愿意帮助他人,而且由于很会教导他人,比较容易接纳他人,因此很多人乐意来找他(她)们帮忙；直觉很强,能创新,有灵感,有创意；很擅长社交,能将团体的气氛搞活,所以很受欢迎。但由于太看重人情或人际关系,因此会很有压力。宁愿牺牲自己也不愿意得罪他人。当不得不拒绝别人的时候,会觉得很难受,常会有负罪感。当工作分量太大的时候,由于能具体地组织或计划,要准时完成工作,是一件比较容易的事。但由于具有得天独厚的与人沟通的能力、创意、理想,从事任何行业都很容易成功,而且由于直觉性,使得他(她)们会对临时的突发情况很有弹性。由于具有很高的理想,使得他们无论对自己还是对他人都多少有些不满意。

14. ISTP 手艺者型

人格特征：总是宁静自闭(I)、对周围环境有着敏锐的观察力(S)、意志坚强(T)、热衷于探索事物发展的各种可能性(P)。

人际关系特点：这类人比较内向、保守,与人保持距离,对人也比较小心,但却愿意尝试所有的事情。对具体的事物比较感兴趣；或许会突然有几句话让人觉得很幽默,或突然去修理那已经坏掉很久的东西。当别人放松的时候,ISTP 类型的人也会放松,会感觉到比较舒服。这类人有很强的观察力,所以能立刻注意到那些在人际关系中需要注意的事情。喜欢冒险,也不怕受伤。如果事情成功了,就会体会到很强的成就感。喜欢操作工具,对待工具好似对待玩具,但不喜欢按工具使用说明来使用工具,而是即兴地、凭自己的感觉去使用这些工具。他(她)们不喜欢口语的沟通,而是喜欢用行动。喜欢平等的人际关系,而不喜欢从属的人际关系,如果有机会,会成为出色的领导人。

15. ISFJ 保护者型

人格特征：总是宁静自闭(I)、对周围环境有着敏锐的观察力(S)、友善温和(F)、在制订计划的过程中具有判断力(J)。

人际关系特点：这种类型的人充满了责任感,动作快,爱干净,听话,守规矩,容易相处。很有时间观念,生活的中心就是照顾别人,使别人快乐。在服务别人之后,如果别人不感谢他(她)们,仍然会继续为别人提供服务；对于承诺别人的话非常认真而且总是努力去做；总是默默地在幕后耕耘,不抢风头,连说话时遣词造句都很小心,因为很重视"话"的价值。也遵从"工作第一,娱乐第二"的原则。有时候把责任看得太重让人有压力,经常会抱怨自己的工作、责任多,但如果别人拿掉他/她的责任或工作,又会觉得有罪恶感；很少为自己要求什么,总是在奉献。不喜欢抽象的概念,在生活中最好处处都有指导语,这样就可以跟着去做,如果不是这样就会觉得无所适从。

16. INTP 建筑师型

人格特征：总是宁静自闭（I）、内省（N）、意志坚强（T）、热衷于探索事物发展的各种可能性（P）。

人际关系特点：这种类型的人非常喜欢对事物的探讨，不迷信权威。喜欢思考，常常忽略眼前所发生的事情，喜欢分析所观察到的一切信息，但却永远会有新的信息出现，使他（她）们疲惫不堪，无法完整地将所有的信息都观察到，分析完，所以他（她）们的计划总是在变化不定中。他（她）们似乎是完美主义者，与其一起工作的人会感受到压力，尤其是判断型的人。这种类型的人喜欢与人辩论，提出挑战，因为太看重理性，有时候会让人不舒服，尤其是对感觉型的人来说；不善于交往，但是喜欢与人探讨问题，喜欢解决问题，似乎总是在学习。

3.3 测一测你的心理类型

凯尔西气质类型调查问卷

选择答案 a 或者 b，填在答卷的相应位置。根据所提供的计分标准算出得分。答案没有正确和错误之分，因为无论你选择哪一个，都会有一半的人同意你的选择。

1. 电话铃响的时候，你会：
   a. 马上第一个去接　　　　　　　　　b. 希望别人去接
2. 你更倾向于：
   a. 敏锐而不内省　　　　　　　　　　b. 内省而不敏锐
3. 对你来说哪种情况更糟：
   a. 想入非非　　　　　　　　　　　　b. 循规蹈矩
4. 同别人在一起，你通常：
   a. 坚定而不随和　　　　　　　　　　b. 随和而不坚定
5. 哪种事更使你感到惬意：
   a. 做出权威判断　　　　　　　　　　b. 做出有价值的判断
6. 面对工作环境里的噪声，你会：
   a. 抽出时间整顿　　　　　　　　　　b. 最大限度地忍耐
7. 你做事的方式：
   a. 果断　　　　　　　　　　　　　　b. 某种程度地斟酌
8. 休息时，你常常：
   a. 与他人聊天　　　　　　　　　　　b. 仍考虑工作
9. 你更倾向于：
   a. 感知多于设想　　　　　　　　　　b. 设想多于感知
10. 你对什么更感兴趣：
    a. 真实存在的东西　　　　　　　　　b. 潜在的东西
11. 你更有可能依据什么对事物做出判断：
    a. 事实　　　　　　　　　　　　　　b. 愿望
12. 评价他人时，你易于：

a. 客观、不讲人情　　　　　　　　　　　b. 友好、有人情味
13. 你希望通过什么方式制订合同：
　　　a. 签字、盖章、发送　　　　　　　　　　b. 握手搞定
14. 你更愿意拥有：
　　　a. 工作成果　　　　　　　　　　　　　　b. 不断进展的工作
15. 在一个聚会上,你倾向于：
　　　a. 与许多人甚至陌生人交流　　　　　　　b. 只与几个朋友交流
16. 你更倾向于：
　　　a. 务实而不空谈　　　　　　　　　　　　b. 空谈而不务实
17. 你喜欢什么样的作者：
　　　a. 直述主题　　　　　　　　　　　　　　b. 运用隐喻和象征手法
18. 什么更吸引你：
　　　a. 思想和谐　　　　　　　　　　　　　　b. 关系和睦
19. 如果一定要使某人失望,你通常：
　　　a. 坦率、直言不讳　　　　　　　　　　　b. 温和、体谅他人
20. 工作中,你希望你的进度：
　　　a. 确定　　　　　　　　　　　　　　　　b. 不确定
21. 你更经常提出：
　　　a. 最后、确定的建议　　　　　　　　　　b. 暂时、初步的建议
22. 与陌生人交流：
　　　a. 使你更加自信　　　　　　　　　　　　b. 使你伤脑筋
23. 事实：
　　　a. 只是说明事实　　　　　　　　　　　　b. 是理论的例证
24. 你觉得幻想家和理论家：
　　　a. 有些讨厌　　　　　　　　　　　　　　b. 非常有魅力
25. 在一场激烈的辩论中,你会：
　　　a. 坚持你的观点　　　　　　　　　　　　b. 寻找共同之处
26. 哪一个更好：
　　　a. 公正　　　　　　　　　　　　　　　　b. 宽容
27. 你觉得工作中什么更自然：
　　　a. 指出错误　　　　　　　　　　　　　　b. 设法取悦他人
28. 什么时候的你感觉更惬意：
　　　a. 做出决定之后　　　　　　　　　　　　b. 做出决定之前
29. 你倾向于：
　　　a. 直接说出你的想法　　　　　　　　　　b. 听别人发言
30. 常识：
　　　a. 通常是可靠的　　　　　　　　　　　　b. 经常值得怀疑
31. 儿童往往不会：
　　　a. 做十分有用的事　　　　　　　　　　　b. 充分利用想象力

32. 管理他人时，你更倾向于：
    a. 坚定而严格　　　　　　　　　　　　b. 宽厚仁慈
33. 你更倾向于作为一个：
    a. 头脑冷静的人　　　　　　　　　　　b. 热心肠的人
34. 你倾向于：
    a. 将事情搞定　　　　　　　　　　　　b. 探究事物的各种潜质
35. 在多数情况下，你更：
    a. 做作而不自然　　　　　　　　　　　b. 自然而不做作
36. 你认为自己是一个：
    a. 外向的人　　　　　　　　　　　　　b. 自闭的人
37. 你更经常是一个：
    a. 讲求实际的人　　　　　　　　　　　b. 沉于幻想的人
38. 你说话时：
    a. 详细而不泛泛　　　　　　　　　　　b. 泛泛而不详细
39. 哪句话更像是赞美：
    a. 这是一个逻辑性强的人　　　　　　　b. 这是一个情感丰富的人
40. 你更易受什么支配：
    a. 你的思想　　　　　　　　　　　　　b. 你的体验
41. 当一件工作完成时，你喜欢：
    a. 把所有未了结的零星事务安排妥当　　b. 继续干别的事
42. 你喜欢什么样的工作：
    a. 有最后期限　　　　　　　　　　　　b. 随时进行
43. 你是那种：
    a. 很健谈的人　　　　　　　　　　　　b. 认真聆听的人
44. 你更容易接受：
    a. 较直白的语言　　　　　　　　　　　b. 较有寓意的语言
45. 你更经常注意：
    a. 恰好在眼前的事物　　　　　　　　　b. 想象中的事物
46. 成为哪一种人更糟糕：
    a. 过分心软　　　　　　　　　　　　　b. 顽固
47. 在令人难堪的情况下，你有时表现得：
    a. 过于无动于衷　　　　　　　　　　　b. 过于同情怜悯
48. 你做出选择时倾向于：
    a. 小心翼翼　　　　　　　　　　　　　b. 有些冲动
49. 你更喜欢：
    a. 紧张而不悠闲　　　　　　　　　　　b. 悠闲而不紧张
50. 工作中的你倾向于：
    a. 热情与同事交往　　　　　　　　　　b. 保留更多的私人空间
51. 你更容易相信：

　　　　a. 你的经验　　　　　　　　　　　　b. 你的观念
52. 你更愿意感受：
　　　　a. 脚踏实地　　　　　　　　　　　　b. 有些动荡
53. 你认为你自己更是一个：
　　　　a. 意志坚强的人　　　　　　　　　　b. 心地温和的人
54. 你对自己的哪种品格评价较高：
　　　　a. 通情达理　　　　　　　　　　　　b. 埋头苦干
55. 你通常希望事情：
　　　　a. 已经被安排好　　　　　　　　　　b. 只是暂时确定
56. 你认为自己更加：
　　　　a. 严肃、坚定　　　　　　　　　　　b. 随和
57. 你觉得自己是个：
　　　　a. 好的演说家　　　　　　　　　　　b. 好的聆听者
58. 你很满意自己能够：
　　　　a. 有力地把握现实　　　　　　　　　b. 有丰富的想象力
59. 你更注重：
　　　　a. 基本原理　　　　　　　　　　　　b. 深层寓意
60. 什么错误看起来比较严重：
　　　　a. 同情心过于丰富　　　　　　　　　b. 过于冷漠
61. 你更容易受什么影响：
　　　　a. 有说服力的证据　　　　　　　　　b. 令人感动的陈述
62. 哪一种情况下你的感觉更好：
　　　　a. 结束一件事　　　　　　　　　　　b. 保留各种选择
63. 较令人满意的是：
　　　　a. 确定事情已经做好　　　　　　　　b. 只是顺其自然
64. 你是一个：
　　　　a. 容易接近的人　　　　　　　　　　b. 有些矜持的人
65. 你喜欢什么样的故事：
　　　　a. 刺激和冒险的　　　　　　　　　　b. 幻想和豪勇的
66. 什么样对你来说更容易：
　　　　a. 使他人各尽其用　　　　　　　　　b. 认同他人
67. 你更希望自己具备：
　　　　a. 意志的力量　　　　　　　　　　　b. 情感的力量
68. 你认为自己基本上：
　　　　a. 禁得住批评和侮辱　　　　　　　　b. 禁不住批评和侮辱
69. 你常常注意到的是：
　　　　a. 混乱　　　　　　　　　　　　　　b. 变革的机会
70. 你比较：
　　　　a. 按程序办事而非反复无常　　　　　b. 反复无常而非按程序办事

答卷：

将你选择的答案 a 或 b 填入下面的空格中。

	a	b		a	b		a	b		a	b		a	b		a	b		a	b
1			2			3			4			5			6			7		
8			9			10			11			12			13			14		
15			16			17			18			19			20			21		
22			23			24			25			26			27			28		
29			30			31			32			33			34			35		
36			37			38			39			40			41			42		
43			44			45			46			47			48			49		
50			51			52			53			54			55			56		
57			58			59			60			61			62			63		
64			65			66			67			68			69			70		

1		2		3		4		5		6		7		8
E		I		S		N		T		F		J		P

评分标准如下。

（1）计算出 a 列中选择的数目之和，填入其底部的空格内。同样计算出 b 列中的数目。这样 14 个空格内都有 1 个相应的数字。

（2）了解人格特质的目的最终是使人与人之间的相处更融洽。将标号的空格里的数字移到下方标号为 1 的空格内，2 号空格也是同样。请注意，3～8 号空格里都有两个数字，对于相同标号的两个格子，将前面的数字下移到后面数字的下方，即箭头所指方向，然后将上下两个数字相加之和填入答案下方的相应空格里，这样，8 个格子里都有了一个数字。

（3）现在有 4 组数字，圈定每一组数字较大的格子下的字母。如果一组中的两个数字相同，就在其下面写一个大"X"并将其圈定。

（4）现在根据每一组数字中较大的数字对应的字母，来确定你的人格类型。

◆ 四种 SP 型的人（艺术型）：

ESTP（创业者）

ISTP（手艺者）

ESFP（表演者）

ISFP（创作者）

◆ 四种 SJ 型的人（护卫型）：

ESTJ（监督者）

ISTJ（检查者）

ESFJ（供应者）

ISFJ（保护者）

◆ 四种 NF 型的人（理想主义者）：

ENFJ（教导者）

INFJ(劝告者)

ENFP(奋斗者)

INFP(化解者)

◆ 四种 NT 型的人(理性者):

ENTJ(陆军元帅)

INTJ(策划者)

ENTP(发明家)

INTP(建筑师)

说明:如果你的类型标签中有一个 X,请参照两种相关类型的特点,选择一种比较适合你的。例如,如果你是 ESXJ 型,那么通过了解 ESTJ(监督者)或 ESFJ(供应者)的特点,你会找到一种属于自己的类型;或者你是 XNFP 型,那么 INFP(化解者)和 ENFP(奋斗者)两种类型中,会有一种适合你。但是,如果一个 X 出现在 S～N 类型中(甚至有两组分数接近相同),建议你不要用这个气质类型调查问卷,而是考虑采用 MBTI(迈尔斯–布里格斯)进行测试。

3.4 关于"十六种人格因素问卷"的使用

3.4.1 人类的交往因差异而丰富

人类是这个自然界中最复杂的群体,人与人之间的不同是人际冲突的根源所在。那么,是否应该期盼消除人与人之间的差异,从而彼此更容易沟通,更容易接纳呢?如果真有那么一个时刻来临,全世界的人都将会变得比现在更痛苦,因为这个世界上只有一个"人"存在了,人们再也无法通过"他人"这面镜子来认识自己,对他人的认知之所以能成为自我认知的基础,原因就在于他人与自我的差异。如果差异不存在,自我认知也就无从展开。所以说,不要期盼彼此间消除差异,而要学会接纳彼此的差异,尊重彼此的不同之处,欣赏彼此的不同之处,学会在不同中和睦相处。每个人都顺应其天性而发展,这个世界会变得异彩纷呈。

心理类型的基本原理为人们发现彼此的差异提供了一个很好的途径,能使人们彼此对自己和对方因为天性的不同而能理解和欣赏,也能对处理人际关系起积极作用。每个人都有权利保持自身的独特个性,并乐于去发现和认识他人的优点,学会接纳别人的不足,这样人际关系才能建立起来。每一种类型的人都是具体特征的综合体,每一类型都有令人欣赏之处,也有令人烦恼的问题。对于那些是同一种倾向的人而言,通常会容易沟通,理解彼此的感受,享受共同的价值观。但在享有共同点之余,同类型者在一起又会感到缺少点什么似的。不同类型的人在一起相处时,会有些相互不理解或遇到麻烦,可能会因为不一致或因为谁优先的问题而争吵,可能发现兴趣指向不同的方向。当然也会经历快乐,"人因相似而亲近,人因不同而成长"。不同的人在一起会因为不同而带来新的生机或者发现彼此朝拓展自我倾向的领域发展。最不理想的交往方式是:一方只表现出自己的倾向类型,同时期望对方也能按自己的方式与自己交往。

3.4.2 学习和使用 MBTI 应注意的几个问题

需要注意的是,MBTI 指出了人格的四个维度中在每个维度中偏向于哪一极。通过使用该量表可以获得一系列关于每一极的分数。这些分数不是作为测量特质和行为的优劣指标,它仅是指出一种倾向,只是反映出一个人习惯性地倾向哪一边。这就好比人有左撇子和右撇子两种,对于一个人而言,左右两手都有用,只是哪只手习惯性地用得多些,总是先用它而已。同样,在四个维度中,个人所倾向的一端总是其最常用、最自然、最舒适,反映首当其冲的一种功能和态度。当然,在某一极分数越高,说明这个人在这面的偏好越强烈。或者说,高分者偏向更明显,偏低分者在这方面的偏向不明显。但是每一项分数只代表倾向程度,不代表这方面的优点和能力。总之,MBTI 不像某些人格量表、健康量表、能力测验量表等,可以通过分数的高低来划分等级和优劣,它只说明倾向的程度。

对 MBTI 所能发挥的作用及发挥作用的大小有赖于操作者对结果正确的解释。因而,对于操作者而言,除了本身有丰富知识和经验(对人的长期观察和思考的经验)外,还必须通过专门的训练。

最后,无论是哪一种量表,无论其优劣,都只是一种工具,不可以绝对化,不可以标签化。否则,活生生的人就被困在了僵硬的工具里面,不但没有收益,还阻碍了自己的发展。

思考题

1. 请结合自身情况,举例说明人格对人际关系有何影响。
2. 你属于 16 种人格类型中的哪一种?这样的人格类型在人际交往中应注意些什么问题?

应 用 篇

第 4 章 人际交往原则与艺术

每个人都希望自己能够得到他人的认可与接受,能够与周围的人友好相处,能够获得长久稳定的友谊和爱情,但现实生活中,并不是每个人都能做到这一点。良好的人际关系不是由个人的主观愿望所能决定的,想要达到这个目标,就需要建立起一种健康的社会交往行为态度。人际关系很微妙,但其中是有原则可以遵循的。掌握了这些原则,就"有章可循",做到"从心所欲而不逾矩"。这些基本原则是长久以来通过不断地交往实践,经过千万次的重复,并为绝大多数人所普遍认可的。它们可以指导并帮助人们更成功地建立并维持良好的人际关系。

4.1 人际交往原则

4.1.1 诚信原则

诚信也许是人际关系中最重要、最关键的一种品质和交往方式。心理学家对各种不同的对象进行调查发现,不同类型的人在回答诸如"人际关系上你最喜欢具有什么特征的人?""最希望别人采取什么样的方式同自己交往?""自己会采取什么样的方式与别人交往"等问题时,真诚总会成为分量最重的一个答案。心理学家安德森(N. Anderson)对关于个性品质的喜爱程度进行研究后发现,在最受人们欢迎的个性品质中,排在最前面的、最受喜爱的六个品质是真诚、诚实、理解、忠诚、真实、可信。可以看出,后面的五个品质都与前面的"真诚"品质有关。而排在最后、最受排斥的品质包括说谎、虚伪、不诚实、不真实等。可以看出,这几种又都不同程度地与"不真诚"有关。由此可以得出这样的结论:"真诚"是最受人欢迎的个性品质,而"不真诚"则是人们最为厌恶的个性特征。一个人想要吸引别人,与别人建立良好的关系,真诚是必须具备的品质和交往方式。这可以说是一个最为基本的人际交往规则。

这里可以从马斯洛(Maslow)的需要层次理论(图4-1)来理解为什么"真诚"会成为人际关系的第一原则。马斯洛认为人的需要分为五个层次,它们是生理的需要、安全的需要、归属与爱的需要、尊重的需要和自我实现的需要。

生理的需要满足之后,安全的需要成为最重要的一种需要。人作为一种高级的动物,与其他所有的动物一样,需要一个安全的环境,这个环境不仅是物理意义上的,也是心理意义上的。真诚的交往带给双方的是对彼此行为的预见性。通过真诚的交往,彼此可以加深了解,每个人

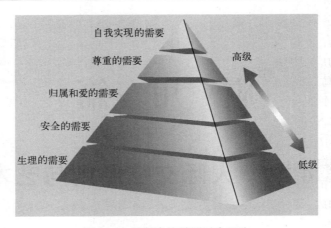

图 4-1 马斯洛的需要层次理论

都可以对对方下一步的行为做出正确的估计,这就形成了心理上的一种安全感。而跟一个不真诚的人交往,则不能随时正确估计这个人的下一步的行为,是对自己有利,还是对自己有害,这种担忧会使人长期处于高度的自我防御状态。随时可能存在的隐患,构成了心理上的不安全感。在人际交往中,人们可以容忍别人的缺点与失误,但却无法忍受虚伪和欺骗。如果一个人常常失信于人,必然会引起他人的反感、厌恶,阻碍正常的交往。唯有真诚的态度才有助于交往的有效进行,它能够给别人提供一个安全和自由的气氛,使双方可以没有任何戒心、放心大胆地进行交流。

4.1.2 平等、尊重原则

在真正的友谊建立过程中,个人的出身、容貌、才智、经济实力、教育水平、成长经历、职业等内部和外部条件虽然存在差异,但每个人在人格上是绝对平等的,交往双方必须以平等的原则与人相处和交往,真正的友谊是会超越这些条件限制的。如果因为地位、身份等原因而影响到交往进展,认为彼此没有处于平等的位置,无论这种想法存在于哪一方,双方之间的友谊迟早要破裂。事实证明,那些优越感强,喜欢表现自己,在人群中爱出风头,自认为高人一等的人在交往中是最不受欢迎的,也会被集体所孤立和排斥。

有些人在与别人交往中总是不停地谈论自己,只要有人听,他们就说个没完,毫不在意别人的反应,对别人要说些什么毫无兴趣;有些人通过谈话来炫耀自己;有些人通过谈话来求得别人的同情。无论如何,过分地关注自我,都不能使交往有效、顺利地进行下去。

相反,有些人在与人交往的过程中,一味地帮助别人,有时候也违反了平等原则。如果你想帮助别人,而且想和别人维持长久的关系,那么不妨适当地给别人一个机会,让别人也能有所回报,这样才能让人感觉到在交往中所处的位置是平等的,不至于因为内心的压力而疏远了双方的关系。有些人不明白这个道理,在交往中过于主动、热情、大方,认为这样做一定会使友谊得到巩固和加强,使友谊天长地久。殊不知,这样的"过度投资",不给对方任何回报和补偿的机会,无形中就打破了双方在交往中的平等地位,使对方产生很大的心理压力,对继续交往产生恐惧和逃避的心理。

尊重别人,一是要给别人留足面子,特别是在公共场合,一定不要做有损对方颜面的事。二是要善于从对方的立场看问题,这样你才能真正了解对方,找到和他沟通的适当方法。三是在不损害自己尊严的前提下,要尽量迎合对方的兴趣和想法。只有使自己的兴趣和想法同对方的兴趣和想法吻合,他才会乐意同你交朋友。四是要肯定别人的成绩,并真诚地为他人的成绩高兴,满足他人的成就感,使他人感觉到你在重视他,这样他才会真正喜欢你。

美国心理学家马斯洛在他的需要层次理论中把尊重的需要列入人的高级需要之中,认为人人都要尊重别人,同时也希望得到别人的尊重,也就是包括自尊和尊重他人两个方面,这个理论也同样适用于人际交往。当一个人得到了别人的尊重,他(她)就会对尊重自己的人产生一种强烈的亲和力和认同感,就愿意接近对方并与之交往。

在现实生活中,交往的对象包括各种各样的类型,有的比自己优秀,有的不如自己;有的是自己喜欢的类型,有的则不然。但不管怎样,必须在平等原则的基础上去尊重对方,尊重对方的人格、权利和劳动成果,只有这样,才能得到他人的尊重。古人云"敬人者,人恒敬之"就是这个道理。这里还有一个小故事。

一天,俄国大作家屠格涅夫走在大街上,遇到一个伸手向他乞讨的老人,可他翻遍了所有的口袋也没有找到一分钱,他深感不安,于是握住乞丐的手说:"对不起,兄弟,我什么也没有!"虽然他没有给予施舍,但这声"兄弟"却让这个乞丐感慨万分,回答他说:"哪儿的话,我已经很感恩了,这也是恩惠啊!"

4.1.3 交换原则

社会心理学家阿龙森和林德做了这样一个实验。

他们安排素不相识的被试者参加一系列实验,使得这些被试者在实验的过程中不得不发生一系列交往,即每个实验环节都是两个人合作完成。每个环节结束之后,安排其中一名参加实验的被试者(实为研究者的助手)对研究者评价另一名被试者(实为真被试者),并故意安排这名真被试者碰巧听到另一个人对自己的评价。评价有两种情况,一种是夸赞,说自己喜欢与他一起参加实验的合作者;另一种是报怨,说自己不喜欢那位一起参加实验的合作者。结果,当实验者让被试者自己选择下一阶段实验中的合作者的时候,受到夸奖的被试者往往还选择原来的合作伙伴,而受到抱怨的被试者倾向于重新选择一个新的合作者。

通过这个实验可以发现,人际关系的基础是人与人之间的相互重视和相互支持,交互性是人际交往的一项基本原则,功利性是人际交往的一种基本动力。人际交往过程中,喜欢和厌恶、接近与疏远都是相互的。我们知道,喜欢我们的人,也被我们喜欢;愿意与我们交往的人,受到我们的善待;对我们不屑的人,我们也会对他嗤之以鼻。交换原则要求我们在人际交往过程中,要考虑双方的共同价值和共同利益,使双方在交往中都能得到好处和利益,获得心理上的满足和平衡。心理学家霍曼斯(G. C. Homans)早在1974年就提出社会互动是一种类似商品交换的行为,这里的交换不仅是物质商品的交换,还包括诸如赞许、荣誉或声望之类的非物质商品交换。在商品生产的社会里,人际交往就如同商品的交换原则一样是等价的,是公平交易的。他认为在人际交往的相互作用中,要做到收支平衡,也要有利润。人与人之间的交往本质上是一种社会交换,这种交换同市场上的商品交换所遵循的原则是一样的,即人们都希望在交往中得到的不少于所付出的。大多数人的交往都是互惠互利的,完全没有需求上的相互满足和回报的交往几乎是不存在的,或是很难延续较长时间。这里所指的互利并非完全是物质利益上的互利,还包括精神和感情层面的互利。福阿(U. G. Foa)对人际交换进行了分析,提出了交换的六种基本回报类型,它们是金钱、物品、信息、服务、地位和感情。

人际交往中的精神互利就是指交往双方互相理解、信任、接纳、认同,从态度、行为到观念、意识等方面都能达成一致,并能从交往中获得精神层面的满足和愉悦。

人际交往中物质利益上的互利就更为常见了,人们往往会考虑和衡量自己在交往中的付出是否有价值,如果付出多回报少,那么就会心理失衡,会感觉不合算,交往的积极性就会受到影响,甚至会选择主动结束交往。而那些能够得到深入发展并能长期得以维持的人际关系,恰恰是因为它能使交往双方都能得到最大的满足,人们通过交往能达到从精神到物质上的互惠互利。

现实生活中往往只考虑到自己的收益、自己的利润,忘记了如果要长期地、正常地交往,跟自己交往的人也要有收益,也要有利润,这种以自我为出发点的人际关系往往把人际交往带入困境。因此,在人际交往中,必须要明白"投桃报李"的含义,不能过分看重自己的利益,只求索取,不讲奉献的交往心态必然会造成人际关系出现矛盾和裂痕。应该在互利原则的指引下,彼此帮助,互相支持,使大家都能从交往中得到实惠,只有这样才能获得良好的人际关系。处于社会环境下的人,都希望得到别人的肯定与认同,这种寻求自我价值确立的倾向会引导人们在社会交往中愿意表现自己,努力吸引别人的注意,争取得到别人的接纳。但往往忽略了,在吸引别人注意的同时,也要去注意别人;在得到别人接纳的同时,也要去接纳别人。

"投我以桃,报之以李。""爱人者,人恒爱之;敬人者,人恒敬之。"这些传统文化中的智慧也形象地展示了人际交往中的交换性是多么重要。

4.1.4　自我价值保护原则

上面提过社会心理学家阿龙森与林德做过一个实验。

实验人员很巧妙地安排了被试者可以被合作伙伴反复评价,并且被试者每次都可以"意外地"听到这些评价。根据评价的性质和变化趋势的不同,可以把评价分成四种:

- 肯定评价,即被试始终得到好的评价;
- 否定评价,即被试始终得到否定评价;
- 不断提高的评价,即评价的前几次是相同否定的,后几次则从否定逐渐转向肯定,并最终达到第一种情况的肯定水平;
- 不断降低的评价,即评价的前几次是相同肯定的,后几次则从肯定水平逐渐下降,最后降到第二种情况的否定水平。

实验的主要环节是让被试者评价自己喜欢合作伙伴的水平。结果如表4-1所示。

表4-1　喜欢水平的增降趋势

条　件	喜欢水平
肯定→肯定	+6.42
否定→否定	+2.52
否定→肯定	+7.67
肯定→否定	+0.87

注:表中得分是从-10～+10等级评定量表上的得分,-10表示最厌恶,+10表示最喜欢。

从表 4-1 中的数据我们惊奇地发现，被试者最喜欢的不是一直给予自己积极评价的交往对象，而是开始时给予否定评价而后来给予积极评价的交往对象。这说明我们喜欢的是对自己的喜欢水平不断增加的人，而厌恶对自己喜欢水平不断降低的人。

阿龙森与林德认为，一个人在遭到否定评价的时候会产生焦虑和自我怀疑，从而使得被评价者更需要被别人肯定，而当肯定的评价后来真正地来临的时候，这些肯定的评价就显得更加珍贵。

北京师范大学金盛华教授用自我价值定向理论对这个实验的结果给予了详细的解释。新出现的肯定评价意味着自我价值的上升，而新出现的否定评价则意味着自我价值的降低。当原来肯定我们的人转向否定我们的时候，意味着我们正在丧失已有的自我价值，这个时候我们有两种选择：一是承认别人评价的正确性，认为自我的价值真的降低了；二是进行自我价值的保护，降低评价的重要性，对评价者的喜爱程度也跟着降低。

在人际交往的过程中，只要威胁到个体的自我价值，他就会警觉起来，自我价值保护的心理倾向就会引导其用防范、拒绝和贬低别人的方式来进行自我价值保护，这样，与别人建立和维持良好人际关系的目标就灰飞烟灭了。必须遵守自我价值保护的原则，即在与人交往的过程中要给他人的自我价值以肯定和支持。根据上面讲到的交换原则，也只有肯定和支持了别人的自我价值，才能被别人接受、喜爱和支持。

4.1.5 情境控制原则

作为一个生物体，每个人都有控制环境的需要。对环境的熟悉和控制带来的是一种安全感。当人们来到一个陌生环境的时候，很难保持已有的安全感。仔细琢磨一下，人类进行各种社会生产、发现自然规律、进行科学创造，其实最终都是为了控制环境。

对于社会性的人来说，不仅需要物理上的安全感，更需要心理上的安全感。对社会环境的失控感同样能引起人们高度的自我防卫状态。

在人际关系的过程中，只有坚持自由与平等的交往，才能给交往的双方都带来控制感。而只有这种双方都能体会到控制的人际交往才能长久、健康地维持下去，朋友关系、夫妻关系、亲子关系，概莫能外。

在现实生活中我们也能看到有这样的一类伙伴，其中一方有特别强烈的控制欲，而另一方恰好有很强的依赖心理。不要以为这样的朋友关系是一种很完美的组合，恰恰相反，对别人强烈的心理依赖是一种很不健康的心理状态，而这种朋友关系恰好放任和强化了这种不健康的心理状态。可以说这种朋友关系的维持是以一方牺牲心理的发展而得以实现的。

4.1.6 宽容原则

"严于律己，宽以待人"是维持良好人际关系的一件法宝。

不管人们如何谨慎，不管如何熟谙交往之道，在与人交往的过程中，都不可避免地会出现不和谐的音符。

小孙才艺出众，学业拔尖，读完研究生走上工作岗位后，却出人意料地处处碰壁，先后换了四家用人单位，都因人际关系处得不好，上司和同事总和他过不去而收场。在经历了四家用人单位之后，小孙开始感叹"世态炎凉""知音难觅"。这样的结局其实也不能一味地怪"伯乐"，小孙这匹"千里马"本身也有很大的问题。

小孙刚到第一个工作单位,公司的经理就很赏识他的才华,所以在他来到单位不久后就把他调到自己身边当助手。可是,随着小孙与总经理的接触增多,在总经理面前开始变得张狂和随便起来。比如,他曾当着众人的面,口无遮拦地发表自己的见解,还与总经理争辩,让总经理下不来台。后来,总经理开始对小孙挑剔起来,即使他提出绝佳的计划,也常常遭到总经理的否决。

有一次小孙去参加一个同事的宴会,事后他却跟别人一个劲儿地报怨宴会的布置是如何俗气,抱怨食物是如何乏味,责怨主人待客是如何怠慢等。事实上,那次宴会并不像他描述得那么糟糕。知情的人很清楚,小孙如此报怨那次宴会,只不过因为主人无意中疏忽了他,没有将他安排到重要的位置。

小孙长得高大健壮,爱好球类,在学校里是篮球队的主力。到了第二家单位之后,所在系统举办篮球比赛,他担任了单位篮球队的队长,由他全权负责组织篮球队的训练。可是,短短的一个月内,小孙几乎把球队所有的球员都得罪光了。虽然自己篮球水平确实不错,但在训练的过程中老爱辱骂人,"水平真臭!""干什么吃的?""给我滚一边去!"后来比赛败北,他更是骂骂咧咧,这个单位的成员岂能容他?

小孙在第三家单位的时候,负责一个工程项目。在设计图纸的时候,原本和他一直配合很默契的员工向他提出修改意见。小孙不愿意接纳,情急之下当场甩给人家一句:"你懂什么?我开始搞图纸设计的时候,你还穿开裆裤、和稀泥呢!"尽管那位员工反复向他解释并非有意冒犯他,可小孙依然暴怒不已。事后,他感觉到自己做得有点过分,但碍于面子,一直没拉下脸来向对方道歉。殊不知,廉颇的"负荆请罪"一举不但赢得了"将相和"的良好局面,也博得了后来人的千古传唱。道歉不是件丢人的事,而是成熟和诚实的表现。说错话,办错事,需要向别人道歉,这是人际相处的基本常识。要想化敌为友,就必须勇于道歉。

在第四家单位的时候,有一天他去仓库领资料,保管员的态度有些不好,发材料的时候又将数字搞错了。小孙本来就憋了一肚子火,现在让他抓住机会,当然得理不饶人了。这时有个同事拉了拉他,暗示他保管员的袖子上别着一道黑纱,可小孙依然不肯罢休,直闹到领导表示扣保管员当月的奖金才算完事。

四易其职,小孙的"恃才放旷"是主要原因,但也看到,待人不够宽容也起了很大消极作用。宴会的主人无意怠慢了他,他不能宽容待之;球队的球员犯了错误,他不能一笑置之;同事给他提出合理的修改意见,他不能欣然纳之;保管员因失去亲人而在工作上出现了失误,他不肯特殊对待,不依不饶。

虽然人们都喜欢与那些在人生态度、价值观、个性特征、文化背景等方面和自己相似的人交往,但是也无法避免与那些相异者相处共事。应以一种宽容的态度对待他人,视彼此的差异为正常合理。"退一步海阔天空。""惟宽可以容人,惟厚可以载物。""得饶人处且饶人。"这些古训都是告诫我们在人际交往中要做到心胸开阔,宽容忍让,这也是为人处世的高层境界。

在日常的人际交往中,每个人都有做错事讲错话的时候,都有无意中伤害到别人的时候。如果这时毫不退让,斤斤计较,不仅会使自己的情绪变坏,造成心理波动和失衡,还会激起对方的不良情绪,造成矛盾对立和激化,使冲突加剧,甚至会导致关系破裂,无法补救。人们往往说"严于律己,宽以待人",那是在我们未犯错误之前,一旦我们真的犯了错误,我们也要以宽容的心态对待自己的错误。上面案例中的小孙对自己的错误就是不能宽容对待,不承认自己有错误,不容许自己不完美,这样一种心态来对待自己,结果肯定是自取其辱。

因此,在人际交往中要学会宽容和忍耐,要能够站在对方的角度看问题,即所谓的"换位思考",设身处地地为别人着想,要能够容得下别人的某些缺点和不足,尊重别人那些和自己不同的兴趣和行为习惯。只有化干戈为玉帛,友谊才能长存。雨果说:"世界上最广阔的是海洋,比海洋更广阔的是天空,比天空更广阔的是人的心灵。"

4.1.7 适度原则

人世间的事,莫过于一个"度"字。吃饭要适度,不可贪吃,吃多了撑得慌;运动要适度,不可过量,过量了会对身体造成伤害;人际交往也要适度,而这个适度不是只言片语能说得清的。

1. 交往的范围要适度

很多人以为人际交往嘛,当然是范围越大越好了,但事实不一定如此。在每个圈子中都有一些的"交际高手",在学校里,则是那些上通下达的,左右逢源的学生干部,你看他们奔波于学校的上上下下,似乎与每个人都能说上几句话,让很多人好生羡慕。但实际上,与每个人都能说得上话的人,与每个人都说不了几句话,这种泛泛之交很难赢得深刻的人际关系。

2. 交往的时间要适度

人际交往固然重要,但它毕竟不是生活的全部。如果一个人整天钻营于人际关系,短时间内可能会有一些小的收益,但长久以往,必将失去更重要的东西。人际交往是我们实现幸福生活的途径,而不是生活本身。

3. 交往的程度要适度

什么样的人际关系才叫好呢?是不是卷入程度越高就越好呢?无论是亲朋好友之间还是恋人夫妻之间,无论关系多么亲密,感情多么融洽,双方在意识观念、行为习惯、处事方式上都不可能达到完全的一致,心理上的距离不可能完全消失。每个人在内心深处或多或少都会藏有属于自己的秘密,即便是最亲密的爱人和朋友可能也无从了解,没有必要把自己的一切都坦露给别人,更不能要求别人也向自己敞开一切,"距离产生美"的道理也正在于此。看到有些朋友之间好得不分彼此,丧失了自我,这样的深刻程度是很危险的,一旦遇到过不去的坎,又势如仇敌。

小雪是某大学历史系的女生,今年上大四。大二的时候,在老乡会里认识了一个当时刚上大一的男生。小雪看中了那男生帅气的外表和稳重的举止,于是借助老乡这层关系,两人迅速发展成了恋爱关系。小雪比那男生高一年级,两人相处的时候,小雪总是表现得很关心对方,像个姐姐一样。对于这段恋情小雪倾注了自己的全部,她甚至打算好了两人毕业后到哪里去工作,如何步入婚姻的殿堂。就这样,两人出双入对,度过了一年的甜蜜时光。但天下没有不散的筵席。大三开学以后,那位男生主动地向小雪提出了分手,理由是他开始反思自己当初和小雪谈恋爱是出于一时的冲动。小雪是个依赖性很强的女孩子,一年的恋爱已经让她习惯有他的生活,两个人要是这样分手的话,她觉得自己实在做不到。她答应两人暂时分开,以便让男朋友有时间更好地思考这个问题。很自然地,两个人的关系就这样没有经过正式仪式而破裂了。两人最后通电话的时候,小雪告诉已经分手的男朋友:虽然你已经不爱我了,但我还是依然爱着你,我不会去爱别人的。在这一点上,小雪说到做到,大三一年,虽然有很多男生对她表示好感,但她仍然执着地爱着先前的男友,不愿意开展新的恋情。现在大四了,班里的同学都在忙着考研,但小雪就是静不下心来,脑子里老是有莫名其妙的想法,想停下来也左右不了。最终她来咨询室向咨询师求助。

未能处理好与前男朋友的关系是造成小雪现在强迫思维的原因之一。陷入恋爱的小雪没有合理地把握两个人的距离,在交往的过程中丧失了自我。而两人分手后,她仍不能合理地调整自己的角色,还沉浸在原来的幻想里头,对自己的人际关系也构成了不好的影响。最后,两人虽然没有势如仇敌,但也对小雪构成了很大的伤害。人际交往应该密疏有度,把持住一定的距离,能分能合,心中有他人又不丧失自我。

用下面这个小故事结束本节的内容。

一位青年人拜访年长的智者。

青年问:我怎样才能成为一个自己愉快,也能使别人快乐的人呢?

智者说:"我送你四句话,第一句是把自己当成别人。即当你感到痛苦、忧伤的时候,就把自己当成别人,这样痛苦自然就减轻了;当你欣喜若狂时,把自己当成别人,那些狂喜也会变得平和些。第二句话是把别人当成自己,这样就可以真正同情别人的不幸,理解别人的需要,在别人需要帮助的时候给予恰当的帮助。第三句话是把别人当成别人,要充分尊重每个人的独立性,在任何情形下都不能侵犯他人的核心领地。第四句话是把自己当成自己。"

青年问道:"如何理解把自己当自己?"

智者说:"用一生的时间、用心去理解。"

"把自己当成别人、把别人当成自己、把别人当成别人、把自己当成自己。"这简短的四句话把人际关系的道理说透了。

4.2 人际交往艺术

4.2.1 听和说的艺术

在人际交往中,语言是一个主要的媒介,处理好听和说的艺术,能促进我们的人际交往。

有两个人是从小玩到大的好朋友 A 和 B,后来 A 到外地去工作,过年的时候才回来看看。有一年 A 给 B 打电话说:"你怎么也不给我打电话?我都回来好几天了。我从外地给你带来点特产,你有时间过来拿吧!"

B 一听这段话,心情顿时很烦,你回来好几天了,怎么也不给我打电话?两个朋友就此产生了裂痕,这就叫"有好话没好好说"。同样是这段话,如果换一种说法,看是什么效果:"我回来了,最近在忙什么?连老朋友都忘了联系。我从外地给你带了点特产,你看你什么时间有空,我给你送过去。"

学打保龄球的人在指导者的指导下进行练习,一球打过去,倒了 7 个瓶子,剩下 3 个。面对这样一个事实,有两类指导者。一类指导者会板着脸指责说:"怎么搞的,还有 3 个没打倒!"另一类指导者会用肯定的语气和期待的目光说:"好!打倒了 7 个。"两种评价会使打球的人心理上产生两种不同的反应:在第一种情况下,打球的人心里想:你怎么就没看见我打倒的那 7 个呢? 很不服气。在第二种情况下,打球的人会内疚地想:怎么搞的,还有 3 个没打倒,下次得努力! 这就是行为科学里著名的保龄球效应。

同样的内容用不同的话语表达出来,就会在对方的心理上产生不同的影响,从而也会给双方的交往质量带来好的或坏的影响。听和说是语言交流的两个方面,倾听是语言表达的前提,在学会说话之前,先做一个好的倾听者。

1. 听的艺术

"听"字的繁体字是这样写的:聽,由耳、王、十、目(横)、一、心组成,可以理解为用最好的耳朵,十只眼睛,一心一意地听,可能古人已经理解了听的真谛,所以把听的宗旨全都包含在这个字里。在人际交往中,听的艺术表现在以下方面。

① 在倾听的时候应该与说话人交流目光。眼睛是心灵的窗户,让你的眼神和表情表达出你正在专心听对方说话。但是要注意不要死盯着对方的眼睛,给对方造成压力感。重视倾听,并不是一言不发,单纯地听。

② 在倾听的时候要点头或发出"哦、嗯"等声音以示应答,既能表示自己在倾听,也能激起说话者进一步讲话的兴趣。否则,对方的独角戏很快就会谢幕。认真倾听,不等于一言不发,也不等于一味地附和对方的观点。从不表达自己的相反观点的人,会被人认为或者是没有主见,或者是太圆滑。如果是前者,对方会觉得与这种人交往很无趣;如果是后者,对方不会敞开自己的心扉,畅所欲言,双方的交往也不会太深入。所以,认真倾听的同时,得体地向对方表达自己的观点和意见,不但不会得罪人,反而会受到对方的欢迎。

③ 倾听对方讲话,并不只是让对方感觉到你在听他讲话,你要尊重他,最重要的是你要从他讲的话中得到需要的信息。对于对方谈话中的要点,如果自己没有听清楚,你可以要求对方谈得更详细一些,说明对交谈的内容很有兴趣,也很重视,需要进一步地了解,引导对方做更进一步的阐述,便于获得更深入的信息。当没有听清楚或没有理解的时候,要等对方的话说完之后再询问,不要在中途随意打断对方的话头,这样有可能造成对方思路的中断,对方也可能因为被别人打断谈话而不高兴。

④ 适时地提问,能帮助我们理解对方,也有助于控制谈话的方向和增加谈话的积极性。通过提问,可以让对方感觉到,对他的谈话内容感兴趣,同时也能启发对方谈出彼此感兴趣的话题。并不是每个人都能对他人畅所欲言,尤其是头一次碰面的陌生人。当交谈出现冷场的时候,可以寻找一些新的话题,及时提问,来解除沉默和尴尬。再好的话题也有说完的时候,当交谈者的兴趣减弱的时候,仅重复一些没有新意的话题是令人乏味的,要敏感地感觉到对方对谈话的兴趣,以便及时将话题转移到新的内容上面。

2. 说的艺术

任何一句话,都有很多表达方式,而每一种表达方式,都会带来截然不同的表达效果。常用的说话技巧有委婉、幽默、赞美等。

委婉是说话艺术的技巧之一,在社会生活中使用的频率非常高。在生活中有很多内容是不便直接说出口的,否则会让人联想起一些不那么美好的事物,产生不愉快的感觉。委婉的表达方式能帮助人们消除这种感觉,使谈话的内容保留在高尚、美好的层面上。使人们在表达相同内容的时候更含蓄、更动听,尤其是谈到敏感的事情的时候或拒绝对方的时候,能让对方更容易接受。提到"厕所"一词的时候,总让人联想到一些不好的内容,所以在日常生活中,人们常常用"去方便一下""去洗手间"等来代替,就减轻了尴尬的程度。

幽默能创造一个轻松的环境,解除紧张的气氛。

1999年朱镕基总理在美国进行了9天的访问,在此之前,舆论普遍认为朱镕基总理此次访美是去踏"地雷阵"。在他还没踏上美国领土之前,形形色色的反华分子早已经严阵以待,准备给朱镕基总理一个下马威。

在一次白宫的记者招待会上,许多记者向朱镕基总理发炮,还提出了许多诸如"中国威胁论"的话题。朱镕基总理不与他们正面交锋,而是耐心地听问题,朱镕基总理问:"还有吗?""请讲""讲完后我一起回答"。等长达20分钟的连珠炮发完之后,朱镕基总理才心平气和地回答道:"你们美国是世界上最强大的发达国家,你们拥有的核武器是我们中国的几百倍,武器装备是世界上最精良的,高科技是世界上最发达的,你们还担心什么呀?"短短几句话,驳得那些寻衅的记者哑口无言了。此刻整个会场的气氛开始有些紧张。不料这时朱镕基总理面前的麦克风却出了点小毛病。朱镕基总理抓住这个时机,把话锋一转,幽默地说:"可是,你们美国的麦克风不是最先进的。"话音刚落,台下倏地爆发出一阵哄然大笑,原先有些严肃、紧张的气氛骤然变得活跃起来。

幽默可以拉近人与人之间的距离。

萧伯纳是英国一位著名的剧作家、幽默大师。他生性乐观、风趣。一天萧伯纳在街头散步,一位年轻人骑着自行车向他直冲过来,双方躲避不及一下子跌倒在地。年轻人连连道歉。萧伯纳却幽默地说:"先生,要是您再加一把劲,您就可能作为撞死萧伯纳的好汉而闻名于世啦!"这样一来,萧伯纳自己没有因此而发火,尴尬的局面得到缓和,对方也更加敬佩萧伯纳。

说话的艺术里面无论如何也少不了幽默这一项。一个心理健康的人,必然富有幽默感。心理学的研究表明,人们普遍喜欢具有幽默感的人。329家大公司的经理们曾参加一项关于幽默的调查,其结果是,97%的人相信幽默感在企业的管理工作中有重要的价值,60%的人相信幽默感能决定一个人事业成功的程度。幽默能使人从笑声中发现真、善、美的印迹,给人以深刻的哲理启迪,正如莎士比亚所说的:幽默和风趣是智慧的闪光。

赞美是一种不用花钱而又很有效的奖赏。林肯说:每个人都喜欢人家的赞美。威廉·詹姆斯指出:人生最深切的禀性是被人赏识的渴望。在日常生活中最容易忽视的许多美德中的一项,就是忽视对别人表示真诚的赞扬和欣赏。真诚的赞扬和欣赏,是待人处世的成功秘诀。1921年美国钢铁公司首任总裁查尔斯·史考伯,是美国商界中年薪最先超过一百万美元的人之一,他能获得这么多的薪金,主要是因为他具有善于跟别人相处的能力。他说:我那能够使员工鼓舞起来的能力,是我所拥有的最大资产。只要我们对别人诚于嘉许,宽于称道,别人就会把我们的话视为珍宝。出自内心地真诚赞扬和欣赏别人,是处理好人际关系的一条重要原则。在人际交往中,合理地使用赞美,能给自己的人际关系带来意想不到的收获。

如何赞美别人呢?

首先,必须以真诚的微笑去面对别人。真诚的微笑是令人喜欢的一项重要因素,在人际交往中,需要真诚的微笑。微笑所表示的是:我喜欢你,很高兴见到你。你的笑容就是好意的信差,它能像穿过乌云的太阳一样带给人温暖,照亮所有看到它的人。在与人交往的时候,要尽量挖掘别人身上的长处,欣赏别人,这样才能学会发自内心的微笑。赞美别人与溜须拍马不同,要排除不敢赞美别人的这种心理障碍,大胆地,真诚地赞美别人。"一个面带微笑的人,永远受欢迎。"

其次,要真正拥有爱心,因为拥有爱心的人最能发现别人的长处,爱的心理就是欣赏和赞美。

最后,要勇敢地,恰当地表达你的爱心。埋在心底的爱心,就像被乌云遮住的太阳,不能让人感觉到,也就不能产生任何实用的价值。

不论是新朋友,还是老朋友,都需要释放爱心,如果人人都掌握了微笑和赞美这个工具,我们的生活会充满更多阳光。

赞扬是被人渴望得到而又不需要自己花钱费力的,它使别人的内心充满阳光,而你也能够在其中获得足够多的幸福感。美国著名心理学家斯金纳也以实验证实,当减少批评和惩罚同时增加赞扬和奖赏时,人们主动做好事的概率会增加很多,许多不良行为也会因被忽视而减少。赞扬别人的优点,其实就是在强化其身上的那些闪光点,使之感受到幸福快乐,并能提高其自身的价值,反过来他们也会对赞扬者报以感激和友善的回应。"赠人玫瑰,手留余香"就是这个道理。

当然朋友交往不能只讲优点不看缺点,不能只赞扬不批评,但是批评也要掌握一定的策略和技巧。例如,对事不对人,批评时针对具体的某件事情而不要含有贬低对方的能力甚至是人品的意味;采取先扬后抑的策略,批评时可以先赞扬对方的长处,再去指出其存在的不足;就事论事,不涉及过去的老账,让对方感到自己犯错误是一时的,是可以通过努力改正的。

4.2.2 给人留下良好印象的艺术

良好的第一印象是人际交往成功进行的首要条件。运用以下的方法可以帮助人们有效地建立良好的第一印象。

1. 注意自己的外表和体态语言的塑造

具体要做到穿着得体、举止大方、文雅、礼貌、谦虚、面带微笑等。形象是信誉的重要标志,所以要注意塑造好自己的形象。人的形象有内在形象和外在形象之分,内在形象包括人的性格、人格、学识、智慧、才能、处世态度等。外在形象是通过人的衣着、谈吐、办事和交往等表现出来的,它有时是虚假的,容易使人上当受骗,而内在品质是一个人长期修养的结果,更为可靠。注意塑造好自己的形象,是要使自己的内在形象和外在形象一致,兼具内在的美和外在的美,以真实统一的自我同别人交往,是保持良好人际关系的关键所在。

2. 建立良好的自信,善于表达自己的优点而不过分夸大

人们不只是希望自己是自信的,也希望自己的交往对象是自信的。试想一下,谁愿意与一个畏手畏脚、唯唯诺诺的人交往？与这种人交往,不光是自己特别累,还要时刻担心不能给对方造成伤害,因为不知道什么时候就会伤害到他人的自尊心。所以在与人交往的时候,要建立良好的自信,要勇于向别人展示自己的优点,大方地接受别人的夸奖。但要记住凡事都有个度的问题,勇于向别人展示自己的优点,但不是痴迷于向别人炫耀自己的优点。要把握好这个度,需要在与人交往的过程中不断地反省,调整自我。

3. 主动热情,在最短的时间内缩短与别人的心理距离

在与人交往的过程中,尤其是与陌生人的交往过程中,每个人都是一个懒汉,都希望别人比自己更主动。根据人们的这种普遍心理,可以利用交往过程中的主动来给别人留下良好的第一印象。不要认为自己在与人交往的过程中主动了就是让别人占了便宜,相反,要觉得自己引导和控制了整个交往过程,要体会到成就感。

4. 运用相似性原则，寻找自己与对方的共同之处

运用相似性原则，寻找自己与对方的共同之处，如共同的爱好、年龄、专业、种族、信仰等。在人际吸引的原则里，有一个相似性吸引原则，在与人交往的过程中这一原则是非常实用，也非常有效。在大学里，刚入学的大学生们很喜欢找老乡，究其原因，就是因为老乡这种较为亲密的关系容易给人一种温馨的感觉，使交际双方容易建立信任感。特别是在与陌生人交往的过程中突然得知他与自己有某种关系，更是有一种惊喜的感觉。从人的心理上讲，每个人的潜意识中都有一种排他性，对自己或跟自己有关的事物往往自觉地表现出更多的兴趣和热情；跟自己无关的则表现出一定的排斥性。因而，在与陌生人交往的时候，如果能找到类似老乡这种关系的相似之处，不妨直接地说出来，使对方意识到两人的关系其实很"近"。这样，无论对方的地位在你之上还是在你之下，都能较好地形成坦诚相谈的气氛，打通初次见面由于生疏造成的心理上的设防。

5. 记住别人的名字

记住对方的名字能使自己在别人的心目中留下好的印象。人际关系专家戴尔·卡耐基曾经说过：一种既简单又最重要的获得好感的方法，就是牢记别人的姓名。在人际交往中，记住别人的名字可谓小事一桩，但却能收到意想不到的效果。笔者曾有这样一次经历。

在高中二年级的时候，学校重新分了班。因为班里大多数同学都是陌生的面孔，彼此之间连名字都叫不上来。分班后没几天，老师让一个同学帮他收一项费用。那个同学就挨个收钱，收完谁的钱就把名字记录下来。收到我这里的时候，我把钱递给她，说："我叫……"还没等我把名字说出来，她抢先说："我知道。"然后，把我的名字在名单上写了下来。我当时真有点喜出望外的感觉，我随后向别人打听了那个同学的名字，牢记下来。在后来的日子里，我总是很乐意与这位同学交往，我们最终变成了很好的朋友。对于我们之间的这段友谊的产生和发展，她记住我的姓名这件小事创设了一个良好的开端。对一个人来说，自己的名字是自己社会自我的一部分，在与别人交往时，名字会显示它神奇的作用：如果你在与一个原来不熟悉的人再次碰面的时候就能准确无误地叫出他（她）的名字，两人的关系会迅速地拉近；相反，如果你在与一个人交往过好几次的情况下还把别人的名字叫错，就会处于非常不利的地位。准确地叫出对方的名字，等于给了对方一个赞美，让对方觉得你很重视他，你心中有他这个人。记住对方的名字这样一件小事，能轻松地与交往对象之间架起一座桥梁。

要牢记别人的姓名，也是有技巧可循的。可以遵循以下两点。

① 初次见面的时候要问仔细。当刚刚结识一个人的时候，要找机会主动问清楚对方的姓名。若有必要，可以问清楚是哪几个字，怎么写，有什么寓意。一般情况下，人们都会非常乐意给别人介绍自己的名字。

② 靠重复和联想将对方的名字记牢。重复和联想是记忆的两个策略。重复是记忆的基础，当认识一个人之后，如果有意识地将他的名字在脑海中重复几次，下次见面的时候，想起对方名字的概率会很大。刚接触一个新名字的时候，要记得使用。比如，在合适的时候，用他（她）的名字称呼他（她）本人。分别的时候直呼其姓名道再见。这些都是重复的方式。联想是提高记忆的一种有效途径，是在记忆的时候将记忆对象与另一事物联系起来，达到记忆的目的。在问清楚对方姓名之后，可以适当地联想。把对方的名字与其身材、外貌特征联系起来，这样记忆的效果会大大加强。通过联想，使孤零零的名字在头脑中丰富起来，记忆起来就相对

如果再次见面的时候,实在想不起来对方的名字,不要轻易地向对方提问。如果能周旋一下避开的话尽量避开,不提及对方的名字。如果实在避不开,先向对方道个歉,再诚心诚意地向对方请教。

4.2.3 其他技巧

1. 自我暴露

自我暴露就是把自己私人性的方面展示给别人,奥特曼(I. Altman)等人研究发现,良好的人际关系是在随着自我暴露的增加而发展起来的。随着信任程度和接纳程度的提高,交往的双方会越来越多地暴露自己。因此,自我暴露的广度和深度是人际关系尝试的一个晴雨表,如果想了解自己对某个人的接纳程度,只要了解自己在他(她)面前的暴露水平就可以了。对一个人的接纳水平越高,就越期望对方对我们的暴露。但是,无论关系多么亲密,每个人都有自己不愿意暴露的领域。不能因为关系亲密就期待对方完全敞开心扉,更不应该随意侵入对方不愿意暴露的区域。否则,会让对方产生强烈的排斥情绪,从而降低对我们的接纳水平。

自我暴露的程度,由浅至深可以分为以下四个水平。

一是情趣爱好方面,比如饮食偏好、生活习惯等;二是态度,如对某个人的看法,对时事的评价;三是自我概念与个人的人际关系状况,比如自己的自卑感、与恋人的关系状况等;四是最为隐私的内容,如自己的性体验、个体不为社会接受的一些想法和行为等。

一般情况下,关系越密切,人们的自我暴露就越广泛、越深刻。但事情也不完全都是这个样子,彼此完全没有任何关系的人,却有可能达到完全的自我暴露。一个人不愿意告诉身边朋友的事情,可能会对自己素不相识的网友和盘托出。正是因为素不相识,而且以后对方介入到自己生活中的可能性很小,暴露给自己造成的风险就会减小,这个时候,个体的防御心理就会降低,从而有可能达到完全的暴露。

自我暴露要坚持以下两条原则。

1)切境原则

所谓切境,就是指自我暴露要和当时当地的环境相符合。切忌不分场合、不分时间、不分对象地暴露自己,那只会让人认为是肤浅甚至是愚蠢的表现。

2)适度原则

根据交往对象熟悉程度的不同,要不同程度地暴露自己的隐私。不然,就像祥林嫂给别人讲阿毛的故事一样,只能招来别人的厌恶。

2. 学会寻找话题

不管是刚认识的人,还是老朋友之间,话题是必不可少的,因为如果没有话题,交谈就无从开展。很多人害怕与人交往,最主要的就是话少,见了人不知道该说些什么,该怎么说。寻找话题是人际交往中很重要的一课。以下找话题的技术供大家参考。

① 投石问路技术。在与陌生人交谈时,先提一些"投石"式的问题,在对对方的情况了解之后再确定交谈的主题。比如,在某一部大片流行的时期,想跟刚认识的人交流一下对这部片子的感受,可以先问一下:你看过刚出的××片了吗?

② 察言观色技术。在与陌生人交谈时,先以话试探,在寻找到与对方的共同点之后再确定谈话的主题。比如,看到眼前这位刚认识的人身躯比较健壮,可以试探性地问:我看你身体这么好,是不是平时挺喜欢体育活动?

③ 直截了当技术。在双方有明确的交往目的时,直截了当,直奔主题,而不必再拐弯抹角。这种情况比较适合关系较稳定的人之间。比如,A 想让 B 帮忙做点什么事,那么最好见面或通电话后直奔主题,谈关于要帮忙的事宜。这时候如果拐弯抹角,B 反而会觉得 A 太圆滑,太做作。

④ 由情景入题技术。从眼前和身边的具体情景开始进行交谈。英国人尤其善于用由情景入题的交谈方式,他们碰面后的第一句话通常是:今天天气不错!然后等对方回应之后,再开始谈自己想要谈的内容。

⑤ 趋同技术。在相似、相近的因素上寻找并确定共同关心和感兴趣的话题。刚认识的两个人,如果能找到一个双方都感兴趣的话题,那是再好不过了。共同关心的话题可以让双方迅速地展开交谈,并且因为这个共同点而在心理上迅速地接纳对方。

3. 合理把握与交往对象的距离

你有没有想过,与不同的交往对象交谈时,要保持不一样的空间距离?合理地把握与交往对象的距离也是人际交往的一门艺术。1969 年心理学家索莫尔(R. Sommer)做过一项研究:选择那些独自坐在公园的长凳上休闲的人为研究对象,研究者让一个陌生人到离休闲者 6 英寸(约 15 cm)的地方坐下,然后观察休闲者在陌生人到来之后会停留多久。研究结果显示,与没有陌生人到来的情况相比,陌生者的到来会缩短休闲者离开的时间。

这个研究说明,在单位空间内人员密度低,且人们可以选择自己空间位置的情况下,人们倾向于与陌生者保持一定的空间距离。任何一个人,都需要在自己的周围有一个自己把握的自我空间。人,就像被一个"气泡"包围着,走到哪里,这气泡就被带到哪里。两个陌生者之间的气泡要经过一段时间的交往才能变小或者彼此接纳。

现在不禁要问了:不同熟悉程度的个体之间到底要保持多大的距离才算合适,不至于引起对方的敌意呢?人际距离是指沟通和交往时,人与人身体之间的空间距离,由于人们的关系不同,人际距离也相应地不同。美国学者霍尔(E. T. Hall)根据对美国白人中产阶级的研究,提出了四种人际距离的概念。

1) 公众距离

公共距离是 3.7～7.6 m,在正式场合、演讲或其他公共场合沟通时的人际距离,此时的沟通往往是单向的。

2) 社交距离

社交距离是 1.2～3.7 m,是彼此认识的人之间的交往距离。商业交往多发生在这个距离内。

3) 个人距离

个人距离是 0.5～1.2 m,是朋友之间交往的距离。此时,人们说话比较温柔,可以感知大量的体态信息。

4) 亲密距离

亲密距离是 0～0.5 m,是亲人、夫妻之间沟通或交往的距离,在此距离上双方均可以感受到对方的气味、呼吸、体温等私密性刺激。当然,影响人际距离的因素还有性别、环境、社会地位、文化、民族等,这个研究的结果是根据对美国白人的研究结果得出的,在我国的人际交往中可能不完全适用。

4. 学会察言观色,根据一个人的谈吐判断他的性格

如果一个人在交谈中经常谈论到自己,如自己的经历、看法、态度、情感等,说明他性格比较外向,感情比较强烈,主观色彩比较深厚,比较愿意自我公开,也有可能小有一点爱炫耀自己、爱虚荣的一面;如果一个人谈话时很少提及自己的经历、看法、态度、感情等,说明他性格比较内向,感情比较内敛,主观色彩不深厚,不太注重自我表现,也可能沾了一点自卑的边。

如果一个人谈话喜欢叙述事实的过程,那就说明他比较注重客观事实,情感比较沉着;如果一个人谈话富有感情,注意个别细节,那说明他容易动情,也多少有点主观的色彩;如果一个人的说话时习惯于因果关系,习惯于评价、判断,那说明他主观性很强,也许经常要强加于人。

如果一个人说话是概括型的,注重事件的结果,而较少涉及事件的过程,比较关心宏观的、全局的话题,这说明他有领导者、管理者的特质,具有支配的欲望,且独立性较强;如果一个人说话是具体的,注重事件的过程,比较关心微观的局部的话题,那么他就具有从事具体工作的特质,支配的欲望不强烈,顺从性比较明显。

如果一个人谈话的生活琐事比较多,那说明他是安乐型的人,比较关心生活的安排;如果一个人谈论国家大事比较多,那说明他是事业型的人,比较注重事业的成就;如果一个人喜欢畅谈未来,那说明他属于幻想型的人,比较注重计划和发展。

如果一个人不太愿意评价别人,偶尔谈到时,当面与背后言论比较一致,说明他是正直的;如果一个人喜欢品头论足,阳奉阴违,则说明这个人是虚伪的,嫉妒性较强。

如果一个人用词高雅、准确、讲话干净利索,说明他有较好的文化修养,办事比较干练果断;如果一个人用词比较欠妥、浅薄,说话啰唆、抓不住重点,说明他文化修养不高,办事拖拉;如果一个人用词夸张、粗俗、讲话不慎重,说明他文化修养较差,办事不负责任。

如果一个人讲话快而急,这个人往往是脾气急躁,办事雷厉风行,但可能有些瞻前不顾后,粗枝大叶;如果一个人说话慢而缓,说明他生性比较沉稳,前后考虑得比较周到,但办事可能不干练;如果一个人讲话快而不急,则有可能办事果断,富有主见,并且不轻易改变自己的主张。

如果一个人在集体场合讲话主动,往往性格比较外向,是富有自信心的表现,也多少说明了他具有影响他人、支配他人的特征,当然也有可能是轻率、好自我表现的一种表现;如果一个人在集体场合常处于被动地位,不爱表现,那一般是性格比较内向,同时也有可能是自信心不足,或比较沉着。这类人比较善于从别人的谈话中听取意见。如果一个人喜欢和别人谈话时,常纠正别人的错误,他往往比较主动,自信心强,比较直率;如果一个人不爱纠正别人,则他本人有可能比较谦虚、含蓄,也比较被动。

思考题

1. 人际交往应遵循什么原则?你认为最重要的原则是什么?
2. 在人际交往过程中如何遵守交往适度原则?
3. 在人际交往中,听的艺术表现在哪些方面?
4. 赞美别人时应注意些什么问题?
5. 有效建立自己良好第一印象的方法有哪些?

第 5 章　人际魅力提升

人际魅力,有的书中把它看作与人际吸引等同的概念。就其实质来看,两者讲的是同一种内容,但其词性不同,本书对两者作简要区分:人际吸引描述的是个体与个体之间相互吸引的过程;人际魅力是能产生人际吸引的一种状态,是人际吸引产生的基础。

5.1　人际魅力形成规律

人际魅力是能产生人际吸引的一种状态,是人际吸引产生的基础。

人际吸引是指个体主观上体验到的在空间及时间上直接或间接的相互依存关系,对他人给予积极的,正面的认识和评价的倾向。与此相反,人际排斥是相互脱离关系,并给予否定评价。人际吸引有以下几种形式。

5.1.1　外貌式吸引

社会心理学家沃尔斯特以明尼苏达大学的新生为研究对象,做了这样一项研究:实验的主要环节是举办一次"计算机舞会",舞伴是根据学生的学号随机安排的,个人不能自由地选择和相互交换舞伴。舞会中间休息时,要求每个学生填写一张问卷,目的是了解每个人对自己舞伴的印象。结果发现,无论是男生还是女生,均把外貌作为喜欢舞伴的首要原因,而才华和社会交往能力仅给予参考。

有句老话叫"人不可貌相,海水不可斗量"。在生活中也总有人告诫我们不要"以貌取人",但仪表对人际关系所产生的影响总是难以排除。我们很容易为自己开脱,"爱美之心人皆有之"。更有甚者,把孔老夫子也搬出来为我们助威,"食色,性也"。有人风趣地发表过这样一种言论:男生找女朋友,就像导演找演员,打着艺术的幌子,到最后还是看长相。可见,外貌吸引对人际吸引的重要性。可是,生活中并不是每个人都能长得如期望的那样漂亮,那么这些不漂亮的人岂不在人际交往中很悲哀了吗?实际上,外貌式的吸引,也不单纯指人的长相,还包括人的衣着打扮、仪表风度。人的相貌基本上是天生的,除了付出高昂代价去做整容,很难有所改变。而气质和风度则在很大程度上是后天养成的。有这样一种说法:40岁以前的长相靠父母,40岁以后的长相靠自己。这"40岁以后的长相"就是指由后天的修养所形成的独特的个人气质和风度。所以,不是天生丽质,也可以后天弥补。反过来,即便生得漂亮,如果修养很差,也会令人生厌。相貌对人际关系所起的作用往往是在交往的初期,尤其是第一印象的建立。但随着时间的流逝,相貌的"威力"开始减小,人们会更关注个人的品质、能力等特征。

另外,有关的研究还发现在政治领域,人们似乎更青睐那些相貌普通的女性,民众认为那些面容娇好的女性华而不实,只会卖弄自己的身姿,没有真才实学。也有研究发现,商店的顾客似乎更喜欢那些相貌普通的售货员,那些光彩照人的售货员的美貌反而带给顾客一种压力。

5.1.2 邻近式吸引

社会心理学家费斯汀格有一项著名的研究,是关于空间距离与人际关系的:他调查了一个住宅区的"友谊模式"。这个小区由17幢独立的两层楼房组成,其住户都是偶然搬进去的,之前一般相互都不认识。调查的问题是这样的:"在这个社区的社交活动中,你最亲近的是哪三个人?"结果表明:距离越近的住户关系越密切。其中,41%的人选择了同一层最近的邻居;22%的住户选择了隔壁的邻居,只有10%的人选择了距离很远的邻居。

心理学家西格尔做过这样一项实验:他在马里兰警察学校根据学生的名字按字母顺序安排教室座位和宿舍房间,结果发现名字字母顺序越近的人,在自由组合的活动里也越接近。如果让他们说出三位最新伙伴的名字,也都是名字字母和自己的相接近的人。

抛开这些严格的心理学研究,单凭经验也会发现,空间距离比较近的人,如同桌、邻居、同事等都很容易形成亲密的关系。为什么会这样呢?总结了以下几点原因。

第一,空间距离上的接近为人们的交往提供了条件,增加了个体之间的交往频次,从而对对方有更多的了解和关注,进而建立亲密的私人关系。

第二,根据社会交换理论,人们在进行交往的时候总是期待着对方的"回报",空间上的接近使得回报唾手可得。对于现实生活中的人来说,与空间距离接近的人建立亲密关系有很大的实用价值。与身边的人建立亲密的关系,人们可以很容易地获得安全感,获得对自己有利的信息,在生活、学习、工作方面得到照顾。

第三,时间上的长久性强化了彼此之间的关系。一般来说,空间距离接近的人都要共同度过一定时期的生活,如果双方形不成亲密的关系,或者形成比较糟糕的关系,对双方共同面临的生活都会带来不利的影响。也许是基于这个原因,人们对身边的人的评价都倾向于积极的一面。

空间距离的接近给我们的人际交往带来有利的一面,但并不一定意味着良好的人际关系。空间上的接近只是一种条件,至于发展出融洽的人际关系,还需要双方共同的努力。

5.1.3 相似式吸引

在找对象或者给别人介绍对象的时候,我们一直默默地坚持着一个原则:门当户对,郎才女貌。仔细观察一下大学里的恋人们,你会发现,凡是那些彼此情投意合的恋人,双方身上都有很多的相似性,这种相似可以是身高,是体形,也可以是处世风格。中国有句古语叫"不是一家人,不进一家门",正说明了相似性在人们形成亲密关系方面起到了很重要的作用。

心理学家西尔弗曼(Silverman)通过一个研究发现,约会的男女双方吸引力高度接近。他安排男性评价者和女性评价者独立地在各种自然情境下的约会中,对每一对约会男女的吸引力分别加以评定。结果发现,评价者对约会的男女双方吸引力的评价高度接近。在评定的时候,评价者用五个等级的标准来对约会中的男女进行等级评价,结果是85%的约会男女双方吸引力的差别都不超过一个等级。

西尔弗曼的研究说明了外貌上的相似性会给双方的交往带来有利影响,实际上不只是外貌,观点、态度的相似都会影响着我们的人际关系。

伯恩(D. Byrne)做过这样一项研究:他先了解了被试者关于一些事物的看法,几周后,给这些被试者提供另外一些人的材料。这些材料是关于其他人对先前那些事物的看法。有些人的态度与观点被描述得与被试者非常接近,而另一些人态度与观点被描述得与被试者相差甚远。接下来的研究发现,描述的相似性,决定了被试者对他人的喜欢程度及是否选择该人为自己的工作伙伴。

这说明在对他人不了解的情况下,他人的观点、态度与自己观点、态度的相似性决定了人们的交往动机。

心理学家阿龙森认为,观点的相似性能对人际关系产生有利的影响,是因为当人们发现别人的观点与自己的相近时,会造成一种"我是正确的"奖励效果,从而使人更喜欢与自己意见相同或相近的人交往。相反,如果他人的观点与自己的观念不一致,会提醒人们自己可能是错误的。这是对自身价值的一种否定,因而人们不喜欢与自己意见不一致的人。

物以类聚,人以群分。人们通常喜欢与那些在态度、价值观、社会条件及教育程度等方面与自己类似的人交往,这样可以找到更多的共同点,更能被对方接纳和认同。观点、看法一致实际上也是对自己的一种社会性支持。这一点也符合"巴氏吸引律"(Byrne's Law of Attraction)所描述的内容:我们对他人的吸引力,直接根据双方相似态度的比例而定,相似态度越多则吸引力越大。彼此有共同语言,互相理解、互相印证、互相支持,友情得以深入发展。

5.1.4　互补式吸引

现实生活中,还常常会发现"相异者相吸引",看起来这种现象与上述"巴氏吸引律"的内容相矛盾,但实际上人们在需求及人格特质上的互补性是构成人际吸引的另一条件。在这里强调的互补性是指交往双方在某些特殊特质间的互补,并不是指两个人之间无任何相似之处。例如,能言善辩的人可能会与沉默寡言者建立亲密的关系,支配欲强的人可能会喜欢与服从型的人相处。

互补式吸引是交往的双方在交往的过程中每个人的需要都得到满足的人际吸引状态。当交往双方的需要和满足途径正好形成互补关系时,双方会产生强烈的吸引力。这种互补可以表现在需求、利益、能力、特长、性格、思想观念等诸多方面。

心理学家克克霍夫(A. Kerckhoff)等人通过对已确立关系的大学生情侣们的研究发现,对短期的恋爱关系来说,熟悉、外貌及价值观念的相似性是形成人际吸引的主要因素;而对于长期的恋爱关系来说,互补性则是发展亲密关系的一个非常重要的因素。

克克霍夫的研究告诉我们,在建立人际关系的时候,不要一味地强调相似性,互补性有时候会成为人际关系的保鲜剂。事实上,互补作用是使交往双方在心理需要上相互满足。有研究表明,在异性交往的初期,互补性对交往所起到的影响作用可能并不大,但在长期的交往关系中,它的作用就显得非常重要了。当双方能在长期的交往中逐渐适应对方并彼此取长补短的话,两个人的一些相反的特征(人格、需求等方面)就可以相互满足对方的需求,两个人之间的感情就会趋于稳定。

5.1.5　交换式吸引

在大学的时候,我发现这样一个有趣的现象:喜爱音乐的同学特别喜欢和音乐系的学生交往;喜爱美术的学生如果碰到能和美术系学生交往的机会,轻易不会放过;而音乐系和美术系里对心理感兴趣的学生则主动地和心理系的学生交往。通过这些现象发现,兴趣有时候会驱动人去发展人际关系。但这样似乎还不够彻底,如果一个美术系的学生因为需要某一个心理量表而和心理系的学生主动交往,就不再是兴趣的问题了。利益是人们交往的出发点,交换是人们交往的有效手段,有时候被人吸引是因为我们认为能从与他们的交往中获得某些东西。

撒下一粒种子,期待大地会送给我们一朵鲜花!

与他人的交往能获得一些东西,这些东西可能是有形的,也可能是无形的;可能是物质上的,也可能是精神上的。在小学里,学习成绩最好的学生身边总不缺少"追随者",在这些"追随者"看来,能和一位成绩好的学生交往就能证明自己是个好学的孩子,是个品德优良的孩子。在大学里,几乎所有的男生都喜欢和长得漂亮的女生交朋友,在男生看来,身边依偎着一位美貌佳人是自己能力和才华的象征。类似这些的人际吸引都属于交换式吸引。

5.1.6 个人品质吸引

心理学家安德森(N. Anderson)进行过这样一项研究:向100名大学生展示555个形容性格品质的词汇,让这些大学生评定对每个词汇的喜欢或厌恶程度,并用0~6这七个等级做出评价。令人喜欢的性格品质和令人讨厌的性格品质如表5-1所示。

表5-1 令人喜欢的性格品质和令人讨厌的性格品质

令人喜欢的性格品质	令人讨厌的性格品质
1. 诚实	1. 说谎
2. 正直	2. 虚伪
3. 通情达理	3. 庸俗
4. 忠实	4. 暴戾
5. 耿直	5. 不老实
6. 可信	6. 不可信赖
7. 聪明	7. 不愉快
8. 可喜	8. 心术不正
9. 开朗	9. 自卑
10. 深思熟虑	10. 欺骗

这个表格很容易看明白,但真要依靠个人品质来提升自己的人际魅力却不是一朝一夕能做到的。要静养心灵,不断地完善自我。这些良好的性格品质与良好的人际关系是相辅相成的,不用刻意追求。或许有朝一日,当回味满意的人际关系给自己带来的快乐的时候,会忽然发觉自己的性格已经变得很完善了。真是"蓦然回首,那人却在灯火阑珊处!"

5.1.7 异性吸引

异性吸引,也许是人际吸引力最容易做到的吸引方式。男性和女性在一起时,会自然地产生一种兴奋、愉悦的感觉。社会心理学者李朝旭等人通过实证研究发现:高魅力异性观众在场会助长男性的社会绩效,而低魅力异性观众在场会削弱其社会绩效。不仅如此,"男女搭配"还有其更重要的作用。去南极考察的澳大利亚科考队员几乎都得了一种怪病:失眠、健忘、情绪低落,有关部门派遣了堪培拉大学罗斯·克拉克博士前去调查。调查出来的原因是,由于科考队工作人员全是男性,性别比例严重失调而产生。因此,心理学家建议那些性别比例失调的工作部门或单位,要重视"男女搭配"的健康效应。有关专家认为,在一个机构里,异性比例至少保持在20%以上,才比较有利于身心健康。[①]

5.2 人际魅力提升技巧

对人际关系感兴趣的同学可能会比较关心这样一个问题:如何提升自己的人际魅力。下面将从三个方面来探讨如何提升自己的人际魅力。

5.2.1 充分开发自身资源

通过对外貌式吸引的讲述,我们知道外貌对人际交往产生很大的影响,但很可惜,相貌很大程度上是遗传的结果,所能左右的程度很小。你是不是觉得非常可悲,如果是这样的话,你犯了一个错误:把相貌的概念狭隘化了,把相貌的概念局限于俊和丑。实际上,在与人交往的时候除了先天的长相和身材之外,别人还会注意到我们的仪表、体态、语言表达。所以改变自我形象,大有可为。

保持一个干净整洁的形象,讲究个人卫生是一个再熟悉不过的话题,对于其意义,每个人都耳熟能详,但关键是如何坚持不懈,养成一个好的习惯。

1. 坚持洗头、洗澡,尤其注意保持手部卫生

洗澡可以去掉身上的污垢和汗味,是塑造自己良好形象的第一步。除了清洁功能,洗澡可以解除疲劳,使人精神焕发。洗头和保持得体的发型尤其重要,有心理学家认为,如果人们想最简单而又最有效地改变自己的形象,那就改变自己的发型。另外,面部和手不清洁也会让人产生不愉快的感觉,应注意给人一个干净清洁的形象。

2. 穿着搭配

心理学家做过这样一个实验:给被试者10张小姑娘的照片,其中有些人容貌服饰较好,有些长相较差,衣服也很破旧。心理学家告诉这些被试者,其中有一个人是小偷,让被试者来判断谁是小偷。结果,80%的被试者选择了那些长相较差,衣服也很破旧的小姑娘。人的长相是不受自己控制的,而服饰却是很容易改变的,只要有心,合理搭配服饰可以对自己的形象起到良好的修饰,"人配衣服,马配鞍"就是这个道理。

3. 仪态

仪态是人们在外观上可以明显地察觉到的活动、动作,以及在动作、活动之中身体各部分呈现出的姿态。仪态被视为"第二语言"也叫作"副语言"。体态语言大师博得惠斯代尔的研究成果表明,在人际沟通中,65%的信息是通过体态语言表达的。用优美的体态语言,比用口头语言更让对方感到真实、生动和容易接受。在人际交往中,优雅的仪态可以透露出自己良好的礼仪修养,增加不少的人际魅力,并进而赢得更多被接受的机会。

法国启蒙思想家孟德斯鸠说过这样一句话:一个女人只有通过一种方式才能是美丽的,但

---

① 朱大钧."男女混编"的健康效应. 南方周末,1994-11-4.

是她可以通过十万种方式使自己变得可爱。人际魅力,不仅在于外表,也是品德、才能、智慧的综合。增加自己的文化涵养,努力提高自身各方面的素质,"内正其心,外正其容",才是提升自己人际魅力的正道。

5.2.2　合理地接近他人,增加与人交往的机会

著名心理学家扎琼克(R. B. Zajonc)有这样一项研究:他让被试者看一些人的照片,有些照片让他们看25次之多,而有些照片只看一两次,然后让被试者评价他们对每张照片及照片上人的喜爱程度。结果是,见到的次数越多,喜爱的程度越高。后来又有研究证明,喜爱的程度不仅与见到照片的次数有关,也与客体自身的特征有关。在互相间具有好感或相同态度的人之间,见到的次数越多,喜爱的程度就越高;在不同态度的人之间,喜爱的程度不受见面次数的影响。

通过这项研究,可以得出一个结论:要合理地接近他人。一个人即使再有魅力,如果不主动与别人接近,与人发生关系的机会也会比主动与他人交往的人少许多。再者,从社会交换理论的角度来说,我们总是喜欢那些喜欢我们的人,同样的道理,别人也是喜欢那些对他们表示好感的人。从这一点出发,我们也要主动地与人交往,因为你的主动就是你的魅力所在。

5.2.3　管理好自己的第一印象

中国有句古语:"路遥知马力,日久见人心。"把这句话用在为人处世上,很有道理,但把它用于人际交往,有时候并不一定那么适合。众所周知,在人际交往过程中第一印象最重要、最关键,初次见面的两三秒钟形成的第一印象,往往决定性地影响对方对自己的看法和评价,而且,第一印象一旦形成,就相当难改变。如果我们不注意自己与某人初次会面时候的表现,依然奉行着"日久见人心"的交友之道,可能日子还没来得及长久,我们已经失去了交这个朋友的机会。

研究发现,50%以上的第一印象是由你的外表造成的。你的外表是否清爽整齐,是让身边的人决定你是否可信的重要条件,也是别人决定如何对待你的首要条件。媒体策划专家有一句名言:要给人好印象,你只需要7秒钟。通过大量的分析,研究者们得以成功描绘出影响第一印象形成的因素。

① 第一印象的形成有一半以上内容与外表有关。不仅是一张漂亮的脸蛋就够了,还包括体态、气质、神情和衣着的细微差异。

② 第一印象有大约40%的内容与声音有关。音调、语气、语速、节奏都将影响第一印象的形成。

③ 第一印象中只有少于10%的内容与言语举止有关。

怎么才能给别人留下好的第一印象?恐怕辛纳德·佐宁在《交际》一书中的观点更实用一些。他认为陌生人之间接触的头四分钟是至关重要的。"当你在社交场合中遇到陌生人,你应把注意力集中在他身上四分钟。很多人的生活将因此而改变。"

根据经验知道,一般人并不专心致志地注意自己刚认识的人,他不断地东张西望,似乎在寻找更加有趣的人。如果谁这样对待你,你一定不会喜欢他。恰恰是这种举棋不定的观望状

态让一个人丧失了第一印象分。还有,当我们被介绍给新朋友时,我们应当尽量显得友好和自信。"一般来说,人们喜欢喜爱自己的人。"另外,我们不能让别人认为自己很自负,对别人显示出兴趣或表示同情是很重要的。要知道别人也有自己的需要、恐惧和希望。

这样是不是说,天性矜持或自卑的人,表现出友好或自信是一种不诚实的行为呢?辛纳德·佐宁这样答复:"完全的诚实"对于社交关系来说往往并不合适,特别是在相互接触的头几分钟,这时可能有各种各样的表现,但是适当的表演,在和陌生人的交际中是最好的一种方式。那个时候,不是抱怨自己的健康问题或找别人的缺点的时候,也不是彻底地把自己的观点和印象和盘托出的时候。

5.2.4 人际魅力中的天时、地利、人和

与人的交往要注意时间。当他人需要你的时候,或你为他人解除了困难的时候,你的魅力指数会增加。我们都知道"患难见真情""雪中送炭"这样的说法。在人遇到困难的时候,总是希望和别人在一起,因为他人的在场可以减轻个体焦虑的水平。在这种情况下,他人很微小的帮助或好感都会很容易地引起当事人的喜欢。

社会心理学有这样一项实验:实验者招募了两批被试者,在招募第一批被试者的时候,告诉被试者实验很简单,不会给被试者造成任何压力;招募第二批被试者的时候,告诉被试者实验很恐怖,需要被试者的勇气。第一种招募方式是为了给被试者营造一个轻松的情境,第二种招募方式是为了给被试者营造一种压力的情境。其实这个实验根本没有什么所谓的轻松或恐怖的实验环节,而是要看被试者来的时候是单独来,还是结伴而来。结果发现,在轻松的情境下,来应聘的被试者多数是单独前来,而在有压力的情境下,来应聘的被试者往往是结伴而来。这个实验说明了人在有压力的情境下,容易彼此发展人际关系。

与人的交往要注意场合或环境。格雷菲特(Criffitt)进行过这样一次实验:把一部分被试者安排到比较闷热的房间里,把另一部分学生安排到比较舒服的房间里,让他们填写关于他人态度的问卷。结果发现,在舒服的房间中的学生比在闷热的房间中的学生更容易产生对他人的好感。因为人在不舒服的环境中,人的兴趣和注意力主要在环境上,对人际的注意会明显地降低。

我们在与人交往的时候也要注意这一点。我上大学的时候发生过这样一件事:我去找辅导员办理一份单位证明。辅导员说这个事他办不了,得找院长。于是我们两个人一同去找院长,我知道院长的办公室,于是我在前辅导员在后来到院长办公室门前,发现院长的门开着,里边有争吵声。我当时自己以为很礼貌地敲了敲门,可能由于院长和书记正专注于他们的争吵,也可能是我敲门的声音太小,他们都没有回头。我还想再敲门的时候,被辅导员一把拉了回来。

"过会儿再进去。"辅导员小声对我说。

我那时才明白,来得不是时候。大约过了10分钟,听声音知道两个人意见渐渐达成了一致。然后又过了大约两分钟,辅导员带着我敲了敲门,说明了来意,很顺利地办完了事。后来想想当时如果执意敲门进去,即使事情能办成,也不会很顺利。

与人交往要注意"人和"。一见如故是交往的最理想境界,但现实生活中很少会出现。这里所谓的人和是指要针对不同的人采取不同的交往策略,如果合了交往对象的胃口,则事半而

功倍;如果不合胃口,则事倍而功半。

在老年人面前最受欢迎的品质是懂礼貌、恭敬;在孩子面前最受欢迎的品质是平等、和蔼;在男士面前最受欢迎的品质是豪爽、大度;在女士面前最受欢迎的品质是有爱心,有绅士风度。

针对不同的交往对象,展示自己的不同品质能给我们的人际交往锦上添花。

思考题

提升人际魅力的技巧是什么?

第 6 章　人际冲突处理

友谊能地久天长是我们对友情由衷的期待,但生活中人与人之间的冲突在所难免。我们会发现许多曾经多么亲密的朋友、多么幸福的伴侣最终分道扬镳、形同路人。如何才能避免人际冲突的发生及人际关系的破裂,这是人际关系心理学研究的一个重要课题。

6.1　人际冲突的含义、产生和影响

6.1.1　人际冲突的含义

人际冲突是一种人与人之间对立的状态,表现为两个或两个以上的相互关联的主体之间的紧张、不和谐、敌视,甚至争斗关系。冲突发生的原因多种多样,可能是各方的需要、利益不同,或者对问题的认识、看法不同,或者是价值观、宗教信仰不同,或者是行为方式、做事的风格不同等。当相互关联的两个个体或者多个个体之间的态度、动机、价值观、期望或实际行动不兼容时,并且这些个体同时也意识到他们之间的矛盾时,个体间的冲突就发生了。与冲突密切相关的一个概念是竞争,它们的共同点是都希望取得胜利。但在竞争中,人们并不会主动去伤害别人,而在冲突中他们可能会这么做。在某种程度上,竞争是一场竞赛,而冲突是一场战争。

6.1.2　冲突产生的起因

1. 容忍力的降低

每一个人对会产生负面结果的情绪(如忧伤、生气、紧张、害怕、焦虑等)都有一定的容忍力,有的人容忍力较小,有的人则较大,就像一个盒子,大的可以多装点东西,小的就只能装少量的东西。影响这个容忍力的因素有很多,压力大小、身体状况、心理及精神状态,都会增加或减少一个人的容量。如果没有注意到这些方面的强弱及增减,当其成负向的发展时,一个人与他人产生冲突的机会也相对增多。

2. 差异处理不良所造成的后果

每一个人都有自己的生长背景、个性、教育、人格及其他特点,或多或少与其他人不大相同。差异本身并不会产生冲突,但是如何去面对人与人之间的差异,并用什么态度来处理它,就成了冲突产生的原因之一。就用人格与性别的差异来说吧,内向的人与外向的人对事情的看法及处理方式非常不同,而男性与女性的差异也相当多。如果不能彼此接受,而加以挑剔,那么冲突即可发生(详见两性关系专题)。

3. 彼此的竞争所造成的后果

人与人之间常因为比较、竞争而产生许多令人不舒服的情绪。例如,嫉妒他人得到上司的宠爱、争权力、考试要考得比别人好、长得要比别人漂亮……这些都会引起人与人之间的不满,

引发冲突。

4. 对误会及传言等所产生的情绪压抑造成的后果

人与人之间对事物的了解常常不一样,因此会造成许多误会或错误的认知。有时听到了当事人对自己的不正确的传言却又不能与其澄清。这些情况所产生的不舒服情绪压抑到一定程度,一旦爆发出来,冲突在所难免。

5. 需求未被满足而造成的后果

前面的章节我们已谈过人的需求有生理、心理及精神三方面。任何一个方面未得到满足都会存在危机。例如,尊重的需求,当一个人未得到应有的尊重时,忍到一定时间,再也忍受不了时,冲突就会爆发。

6. 偏颇的因素造成的后果

人的偏见、成见、第一印象、思维定式等,这些不正确的对待他人的思想、看法及各种阻碍发展人际关系的因素,也会成为冲突的导火线。由于这些因素是偏颇的,不能给他人一个平等的、公平的对待。久而久之,冲突的发生也就在所难免。

7. 不清楚的角色、职分及责任的划分所造成的后果

一场戏或电影,必有许多的角色。每个角色有其内容、职责,如果没有划分清楚,扮演的人很难明白怎么表演,那么这场戏或电影,就会产生问题。一个家庭、团体及职场也是一样,每个人都有一定的责、权、利,必须有明确的定位,否则冲突的产生也是可预测的。

6.1.3 冲突造成的影响

对于人际关系来说,冲突可以带来挑战,也可以带来机遇。冲突的负面影响主要表现在:导致双方沟通不良,在情感上产生隔膜,严重的甚至相互诋毁,相互拆台;或者由于互不相让、恶意攻击导致双方关系破裂。但是,冲突也可以有很强的正面影响,正像俗话所说的"不打不相识"。从前面讲述的冲突起因,多多少少了解到,无论是何种原因,它多半与"压抑"所造成的不满有关。就像一个高压锅,如果未能适当处理其内在所有的气体时,当气压达到一定的限度,其爆发的威力可以炸掉一栋房子。如果能适当处理这些气体,它不但能够疏发,而且可以使这个气压成为一种动力。

人际冲突的正面功能主要有:一方面,双方把隐藏的不满、误解公开表达出来,可以通过辩论得以澄清、化解,从而消除隔阂,增进理解,加深关系;另一方面,双方把各自的看法及其理由摆出来,通过建设性的争论,彼此激发新思想,最后找到解决问题的更好方案。一般而言,从冲突的本身来讲,它无所谓好与坏,但在处理方式上却有好坏之分,最终可能产生消极的影响,也可能产生积极的影响。

1. 人际冲突的消极影响

① 当冲突变成攻击、自卫、批评的时候,人与人之间的鸿沟加深,裂痕加大,彼此的仇恨、愤怒也会增加。这种结果对人际关系的杀伤力强大无比,将来要弥补的时候非常困难。

② 当双方面对冲突,采用逃避的方式处理时,表面上看起来好像冲突消失了,但实际上,它却转入了每个人的内心,委屈、伤害、愤怒,甚至罪恶感,都会影响一个人内心的平安,以至于影响人的健康,增加身心疾病的发生率。

③ 由于冲突产生的负向能量增加,如果没有转化提升它的话,它不仅腐蚀人的身体、心理和精神,也会影响一个人在生活中的工作状态及效率,不仅创意降低,连思考能力也会减损。

④ 与他人的合作,也有可能因为冲突的处理不当而萎缩。人与人之间,最可贵的就是合作,能集思广益。但是冲突却可以切断人际的交流,破坏人际的合作。

⑤ 人际关系可以因为冲突,从亲密的、坦诚的、安全的、和睦的、友好的,转为疏远的、隐秘的、害怕的、愤怒的、仇恨的;可以使一个原本善良的、温和的人,成为一个散布谣言,破坏他人名誉的人,因为他无法发泄内心的情绪,只好转向外人发泄与诉苦。由于外人的不知情而盲目同情,更增加了多边性关系的不和谐。这也是为什么原来两个人的小冲突,可以成为两个家庭,两个家族,社团等的大冲突。

2. 人际冲突的积极影响

① 人际冲突让人们有机会产生思想上或人格上等较深层次的接触。冲突的产生,是一个契机,让彼此的不满与愤怒表达出来,借助彼此直接的、面对面的沟通,双方可以了解对方的立场、看法与感受,而达到以前所没有的了解与认识。了解与认识,可以使双方产生信赖与安全。人际的透明化,彼此才会产生诚实、真心的亲密感。

② 人与人之间的冲突让人们看问题的角度更开阔。由于每个人的眼睛只有一对,耳朵只有一双,脑袋只有一个,所以人们看事情常常只能局限在自己的能力范围。常言道,三个臭皮匠凑成一个诸葛亮。人类的问题就出在自己自视过高,而忽略了别人的能力及见解,许多问题的冲突也是因此而来。借助冲突,人们可以学习人外有人、天外有天的谦逊,开放自己的心胸及拓宽视野,用新的眼光来看事情的客观面及多元面。如此,一个人可以更全面些,更开阔些,更宽厚。

③ 冲突的积极能量可以使一个人增加其创造力及生产力。人的生活由于平淡,故而所思、所想、所感受的,也就趋向平凡。世界上了不起的音乐家、艺术家、作家等,都是经历了许多内在或外在的冲突,经转化其负向能量成为积极的,因而产生了更大的创造力及生产力。人际关系的冲突也是如此,它好像一把锁匙,能将心能的大门开启,使能量涌出,并对生活有积极正向的影响。

6.2 人际冲突的类型和过程

6.2.1 人际冲突的类型

人际冲突有不同的层次和类型。布瑞克(H. B. Braiker)和凯利区分了三个层次的冲突。

第一层次是特定行为上的冲突,即双方对于某个具体问题存在不同意见。例如,两人一起外出度假时,对搭乘什么交通工具意见不一:一个想乘飞机,一个想乘火车。

第二层次是关系原则或角色上的冲突,即双方对于如何处理两个人的关系,在关系中各自的权利、义务有不同的理解。例如,宿舍同学可能在宿舍公共劳动怎样分工上存在分歧。在人际关系中,有些角色规范比较明确,也有一些角色规范比较模糊,如果两个人对于规则看法不同,就难免发生冲突。

第三层次是个人性格与态度上的冲突。这往往牵扯到双方人格与价值观的差异,因此是比较深层次的冲突。例如,宿舍可能因为性格不合而闹矛盾:在周末,一方很喜欢找一大堆朋友来宿舍玩牌,另一方则喜欢单独待在宿舍,享受安宁。

在人际交往中,这三个层次的冲突可能交织在一起。行为上的分歧,可能引起关系规则上的矛盾,并进一步导致个性上的冲突。一般来说,冲突层次越深,涉及因素就越多,情感卷入程度越高,矛盾就越复杂,解决起来也越难。

人际冲突可能产生于客观存在的分歧,也可能缘于主观想象的矛盾。根据冲突的基础不同,研究冲突的著名学者多伊奇区分了五种类型的冲突,包括平行的冲突、错位的冲突、错误归因的冲突、潜在的冲突、虚假的冲突。

在平行的冲突中,存在客观的分歧,而且双方都准确地知觉到了这种分歧。例如,你和爷爷奶奶在一起看电视,爷爷奶奶很想看一个电视连续剧,你却想看足球比赛的转播,你们都清楚地知道双方的愿望,但却不愿相让。

在错位的冲突中,一方可能有一个客观的理由,而且知觉到冲突的存在,但是却不直接针对真正的问题本身。例如,你觉得老师在期中考试时给你打的分数太低,内心不满,但是又不好直接去说,于是你就在课堂上故意提一些刁难他的问题。

在错误归因的冲突中,存在客观的分歧,但是双方对这种分歧并没有准确的知觉。一位同学发现宿舍里面有异味,她很讨厌这种气味。她以为是宿舍的同学没有及时洗衣服,所以见面时就警告她不要在宿舍存放脏衣服,事实上,异味可能来自于另一位同学喝剩的茶水。

在潜在的冲突中,存在客观的分歧,但是双方对这种分歧并没有什么感觉。

在虚假的冲突中,双方有分歧,但是这种分歧并没有客观的基础。例如,你的同学召集生日聚会,你没有得到邀请,为此你很不高兴,而他也正因为你没有去参加聚会而不满。事实有可能是,他本来打电话邀请你,因为你不在,拜托你的同学转告,但是你的同学却忘记了这回事。这时,双方的冲突纯粹是因为误会。

6.2.2 人际冲突的过程

虽然人际冲突对人际关系有很大的负面影响,但也有正面的意义,它能提供一个机会,使彼此能澄清自己的看法,并讨论双方在关系中所扮演的角色。一般来说,人际冲突能指出问题的症结,能使人们有改变,帮助人们更加认识自己,使彼此有情绪宣泄的途径。人际冲突是人际关系中的普遍现象,一旦引发一些小型的人际冲突,就要拿出"立即"与"尊重"的态度,处理当下的事件,以免"积怨太深"或"积非成是",造成难以挽回的痛苦回忆。人际冲突不是一种静止的状态,而是一个动态的过程,在这个过程中,冲突双方的认知、情绪和关系都可能发生变化,它包含以下 4 个阶段。

1. 潜伏期

内心知觉到有冲突发生,虽然尚未到爆发的那一刻,其实就已进入了人际冲突的阶段。此阶段需加强对潜伏期的侦测,以便能预知或控制冲突的方向及程度,使其朝向建设性冲突的方向前进,进而减缓冲突的程度,使大家以较平和、理性的态度解决冲突。此阶段的策略可使用温和坚定与诚恳的态度处理事件,谈话中多用"我"字开头,少用"你"字开头等。

2. 爆发期

人际冲突爆发时,无论是口头或肢体的冲突,都会对双方造成伤害。此时,无效的处理人际冲突不如暂时不去处理,若能设法控制愤怒的情绪,让自己冷静下来,其实暂时"不处理冲突"就是最好的处理。学习接受无法接受的事情,不代表永远无法解决问题,我们需要一些时间来思考人生的难题。

3. 扩散期

人际冲突一旦"爆发"后,不要责备它、阻断它或否认它,要静观它的变化,思考可能应对的对策,也许双方都有悔意,也许后面还有余震不断。留一些时间、空间,让彼此有个缓冲也很好,也许当初无法替对方保留颜面,现在或许可以慢慢释出诚意,看看对方的反应再作打算。

4. 解决期

解决期是指包括双方均满意的"双赢"结果,也包括"不解决的解决",甚至结束一段令人伤痛的关系。总之,这是一个做出抉择的时机,好让事情暂时告一个段落或有一个结束。所谓的"双赢"是"你好,我也好",没有人吃亏。这是最理想的结局,但一般人很难放下身价,寻求对双方有利的解决之道。"不解决的解决",其实就是学习接受无法接受的事情,要做到接纳不容易,但它往往是解决问题的一个不错的方法。所谓"无欲则刚""百炼钢,化为绕指柔"指的就是顽石点头,用一颗柔软的心,去接纳以前无法接受的事实。

人际冲突意味着人际平衡关系的破坏,经过一段时间的互动,双方关系一般会达成一个新的平衡,这时就进入人际冲突的结果阶段。人际冲突的后果可能是两败俱伤,也可能是一胜一负,如果处理得当,也可能双赢。当然,能否达到双赢的效果,要取决于人际冲突的性质与双方处理人际冲突的水平。

6.3 人际冲突的解决

在日常生活中,人际冲突是难以避免的,发生人际冲突并不可怕,如果处理得当,人际冲突也可以成为双方增进了解的切入点。很多人就是因为不知道如何正确处理人际冲突,才使人际关系状况恶化。心理学家迈尔斯(D. Myers)发现,认清人际冲突或分歧的本质,并学会建设性地处理分歧或冲突,可以有效地减少人际关系恶化和破裂的发生。

我们必须懂得,由于每个人有其不同于任何其他人的经历,有自己独特的情感、理解,因此,人与人之间出现不一致或冲突是不可避免的。无论什么样的关系,也无论交往的双方关系有多么深刻、情感有多么融洽,都可能出现冲突。因此,我们在同任何人交往的过程中,都应对可能出现的冲突有所准备。

预计人际冲突是正确了解人际冲突,并建设性地处理人际冲突,避免在人际冲突中付出不必要的更大代价的最有效途径。人是情绪化的动物,在过于激动时,思维会受到明显的干扰,很难保持对事情的正确判断。一般情况下,如果一个人在毫无准备的情况下被直接卷入人际冲突,那么在整个冲突过程中仍然保持冷静的理性是十分困难的。在激情之中做出对人际关系有害乃至犯罪行为的事是经常发生的。

6.3.1 解决人际冲突的步骤

在实际生活中,很多的人际冲突都是可以避免的。学会设身处地去体验别人为什么会像他所想的那样言行,可以有效地帮助我们正确理解别人,避免判断的错误,也可以防止发生不恰当的体验和行为。对于已经发生了的冲突,如果处理得当,就事论事,往往不会给人际关系带来太大危害。心理学家经过研究提出了解决冲突的有效步骤。实践证明,这些步骤可以有效地帮助人们控制和消除冲突。具体内容是:

第一,相信一切人际冲突都可以理性而建设性地获得解决;
第二,客观地了解人际冲突的原因;
第三,具体地描述人际冲突;
第四,向别人核对自己有关人际冲突的观念是否客观;
第五,提出可能的解决人际冲突的办法;
第六,对提出的办法逐一进行评价,筛选出最佳的解决途径,最佳方法必须对双方都最有益;
第七,尝试使用选择出的最佳方法;
第八,评估实现最佳方案的实际效应,并按照给双方带来最大利益和有利于良好人际关系维持的原则给予修正。

6.3.2 避免人际冲突的原则

在人际交往中,掌握好交往的尺度,采取积极措施尽量减少或避免人际冲突的产生也是非常重要的。

第一,尽量避免争论。人与人之间的争论是很正常的事,但是争论往往都以不愉快的结果结束。事实证明,无论谁赢谁输都会很不舒服。赢者当时可能获得一种心理满足,但很快会被人际关系恶化的阴影所笼罩,一时的满足心理会变得烟消云散。输者的心理挫折感更加强烈,往往会演化为人身攻击,对于人际关系是非常有害的,争论的结果往往是两败俱伤。

第二,不要直接批评、责怪和抱怨别人。直接批评、责怪和抱怨别人会使他人的自尊心和自我价值感受损,尤其是一时面子上感到难堪。有时候只要稍稍改变一些方法,变直接批评、责怪和抱怨为间接的暗示和提醒,效果会好得多,这就是所谓的"坏话好说"的艺术。

第三,勇于承认自己的错误。勇于承认错误是人际关系的润滑剂。当人际关系产生障碍的时候,承认自己的错误是明智之举。虽然承认自己的错误是一种自我否定,但是使自己产生道德感的满足;另外,承认自己的错误是责任感的表现,对他人也具有心理感召力,在此情境中的人际僵局会因此被打破。

第四,学会批评。不到不得已时,决不要自作聪明地批评别人。但是,有时批评是不可避免的。这时学会批评的艺术是维护人际关系的重要策略。卡耐基总结的批评的艺术是很值得借鉴的:批评从称赞和诚挚感谢入手;批评前先提到自己的错误;用暗示的方式提醒他人注意自己的错误;领导者应以启发而不是命令来提醒别人的错误;给别人保留面子。

6.3.3 处理人际冲突的原则

处理人际冲突对多数人来说都是一个挑战,但如果在处理人际冲突的实践中遵循以下原则,会在以后面对这类挑战的时候变得更从容一些。

1. 控制好自己的情绪

给情绪降温,做合理的让步。在发生人际冲突时,双方都处于一种激情状态下,在这种情绪状态下,很容易说出彼此中伤的话而造成无法挽回的局面。此时,做适度的让步不失为一种明智的选择,让步并不代表忍气吞声,把握好度也是一种智慧。而做出让步的前提就是控制好自己的情绪。

控制好自己情绪,不是一件说要做到就能做到的事。它是一种修养,一种自信、自尊及自我价值的表达。一个人之所以会对他人破口大骂、指责、批评……甚至不理不睬,都是一种自信不够,自尊心较低的表现,故而自我控制能力比较弱。控制情绪,要从日常生活中的待人处事中学习。任何的经验,都是反省、自觉的好机会。要想控制自己的情绪,应该注意以下几点。

① 当意识到自己有生气、愤怒的情形产生时,最好能要求对方给自己一点空间及时间,到另一个房间或洗手间冷静一下。在那个片刻,要能了解一下自己生气的原因,并站在对方的立场来看看并体会一下对方的情绪。

② 如果没有办法离开现场时,请深呼吸至少5次,深呼吸的做法,不是用一般的肺部呼吸法,而是丹田呼吸法。从中国医学的情绪抑扬原理知道,将气吸到丹田时,情绪往往会自然被控制住,无论是何种情绪,只要一入丹田处,一个人就会特别的平静、踏实。

③ 学习用陈述生气的感受,并述说生气的原因来代替生气的发泄,例如,"我现在很生气,因为我觉得被欺骗……我不知道你是不是也是这样地了解这件事。我很想知道你的看法"。用"我觉得"来代替"你让我觉得";用"我生气是因为……"来代替"我很生气,因为你破坏了……"。同样都表达自己的生气,但其威胁的、杀伤的力量却要小得多,因为是分享自己的体验、感受,而非指责他人。在自己分享完之后,给对方一个机会表达看法及回馈,这是一种开放式的沟通,是比较能产生互动的积极沟通方式。

④ 另一个很好控制情绪的方法,就是跳开"现在的我",用一个客观的、有距离的眼光来看自己及对方的情绪。只有如此,才不会陷于自己的情绪而无法自拔。

⑤ 要学习分辨出情绪只是我们人的一种心理状态,而非全部的"我",也就是说"我不是生气,生气只是我的一种情绪,而'我'则是我的'生气'情绪的主人,我能控制它,而不会受制于它。"试试看,这种情绪同"我"分离法非常有效的。

⑥ 多了解自己的弱点,或容易受到刺激的地方,及时的改进或是成长,如此,当别人再来"激怒"时,早有准备,早有防范,情绪的反跳会平淡许多。下面几个问题可以帮助我们认识自己的弱点和容易受刺激的地方。"我在害怕或逃避什么?(怕被别人指责?怕被拒绝?怕被冤枉?)为什么?(希望别人喜欢我?希望不要伤父母的心?)""我最不想见的人,最不想要谈的事情是什么?想逃避谈论的人是谁?为什么?""别人在什么问题上最容易惹怒我?为什么?"

控制好自己的情绪是为解决人际冲突腾出时间和空间,并不是回避问题或压抑自己。回避问题,并不表示冲突就真的不会产生,不要像鸵鸟一样,当困难或危险出现时,就将头埋在沙里面,妥协与息事宁人的做法在处理人际冲突的时候不可取。采取这种处理冲突的态度者,通常是自我不很肯定的人,比较害怕得罪他人。为了保持双方的和谐,宁愿委曲求全。殊不知,这种牺牲并不是真正地对事情有帮助,因为当冲突发生的时候,往往是一种力量失衡到抗衡的情况。未经过双方成熟的、共同的了解问题之所在,并寻求最好的解决方法时,就想息事宁人。息了事,但是否真的"宁人"了?很难讲。真正好的人际关系,是建立在平等的基础上,否则冲突不仅迟早要发生,而且力量会更大,更难处理。就像一个癌细胞,原先很小,但是由于没有根治,则会蔓延得比以前快得多,这是一样的道理。

我们在自己的情绪冷静下来之后要能面对问题,了解问题。当人际冲突产生了之后,要及时处理,不要积留下来。这就涉及第二个原则:当时当地解决冲突。

2. 当时当地解决冲突

发生人际冲突时,直面问题,坦诚以待,立即处理,而不要暗自较劲,更没有必要记仇。前面提到过,人际冲突的起因多半是小事,在当时如果双方直面冲突,彼此说出自己的真实感受,一般都可顺利地解决冲突。但事实上,很多人当时都会选择逃避,几次逃避之后,小问题会积攒成为大问题,到那时发生人际冲突就是算总账了,陈年旧事都有可能会翻出来,此时再处理就是难上加难,这是需要注意的一点。

3. 就事论事,对事不对人

在发生冲突或争执时,将焦点置于事情本身,客观分析冲突的起因与双方对错,不将冲突扩大化。人际冲突的起因大部分是一些生活琐事,而且双方都要承担一定的责任,也很难分清谁对谁错,所以如果将冲突的起因归于某人,双方只会相互攻击,从而激化冲突,但这种错误的做法很容易被本能性地使用。在冲突产生时,双方很容易情绪失控而不能只是针对问题的所在进行处理,反而变成人身攻击与批评。一旦进入这种情况时,所谓的客观、理性都被抛在九霄云外,彼此变成口不择言、情绪发泄的怪物了,严重的时候,甚至会产生暴力,造成无可弥补的严重伤害。在处理人际冲突的时候一定要注意,事件不能代表一个人,事件可以是暂时的,而人是要长时间共处的;事件是不可以改变的,而人是可以改变的;事件的发生是受了多种因素的影响,而人往往是只能控制"自己"这一个因素。

任何疾病都须要"对症下药"才能药到病除,或是至少有效果。同样的,人与人之间的冲突,也是需要就事来论事,一方面能客观,另一方面不会将个人的恩怨也牵扯进来,事情就会单纯得多。否则的话,一旦事情"个人化",那么所有的情绪反应造成的后果,就很难收拾。针对问题与分歧来处理冲突,是目前公认的最好方法。

6.4 与冲突处理有关的量表

6.4.1 处理冲突的倾向调查表

请评估一下自己在下列各种情况中所得的分数(1～5分)。其中1代表一点也不;2代表有一点;3代表中等状况;4代表比较多;5代表非常多。

甲
(1) 你常常为了维持双方的和谐,而让步。
(2) 在协调中,你的看法及权益常常被忽略。
(3) 在协调中,你的需求常未被满足。
(4) 你常常说抱歉及委屈自己。
如果你的平均分数在4分以上,这表示在面对冲突时,你的倾向是退缩。

乙
(1) 觉得只有争取,你才会被公平对待。

（2）你常采取的态度是不妥协、不低头，因为低姿态是会被欺侮的。
（3）你很难对人说"对不起"。
（4）觉得自己要奋力来保护自己的权益。

如果你的平均分数在4分以上，这表示你在面对冲突处理时，你的倾向是争取，具有强势性。

丙

（1）只要解决问题，差不多就行了，不要太计较。
（2）有困难提出自己的需要，不能得到全部的满足。
（3）协调完之后，内心常常不觉得满意，但是又不愿意再惹是生非。
（4）觉得自己不值得得到相应的全部权益，常有对不起他人的感受。

如果你的平均分数是4分以上，这表示你在面对冲突处理时，你的倾向是息事宁人。

丁

（1）要了解分歧与问题发生的原因。
（2）要了解彼此的立场，看事情的角度及冲突整个状况。
（3）除了表达自己的感受之外，也要了解对方的感受。
（4）与对方和平地共同探讨解决分歧与问题的方法。
（5）要使双方都能达到满意。

如果你的平均分数在4分以上，这表示你在处理冲突时，是有面对及解决问题的倾向，你能够从容应对现实生活中出现的一些冲突；如果你的平均分数在4分以下，说明你在处理冲突的时候有回避问题的倾向，你对生活中人际冲突的解决有些力不从心。

6.4.2 平息人际冲突能力测验

从下列各项中选出适合自己的一项。

（1）你正埋头赶一件急事时，你的一个朋友上门来找你倾诉苦闷，你的做法是：
A. 放下手中的工作，耐心倾听
B. 显得很不耐烦
C. 似听非听，思维还在自己的事情上
D. 向他解释，同他另约时间

（2）你的朋友向你借新买的录音机，你自己还没有好好用过，你的做法是：
A. 借给他，但牢骚满腹
B. 脸色很难看，使你的朋友不得不改变主意
C. 骗他说你已经借给了别人
D. 告诉他你想先用一个时期，然后再借给他

（3）在公共汽车上，你无意踩了别人脚，别人对你骂个没完，你的做法是：
A. 听其自然，充耳不闻
B. 同他对骂，打架也在所不惜
C. 推说别人挤了我才踩到你脚的
D. 请他原谅，同时提醒他骂人是不妥的

（4）影院不准高声喧哗，但你的邻座却旁若无人地讲话，你感到厌烦，你的做法是：

A. 很反感,希望有人向讲话者提醒注意
B. 大声指责他们"没修养"
C. 请服务员来干涉,或自言自语地对讲话者旁敲侧击地进行指责
D. 很有礼貌地提醒对方不要影响别人

(5) 休息日你忙了一整天,把房间全部打扫干净,你爱人下班后却指责你没有及时做饭,你的做法是:
A. 心里很气,但仍勉强去做饭
B. 大发雷霆,骂爱人自私,要爱人自己去做饭
C. 索性当晚不吃饭
D. 向爱人解释,然后请爱人一同出去"改善"一顿

(6) 某一天你家里有急事,领导不了解情况,要你加班,你的做法是:
A. 同意加班但心中暗自埋怨
B. 拒绝加班,不做解释
C. 借口身体不爽,不能加班
D. 同领导商量由于有急事能否不加班,但若工作的确重要,就仍服从领导安排

(7) 你辛苦了好长时间,自己觉得某项工作做得颇为出色,但上司却很不满意,你的做法是:
A. 不耐烦地听上司指点,心中充满委屈但默不作声
B. 拂袖而去,认为自己受到的对待不公平
C. 寻找各种借口开脱自己
D. 诚恳地注意自己做得不够的地方,以便今后改善和提高

(8) 别人做了一件很对不住你的事,却又试图掩盖,知道事情真相后,你的做法是:
A. 不客气地告诉对方自己已经知道了一切
B. 与对方大吵大闹,威胁报复
C. 将事情埋在心底,装作什么也不知道
D. 诚恳地告诉对方事情对自己造成的苦恼,并表明双方以后仍可真诚相处

以上题目选 A 项记 2 分;选 B 项记 1 分;选 C 项记 3 分;选 D 项记 4 分。得分越高,表明平息人际冲突的能力越高,处理人际冲突的方式越有建设性。得分越低,意味着处理人际冲突的方式越情绪化,越容易使事情变得更糟,也使得自己付出更大的代价。每道题目的 D 项是最有建设性的处理人际冲突的方式,也是最理性、从长远看最有利的处理方式。这类方式是值得提倡的。每道题目的 B 项是对人际关系最具有破坏性的做法,这些处理方式不但对冲突的解决无益,也使得自己失去更多东西。

思考题

1. 人际冲突产生的起因有哪些?
2. 解决人际冲突的步骤是什么?
3. 在人际交往中,采取哪些积极措施可以尽量减少或避免人际冲突的产生?
4. 处理人际冲突应掌握什么原则?

第 7 章 人际障碍调适

7.1 人际交往中的心理障碍及其调适

人生活在世上,必然要参与社会交往,社交的范围与每个人的职业、性格、爱好、生活方式及地理位置有很大关系。但现实生活中,为什么有些人在社交中总交不上朋友,或者是交了朋友没多久,朋友又离他而去？究其原因,是这种人在社交中心理状态不佳,阻碍了人际关系的正常发展,这种心理状态就成了社交中的人际交往障碍。人际交往心理障碍对人际交往所造成的直接影响为:不敢或不能与人交往,或者交往变得困难,或者人际交往给自己和他人都带来不快、压抑等消极情感体验。

通常对人际关系影响较大的人际交往心理障碍有自我中心、羞怯、自卑、猜疑、嫉妒、孤僻。

7.1.1 自我中心

自我中心是人的一种个性特征,是交往中的一种严重心理障碍。自我中心者为人处世以自己的需要和兴趣为中心,只关心自己的利益得失,不考虑别人的兴趣或利益,完全从自己的角度,从自己的经验去看问题。其实"投之以桃,报之以李"人际交往中的这种互惠原则是交往的基础。没有哪个人会一味地付出而不求回报。

参照以下三点,来看看自己是不是一个自我中心的人呢？

1. 很少关心他人

自我中心特征很强的个体都具有特殊的成长历史,换句话说,自我中心的特点很大程度上是后天养成的。20 世纪 80 年代后的这一批人中,很多人都是独生子。由于家中只有一个孩子,在成长的过程中,独生子受到很悉心的照顾,在健康、教育等方面的发展都比孩子多的家庭要好。但有一个缺点:正是由于家里只有一个孩子,独生子在成长的过程中,用不着与别人分享、竞争,又由于中国传统观念,孩子往往被视为掌上明珠,"万般宠爱于一身",这样,孩子就认为自己就是世界的中心,不自觉地养成自我中心的人格特征。当这些"小皇帝""小公主"走进学校,踏入社会时就很自然地会把这种自我中心的特征带到学校和社会中。由于成长的过程中,自我中心者习惯了接受别人的关心,在与他人交往的时候,如果得不到关心他就会感觉心理不平衡,更别说去关心别人了。

2. 固执己见

自我中心者,完全从自己的经验和观点去认识和解决问题,似乎自己的认识和态度就是他人的认识和态度。由于很少从他人的角度来考虑问题,他们很少对自己的观点的正确性产生怀疑,不轻易改变自己的态度,盲目地坚持自己的意见。

3. 保持着很强的自尊心

自尊是社会评价与个人需要的关系的反映,是个体评价自己的程度及对自己的价值感、重要感的体验。自我中心者由于在家庭里面一直接受着很高的社会评价,获得了很高的价值感、重要感,对自己的能力等各方面评价都很高,所以这种人受不了对其能力的怀疑,对其地位的不重视。

在一个自由、开放、公平的社会中,很少有人能成为他人的中心,如果有,那也只是在某一方面,或某一个时间段。我们要学会与他人以一种平等的地位发展人际关系,自我中心是我们发展良好人际关系的障碍。这种障碍的消除必须在亲身的交往实践中去改善,在与他人的碰撞中,不断反思自己的不足,只要有真诚的态度,自我中心的不良性格慢慢会得到改善。

7.1.2 自卑心理

自我中心者对自己的能力和特征往往作过高的评价,而自卑者的典型特点是对自己的能力和特征作过低的评价,从这个意义上说,自我中心和自卑是两极对立的,极度的自我中心也容易导致极度的自卑。

岳晓东在《登天的感觉》里面记录了一个由于自卑导致适应不良的案例。

"我感到自己是全哈佛大学最自卑的人。"

这是丽莎见到我说的第一句话。我细细地咀嚼着她这句话的意思,等待她作进一步的解释。

…………

丽莎的表现是典型的"新生适应不良综合征"。具体地说,她现已跨入了个人成长中的"新世纪",可她对已经过去了的"旧世纪"仍恋恋不舍。

她对于能来哈佛上学这一辉煌成就,已感到习惯和麻木。她的眼睛只盯着当前的困难与挫折,没有信心去再造一次人生的辉煌。

她习惯了做羊群里的骆驼,不甘心做骆驼群里的小羊。

从这个例子中人们可以看到,丽莎由原来羊群里的骆驼变成了现在骆驼群里的小羊,心理上的平衡被打破,表现出了极度的自卑感。

自卑的产生有其客观的原因,比如,某人在某方面的能力确实不是很强,但之所以用"自卑"这个术语,主要是因为自卑者对自己的能力作"过低"的评价,或者"一叶障目,不见森林",自己某一方面比较差,就产生自己各方面都不如人的想法。自卑者最严重的问题就是自己瞧不起自己,缺乏自信,办事无胆量,畏首畏尾,随声附和,没有自己的主见。这种心理如不克服,会磨损人的独特个性,影响与人的交往活动。

自卑的对立面是自傲,它表现为高傲自大,盛气凌人,总是觉得自己很了不起,喜欢拿出自己的长处炫耀,总以为自己什么都好,这种人常常对别人的意见不屑一顾,嗤之以鼻。自卑和自傲是两种非常极端的态度,它们互不相容,就像跷跷板的两端。而跷跷板的中间支点是自信,自信的人既不自卑,也不自傲,是一种宠辱不惊、不卑不亢的人生境界和心理状态。在人际交往中,如果想获得一个良好的人缘,就要做一个自信的人,既不妄自菲薄也不狂妄自大,不歧视他人或疏远他人,平等待人,尊重他人,就一定会得到许多朋友。

7.1.3 羞怯心理

"从小我就非常内向,平时见人就脸红,更为严重的是,我几乎不敢在课堂上回答问题。每当老师上课提问时,我都把头埋在书里,不敢抬头与老师的目光对视。而一旦被叫起来回答问题,我就站也不是,坐也不是,有时还浑身发抖。我记得有一次班会,老师要求我上台给大家唱首歌。我低着头半天发不出一点声音,我感觉全班同学的眼光都在盯着我,那一刻我恨不能从地缝里钻进去,虽然大家鼓掌给我鼓励,但我最终还是一声没出从台上跑了下来。现在想起那件事还是觉得很丢人。我都28岁了,却一直没有女朋友,因为我一和女生说话就脸红,我也很想和女孩子约会,但我特别害怕被拒绝,为此,我非常苦恼。"

上述例子听上去似乎有些极端,但事实上,身边被害羞的无形锁链困在原处、不能与他人很好交往的人为数不少。出生于美国的社会学家秦姆巴杜教授曾历时6年对数以万计的对象进行了心理调查,统计结果表明:40%的美国人都认为自己有怕羞的特点。令人吃惊的是,其中包括前总统卡特和卡特夫人、英国的查理王子、电影明星凯瑟琳·丹尼佛、卡罗·伯纳特和巴勃拉·华尔特斯、运动员弗兰特·林恩……这些名人在公众场合显得意气风发,挥洒自如,但实际上他们内心也隐隐受着羞怯心理的煎熬。

那么羞怯是怎么来的呢?从严格意义上来说,羞怯是一种由不正确的自我暗示引发的心理障碍,有一小部分人是遗传基因造成的,而大多数人则是受家庭和周围环境影响所致,无论是先天,还是后天的害羞,害羞的原因通常都有如下几点:过度缺乏自信;认知领域里的错误;怕丢面子;对安全感的过分追求。当找到症结所在,就可以有针对性地进行自我调解,通常情况下,只要坚持一段时间主动训练,大多数人最终都会克服这种心理障碍。

通常克服羞怯心理的最可行的办法,就是长期有意识地去寻找各种机会发表言论,与人沟通。只有通过在各种场合下,与众多熟悉和不熟悉的人对话交谈,才能慢慢地消除羞怯心理。好口才是说出来的,举个最简单的例子,在学习英语的时候发音最准确无误的往往是YES、NO、THANK YOU、SORRY、OK这几个单词。为什么呢?并不是因为这几个单词发音简单,而是经常用到,熟能生巧。任何一个人在讨论自己擅长和熟悉的内容时都会比谈论那些完全陌生的内容更有自信,更容易交流。所以,事前训练对于建立自信和防止羞怯心理很是重要。经常看到主持人在台上妙语生花,却不知他们在台下的紧张焦虑,而之所以有那样出色和自然的表现,完全是事前艰苦训练的结果。

7.1.4 猜疑心理

曹操和救他脱险的陈宫逃到曹操父亲的老友吕伯奢家。吕伯奢热情款待,因家中无酒,便急忙出去买酒。曹操坐在前堂,忽听后面有磨刀声,顿起疑心。及至悄悄走到后窗,听里面说:"绑起来,杀吧!"立时大惊失色,没等再认真观察,就决定先下手。于是提剑闯入内宅,见一人杀一人,老少八口全倒在血泊之中,未料及杀到厨房,却见一只猪刚被捆上四蹄待宰。这时他才明白是因误会而错杀了真诚待客的主人一家。

这个故事只是曹操因猜疑而杀人的故事中的一个,猜疑的性格造成了多个不可挽回的过错。猜疑心理表现为对他人言行的敏感、多疑、不信任,容易引起心理隔阂。

在人际交往中,最被人欣赏的品质是"诚实",而最被人厌恶的品质与其相对,是"虚伪"。猜疑心理也是一个围绕诚实与虚伪展开的话题。经常所说的猜疑是指无根据地怀疑别人的正常活动,就像上面故事中的曹操一样。有些人在社交中或是托朋友办事,往往爱用不信任的目光审视对方,无端猜疑,捕风捉影,说三道四,如有些人托朋友办事,却又向其他人打听朋友办事时说了些什么,很容易影响朋友之间的关系。

有很多人的猜疑心理已经发展到一种病态的程度。比如,曹操、卢梭,他们竟然怀疑那些真心实意要帮助自己的人,人际关系不可能不受到影响。有些人可能要反问了:人家曹操如此多疑,最终不还是成就了一番霸业吗?多疑对人际关系有那么严重的危害吗?

众所周知,曹操除了多疑的人格特点之外,还具有才华,把酒临风,雄才伟略,这是常人不能望其项背的。我们只能想象,如果曹操没有或改掉了多疑的特点,他的霸业可能成就得更顺利或更雄伟。再者,曹操虽然成就了霸王之业,还是落了个"奸雄"的臭名。

平常人切不可以曹操为范例,在人际交往中要极力杜绝猜疑的不良特点。交往中的熟悉性是克服猜疑心理的基础,如果一个人对他人的为人处世风格、道德品质等了如指掌,他就不会对这个人轻易地产生猜疑。有心理学家给出以下方法消除猜疑。

① 自我控制法。当感觉到自己对别人开始猜疑的时候,理智地控制自己的行为,先不要做出过激的行为,以免落得不可收拾的下场。当头脑冷静下来之后,事情往往都会有转机出现。

② 搜集证据法。要坚持实事求是的原则,如果得不到确实的证据,先不要盲目怀疑,更不宜诉诸行动。所以要对自己的猜疑有一种审慎的态度,要督促自己寻找证据,努力弄清事实的真相。

③ 直接面谈法。这是消除猜疑最有效的方法。如果有可能,可以以诚恳的态度,与当事人将事实探讨清楚,开诚布公地交换意见,以此来消除彼此间的误会或证实猜疑,这是最行之有效的方法。

7.1.5 嫉妒心理

巴尔扎克有句名言:在所有不幸者之中,嫉妒者是最不幸的,因为自己的不幸和别人的幸福都会使他们痛苦。

日本学者诧摩武俊在其著作《嫉妒心理学》中指出,所谓嫉妒,就是自己以外的人,占了比自己优越的地位,或者是自己所宝贵的东西被别人夺取,或者是将被夺取的时候所产生的情感。这种感情是一种极欲排除别人优越地位,或想破坏别人优越的状态,含有憎恨的一种激烈的感情。嫉妒是人类一种很普遍的情绪,它产生的基础是人类的竞争,所以说嫉妒本身具有一定的生物学意义。这么说,嫉妒有时候还能起积极作用吗?是这样的,比如,有些人嫉妒别人是出于不服气,从而发奋图强,力图超过自己的比较对象。这种情形在充满竞争的现代社会里,具有积极的意义。在爱情领域,嫉妒也并不都是消极负面的东西。

嫉妒心理有其生物学意义,仅仅就心理层面来讲,它带来的负面影响并不是那么大,而且上面讲了,有时候它还能带来一些积极的作用。那么为什么"嫉妒"成了包含那么多消极色彩的词呢?这主要是由于伴随在嫉妒心理之后的行为造成的。这些行为便是"极欲排除别人优越地位,破坏别人的优越状态"。嫉妒心理出现后很容易导致嫉妒行为的出现。这些行为包括疏远、孤立、中伤、怨恨、诋毁,而强烈的嫉妒行为还包括报复。落井下石是嫉妒者最善用的伎俩。嫉妒者最喜欢幸灾乐祸,看到别人出现挫折,便手舞足蹈,乐不可支,嘲讽和挖苦代替了应有的同情与安慰。

嫉妒行为的出现对人际关系有很坏的影响,谁也不愿意与一个嫉妒心很强的人相处。它对人际关系的破坏作用表现在:一方面,身受其害的被嫉妒者在经历了惨痛的教训后,会远离落井下石的嫉妒者,而旁观者如果能明察嫉妒者卑劣行径,也会对这个嫉妒者产生戒心,甚至离他而去;另一方面,嫉妒者在幸灾乐祸、落井下石之后,自己并没有真正快乐。

有朋友两人,其中一个在一条高速路的黄金地段开了一家加油站,结果生意火爆,另一个人很是眼红。现在问题来了,眼红的这个人如果有了合适的条件,比如说突然继承了一笔意外的财富或者另外有人愿意资助他创业,他会怎么做呢?如果这两个人是中国人,另一方就会选择离第一个人加油站不远的地方,开另一家加油站,最理想的状态就是我的生意比你还好,把你比下去。如果这两个人是美国人,另一方会选择在离第一个人的加油站不远的地方开一家饭店,既然加油站的生意很好,那就说明客流量很大,这样我饭店的生意肯定不会很差。

有人拿这个故事来说明中国人和美国人嫉妒方式的不同,并夹杂对中国人劣根性之感叹。其实问题的关键不在于哪个民族的嫉妒方式更好,哪个民族的本质更劣,而在于当嫉妒心理出现的时候,要采取一个什么样的心态。在朋友的加油站旁边开另一家加油站,两败俱伤是最有可能出现的局面,不但后者开的加油站把前者给挤垮,"伤敌一万,自损三千",而且还失去了一个朋友。在朋友的加油站旁边开一家饭店,不但不与朋友的生意发生冲突,而且相得益彰,共同进步。仅仅是思维方式的一点转变,给局势的发展带来如此大的差异,嫉妒心理并不是洪水猛兽,只要找到合理的办法,我们能够将其驯服。

如何克服嫉妒心理呢?

首先,要克服认识上的偏差。在嫉妒者看来,别人的成功是对自己的威胁,是对自己利益的侵占。诚然,一个单位或组织里的利益或荣誉是有限的,别人得到意味着自己失去,但是,别人的成功并不等于自己的失败。举一个显而易见的例子:在一个班级里面,别人考出好成绩,意味着自己的名次就要靠后。这样就有很多人嫉妒那个考第一名的人,认为是他(她)直接导致了自己不能考第一,感慨"既生瑜,何生亮?"但是反过来想一想,如果没有那个考第一的人,自己的成绩是否就比现在要好呢?不是的,如果没有那些成绩好的同学之间的竞争,自己的成绩可能更差。所以别人的成功并不等于自己的失败,而只是使自己显得不那么突出罢了。这样的结果对自己并不是一点没有好处,如果这是一个高中班级,结果可能是这样的竞争会使得班里很多学生都考上了大学,而且自己考上大学的概率也跟着增加,毕竟,考大学是全国各地的学生之间竞争,而不是自己班里那几个学生之间竞争。如果这是一个大学的班级,班里很多学生的成绩都很出色,会提高自己所学专业在同类院校中的竞争力,其结果是增加自己的就业砝码。这样看来,别人的成功给自己带来的好处要多于给自己带来的不好处,而嫉妒者之所以还痛苦,主要是因为他们没有转变自己看问题的角度。

其次,嫉妒心理出现以后要进行调适。在嫉妒心理出现的时候要把不服气的心理引导到积极的方面,力求赶上或超过对方。有些时候,由于人天生的能力的限制,经过努力仍然超不过对方时,可以将精力转而投入其他的领域中,扬长避短,在自己的优势领域胜过对方,以获得总的平衡。嫉妒心理,只要不影响自己和他人的正常生活,就不是重要问题,当嫉妒心理出现的时候,以"自然"的心态来对待它,全身心地投入到自己的学习和工作中,在充实的生活中,你会发现对所嫉妒的对象的关注在逐渐减小。

最后,被嫉妒的对象也有工作要做。在一般人看来,被别人嫉妒是一件比较高兴的事,因为它证明了自己在某些方面超过了别人，引起了别人的关注。而如果放任这种得意之情发展，甚至溢于言表，不知不觉中就影响了自己的人际关系。到头来，被嫉妒者可能觉得自己还很无辜："我做错了什么了？他们这样对我。"人际关系就是这么微妙，它不像一场公平竞争的考试，没有一个统一的评分标准，只关注自己的努力，在人际关系上很难交出一份满意的答卷。"君莫舞，君不见玉环飞燕皆尘土。"面对自己的成绩，要学会泰然处之。面对自己的手下败将，要学会尊重和恰当地帮助。千万不要为别人的嫉妒而沾沾自喜，目空一切，到头来，自己会成为"无辜"的受害者。

7.1.6 孤僻心理

"来而不往，非礼也。"但孤僻心理的人似乎就是这个样子，用自己的冷脸回报别人的微笑。

金盛华在其著作《沟通人生——心理交往学》中把孤僻分为怪癖型、清高型、性格型三种类型。这种分类方式比较全面且比较切合实际。

怪癖型的人，即那些有特殊习惯的人，由于这些常人不能接受的习惯，使得人们在与人交往的时候发生摩擦，搞淡了人际关系。比如，有的人爱好清洁，自己的东西都弄得一尘不染。不仅如此，还不能接受别人碰他的东西，认为别人不卫生，碰了东西后就不干净了。这种情况，虽然还算不上心理学上的洁癖，但它给个人人际关系上带来的影响丝毫不减。

小张有一旧时同窗好友，刚结婚并搬了新家。一天，小张应邀到该好友家里做客。一进门，发现家里收拾得一尘不染，让人赏心悦目。由于很长时间不见面，小张被好友留下来吃午饭。吃完饭后，小张发现好友的妻子把自己用的碗筷单独收拾，并不与其二人的放到一块。由于洗手间的门和厨房的门靠得很近，小张去洗手间的时候特意观察了一下，原来自己用的碗筷被单独处理，正在用清洁剂做加强的消毒处理。小张顿时心里很不是滋味。从洗手间出来后，他发现好友的妻子随后也去了洗手间。不是碗筷还没刷完吗？很快洗手间里传来了冲水的声音，他明白了，原来好友的妻子放心不下，又去洗手间去做了一遍清洁工作。小张后来就再没有到那位好友家里去过。

清高型的人，相比自我中心者有过之而无不及。自我中心者是过高估计自己的能力和特征，而清高型的人不但对自己的特征和能力评价很高，还同时对别人的特征和能力评价很低，在他们看来，身边的大多数人都是不值得交往的。自命清高，孤芳自赏是对这类人最好的形容。

性格型的孤僻者，这也是关注的重点。根据儿童发展心理学里的知识知道：婴儿在 5 个月的时候开始能分辨出照顾者和陌生人，亲子间的依恋开始有了明显的表现。大多数的婴儿同父母在一起时会表现得比较愉快，勇于探求外界的新鲜刺激；当父母不在身边的时候，则表现出不安、恐惧。这样的依恋类型属于安全型的依恋，这样的婴儿的比例占到将近 60%。另外，还有焦虑—矛盾型、回避型依恋。

后来，爱因斯沃斯（D. S. Ainsworth）根据婴儿对母亲依恋的三种类型写了三种成人交往状态，要求人们回答哪种情况与自己的情况最接近。

① 我很容易与人接近，信赖他们或让他们信赖我是件开心的事。我不怎么担心被抛弃或害怕别人离我太近。

② 与他人接近让我不安；我很难完全相信、依靠他们。有人对我太亲近时我会很紧张，并

且爱侣想让我更亲近一点我也有点不自在。

③ 我想让人亲近我,可别人不情愿。我常担心我的同伴不是真的爱我或者想离我而去。我想和他人完全融为一体,可这个愿望有时会吓跑别人。

第一种情况描述的是小时候是安全依恋类型的成人,第二种是回避型依恋的成人,第三种是焦虑—矛盾型依恋成人。爱因斯沃斯将这个测验题登在报纸《落基山新闻》上,有1 000多个读者给他寄回了答案。结果发现,答题者中56%属于安全型,25%属于回避型,19%属于焦虑—矛盾型。研究人员就这三个问题调查了大学生,也发现了同样的百分比,而这与婴儿依恋类型的比例是相近的。这些数据显示,成人的依恋类型形成于童年。而童年的依恋类型又很大程度上取决于儿童先天的气质类型。在一定程度上说,与他人的交往模式是受先天因素影响的。有些人生来性格内向,内心体验比较丰富,喜欢独处的寂静,把心事都埋在心底而不愿让别人知道;有些人却生来外向,比较关注外界的新鲜事物,不能忍受孤独,天生就喜欢社会交往。总体来说,这两种性格各有利弊,但当把问题限制在人际交往领域时,前者显然不如后者更容易发展人际关系。尤其是当面临重大心理压力或遭受人际交往中的挫折之后,前者很容易形成孤僻的性格。有些孤僻者,不主动与人交往,妄加判断,认为自己找不到知己,感叹人际关系的复杂,遭受了一次打击就认为天下乌鸦一般黑。离群索居是他们逃避现实的一种方式。

刚才的分析提到了,孤僻心理分为三种类型。考虑如何克服孤僻心理的时候,也要因人而异。对于那些清高型孤僻者,最主要的工作就是改变自己的认知,重新认识自己。人际交往的基础是互惠,在这个过程中,如果一个人总是保持清高,不给予他人应有的尊重、不对他人表示兴趣,人际交往就无从开始。很多情况下,清高型的孤僻者并未认识到自己在外人看来很清高,或者未认识到自己的人际关系不好是由于清高孤僻的形象造成的。他人是我们的镜子,从他人对我们的反应可以看出自己是个什么样的人。当有人向我们暗示在其他人看来我们表现得有点清高的时候,我们要审慎地对待他人的友好提示。然而,清高型的孤僻者由于对自己能力的过高估计,往往缺乏这种自我剖析的精神,不愿去正视自己的缺点。

对于怪癖型和性格型的孤僻者,是由于患有某种心理疾病(如社交恐惧症),有的甚至带有病理性质,这样的人需要的是专业的心理治疗。经常参加社交活动,增加与他人交往的频次会对这些心理疾病的治愈起到促进作用。

7.1.7 逆反心理

逆反心理表现为对交往对方所言所行的一种不加分析的反抗、批判、抵制的心理现象,经常在人与人之间的沟通中表现明显。典型的逆反心理有三种。

超限逆反:是指个体过度接受某种刺激后出现的逃避和排斥。个体对任何刺激的接受能力都是有限的,如果过度,对个体不单是一种压力,更是一种伤害。如果个体过多地接受了某一种刺激,在这种刺激再次出现的时候,就会以逃避的方式来拒绝接受这种刺激。父母越是啰啰唆唆地强调某件事情,孩子越是一意孤行,就是超限逆反的表现。

自我价值保护逆反:当外在的刺激影响或威胁到个体的自我价值的时候,人们以相反的行为方式来反抗这个刺激。例如,在同一个宿舍里,如果A反复批评B不讲卫生,把宿舍弄得很乱,久而久之,B可能会变本加厉地把宿舍弄得更乱。这就是自我价值保护逆反的表现。

禁果逆反：被禁食的果子是最甜的，自己得不到的东西是最好的，被禁止做的事情往往是最有吸引力的，这就是禁果逆反心理。探究未知的事物是人的一个基本需要，而禁果逆反正是在这种认知需要的基础上产生的。

逆反心理是一种心理抗拒反应，是个体为了适应环境的一种正常的心理机能。在人际交往中，要注意这些逆反心理，以免适得其反。

除此之外，影响人际交往的心理障碍还包括自傲心理、恐惧心理、封闭心理、敌意心理、干涉心理等，这里略述一下。

自傲心理：表现为不切实际地高估自己，在他人面前盛气凌人，自以为是，常使交往对方感到难堪、紧张、窘迫，影响彼此交往。

恐惧心理：表现为与人交往时（尤其是大众场合下），不由自主地感到紧张、害怕，以致手足无措、语无伦次，严重的甚至怕见人，常称为社交恐惧症、人际恐惧症。其中有些人主要表现为对异性的恐惧，称为异性恐惧症或赤面恐怖。

封闭心理：表现为把自己的真实思想、情感、欲望掩盖起来，试图与世隔绝。严重者，对任何人都不信任，怀有很深的戒备，隔断了人与人、心与心的交往。

敌意心理：这是一种比较严重的人际交往障碍。表现为讨厌他人，乃至仇视他人，把人与人之间的关系视为尔虞我诈；另一种情况是认为别人总在寻机暗算他、陷害他，从而逃避与人交往，甚至表现出攻击行为。

干涉心理：表现为专爱打听、传播或干预别人的私事、秘密，从而引起别人的不满、厌恶情绪，影响彼此关系。

7.2 人际肿瘤防治

交往过程中阻碍人际关系建立和发展的各种因素，被华人心理治疗家张宝蕊形象地称为人际肿瘤，在此也引用张教授的这种说法。人际肿瘤会使人与人之间的交往变得困难，甚至会将一段已经发展起来的人际关系断送掉。所以在与人交往的过程中，要留意这些人际肿瘤，努力去铲除它们。人际肿瘤的类型有很多，这里不可能一一论述，只选择几个比较常见的，那就是成见、偏见、喜爱倾向、刻板印象、第一印象、期待、反射作用及完美主义。

"知己知彼，百战不殆。"当认清了这些人际肿瘤之后，就能够做到防患于未然甚至斩草除根，从而建立良好健全的人际关系。

7.2.1 刻板印象

先回答这样一个问题。

有一天一个医院的急诊室送来一个急须要开刀的病人，护士立刻找了一个医生，那个医生一看到这个人就说："我不能动手术，因为他是我儿子"。请问这个人是病人的什么人？

如果你之前见到过这个问题，你可能很容易就说出正确答案。但如果你是第一次见这个问题，你的答案很有可能是"爸爸"，实践发现只有非常少数的人第一反应是妈妈。有些人在得知"爸爸"这个答案不正确的时候，还是无法想出正确的答案。性别刻板印象给我们的判断带来如此大的影响。在日常生活中，我们经常以性别来判断一个人：男人应该是干那一种行业，女人也有自己的职业范围。男人应该是有男子气概，女人应该要贤淑温柔。

刻板印象(Stereotype),也称定型作用,是指社会上对于某一类事物产生一种比较固定的看法,也是一种概括而笼统的看法。人的生活实在是太复杂了,有太多的东西要看、要听、要吸收,而我们只有一个大脑,1天24小时,想要记住大量的信息,实在不是一件容易的事情。故此,我们的大脑在进行信息处理的时候,就会采取"分类""选择"的方式,将相似的资料放在同一类,以便在日后需要的时候,比较容易记得及处理。在分类的过程中,如果资料累积多了之后,却没有常常拿出来重新整理或是跟进时代的新发展,慢慢就会形成刻板印象。在人际认知的时候,人们并不是把认知对象作为孤立的个体来认知的,而总是把他作为某一类群体中的一员来看待,当人们把他(她)归入某一类群体之后,就会认为他(她)具有那一类群体的特征,这就会使人们对每一类群体都有一个固定的看法。比如,认为北方人豪爽、厚道,南方人精明、细致,知识分子文质彬彬,商人过于精明、不可靠等。

刻板印象对社会认知既有积极作用,也有消极作用。人们常说"物以类聚,人以群分",这是有一定道理的,因为人们生活在相同条件下就容易产生许多共同点。刻板印象能够帮助我们更加简单、有效地认识客体、作出判断、理解问题,特别是当面对一个陌生人或陌生环境的时候,刻板印象几乎是必需的,它节省我们的精力,避免陷入"信息大海"中。

但与此同时,刻板印象也是导致错误的社会认知的根源,因为刻板印象常常是不正确的,人们常常会忽视同一群体中人之间存在的个别差异。在日常生活中,有些刻板印象与职业、地区、性别、年龄等因素联系非常密切。人们不仅对曾经接触过的人会产生刻板印象,即使是对那些从未谋面的人,很多人也会根据间接的资料与信息产生刻板印象。刻板印象一旦形成,人看事情的弹性就会减小,认识也就会渐渐偏颇。时代日新月异,发展快速,在现在的电子时代,年轻的一代人的语言和行为方式,作为中年人、老年人很多都是闻所未闻,仍然以头脑中的那些旧标准来衡量这些年轻人,只能是横竖看都不顺眼。

造成同一群体中的人们持有的刻板印象具有一致性的原因可以归纳为以下几种:

◆ 群体的共同目标;
◆ 相同的群体成员身份;
◆ 共同的信息来源,如大众传播工具;
◆ 相互之间便利的信息沟通。

"你父母都是教授呀!那么他们一定很有学问!"
"你真是比南方人还精明!"
"别理他们,这些乞丐都是骗人的。"
…………

这些刻板印象,使我们的认识渐渐地僵化,使我们对人、事、物产生错误的判断。它不只是限制了别人的多样、可能性,也会使自己陷入于一个狭隘的局面。单就性别刻板印象来说,在美国的一位精神心理学家琼·沈娥(Jung Singer)的著作《雌雄论》里提到:无论是男人或是女人,每一个人的身上天生就具有男人及女人的特质,男人的特质,如坚忍、刚强、勇敢、强大、奋斗……女人的特质如细心、温柔、体贴、照顾、和气……某些特质在男性身上或女性身上展现出来得自然些,次数多些,未展现出来或表达得次数少些的特质,并不表示他们没有,只是"隐涵"而已。由于社会化的关系,社会的代表性、权力性、领导性的势力,强化了这种"角色"的分野,大众也就依据这种特质来培养强化了性别"角色"。久而久之,男性的特质变成男性"角色"的专利品,女性的特质也变成了女性"角色"的特色。

现在许多保守的地方,仍有许多的教师、家长依据这种传统来教养孩子。其实,这并不是很正确的,因为这种方式,只会"分化"男女性别,而无法使一个人"整合"地发展,"全人"地成长。在美国,许多学校已开始改变,尝试鼓励男女学生同时发展男女性的特质:从小男女生一起学做家事、工艺,包括烤面包、学厨艺、做家具、木工,只要有兴趣谁都可以做。甚至鼓励男人在家做奶爸,妈妈上班赚钱养家,只要大家协调得好,为什么不可行呢?在美国保姆这一行,男性也很受欢迎。

7.2.2 晕轮效应

晕轮效应又称光环效应,它是指根据某人身上一种或几种特征来推论概括该人其他一些未曾了解的特征,属于以点概面、以偏概全的认知偏差。这就像在刮风的前一天夜里,月亮周围会出现光晕或光环,其实它们是月亮光的扩大化或泛化,故称之为晕轮效应。

个体对他人的认知判断主要是根据个人好恶做出的,然后再从这个判断推论出认知对象的其他品质。如果认知对象被表明是"好人",他(她)就会被一种"好"的光环所笼罩,大家就容易把一些好的品质赋予他(她);反过来,如果一个人被标明是坏人,他(她)就会被一种"坏"的光环所笼罩,大家就容易把一些坏的品质赋予他(她)。

晕轮效应实际上就是个人主观推断的泛化、扩张和刻板印象的结果。例如,看到某人热情,便认为此人慷慨、聪明、有同情心、办事能力强;看到某人话少,就认为此人待人冷漠、有心计、不好相处、古板。在对人的认知中,由于晕轮效应,一个人的优点或缺点特别容易被夸大或遮挡,使人难以看清其真面目,这是一种明显的从已知推及未知、由片面猜测全面的认知现象,会导致对他人的形象歪曲和不正确的评价及对他人的过高或过低的期望。

美国心理学家 K. 戴恩等人的研究,为验证晕轮效应提供了很好的论据。他们给被试者看一些人的照片,这些人看上去分别是容貌美丽的、容貌不美丽的和中等水平的;然后,要求被试者来评定这些人的其他特点,如个人能力、职业状况等,这些特点其实是与容貌美丽不相关的。结果发现,容貌美丽的人其他特点也得到了较高的评价,而容貌不美丽的人得到的评价则较低。被试者对于容貌美丽的照片,不仅赋予和蔼可亲、沉着善良的人格特质,而且还认为他们会谋得称心的职业,找到理想的伴侣,建立幸福的家庭。在这里,一个人容貌是否美丽直接影响到别人对他的其他特点的评价,这就是晕轮效应在起作用。

晕轮效应会使人对交往对象产生认知偏差,导致人们做出错误的判断和反应,影响正常的人际交往。在现实生活中,诸如"以貌取人""情人眼里出西施""厌恶和尚,恨及袈裟"等都是晕轮效应的具体表现。

大学生们在人际交往中,尤其要注意克服由晕轮效应引发的消极作用,尤其应防止喜欢一个人某一点便认为他(她)一切都好,讨厌一个人某一点便认为他(她)一切皆糟。要有意识地训练自己从多个角度、各个方面去观察和评价他人,力求做到实事求是、客观公正地看待和评价身边的人,"路遥知马力,日久见人心。"不要被表面现象所迷惑。同时,还要学会利用晕轮效应的积极作用。比如,塑造良好的外在形象,优化自己的言谈举止,突出自己的优点和长处等,以便给他人留下良好的印象。

7.2.3 投射作用

投射作用是指个体认知他人时把自己的特性归属到他人身上。也就是以自己的想法去推测别人的想法，认为自己是这样想的，别人也一定会这样想。比如，自己喜欢热闹，就以为别人也喜欢热闹；自己好胜心强，就猜想别人也争强好胜；心地善良的人会认为别人也和自己一样善良；经常算计别人的人也会觉得别人时时处处都在算计自己。

投射效应的常见表现形式之一是情感投射，即以为别人与自己的好恶相同。比如，几个同学聚在一起吃饭，小王非常爱吃肉，而另一位同学小李对肉不太感兴趣，喜欢吃一些清淡的蔬菜，于是小王就感到不可思议，认为"肉这么香，吃起来这么过瘾，小李真是个傻子，简直不可理喻。"这就是典型的情感投射的表现。

另一种常见的表现形式是愿望投射，这是把自己的主观愿望投射于他人身上，认为他人与自己抱有相同的愿望。例如，某男生暗暗喜欢班里的一位女生，在平时的交往和接触中自然非常留意女孩的一举一动，注意察言观色、探测虚实。但由于愿望投射的作用，他经常把对方表现出来的那些没有实际意义，不包含特定信息的举动主观地解释为"她对我也有意"，于是从中得到鼓舞，终于鼓足勇气向对方表白心怀，结果却被婉言拒绝。他非常恼怒，认为对方是在戏弄他，该男生到最后也没有意识到是自己判断失误。

心理学家 A. 希芬鲍尔为验证投射效应专门做了一个实验：他先通过放映喜剧或悲剧录像来赋予被试者一定的情绪，然后再令被试者判断一些照片上人的面部表情。结果发现被试者往往根据自己当时的情绪状态来断定他人照片上的面部表情，二者的关联程度较高，这一实验充分证明了投射效应的存在。

人类有许多本质上共同的特性，因此投射效应有时能够帮助人们相互理解。但是，如果过多地受制于此，把主观意向强加于他人，就会造成对他人的认知出现偏差，对他人的人格产生歪曲，带来不良交往问题。比如，自己对某人有看法，就以为是对方在搞鬼，于是搜集一些似是而非的证据来进行验证，使关系不断恶化。

投射效应的根源在于从自我出发去认知他人。自我与非我不分，主观与客观不分，认知主体与认知对象不分。实际上，世界上没有完全相同的两个人，自己与他人在认知、情感体验、个人喜好等方面肯定存在一定的差异。因此，克服投射效应的关键在于分清认知主体与认知对象，看到别人与自己的差异，客观地看待他人，不要以己度人。

一切的人、事、物，其实说穿了，没有所谓"绝对客观"的存在，我们如果要想与人有良好的沟通与交流，首先就是要学会谦虚。认识到自己的"主观"，承认自己的一知半解。再来就是要学习"接纳，接纳自己只是懂得一部分，而非全知全能，接纳自己是狭隘的，而非全面的。"如此，人际关系的建立才会平等与完整。

7.2.4 成见

在心理学上谈到初生的婴儿对外的认知会有一种"印刻"作用(imprint)，也就说婴儿对外界所接触的，所意识到的一切，会造成根深蒂固的印象，就好像是个印记一样，对他日后的成长有深刻的影响，除非用很大的自觉能力，否则他很难改变。其实不光是人类，其他的动物也有这种印刻认知。康拉德·劳伦茨，是奥地利著名的比较心理学家，动物习性学的创始人，他指出印刻认知就是某些动物在初生的婴幼期间对环境刺激所表现的一种原始而快速的学习方式。

他在动物实验场饲养动物的过程中发现,小灰天鹅从蛋壳爬出来后,首先看到什么动物,就把什么动物当妈妈。如果是母鸡孵它出壳,它就把母鸡当妈妈;假如出壳时只有劳伦茨在看它们,小天鹅就把劳伦茨当成妈妈。他走到哪儿,小天鹅就摇摇摆摆跟到哪儿;他去游泳,小天鹅也跟着跳进水里,并亲热地吸他的头发、胡子。再进一步试验发现,如果在小天鹅出生时不让任何动物接触它们,它们就会只顾自己吃和玩,几天后再让它们接触别的动物,小天鹅也不认它们是妈妈,即使天鹅妈妈来了,它们也不理睬,劳伦茨把动物出生后最初日子里能学会认母亲的现象称谓"母亲印刻期"。

人们熟悉的大雁妈妈(由于这个称号如此的响亮,反而他的真名却被人遗忘)做了一个实验,就是当大雁生下了受精卵之后,他将这些蛋用人工方式孵出小雁。实验目的就是要验证这种"印刻"作用是不是事实,如果是事实的话,当那批小雁孵出来的时候,第一眼看到的那个生物体,就会被认定成它们的母亲,而它们也会跟着这个"母亲"到处走,包括跟着它们在冬天的时候飞到另一个地方去过冬。整个实验被拍成一个纪录片。片中显示,当这群小雁生出来之后第一眼看到的就是这位实验员,并跟着他进进出出,片刻不离,就把他当成它们的妈妈似的。在冬天的时候,由于这位"大雁妈妈"不会飞,就与朋友研制了一种会飞的飞行器,带着这群雁子飞到温暖的地方过冬。这个实验证明了印刻认知的存在。

人的成见之所以会形成,不仅是印刻认知造成,而且与我们自己的生活环境有关系。这个环境包括了我们成长的家庭、生活的团体及社会所依据的规范,它形成了一个稳定的、累积的知识经验库,帮助我们能在复杂的生活事物中做抉择、应对、分类,而不会手忙脚乱,不知所以。但是,如果既有的知识、经验在不断地累积到了某一种程度而形成了成见,与客观的事件、环境有所冲突的话,那么它就形成了一种"偏见"。

在我们国家扶助老人过马路被认为是一种助人为乐的行为,但在国外情况可能就不一样了。美国的老人不喜欢在未经他们许可的情况下去扶他们或是替他们拿东西,他们会觉得你是很不礼貌的,是不尊重他们的。在我们看来,老人是"应该"接受小辈的服务的,如果不接受,那么就是老人们不懂小辈的心。这在中国的文化及环境中来理解,是合适的,但是一旦进入到不同的环境中,它就不一定是可依循的标准了。但是如果硬要霸王上弓,强加在他们身上,这种误解、难受,甚至冲突就会产生。两个文化背景下的人是这样,同一文化背景下的人也会发生类似的冲突,只不过冲突的内容更细微。

7.2.5 偏见

美国心理学家凯利曾经以他的一群学生做了如下一个实验。在上课前,研究人员告诉学生,今天的课由一位研究生来代上。他将学生分成两半,分别带到两个教室。从第一间教室的学生得到的信息是,这个代课研究生热情、勤奋、果断,但在第二间教室的学生认为此研究生冷淡。之后,所有学生在一起上课,在课后的问卷上,学生被要求表达他们对此研究生的印象,在第一间教室的学生形容此代课老师"有幽默感、不拘小节、脾气好、能体谅人",而第二间教室的学生则有许多消极反应。

先入为主的认识方式,让这些学生对老师产生了偏见。所谓偏见就是指一个用"偏""狭"的看法来看人及事物,有以偏概全的效应,比如,"瞎子摸象"的故事所展现给大家的状况。其实,生活中每个人多多少少都会有点像这些瞎子,知识经历皆有限,却用这些有限的东西来看这个大千世界,评断人的是非,是不是有些"睁眼瞎"的味道呢?

另外，除了先入为主的认识方式会让人产生偏见，外表也会让我们对人的认识产生偏见。在数年前美国的电视台 AB 的 20/20 电视新闻杂志节目的记者约翰·史塔梭曾做了一个研究，将其拍成纪录片在该节目中播出。他选了两组人，一组男的长得高大英俊、潇洒，女的年轻貌美；另一组男的长相平平，女的也是如此。他要这两组的人在相同的场合出现。第一个场合是路边。一个人故意将车子停在路旁，假装坏了，装出求救的样子，看看有多少人会停下来帮助他。第二个场合是在不同的公司行号。这些人到这些公司行号去应征工作，所有这些应征的过程及面谈内容，都被拍摄下来。在车子坏了、路旁求救的场合，结果是停下来帮助年轻貌美、英俊潇洒一组的人，比停下来帮助那些相貌平平的人要多许多。至于求职的情境，不仅是貌美者得到工作的机会大得多，而且面试者所问的题目，比较概括、容易，连态度也比较温和、平易近人。

据专家分析，长相好、较美丽、英俊的人，给人较聪明、可靠的感觉，并令人有信赖感。许多实验研究也有类似的结果：人们认为长相有吸引力的人，更活泼、愉快、友善、合群。一项以大学生为对象的研究显示，大学生们对外貌可爱的人的看法是他们较风趣、开朗、敏感、友好、善良、谦虚、沉着自信等。当然，一个人的外表，不可能就表示他就是这样的一个人，但人们往往以偏概全，这是因为人们的偏见而造成的。

更有甚者，社会心理学家们发现，铁面无私的法官在量刑的时候也难免会受到外貌这种吸引因素的影响。塞格尔和奥斯特夫（Osttoref）曾经安排被试者做法官。每个被试者获得几份关于案犯的材料，每份材料中都附有照片，这些照片中的人有的漂亮，有的不漂亮。经过审理之后对这些案犯做出最后判决，结果发现，对同等罪行的盗窃犯，外貌漂亮的平均被判刑 2.6 年，不漂亮的平均被判刑 5.2 年。不过对诈骗犯情况却并不如此，有相反的情况，法官们似乎认为，越漂亮的诈骗犯越危险，越会受到重判。最近，美国《经济心理学》期刊发表的研究分析报告认为，长相好看的人与长相一般的人相比，在工作中更易获得良好人际关系和较高酬劳。

据英国《每日邮报》的报道，美国经济学家詹姆斯·安德烈奥尼和里根·佩特里主持了这项研究，他们按照相貌吸引力不同将研究对象分成三组，观察每个人的行为举止并分析他们获得财富的能力。

安德烈奥尼和佩特里在论文中称，他们发现一种"美貌升值"现象，即容貌美丽的人会比一般长相的人获得更多薪酬，而长相一般的人又会比相貌不具吸引力的人获得更多酬劳，这种现象在不同职业中广泛存在。研究报告说，造成"美貌升值"的原因，并不在于貌美者的行为，而更可能是由于人们认为与貌美者更容易合作。

除了一个人长得美丑可影响人们的判断外，一个人的穿着及年龄，也会造成偏见。在鲁迅身上发生过这样一个故事。

有一天他去理发店理发，由于他穿着随便，头发乱七八糟，进到理发店的时候，理发师对他不是很有礼貌，当他理完发之后，他给了理发师很多的小费，理发师觉得很讶异，没有想到此人还有点钱。因此对鲁迅的态度有了很大的改变。下次鲁迅来的时候，理发师立刻奉迎，给他很好的服务，而鲁迅只给了他应得的理发费。

随着我国经济的快速发展，拜金主义不再像以前那样被当成一个话题来批驳了，向钱看的情况也越发严重。有家报纸上刊登了这样一条新闻：有一个无业的年轻人，相貌长得也不怎么样，但是却在几年之间周旋在数个女人之间，吃香的、喝辣的，这些女人还供他挥霍。理由是因为他有一部豪华的汽车，身穿笔挺的西装，再加上有一个会说话的嘴巴。从外表来看，他真的是"有点金钱",但事实上却是金絮其外,败絮其中,连车子都是每月租来的。这就是外表使人眼花的偏见造成的后果。

其他用外表来衡量一个人的情景还包括了年龄、头衔、身材、肤色、种族……都会使人造成偏见。

7.2.6 完美主义的期待

一次,有一个学生来咨询,他告诉咨询师他对其爸爸非常失望。失望什么呢?刚开始他还难以启齿,但后来不得不说:"我爸爸竟然看色情片"。他很难接受,觉得他很龌龊。在探讨中,我才了解到他对爸爸的要求及期待是完美的,他期待父亲应该是一个奉公、守法、风趣、成熟、成功……的人,不能说错话,也不能做错事,当然看色情片是绝对不容许发生的。

完美主义期待的发生,是因为人们将自己的"理想""愿望"投射在别人身上。这种"理想""愿望"对我们自己来讲,是完全有可能实现的,但对于别人来说,就不一定能实现了。如果这个理想没有被实现,就会生气、失望或难过。人与人之间有一个很难觉察,却又是交流的最大阻碍的要素,就是这个期待。完美主义的期待有许多种,父母对子女的期待:望子成龙、望女成凤;老师对学生的期待:你考得好,我以你为骄傲;病人对医生的期待:你要医治好我,否则你就不是好医生。其他的有妻子对丈夫的期待、丈夫对妻子的期待、学生对老师的期待、我们对自己的期待……期待,是我们主观愿望的投射,不仅使人们盲目地看不到真实的"他人",也可以逃避掉自己的责任,它是人际关系的一大杀手。

在岳晓东《登天的感觉》这本书里,记述了一个爱情的完美主义者——查理怎样从一场爱情的危机中认识到自己的不足,并接受他人的不足。他经受住了一场爱情的严峻考验,也由此变得更加成熟。

查理的完美主义倾向主要表现为他凡事都想争个第一,不能容忍自己或他人做事情出现差错。在过去的5年中,查理一直认为他与海伦的爱情是上帝的杰作,是完美无缺的,是一场"天仙配"。他对他们在相貌、智力、身材、兴趣乃至两家的背景等方面的匹配很是自我陶醉,所以当他发现海伦与以前的男友有过性行为时,认定只有与她分手才能解脱自己精神上的痛苦。

一般情况下,生活比较顺利的,容易发生完美主义的期待。相应地,在人际交往中,那些能力比较强的人,容易对他人产生完美主义的期待。在他们看来,所有的人的处世水平都应该和他们一样,否则,他们就会非常生气。在人际交往中,这种不合理的期待会让我们陷入痛苦的泥潭。

了解刻板印象、晕轮效应、投射作用、成见、偏见、完美主义的期待原因及其所造成的结果,可以帮助人们了解为什么人与人之间的关系会莫名其妙地失败、恶化。这对于"疏通"人际交流的渠道,建立健康良好的人际关系,具有很大的帮助。

7.3 人际交往中的心理障碍分析

日常生活中,出现一些人际交往上的困难、不适应,这是难免的、正常的。然而,人际关系严重失调或经常失调的人,往往有可能存在个性缺陷、认知错误或心理障碍。因此,对于人际关系适应不良状况,应作具体分析,分清哪些是正常的,哪些是异常的;对于异常类型的,要分清哪些属于思想问题,哪些属于心理问题,哪些是二者皆有。只有分辨清楚,才能对症下药。对于经常出现人际交往障碍者,要从本质上去解决,而不能简单地就事论事,治标不治本。

造成人际交往心理障碍的原因是多方面的,包括:以往生活中的挫折、受错误的思想观念影响、个性缺陷,严重的表现为人格障碍、缺乏人际交往的经验,尤其是成功的经验。

改善人际关系,减少人际交往障碍,不仅对心理健康影响重大,更广泛地说,是一个人生存和发展的必要条件。根据上面对人际障碍形成原因的分析,人们认为以下一些措施能减少人际障碍的发生。

7.3.1 积极地投入到人际交往中来

人际交往障碍是在人际交往的过程中出现的,但不能因噎废食,对人际交往产生畏惧心理,停止人际交往。相反,我们应该积极地投入到人际交往中,因为所有人际交往障碍的调适或消解都是在与人交往的实践中进行的。另外,良好的人际关系具有心理保健的作用,只有积极地投入与他人的交往才能保持心理的健康,才能从根源上杜绝人际交往障碍的出现。

7.3.2 调整认知结构

认知是刺激与反应的中介。对人际关系有一种积极的、全面的、善意的认识是良好交往的基础。把人与人之间的关系视为尔虞我诈或虚伪、演戏、冷漠、不可信等观点会成为一种心理定式、先入之见或刻板效应而影响人际关系的建立与发展。因此,加强思想修养,发展集体观念,学会全面、辩证地认识问题是必要的。

7.3.3 培养良好的个性品质

要有良好的人际关系,就要有良好的个性特征。个性缺陷是导致人际交往心理障碍的背景因素,甚至是本质因素。为此,应该培养热情、开朗、真诚、善良、宽容、尊重人、理解人、富有责任心、自强自立、乐于助人等一系列良好的个性品质。

7.3.4 学习交往技能

处理人际关系是一种能力、一种技术,它可以通过学习和训练来培养、提高。比如,适度地、真诚地赞赏对方,善于倾听,设身处地,宽以待人,增加主动性,易于承认并改正错误,求大同存小异等,都是人际交往中有用的技术。

7.4 人际障碍调适

所谓人际障碍调适,是指个体根据环境的变化对交往经验、行为方式、情绪及认知结构做出适应环境变化的行为改变,从而使人际关系朝着积极的方向发展。

可以说人际障碍的调适手段是多种多样的,我们在这里只讨论以下三种比较专业且有效的调适手段。

7.4.1 改变自己的认知

不良的人际关系给个人带来很多困扰,然而很多时候,一些不良的情绪,如烦恼、失望、沮丧等是由自己不合理的信念造成的,改变这些不合理的信念会让我们改变这些不良的情绪,同时人际关系也能得到改善。可以说,改变认知是改善人际关系的第一步。

当人们用不合理的信念认知客观世界的时候,不良的情绪就产生了。在人际交往的过程中,人们常抱有一些不合理的思维方式,如"他应该……""这件事情必须……""他的做法完全错了……"。这些不合理的信念改变起来并不容易,因为它们都是人们一贯采用的、不愿正视的想法。这些不合理的信念有以下一些共同特征。

1. 绝对化要求

绝对化要求是指认为某件事情的发生或某个人的态度行为应该是符合自己的预期的,一旦达不到自己的预期,就会产生情绪上的困扰,进而影响交往。

2. 过分概括化

过分概括化是指用以偏概全的方式来看待周围的人和事物,"一叶障目,不见森林。"常常以一件事、一句话来评价整个事件或整个人,因而会因一些小事使自己陷入负性的想法之中。因为别人一点失误,就把整个人否定,或者因为别人在某一方面的失误把整个人否定;整个事件中的一个环节出现差错,就对整个事件表现出失望,否定整个事件。

3. 糟糕透顶

某件事一旦发生,便认为是非常可怕的、不可接受的,这很容易使个体陷入严重的负性情绪之中。很多刚入学的大学新生到了高手林立的新环境,失去了从前在学习方面的优越感,就否定整个大学生活。如果他们能正确认识到产生这些变化的原因主要是由于自己的参照标准发生了变化,现在与从前的环境发生了根本的变化,就不会对自己的表现如此失望;如果他们能认识到大学生活里,除了学习这一件事让自己不满意之外,还有很多满意的地方,大学生活还有很多吸引自己的地方,就能在一定程度上排解这些焦虑、抑郁、悲观的情绪。

心理咨询中的合理情绪疗法(Rational-Emotive Therapy,RET),其要点是:情绪及行为结果(C)不是由某一诱发性事件(A)本身所引起的,而是由经历了这一事件的个体对这一事件的解释和评价(B)所引起的。即A只是C的间接原因,而B才是C的直接原因,因此,该理论亦被称为ABC理论。A、B、C分别来自相应英文字的字首:

- A——activating events,诱发性事件;
- B——beliefs,与A相应而产生的信念,即对A的看法、解释和评价;
- C——consequences,该特定情景下,个体的情绪及行为结果。

例如,两个人(甲和乙)一起走在路上,迎面碰到一个认识他俩的人(丙),但对方没有与他俩打招呼,径自走过去了。甲和乙的内心想法(B)分别如下。

甲:"他可能正在想事情,没注意到我们;就算是看到了我们而没理我们,也可能有什么特殊的原因"。

乙:"他可能是故意这样做的,就是不想理我,就是看不起我。他凭什么这么对我?!"

同样都遇到了一样的一件事情——丙没有理他们(A),甲和乙由于内心想法(B)的不同,就会产生不同的情绪反应(C)。

甲:觉得无所谓,该干什么还干什么。

乙:怒气冲冲,以致无法平静下来做自己该做的事情。

由此可见,人们的情绪及行为反应与人们对事物的想法、看法有关。甲可能持有"待人要宽容"的合理的信念,所以,遇到"丙没有理他"这件事情时产生的情绪和行为反应都比较适度、适当。而乙可能持有"别人绝不能不公正地对待我"这样的不合理信念,因此同样是"丙没有理他"这件事情,却导致了不适当的情绪和行为反应。当人们坚持某些不合理的信念,长期处于不良的情绪状态之中时,最终将会导致情绪障碍的产生。改变的方法就是当事人要发现自己在人际关系中有哪些不合理的信念,与它们进行对峙、辩论,比如,有什么证据证明我必须获得别人的赞赏?别人有什么理由必须友好地对待我?事情为什么必须按照我的意志来发展?如果不是这样,那又会怎样?如果这件可怕的事情发生了,世界会因此而灭亡吗?我会因此而死去吗?……经过与不合理的信念进行辩论,最终让合理的信念来代替这些不合理的信念,个人的情绪就会因此改善。

7.4.2 改变自己的行为

改变自己的行为是指在改变个人认知的基础上,改变自己的行为以使自己的行为与环境更加协调。主要包括自信训练、角色扮演。

自卑的人在表达自己的情感和意愿方面顾虑重重,这种表现上的缺陷严重阻碍了人际关系的建立,自信训练是改变人际行为的一种积极有效的方法,可以有效地改善个体表达上的缺陷。具体的步骤包括角色扮演、模仿和自我奖励等措施。

角色扮演是在某些具体情景中以扮演的方式,从中获得某种体验或建立某种行为习惯;模仿是通过观察别人在社交场合如何表现,来习得一些有效的行为方式,人们的大多数行为都是通过模仿而习得的。自我奖励是一种积极有效的心理治疗方法,即个人通过与以前行为的比较和对行为后果的评价,对行为的改变予以适当的奖励,从而强化积极行为。

7.4.3 团体训练

团体训练提供了一个集体环境,成员之间有共同的目标,可以就共同的问题自由地表达和实践,这是改善个体人际关系的一种有效手段,与个别训练有不同的动力机制和训练效果。团体心理训练是在由5～15人组成的小组中进行,在小组中个体通过观察、学习、体验和与他人的交流,改变自己的认知方式,建立新的行为模式,从而达到良好的适应。团体心理训练对团体成员在人际交往方面的作用主要体现在以下几方面。

1. 认知方面的实践

小组中有指导者参与,在共同关怀和共同指导的氛围中,参与讨论者无须担心自己的观点是否受到批评和排斥,只需要注意自己的观点是否合理,如何进行改变,最终与这个团体中的其他成员达成共识。

2. 行为方面的实践

团体训练强调在暴露的实际场景中解决问题。在团体中,小组成员对各自的行为表现可以互相赞扬、批评和指导,共同使交往方式朝着有利于个体人际关系的方向发展。

3. 情绪表达

在团体训练中,小组成员之间可以互诉苦衷,把自己长期压抑的负性情绪表达出来,并通过自由表达和共同练习,学习表达积极情绪。

思考题

1. 在人际交往中,如果你对别人产生了猜疑心理,如何消除?
2. 克服嫉妒的方法有哪些?
3. 可以通过哪些方式调试人的交往障碍?
4. 请举例说明成见、偏见、喜爱倾向、刻板印象、第一印象、期待、反射作用、完美主义等人际肿瘤,并说明如何防治。

专题篇　两性关系专题

第8章　佛学与爱情：两性关系的心理地图

每每讲到这堂课,看到"佛学心理架构与爱情"这样的标题,同学们都会一脸的不解,仿佛在问:佛教不是讲禁欲的吗?跟爱情能扯上什么关系呢?别着急,等我慢慢道来,相信你也会像那些同学一样,最终觉得:"原来释迦牟尼的东西也不是那么难懂啊!而且,还相当通俗、好用呢!"

话说回来,大家有这样的疑问其实也很正常,对于一般佛教的修行者而言,淫欲的确是一个忌讳而又困扰的问题。西方讲的 love 的含义是很广的,可以包括慈悲,同时也包含恋爱的爱及爱欲的爱,所以在基督教里讲爱情就很自然。而佛教对于"爱"这个字一直是很困惑的,佛经里对爱的定义指的是爱欲,而淫欲经常都被归为不好的,所以,一般碰到"爱"这个字就不敢用,都改为用"悲",把"(慈)悲"这个字归为好的。其实,这是佛教界人士的心理障碍,当一个人有了这样的障碍存在,就表示他本身是被捆绑的,他的心灵一碰到爱的概念或心情时,他的心是被捆绑的、不自由的,这样的修行者其实也不是真正自在解脱的人。我们知道,性欲对人而言,根本是一件非常平常的事,如果弄清楚了,将会发现它就跟我们需要吃饭这种欲望差不多,子曰:"食、色,性也。"性欲就是色,就欲的需要来看两者是相同的。为什么我们对吃饭的欲望会觉得是稀松平常,而对性欲就觉得困惑呢?那是因为有些人会把扭曲的观念加在上面,才把它变成不平常。佛教在家的修行人有配偶、小孩,当然要有所谓的淫欲,如果没有所谓的淫欲怎么可能有儿女?佛经记载的维摩诘居士、中国的庞居士都显示出:居士是可以修成的。更严格地讲,释迦佛本身也是有妻儿的人,他是后来才出了家,但他之前是结过婚,而且生了小孩的,也照样修成了。还有,我们知道藏传佛教的密宗有所谓的双身法,说明佛教修行人是可以有情欲的事情,但是要有条件地仅存在夫妻之间。如果夫妻都修密宗,他们在有需要的时候,密宗的双身法是可以拿来用的;但如果不是夫妻,就不可以拿来用。维摩诘居士的"不断淫怒痴,亦不与俱"这个原则才是佛教居士的修行原则。可见,即便佛家修行中人,这个问题也不可能用切断的方式来解决,如果把淫欲切断,问题就可消除,那么太监岂不都成佛了?因此佛家在家的修行者其实是并没有断掉淫欲的,但是他们也没有被淫欲所控制。在"不断淫怒痴亦不与俱"的过程当中,就在学习了解何谓爱,何谓欲。虽然佛法里面讲要把爱舍掉,但是它的舍,只是一个纯化的过程,而不是一个断灭的过程,有很多人用断的方式去做,结果淫欲断掉了,爱也断掉了,人就变得冷漠无情了。如果真把爱去掉,就会连慈悲都没有了!在这点上,必须承认弗洛伊德还是有道理的。

那么，一般没有佛教信仰的人，大家的爱情又是怎么样的呢？记得我曾在课上问过学生："你们怎么判断自己是否爱上了一个人呢？"同学就说"有感觉啊，来电！""想他/她，很想跟他/她在一起！""看见他/她就心跳加快"……我想，同学们说的其实就是爱的感觉吧。一个人是否真的爱另外一个人，向往和眷恋的感觉的确是第一块试金石，但它也只是两性亲密关系的最基础的一个层面，我们称其为"情感的亲密"。

8.1 身体之爱：情感的亲密

每次与对方在一起，你都有说不出来的喜悦，看到对方就感觉到"心花怒放"，听到对方的声音就充满喜悦之情，渴望不断地见到对方，触摸到对方。

以上就是身体之爱，所谓"情感的亲密"的写照。这个层面的"爱"和欲是有关联的，你可以去注意看看，一般男女结婚前要谈恋爱，要有爱情，他们身体一定要接触的，你说要让两个人谈恋爱、结婚，不让他们手拉手，那是不可能的！所以爱情是靠接触生出来的。这正好体现了佛家"十二因缘"讲到的人类心灵的十二层认知结构中，身体层次的五个环节——由身体感官的"六入（眼/耳/鼻/舌/身/意）"产生"（接）触"；由"（接）触"产生"（感）受"；由"（感）受"产生"爱/（厌）恶"；由"爱/（厌）恶"产生"取/（舍）离"。也就是说，一个男人与一个女人的结合，首先要通过双方的肉身"六入：眼/耳/鼻/舌/身/意"去"（接）触"对方，不管你们是怎么个"触"法，是电梯里一见钟情；还是多次在图书馆相遇，后来递了张小纸条；还是两小无猜青梅竹马，节奏、方式虽然会有不同，但实质却是一样：核心都是"触"。有人说："男人是通过眼睛来寻找他的梦中情人的"，那么，这些男人是靠眼睛先去"触"的了，"触"得动了心，"爱"也就生出来了，所以，自古都有"英雄难过美人关"的感慨；现代人，"触"的渠道和概率就更多了，甚至在网上虚拟空间里"触"到了，有的也会引发一场轰轰烈烈的恋情，当然，一定程度后，也还是要视频、要见面的。总之，要恋爱，关键就是要"触"，"触"了后，产生的是好的/"爱"的感"受"，就有戏，发展下去自然就会走到"取"（娶/嫁）。否则，"触"了后，产生的是不好的/"（厌）恶"的感"受"，那就只好放弃了。因为，"十二因缘"讲得实在是很清楚：如果"（感）受"令你生"（厌）恶"的话，下一步跟着就是"（厌）恶"生"（舍）离"：心一讨厌，就会不想要。婚姻中人由于"（厌）恶"对方而"离"了的，也不在少数，"喜新厌旧"就是其中的例子。有儿女维系、法律保护的两性关系尚且如此，刚刚才要处对象的，一旦产生"（厌）恶"的感受，关系笃定是要放弃了。从这个意义上来讲，"十二因缘"是人类心灵认知和行为的一个规律性结构，它早已超出宗教信仰的范畴，而步入了心理科学的领域，不信，你可以试验一下，看自己是否能逃得脱十二因缘这个环环相扣的规律？把心理学、生理学拿来一对照，你就会发现佛家所讲"十二因缘"的深度及其上通下达的条理，是有一定道理的。

身体层面的五个环节看来是很明白了，那么，作为两性关系的心理地图，"十二因缘"的其余七个环节还能给我们提供哪些图景呢？让我们先来系统地认识一下"十二因缘"——佛家关于人类的认知心理结构：我们人类的心灵结构就是由下面这十二支环环相扣的因缘所组成的。

由表8-1 十二因缘与现代心理学知识的对照表可见，"十二因缘"的组成结构依序是这样的："无明"缘"行"，"行"缘"识"，"识"缘"名色"，"名色"缘"六入"，"六入"缘"触"，"触"缘"受"，"受"缘"爱"，"爱"缘"取"，"取"缘"有"，"有"缘"生"，"生"缘"老死"，一共有十二支。

而这十二因缘,一个生一个,一下子都生出来了。这并不是一种理论,实际上我们的心就是这样运作的。

表8-1 十二因缘与现代心理学知识对照表

现代心理学知识		佛家十二因缘
心灵层次	无意识	① 无明(预设/立场) ② 行(抽象思考/逻辑/认定/意志)
心灵层次	意识	③ 识(六识:眼识/耳识/鼻识/舌识/身识/意识) ④ 名色(内六尘:色尘/声尘/香尘/味尘/触尘/法尘)
身体层次	感官	⑤ 六入(六根:眼根/耳根/鼻根/舌根/身根/意根)
身体层次	生理作用	⑥ 触 ⑦ 受 ⑧ 爱(恶) (六根之作用) ⑨ 取(舍)
世界现象	物质世界	⑩ 有(外六尘:色尘/声尘/香尘/味尘/触尘/法尘)
世界现象	生物世界	⑪ 生 ⑫ 老死

上面讨论的情感的亲密,集中体现的是"六入""触""受""爱""取",身体层面的五个环节的内容,亦即两性由于身体感官、生理吸引所产生的爱(欲)。如果说男人是用"眼睛"搜寻他的梦中情人的话,那么这个层次的"对象"应该是用"肉眼"搜寻来的,我们知道,肉眼能看到的无非是对方的高矮胖瘦、黑白俊丑。身体之爱凸显了男女之间生物学的吸引,情欲和激情的成分可能并不低,美国医疗心理学家乔恩·马奈这样描述人在恋爱时脑中电化学活动的过程:在柔和的烛光下,男子望着女子,丘脑下部的神经活动受到突然激发,神奇的爱情物质大量产生,并随血液循环流遍全身,引起飘飘欲仙的感觉;女性也一样,脑细胞发生同样的电化学活动过程,于是两颗心灵激发出炽热的爱情火花。但如果没有更深层的契合和更长久的抉择,这些爱情的火花很容易使人滑向男欢女爱的杯水主义,这样的两性关系,充其量也就是个"性伙伴",很难成为名副其实的"爱人"。或者,晕晕乎乎做一段保质期不长的"梦中情人"也是有可能的。曾经就有位恋爱了一年半的女同学惶恐地问我:"老师,恋爱有保质期吗?有人说恋爱的保质期最多不超过两年,是真的吗?"这位同学的问题还真的不是空穴来风。就像上面提到的,爱情在某种程度上的确是靠体内的化学物质推动的。催产素、盐酸苯丙醇酸(PEA)就是其中最主要的两种。催产素让你产生拥抱你的伴侣的想法。恋爱的时间越短,分泌的化学物质越多,这就是为什么谈恋爱时间长了,人们会渐渐地失去激情。这和服用安眠药或毒品是一个道理,你服用的时间越长,就需要更大的剂量才能达到某个效果。从恋爱开始到第18个月,是我们感受最美好的一段时间。有些人期望着两人能永远停留在热恋的阶段,但这是不可能的事情。为什么我们不能永远停留在甜蜜的热恋阶段?此领域的学者认为这在生理上是不可能的事情,我们的"恋爱化学激素"过了18个月后就会渐渐枯竭。英国

性学家萨拉·李特维诺夫认为,当我们在热恋的时候,大脑会产生一系列具有麻醉作用的化学物质。频繁的性接触使得荷尔蒙大量分泌。但是在18个月以后,这一系列的起麻醉作用的化学物质消耗殆尽,"热恋"的感觉也随之消失。我想,这就是所谓恋爱的保质期不超过两年的缘由吧。

幸运的是,人类的两性之爱并不仅仅源自于双方生物性的吸引,作为万物之灵的人,两性相吸的因素是很丰富的,如思想层面、精神层面上的契合就是更为深刻和恒久的爱情要素。这就遇到了"十二因缘"展示给我们的其他层面的两性亲密关系。

8.2 头脑之爱:思想的亲密

这是一种知己的关系,你渴望认识对方的一切,无论是外在,甚至到内在,你渴望在"彼此认识"当中,成为对方的知己。

"头脑之爱"在十二因缘里属于"识"和"名色"的环节,亦即心理学讲的意识层次。"识"准确地说就是"认识",我们会对一件事情有所认知,这种认知能力就是"识",所以这里的"识"也可以看作是"能够意识"。而"名色"则是意识的或者说思想的内容,"名色"拆开来看就是"名"和"色","名"是我们的意识库中所有可以用语言表达的东西,通俗地讲就是所有可以有个名称或者有个说法的东西,而"色"则是我们的意识库中所有无法用语言表达,只可意会,不可言传的那些东西,如形象、声音、香气、味道及触觉。

头脑之爱已经超出了生物学的两性相吸,上升到了"思想的亲密"。要得到头脑之爱,找到自己相知相惜、情投意合、意气相随的"意中人",只用肉眼是不够的,这次必须加用"心智之眼"——"识"去搜寻自己的"梦中情人"了,也只有到达"相知"这个层次,俗话说的"谈得拢,有共同语言",两性之间才会真正进入人性的亲密,否则如果只停留在生理层面,就只能在完成动物性的发情过程后,哀叹"爱情"的保质期太短了。

举个例子来讲:

曾经有位女作家这样分享她与先生在婚姻中的感受,她说:"应该说,他对我还是很好的,每次进门,都会说:'老婆,快打开包看看给你买什么来了……'我觉得他对我简直就像对他养着的一只宠物!他对我身体的每一部分好像都充满了好奇,尤其是头发,简直迷得不得了,没完没了地要玩我的头发,是不是他没有姐妹,没见过女人的长发啊?刚结婚的那阵子,两个人黏得不得了,甚至一个人上卫生间另外一个人都会陪着,他说他最喜欢我儿童式的笑容了!当然,跟他做爱,我也是乐此不疲的!可是,我就是觉得很孤独,我们经常吵架,最经典的吵架对白是——我说:'你爱的是你老婆,不是我!'他说:'可是,你就是我老婆呀!'为这一句话不知掰扯了多少回,可他就是不懂我的意思,一脸无辜的样子。我就布置了一个作业给他,让他读《百年孤独》,他倒真是听话,每天上班都拎着那本书,放在车里,在公司里有空就看,晚上再拿回家来,没事时也拿起来啃,看着他那副认真的样子,还真挺可爱!可是,就这样看了几个月,有一天,终于忍不住问我:这书究竟要说什么呀?我怎么一点也看不懂啊?——真让我绝望!有一天晚上,我跟他说:'我觉得实在是太孤独了,孤独得快喘不上气来了,我都想找个情人了。'他听了,忽地爬了起来,坐在沙发上,一支一支地抽烟,烟头堆满了烟灰缸,看他这样,又觉得心疼,就把他拉回床上来,说:'算了算了,我说着玩呢,睡吧!'可是,我心里就是觉得孤独嘛!我有个师兄经常对我说:'跟我好吧,你老公只能满足你前两项需求(生理的需求、安全的需求),而我能够满足你更高层次的需求(归属与爱的需求、理解与尊重的需求、自我实现的需求)。'说的也是,他的确更懂我!可是,我又怎能周旋在两个男人之间呢?再说,他老婆也会不高兴的呀,真烦!"

以上婚姻感情的困惑,很典型是停滞在生理层面,无法满足"知己"需求的烦恼。爱情是需要成长的,从身体到思想到心灵。没有真爱的生活是一种精神上的放逐。离开了心灵成长沃土的玫瑰,不久就会凋谢。

8.3 心灵之爱:意志的亲密

"意志的亲密"是一种忠诚的关系,我们渴望对方与我们站在同一阵线,我们渴望对方始终归属于我们这个群体,我们渴望对方不会"见色轻情""望利卖情",而是忠心无二地跟随与陪伴。

这是第三个层次的亲密关系,我们称它为"意志的亲密",在十二因缘里属于"行"和"无明"的环节,也就是心理学讲的潜意识的层次。"无明"就是迷惑、不明白的意思。"行"代表一种意志,有执行、行动的意思。它会让你觉得身不由己,不得不推演下去,有一股必须推演下去的力量,一直变化下去,而且非得这样变不可。只有达到了"行"和"无明"的层次,才可以说一个人真正爱上了另外一个人。因为感情到了这个深度,那个人才算是真正闯进了你的心,所谓"心上人"是也。这时你爱他/她,就是爱他/她,说不清道不明究竟为了什么,感情就是情不自禁、源源不断地会从你的心中冒出来,你就是要喜欢他/她、想念他/她、关心他/她、了解他/她、疼惜他/她、陪伴他/她……哪怕你对自己说:我不爱他/她了、我不理他/她了,其实都没有用,你还是会对他/她一如既往、一往情深,那就是意志的亲密了!可能有些人还会体验另外一种状况,就是命运把你和一个人安排在了一起,你也觉得他/她是个好人,或者他/她有恩于你,你应该爱他/她,你每天都默默告诫自己:爱他/她!可是,你心里就是无法生起那种爱的感觉,虽然你并非"见色轻情""望利卖情"之徒,但你还是会无法抗拒地受到生命中另外一位异性的魅惑,或者情不自禁地暗自感叹"邻家的草地比较绿"。这样的事情其实已经超出了单纯道德的范畴,因为真爱的心灵层次是在意志之上的,真爱可以生出意志力,意志力却生不出真爱。俗话说的"强拧的瓜不甜",就是这个道理。

事实上,如果你不是真正爱一个人,你也很难对他/她做到从躯体到思想到心灵的百分之百的彻底的忠诚。控制自己的行为,不去接近一个心仪的异性还比较容易做到,控制自己的心不要去想念一个红颜/蓝颜知己,不要去渴望一个灵魂的伴侣,却是很难做到的,所谓"情不自禁"就是这个意思。反之,如果你真爱一个人,你不用刻意就会自然地忠诚于这份感情,想不忠诚都做不到!这样单纯、自然的忠诚就是你心灵里爱着他/她的标志。《阿甘正传》清楚地描写了友情、亲情和爱情,重要的是它突出了阿甘对三者的态度,那是一种什么态度呢?那就是忠诚,就是爱!

说起忠诚还可以举两个大家都很熟悉的例子。一个是宝玉、黛玉和宝钗。看过《红楼梦》的人都知道,在生理上,宝钗对宝玉也是有吸引力的,记得有一次,宝玉看宝钗珠圆玉润的手臂居然都看呆了,还遭到林妹妹的奚落:"原来是一只呆雁"!但是说到爱情,他从头到尾却只爱林妹妹一人,除了美貌和才情,宝玉与林妹妹共同的人生观,还有初次见面时就与生俱来的那种似曾相识的亲切感,都是所谓的"金玉良缘"不能相提并论的,宝玉不是常常痛恨着那金玉良缘的命定论,而几次要砸毁自己的那块玉吗?即便最后黛玉已经香消玉殒,宝玉也娶了宝钗为妻,"生米做成了熟饭",但他还是无法进一步完成心理上宝钗对黛玉的取代,最终不得不抛家弃子,遁入空门。这在某种意义上也可以说是宝玉对黛玉在精神上的一种忠诚吧,黛玉与他的心心相印,黛玉的精神气质——书卷气、灵秀气、孤傲气,都是宝钗这样的女子永远不会有的。情到深处人孤独,想不忠诚都由不得你啊!

再一个例子就是中国当代哲学大家,被称为中国"逻辑学之父"的金岳霖对中国当代有名的才女、建筑学家、梁启超长子梁思成之妻林徽因的传奇爱情。金岳霖的一生,沉浸于林徽因的"人间四月天",终生未娶,至死不悔!林徽因,先与徐志摩有过一段朦胧的爱情。后来,因梁和林两家的渊源(林父林长民曾为北洋政府司法总长,民国时期著名新派人物),嫁与梁思成;毫无疑问,林也是爱梁的。抗战时期,在昆明和重庆,独身一人的金岳霖和梁家毗邻而居。朝夕相处的日子,使金岳霖爱上了罗敷有夫的林徽因,而林在深爱着梁思成的同时也爱上了金岳霖。金的悲剧就此上演。一次,林对梁说,她很苦恼,因为她同时爱上了两个人!不知道该怎么办才好。可以想见,梁思成内心的震惊和痛苦。经过一夜的思想斗争,第二天他告诉林徽因:"你是自由的,如果你选择了金岳霖,我祝愿你们幸福!"而林又把这话原原本本地告诉了金岳霖。金岳霖则回答:"看来思成是真正爱你的,我不能伤害一个真正爱你的人,我退出。"据友人的回忆文章说,从此,三人之间毫无芥蒂、信任依旧;两家和睦相处,只是从此以后,金岳霖孑然一身,终身未娶。不知是金岳霖真太喜欢小孩,还是他对林徽因的感情太过深厚,为了林徽因一生未娶的他,把林徽因和梁思成的孩子一直视同己出,很是疼惜,梁的儿女则称金为"金爸"。而且,金还与情敌梁思成毗邻而居,终生为友,林徽因和梁思成吵架,往往由他来调节。爱一个人爱到如此,也算是让人惊闻了。这种感情的逻辑是任何睿智的大脑都无法明白的,或者说根本就不想去明白的。爱到深处不知难,知难而不退,明知不可为而为之,甚至表面上是退了,可内心深处又何曾后退一步?这位老先生一生的感情确实从来都没有离开过林徽因,他对林徽因的痴恋让"三洲人士共惊闻"。20世纪50年代后期,林徽因已经故去,梁思成也已经另娶了他的学生林洙。金岳霖有一天却突然把老朋友都请到北京饭店,没讲任何理由,让收到通知的老朋友都纳闷。饭吃到一半时,金岳霖站起来说,今天是林徽因的生日。闻听此言,有些老朋友望着这位终身不娶的老先生,偷偷地掉了眼泪。

有人觉得他不值,有人觉得他凄凉,至少是凄美!而又有几个人能体味这种两性之间震彻灵魂、刻骨铭心的爱情与现在比比皆是的"生活互助组""生育合作社""经济共同体"之间的区别呢?爱原本不是以得失成败来计较的,爱情会改变恋爱中的人的感觉、心态、情怀和思维,把他们带入爱的特别逻辑中,人与世界的关系也会因此而产生相应的变化。猜想金岳霖是会赞同下面的话的:人是不能满足于粗糙的两性关系的,真爱里面没有"因为……所以……",也没有"值得……不值得……",有的只是姻缘——那千般因由汇集而成的一条势不可当的情感洪流,及其由它凝聚而成的"非他(她)不爱,非爱不行"的激情和意志。究竟值不值,只有金岳霖自己的内心感受才是唯一正确的答案。

金岳霖对林徽因人品才华赞美至极,十分呵护;林徽因对他亦十分钦佩敬爱,他们之间的心灵沟通可谓非同一般,他们之间的爱可以说已经超越了肉体欲望的阶段,升华为纯粹思想与灵魂的交融,金岳霖说:"恋爱是一个过程,恋爱的结局,结婚或不结婚,只是恋爱过程中一个阶段,因此,恋爱的幸福与否,应从恋爱的全过程来看,而不应仅仅从恋爱的结局来衡量。"如果这些话还不能让你清楚了解金岳霖自己究竟觉得他的爱情生活怎么样的话,这里还可以将陈宇先生在"暮年金岳霖重谈林徽因"一文中的部分内容也转录于此,帮助读者感受一下暮年金岳霖的感受,而不是凭自己的想象和揣测盲目地给金岳霖的爱情打分。

"一九八三年十二月,我们编纂好林徽因诗文样本,到人民文学出版社送书稿,又再次去拜望金岳霖先生。天已转冷,金岳霖仍旧倚坐在那张大沙发里,腿上加盖了毛毯,显得更清瘦衰弱。我们坐近他身旁,见他每挪动一下身姿都皱一下眉,现出痛楚的样子,看了令人难过。待老人安定一会儿后,我们送他几颗福建水仙花头,还有一张复制的林徽因大照片。他捧着照片,凝视着,脸上的皱纹顿时舒展开了,喃喃自语:"啊,这个太好了!这个太好了!"他似乎又一次跟逝去三十年的林徽因"神会"了;神经又兴奋了起来。坐在这位垂垂老者的身边,你会感到,他虽已衰残病弱,但精神一直有所寄托。他现在跟林徽因的儿子梁从诫一家住在一起。我们不时听到他提高嗓门喊保姆:"从诫几时回来啊?"隔一会儿又亲昵地问:"从诫回来没有?"他的心境和情绪,没有独身老人的孤独常态。他对我们说:"过去我和梁思成、林徽因住在北总布胡同,现在我和梁从诫住在一起。"我听从诫夫人叫他时都是称"金爸"。梁家后人以尊父之礼相待,难怪他不时显出一种欣慰的神情。

看着瘦骨嶙峋、已经衰老的金岳霖,我们想,见到他实在不容易,趁他记忆尚清楚时交谈更不容易。于是取出编好的林徽因诗文样本请他过目。金岳霖摩挲着,爱不释手。陈钟英先生趁机凑近他耳边问,可否请他为文集写篇东西附于书中。然而,金岳霖金口迟迟不开。等待着,等待着,时间一秒一秒地过去了,我担心地看着录音磁带一圈又一圈地空转过去。我无法讲清当时他的表情,只能感觉到,半个世纪的情感风云在他脸上急剧蒸腾翻滚。终于,他一字一顿、毫不含糊地告诉我们:"我所有的话,都应该同她自己说,我不能说,"他停了一下,显得更加神圣与庄重,"我没有机会同她自己说的话,我不愿意说,也不愿意有这种话。"他说完,闭上眼,垂下了头,沉默了。

林徽因早已作古,对一切都不会感知了。但金岳霖仍要深藏心曲,要跟林徽因直接倾诉。大概,那是寄望大去之日后在另一个世界里两个灵魂的对语吧。啊,此情只应天上有,今闻竟在人世间。我想,林徽因若在天有灵,定当感念涕零,泪洒江天!

第二年的一天,偶然听到广播,好像说金岳霖去世,顿感怅然。找来报纸核对,几行黑字攫住了我的心。也许是天意吧。林徽因一九五五年去世,因其参加国徽和人民英雄纪念碑设计有贡献,建坟立碑,安葬于八宝山革命公墓二墓区。梁思成"文化大革命"中含冤去世,"文化大革命"后平反,因其生前是全国人大常委,骨灰安放于党和国家领导人专用骨灰堂,跟林徽因墓只一箭之遥。最后去世的金岳霖,骨灰也安放于八宝山革命公墓。他们三个,在另一个世界里,又毗邻而居了。金岳霖从人间带去的话,终有机会跟林徽因说了……"

爱情是人心中的一股神奇的力量,是超越理性的,它一旦产生,不是人心所能控制的,比如,金岳霖对林徽因的爱;但是爱情并不反理性,比如金岳霖如何对待他对林徽因的爱。徐志摩、金岳霖、林徽因、梁思成之间都有过感情纠葛,但行止却大相径庭。徐志摩完全为诗人气质所驱遣,致使狂烈的感情之火烧熔了理智。而金岳霖却自始至终都以最高的理智驾驭自己的感情,显出一种超脱凡俗的襟怀与品格,这使我想起了柏拉图的那句话:"理性是灵魂中最高贵的因素。"尤其是像金岳霖这样超越了理性的理性!这是"意志的亲密"的最纯粹的体现。在爱情的王国里,毫无疑问,金岳霖是个富有者,尽管他也有他自己的遗憾。但是世上又有几个人的生活能没有遗憾呢?金岳霖的遗憾也是贵族式的遗憾,因为,他虽然没有得到林徽因的人,但他却从来也不曾失去过林徽因的爱。世间又有几人能够体尝金对林如此这般纯粹、坚贞、默契又永恒的爱情呢？金岳霖的确是一个真正懂得爱，也有着爱的能力和慈悲人格的人。是爱情赋予了他这种超人的力量，让他用非凡的意志，在非凡的状态下完成了自我的超越。

8.4 全人的爱：永恒的亲密

"永恒的亲密"是身、心、灵合一的，全人的亲密关系。我们不只成为对方的喜悦；我们不只成为对方的知己；我们不只成为对方的忠诚；我们更渴望与对方拥有永恒合一的关系，彻底地融入对方里面，永不分离。

这第四个层次的亲密关系可以说是爱情的最高也最圆满的境界。包括了十二因缘里潜意识（"无明""行"）、意识（"识""名色"）、身体感官（"六入""触""受""爱/厌""取/离"）和现象世界（"有""生""老死"）的所有层面。如果有能够包揽身体、思想、意志三个层面的爱，应该说它已经是非常稀有和美好的两性关系了，但是，缺了十二因缘的最后三环——"有""生""老死"，还不能算是圆满。因为，"有"就是我们生存的物理世界，对于两性亲密关系来讲，它就是我们称作"家"的这个东西的硬件部分，如我们住的房子等物质财产，以及作为一个合法的"家"的法律文本和社会关系等。而"生"则是两个人由于相爱结合而产生的新的生命，可以指他们的婚姻生活的开始，也可以指他们的孩子的诞生，"老死"则是最经典的爱情告白："问世间，情为何物，直叫人生死相许！"，也就是人们祝福新人时常说的"白头偕老"。只有在前面三个层次上再加上以上这些内容，两性关系才可以圆满，否则，无论是宝玉和黛玉，还是金岳霖对林徽因，即便爱得惊天地泣鬼神，也仍然让人惋惜和遗憾！

两性亲密关系发展到这个阶段，自然是"瓜熟蒂落"，该进入婚姻的时候了。从热恋到婚姻，可以说是爱情生活的一大转折。婚姻是以法律的形式确认爱情，又是将爱情从单纯的情感的天空固定到完整的生活的大地上（十二因缘中的"有"！）。婚姻是爱情丰富和升华的一次机会，但也可能是一次以爱情夭亡为代价的人生冒险。在爱情意义上成功的婚姻，应当有两个条件被满足：第一，夫妻能够同心协力地承担共同的生活——家庭生活，他们亲切地携手并肩走在这沉重艰辛的生活大地上；第二，他们相爱的心依然燃烧着相互热爱、渴望的激情，这激情会时刻照亮他们生活的每一寸空间，使每一个生活内容都成为他们表达爱、感受爱的因素。无论贫富穷通，人都会在现实中遭遇许多人生固有的艰辛疾苦，也会获得无数欢欣幸运。关键是夫妻相互能否有爱的激情把生活中的点点滴滴熔炼为爱的内容，能不能始终用爱的想象力在生活的大地上坚守一片爱的美丽天空。读雨果给妻子朱丽叶的情书，二十年如一日，他对妻子爱情的火焰同样灿烂动人。雨果这样对妻子说："我忧愁时想您，就像人在冬季想阳光；我快乐时想您，就像人在骄阳下想树荫。"我想，正是以这种永远充满激情和想象力去爱的心才会保持永久的爱情，也正是这颗永远爱恋着的心，才可能写出《悲惨世界》《巴黎圣母院》这样以宽容和爱心感化苦难和敌意的伟大作品。

对于爱情，夫妻生活是更具体复杂的生活，也因此需要更深入细致的关怀体贴。这种关怀体贴，既是性的，也是情的；既是感性的，也是精神的。夫妻生活的爱情意义，正是相互之间的感觉、欲望、情趣、志向和精神，从身体到思想到心灵，从现实到理想到信仰，点点滴滴地渗入对方，并交融在一起，如柏拉图的寓言所说的一样，熔铸一个完整的新人。夫妻之间不应该，也不可能没有差异和矛盾。关键是差异和矛盾能够在爱的中心点上融合起来，最终是"你就是我，我就是你"的认同——用弗洛伊德的话说,对方就是自己的世界。这种融合,是有生理的前提和因素的,但它最终的意义是超越生理的精神的融合。人类爱情的伟大正是在这相爱者之间的精神认同和结合中体现的,它赋予每个人的爱的绝对性和唯一性。

谈到"永恒的亲密",作为文学史上"永恒的伴侣"的伯朗宁夫妇无疑是最好的例子。他们的爱情和婚姻是人类两性关系在精神的高峰上最壮丽的诗篇,而且也因为这壮丽而永恒。阮一峰先生在他的网络日志中对伯朗宁夫妇的爱情与婚姻生活进行了非常详细的描述,现转录于下,与您共享。

伯朗宁夫人结婚前的名字是伊丽莎白·巴莱特(Elizabeth Barrett),1806年生于英格兰。家族相当富有。10岁时,伊丽莎白就读过《失乐园》和莎士比亚的作品,12岁时自己开始动手写作。但是,不幸的事在两年后降临。那一年,她得了一种肺病,医生为了减轻她的病痛使用了吗啡。结果,她余生都离不开这种药物。更不幸的是15岁时,她从马背上摔落,脊椎受伤,从此瘫痪在床。1828年,伊丽莎白的母亲去世。此后,巴莱特家族的收入也一年不如一年,1832年,伊丽莎白的父亲卖掉了英国的庄园,举家搬到伦敦定居。那一年,伊丽莎白29岁,她已经出版了一本诗集和一本翻译著作。1838年,她由于身体虚弱,被送到海边疗养,她的弟弟爱德华陪同。但是,后来爱德华在航海时不幸淹死。伊丽莎白带着一颗破碎的心回到伦敦。此时,她的身体和心灵都已经残疾了,她过上了隐居生活。

1844年,已经38岁的她把自己过去5年中写的诗歌结集出版了。诗集出版后不久,她意外收到了一个名叫罗伯特·伯朗宁的青年诗人的来信。他比她小6岁,深爱她的诗集。在信里,他这样写道:"亲爱的巴莱特小姐,你那些诗篇真叫我喜爱极了,我爱极了你的诗篇——而我也同时爱着你……"第二天,伊丽莎白回了他一封长信:"亲爱的伯朗宁先生:我从心坎深处感谢你……"在此后的20个月里,他们一共交换了574封信。在最初的几次交往以后,他请求见她,但是她不同意,她不想见生人。经过几次请求,他克服了她怕见生人的癖性,在5月下旬,风和日暖的暮春天气,来到她的病房中。他见到了她,可怜瘦小的病模样,蜷伏在她的沙发上,贵客来都不能欠身让座,一双深沉的大眼睛里透着几分哀怨的神色。在会面后的第三天,她竟接到了他的一封求婚的信。哪一个少女不怀着甜蜜的爱的梦想?可是我们的女诗人不再是年轻的姑娘了,她已经39岁,对生命完全放弃了希望的人,而她的"情人"比她年轻了6岁,奋发有为,正当人生的黄金时代。她拿着信,痛苦了一夜,第二天拿起笔来悲哀地、可是断然地拒绝了他。同时请求他以后别再说这样"不知轻重"的话,否则他们俩的友谊就没法维持下去了。伯朗宁慌忙写信去谢罪,也顾不得自己从来没说过谎,解释前信只是感激话说过了分,只是一时的有失检点。一场风波算是暂时过去。但他们俩实在谁也舍不下谁,他们的通信甚至比以前更殷勤了,往往每天都得写上一封至两封信。在没有得到对方回音之前,往往寝食难安。

爱的力量从春天到夏天,伯朗宁不断地从他花园中采集最好的玫瑰给女诗人送去。花的鲜艳、花的芬芳,加上送花人的情意,给本来昏暗的病房增添多少生趣啊。为了让那些可爱的鲜花更有生气些,向来总是关得紧紧的窗子竟然打开了,病房里开始有了一股流通的空气。在这一段时期里,女诗人的健康飞快地进步着,萎缩的生机重又显示出生命的活力,大夫们不知道这是爱情、这是生命的新的欢乐、新的希望所创造的奇迹,对这现象只能感到惊奇而已。恰好这一年的冬天特别暖和,在正月里的一天,她用自己的脚(而不是让她的一个弟弟抱着),走下楼梯,走进了会客室,"我叫人人都大吃一惊,好像我不是从楼梯头走下来,而是从窗口走出去了。"第二年的春天来得特别早，4月里，女诗人向未来表明她的信心，悄悄地买了一顶妇女出外戴的软帽。5月中旬，这顶软帽的主人，由她妹妹陪着，闯到公园里去了。她下了马车，踏上绿油油的草坪，从树上采下了一朵金莲花。大自然的清新的空气叫她如痴如醉了一阵，四周活动着的人们忽然都成了幻梦中的点缀，仿佛这会儿，只剩下她自己和不在她眼前的心上人才是真实地存在的。那朵小小的金莲花她放在信中，寄给了伯朗宁，回报他不断送给她的那许多鲜花。也就在那一段时期里，她开始写下献给她情人的《葡萄牙人十四行诗集》，她的才华在这里更达到了顶点。当他第三次向她求婚的时候，她再也没法拒绝了，她已是一个被征服者，心悦诚服地答应着她情人的呼唤。可惜她父亲不同意这门亲事，对她暴跳如雷。女诗人经过一夜无眠，由她忠心的女仆陪着，两腿发抖地走出家门，雇了一辆车，来到附近一个教堂，和她的情人悄悄地结了婚。没有娘家的一个亲人在场，可是她内心激动，并无遗憾，觉得这也是公平，"因为我太幸福了，用不到呀!"这对新婚夫妇走出教堂，只能暂时分手。将要踏进家门时，她万分舍不得地捋下了新娘的结婚戒指。一星期后，她准备得差不多了，就带着她的忠心的女仆，她的爱犬，还有她怎么也舍不得留下的这一年又8个月积聚起来的一封封情书，悄悄地离开了家。这对新人离开岛国，渡过英吉利海峡，奔向欧洲大陆去了。

他们俩先到法国巴黎，后来定居意大利，生活得十分愉快。伯朗宁说:"我们就像一个洞穴里的两只猫头鹰那样快乐，只是'巴'胖了，脸色红润了。"一位女友也这样形容女诗人:"这位病人不是有起色了，而是换了一个人了。"的确这样，本来是缠绵床第的残疾人，现在竟成为登山涉水、探幽访胜的健游者。威尼斯、帕度亚、米兰等地都留下他们的游踪。在米兰，她紧跟着丈夫，一直爬到了大教堂的最高处。女诗人给她妹妹写信道:"我叮嘱他千万不能逢人就夸他妻子跟他一起到这儿去过了，到那儿玩过了，好像有两条腿的老婆是天下最稀奇的活宝了。"

1849年3月，婚后第三年，女诗人刚过了她的43岁生日，给小家庭增添了说不尽的欢乐气氛和一名男丁。小"贝尼尼"很聪明，具有艺术禀赋。母亲教他英语、法语、意大利语，父亲每天给他上两小时音乐课(伯朗宁有很深厚的音乐修养)，他八九岁就能演奏贝多芬的奏鸣曲了。后来他成为一个艺术家。

伯朗宁夫妇一起度过了15年幸福的生活，在这15年中，从没有一天的分离。1861年6月29日，伯朗宁夫人永别了她的罗伯特。临终之前，她并没多大病痛(不过患支气管炎罢了)，也没有预感，只是觉得倦。那是在一个晚上，她正和伯朗宁商量消夏的计划。"她和他谈心说笑，用最温存的话表示她的爱情，后来她感到倦，就偎依在伯朗宁的胸前睡去了。她这样地瞌睡了几分钟，她的头忽然垂了下来。他以为她是一时的昏晕，但是她去了，再不回来了。"她在她丈夫的怀抱中瞑了目，她的容貌，像少女一般，微笑、快乐。

这就是伊丽莎白·伯朗宁夫人的一生。多么感人的爱情故事啊!可以想象，能够医好这样一颗破碎心灵的爱情，一定是异常的热烈和深情。爱情的力量真是伟大。这让我不由得想起一句名言，"除了爱，什么都不是爱的对手"。从伯朗宁夫人的 How do I love thee 中"英语中最著名的起首句之一"——"我怎样爱你?让我来告诉你"，我完全能感到那一份生死相许的期待和找到伴侣的喜悦，它超越了时空，在所有渴望爱情的青年人心中发出回响。

如果把伯朗宁夫妇的爱情看作两性之间经典版的"永恒的亲密"，那么，查尔斯王子与卡米拉35年的爱情长跑，则为我们演绎了现代版"全人的爱情"。2005年4月9日，对于英国人民而言，是一个具有特殊意义的日子。英国王储查尔斯王子历经35年的爱情马拉松，终于与挚爱的新娘卡米拉踏上了婚姻的红地毯。不知面对这件事,你是会歌颂查尔斯王子用情专一,没有因为美丽的王妃而离开相貌平平的初恋情人呢?还是会埋怨他的辜负佳人?也不知道你是会说戴安娜的介入,使卡米拉的爱情必须要经受更久的等待呢?还是卡米拉的存在,破坏了本该属于戴安娜的幸福?也许所有的读者期待的童话的主人公都是天设的一对——金童玉女,但那却不是王子想要的幸福生活。当看到两个青春不再的半百老人用35年坚守的浪漫爱情在经过无数风风雨雨后,终于守得云开见月明——喜结连理时,我想他们才是真正的主角。虽然阴差阳错蹉跎了三十几年,所幸的是,他们终究没有错过今生。我相信这就是童话,一段真实而美丽的现代版的关于天长地久的童话。

在当今社会中,男人与女人接触的机会大大增加,一个人对异性产生感觉,进而发展关系的概率首先增加了不少,再加上自我的膨胀、物欲的泛滥、性观念的开放,在"美女""帅哥""名牌""轿车""地位""名利"……这些名词占据人类心灵的中央舞台时,也许已经很难保持过去时代那种纯朴美好的诗性的爱情了。若说伯朗宁夫妇为我们创造了水晶一样纯粹、钻石一样永恒的爱情诗篇,那么查尔斯王子与卡米拉应该是为我们献上了一部四川麻辣烫一样五味俱全的、曲折浪漫的言情小说。时代会变,形式会变,但是,人类对自己另一半的渴望却是永远都不会改变的。就像柏拉图的《会饮篇》中,喜剧家阿里斯托芬讲的那个关于人类爱情起源的寓言故事:最初的人本是球形的,有四条胳膊、四条腿、四只眼睛、四只耳朵、两张面孔,一个圆形的身躯和一个圆形的脑袋。这些最初的人不安在地上生活,想飞上天庭,造诸神的反。他们惹怒了众神之父宙斯,宙斯就把他们从中间劈成了两半。被分成两半之后,每个人都寻求自己的另一半,希望与之结合,恢复自身的完整。一旦遇到能与自身结合的另一半,人就欣喜若狂、如痴如醉地追求对方,爱恋不舍,直到结合为一体。的确,"真爱"来了你想逃都逃不掉。

卡米拉是1972年在一个马球球场上初次遇到查尔斯王子的,据说,她对他说的第一句话是"我的太祖母是你太祖父的情妇,你觉得怎么样?"……从一开始,卡米拉这种自信、开朗、随性的风度就强烈地吸引着查尔斯,据查尔斯王子的朋友回忆:"从遇见卡米拉的第一天起,查尔斯的整个身心被她彻底征服了,整个人显得有些魂不守舍。"两个年轻人相遇后迅速坠入爱河,但没过几年,查尔斯应征到皇家海军服兵役,被派往加勒比海地区。有人说是这段离别把两人的热恋拖凉了;也有人说是卡米拉无法面对成为皇后的前景,当时拒绝了查尔斯的求婚;还有人说卡米拉不是处女,长得也不合标准,所以英国王室对她大门紧闭。不管怎样,一位名叫安德鲁·帕克·布尔的年轻军人走入了卡米拉的生活,两人在查尔斯走后的第二年结了婚。当然查尔斯也在这之后与戴安娜共结连理。当英俊潇洒的查尔斯王子牵着"灰姑娘"戴安娜王妃的手,出现在英国国民面前时,人们欢呼着,雀跃着。盛大的婚礼,华美的服饰,闪耀的珠光,美丽的新娘,一切都是那样的完美。"英格兰玫瑰"在英国乃至世界舞台上绽放着举世瞩目的光彩。天生丽质的容貌、超凡脱俗的气质、使人折服的微笑,集古典的尊贵与时尚的灵动于一身。耀眼并不招摇的装扮,充满了英国王室的高贵气质,使其在任何场合无疑成为万众瞩目的焦点,给尊贵的王室带来了青春的活力。但美丽的姑娘却不是幸福的新娘,原来卡米拉对于查尔斯情同初恋,查尔斯对她始终不能忘怀。有了这样的前科,难怪查尔斯王子在全世界人民共同编撰的童话婚姻中,始终耷拉着一张忧郁的长脸。在查尔斯与戴安娜的婚姻出现问题时,卡米拉被指为破坏这段婚姻的第三者。1992年,查尔斯与卡米拉之间的一段电话录音被媒体披露,彻底暴露了两人的暧昧关系。1993年,卡米拉与丈夫离婚,而查尔斯与戴安娜也并没有如童话那样过上王子与公主的幸福生活,而是以众人始料不及的离婚收尾。

究竟为什么相貌平平还比王子大一岁的卡米拉能战胜戴安娜王妃,使查尔斯王子不为美丽年轻的公主所动,而成为最后的新娘呢？首先,查尔斯和卡米拉兴趣相投,譬如两人都热衷猎狐、马球和园艺,讨厌"狗仔队"的围追堵截等。再者,卡米拉为人和风细雨,这是她与年轻气盛、容易暴躁的戴安娜最显著的区别,她充满母性的关爱与呵护让查尔斯感到放松。总之,卡米拉平凡的相貌,朴素的着装,温柔却不失坚强的性格,还有她的幽默、热情和质朴……一切都让查尔斯王子动情。她以无限的宽容和包容默默地陪伴查尔斯王子承受着巨大的舆论压力,从婚变的第三者到戴安娜王妃的间接杀手,一切皆是那样的默默。正是由于这种默默,使其成为查尔斯王子最为信赖的人。有一次在电话中查尔斯王子曾经和卡米拉说:"你最大的成就就是爱我。"而卡米拉则说:"哦,亲爱的,这比从椅子上摔下来还容易。"卡米拉由于能这样自然地、无拘无束地、没有条件地爱查尔斯,而赢得了王子同样的爱的回应,还荣获"2005年十大最具魅力人士"评选之榜首。他们的真爱逐渐为民众所接受,英国人发起了"对卡米拉好一点"的运动,他们发现,昔日被他们认为的丑女人并不那么丑,也许她还很美,与戴妃相比是一种别样的美。

三十多年来分分合合,卡米拉与查尔斯之间的来往却从未间断,尽管他们都曾经背弃对方,各自婚嫁,但是,岁月却彰显出他们对彼此的深情,虽然由此招惹出了王室丑闻和许多无辜的人无谓的牺牲,但最终卡米拉与查尔斯还是重新结合在了一起,才算尘埃落定,有了心灵的归宿。我们每个人都会犯错误,失败是人生必不可少的组成部分。查尔斯和卡米拉从年轻时就互相爱慕,风风雨雨一直相爱了这么多年,理应得到世人的理解和祝福。

小结

如上所述,爱有不同的层次、不同的境界。那么,究竟什么是爱呢？要定义它还真难！诗人浪漫的爱、哲人明晰的爱、百姓朴实的爱……少男少女的情窦初开、人到中年的恩恩爱爱、白发伴侣的相依黄昏……一道道爱的风景线,其滋味如人饮水,也只有各位身尝体受、自己用心去品味了。但不管怎样,重点肯定还是在当事人双方的感觉。爱情这个东西,她总是情不自禁地会跟着感觉(直觉)走的,不然,丘比特的神箭怎么是射向各位的心,而不是脑袋呢？真爱是要用心去感受、用心去付出的,它不会在加减乘除的脑袋里计算。

既然感觉对爱情如此重要,我们不妨再来仔细梳理一下人类的感觉。说起来人的感觉尽管形形色色,但是大致上却只能归结为三类。第一类是包括眼、耳、鼻、舌、身在内的身体的感觉,它们依次为:视觉、听觉、嗅觉、味觉和触觉五种感觉,它们对应的是身体之爱。第二类是意识的感觉,亦即人们常说的第六感觉,它对应的是思想之爱或者头脑之爱。第三类是心灵的感觉,也可以称作"直觉",是一种连自己都说不清是怎么回事,自然而然从心中冒出来的感觉,因为它超越了意识的理性分析和判断,所以有别于意识的感觉。心灵的感觉较之意识的感觉要更感性、更真实、更强烈,所以说心灵的感觉对应的才是你的"真爱":那种"问世间情为何物？直叫人生死相许！"的境界;那种不分彼此、心心相印,爱到地老天荒、海枯石烂都不会改变的亲密,才是两性之间真正的亲密。

总之,从直觉生出的爱才是真爱,最纯的真爱是没有条件的,有着空灵、包容、永恒与源源不绝的性质。英国哲学家、数学家、文学家罗素在他的诺贝尔文学作品《爱在人生中的价值》中说:"现代我们生活中理性以外的三项主要活动是宗教、战争和爱情"。他说"但爱情并不是反理性的,一个有理性的人能够理智地去享受爱的存在。自由的、热烈的、无拘无束的和全心全意地爱,能够带来各种的善,它远非仅仅满足人们性交的欲望,它也是免除孤独的主要手段,因为大多数男女在他们的大部分人生中都会有孤独之感。在大多数人中都存在一种对于世界之冷酷和人类之残暴的巨大恐惧;同时还存在对爱的渴望,那种持久而又热烈的相互之间的爱情会消除这种感觉,它会摧毁自我主义的坚壁,产生出一种合二为一的新东西,自然界没有造就一种可以独处的人,因为人无法满足自然的生理需求,除非得到别人的帮助。而如果没有爱情,有文化的人也无法充分满足他们的性本能。这种本能是无法得到充分满足的,除非一个人的整个生命,精神的和肉体的,都进入了这种关系。没有爱的性交没有多少价值,因为只有充满爱的结合才能使本能充分满足。那些从未领受过两个人之间的爱所具有的那种密切的关系和深厚友谊的人,失掉了生活所给予我们的那种最美好的东西。"

　　爱,如果这个字眼能够得到正确应用的话,并不是指两性间的一切关系,而仅仅是指那种包含着充分的情感关系和那种既是心理又是生理的关系,所以作为人类之爱,它涵盖了三个层次的爱:身体之爱、头脑之爱和心灵之爱。身体之爱是动物之爱在人类之爱中的反映,但是很少有人类的爱是仅仅停留在这个原始的性吸引水平上的,虽然两性之间彼此因性而吸引是非常自然的,而且现代社会,在以功利、创造和消费为企图的文化中,许多人的心灵也走向了机械化和物质化,在现代人的生活里,思想、情感和想象力越来越萎缩,我们的知觉都已生了硬痂,我们都生活在自己的茧壳之中,已经很难进入真挚深情的柔美境界了,人们整日所想的只是怎样才能升上去?怎样才能挣更多?而很少想到:什么是最好的生活道路?什么有益于人类的发展?怎样才能使我们的潜力得到充分的发挥?怎样去爱⋯⋯真正的爱正在面临着一种新的危险,性交在很多情况下已经不再是两个人灵与肉合二为一的爱的举动了,很多人性交只是为了满足他们在肉体上的需要,在西方解放派的人们当中,似乎很少感觉到性交的道德障碍了,任何情感,比如,孤独、焦虑、情感压抑、虚荣心,甚至侵占和毁坏的欲望都可以导致性交。但人毕竟是有别于动物的,比如说,当一个男人,哪怕是最粗俗放荡的男人,当他在大街上行走,忽然看见一位梦寐以求的异性,他会马上脱光衣服在大街上求爱吗?当然不会。人是有头脑的,人有能力选择性交。两只狗在发情期,只要看到对方,马上就交配,也不在乎是否有其他人或动物在场。但对人而言,就有许多要素必须加以考虑。所以,人类之爱,绝不可能停留在肉体爱的层次,至少,它要经过理性的哪怕是最粗略的选择,所以,人类之爱无疑包含着头脑的爱,实际上,在当今社会里大部分人都停留在这个理性的层面里,中国人把家庭称作是"生活互助组""生育合作社""经济共同体",就足以证明在家庭中,夫妻之间心灵之爱的淡漠和麻木,于是"情人"现象似乎已成了时尚,甚至在办公室里人们也会公然地赞赏"喜新不厌旧,吃'醋'不怕酸"的男人处理妻子和情人之间微妙的关系的"聪明"原则。《廊桥遗梦》描写了一对中年男女邂逅的美国爱情故事,在中国社会所引起的特别轰动,更说明了人们既渴望惊心动魄、灵肉交融的真爱的感觉,但又不得不赞赏舍己求全、维持家庭、爱护孩子的传统美德的矛盾心理。家庭真的是爱情的坟墓吗?人们真的只能借着小说和电影来观摩一下真爱的感觉了吗?或者干脆与情人私通就能达到真爱吗?其实,由于误会而结合的婚姻固然有之,但大多数夫妻间缺乏真爱的感觉,只是由于他们太少关注和培养夫妻间的感觉了,谈恋爱的浪漫已经恍若隔世,人们忙于挣钱、晋升、社交、带孩子⋯⋯有几个人能真正"忙"中偷闲去时时关注一下他(她)爱人的感觉和愿望呢?事实上,很多人关注自己的时候都很少了,科学的发达、物质的丰富、竞争的日益加剧、生活的忙碌和疲惫恐怕让人们静心体会和享受做爱的情趣和能力都没有了。

的确，爱不仅仅是强烈的感觉（情感），而且它也是一种能力、一种行为，是一种把自己的生命同另一个人的生命紧紧维系在一起的决策行为，爱也是一种鉴赏力，是一种语言。如果只是一种情感，那么双方白头偕老永远相爱的语言就成了空中楼阁或无稽之谈。情感可以产生，也可以消逝。如果我们的行为不让鉴赏力和决策因素参与，那么，我怎么能判定爱的情感会永葆青春呢？所以，爱是一种能力，一种鉴赏的能力，决策的能力，一种承担的能力，一种既能充分享受初恋的浪漫，又能不断培养和增强婚后夫妻灵与肉合二为一的美妙感觉的能力。心理学研究表明，如果你的恋爱超过18个月，你的体内会产生另一种麻醉品——内腓肽，这是一种起镇定作用的物质，能让我们产生温暖、满足和平和的感觉。这个阶段是你最相信自己的感觉的阶段。无论在生理上还是在心理上，有研究发现，恋爱两年后结婚的情侣，其离婚的概率最低。实际上我们与情侣待在一起的时间越长，我们体内的内腓肽分泌得也越多，我们越是感觉到温暖和幸福。

美国哲学家埃·弗罗姆说婴儿时期的爱遵循这个原则："我爱人，因为我被人爱。"成熟时期的爱则遵循这个原则："我被人爱，因为我爱人。"不成熟的爱是："我爱你因为我需要你。"成熟的爱是："我需要你，因为我爱你。"可见成熟的爱首先是一种主动去爱别人的能力，一般人常以为爱是一种神秘的、来无影去无踪的东西，是"可遇不可求"的一种感觉，当它来找你时你就很快乐，而当它离你而去时，你就很难过。其实这不是一种正确的见解。有这种想法的人对"爱"存有不真实的幻想，容易在人生中成为自己幻想的奴隶。而最大的坏处就是会使当事人忽略了爱是一种能力（包括享受和谐美满性生活的能力），而且是一种可以被培养的能力的事实。有这种见解的人会一直被动地被自己生命中的一些"感觉"所拨弄，而不知道在心中培养自己的爱。结果自己失去了爱的能力，心中没有了喜悦，一旦在感情上受到一点挫折，就很难承受打击。其实人应该努力地去培养自己的爱和慈悲心，使自己成为一个有爱的能力及慈悲的人格的人，有爱的心灵是一个和谐愉悦的世界，一切的善、一切的欢乐，都是由有爱的心灵中长出来的。因而人应明白地知道自己心中有没有爱，如果没有，应该深刻分析没有的原因，克服那些原因，使爱在自己心中升起；如果有，就让它加深、加强。能按此规律使爱充满自己的身心，一个人就会逐渐变为一个有慈悲心的人，一个深深地被妻子（丈夫）、孩子们、老人和世人喜爱和敬重的人，喜悦就会从心中油然升起。一般一个较有防御性格的人，不易于把心胸敞开来，令爱心流露出来。比较自私以自我为中心的人，也比较难让爱从心中升起。这时人可以试着借用"行动"来克服自己的障碍，如果个性内向害羞的人，可试着主动去接触他人。较以自我为中心的人，也可以主动地为他人做一些事，或帮人解决困难。开始时不习惯这样做的，但只要刻意坚持下去，再难的情况也会改观，其主要的原则就是借着身及心的修习，使自己成为一个有爱的人格的人。人的生命是有很大的可塑性的，一个没有爱心的人如果刻意地让自己去帮助他人，时间长了就会自然转变，而且如果真的这样地做下去，那么会使自己成为慈悲的人，真正得到最大利益的还是自己。只是一般人认为这只是道德家唱的一种高调，而却不知道这是一个活生生的事实："我被人们爱着，因为我爱人们。"让爱从你的心灵中升起来，心灵之爱是人类最高层次的爱，是人类爱的精华，它让世界变得和平，让家庭变得温馨，让性爱趋于完满，让健康时常相伴，让喜悦充满人心。真爱是每对伴侣的精神家园，是人类唯一的归宿。

亲密关系，是一种爱的学习。它带来喜悦，也带来痛苦；它带来冷静，也带来无情；它带来节制，也带来冲动。这条七情六欲的道路，是我们一生不断要学习的功课，也是实际需要面对的功课。

真爱乃人间至宝,如果你已经拥有,珍惜它！如果你还没有,寻找它、等待它、培养它、创造它！追求真爱,销矿成金,愿天下所有有情人终成眷属！

思考题

1. 什么是两性关系的心理地图？试述你对它的看法。
2. 什么是"真爱"？你怎么看大学校园里的恋爱？

第 9 章 男人与女人：
两性关系的心理分析

依据佛学心理架构的心理地图把我们导向的两性亲密关系的唯美境界来说，心理学家的爱情理论的容颜似乎要宽和得多，这多数因为他们是基于对现代的普通人——或比普通人还要匮乏的人群——的观察。毕竟，金岳霖式的爱情难以重复，伯朗宁夫妇的奇迹也实属罕见，至于查尔斯王子与卡米拉的爱情长跑，虽然是现代版的，但请问读者诸君：您和您周围的人们能够有耐力跑完 35 年爱情马拉松的又有几人呢？所以说佛学心理架构给我们的心理地图更像是一个关于爱的精英的理论，而本章要介绍的心理学家关于爱情的理论却要平实许多，将两者放在一起的时候，我们就可以有个稍微完整一些的画面，如精英的和普通的，理想的和现实的，值得追求的和必须正视的……

9.1 爱之名：亲密关系界定的理论

在科学心理学的视野中，关于爱情的研究主要可以分成两类：一类是社会心理学范畴，有关爱情的理论；另一类是人格心理学范畴，谈到个人生命成长的发展理论，这些理论在发展心理学也会提到。那么，我们这里就介绍一下在社会心理学家眼中是如何定义爱情的。

9.1.1 鲁宾的爱情态度理论

心理学家将爱情定义为：男女之间基于一定的物质条件和共同的人生理想，在内心对对方的最真挚的仰慕并渴望成为终身伴侣的强烈、稳定、专一的感情，爱情是给予，是承担责任。

1970 年鲁宾（Rubin）开始将爱情定义成对某一特定的他人所持有的一种态度之后，使得爱情得以并入人际吸引之社会心理学主流内，并能使用一般测量方法研究爱情。

他假设爱情是可以被测量的独立概念，可视为一个人对特定他人的多面性态度，他从文艺著作、普通常识及人际吸引之文献资料中，寻找拟定叙述感情的题目，经过项目分析、信度、效度考验而建立爱情量表（love scale）和喜欢量表（liking scale），他发现爱情与喜欢有质的差别。爱的因素是对对方负责、温柔体贴、自我揭示、排他性；喜欢则指为他人所吸引、尊重对方、认为对方与自己相似。在预测男女爱情发展上，爱情量表比喜欢量表更有预测力。而其爱情量表中包含三种成分：

◆ 亲和及依赖需求；
◆ 欲帮助对方的倾向；
◆ 排他性与独占性。

9.1.2 斯滕伯格爱情三角理论

社会心理学对爱情进行系统研究始于 20 世纪 70 年代，一个重要的标志就是鲁宾那个著名的区分爱情(loving)和喜欢(liking)的研究。正是因为鲁宾成功地区分了爱情和喜欢,后来的社会心理学家才得以开始关注和探索爱情复杂而多维的本质。除了上述鲁宾发展的爱情量表中对爱情三要素的描述,斯滕伯格(Sternberg)的爱情三角理论(triangular theory of love)如图9-1所示,它是目前最重要且为人熟知的理论。他认为爱情包括以下三种成分。

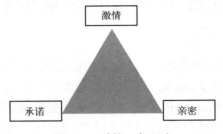

图 9-1　爱情三角理论

① 亲密:是指与伴侣间心灵相近、互相契合、互相归属、相知相惜的温暖感觉,属于爱情的情感成分。比如,"与你在一起的感觉真的很好"。

② 激情:是指强烈地渴望与伴侣结合,促使关系产生浪漫和外在吸引力的动机,也就是与"性"相关的动机驱力,属于爱情的动机成分。比如,"我想亲你,更想与你合为一体"。

③ 承诺:就是认定。它包括短期和长期两个部分,短期的部分是指个体"决定"去爱一个人,长期的部分是指对两人间的亲密关系所做的持久性承诺,属于爱情的认知成分。比如,"我决定爱你,一辈子爱你"。

随着认识时间的增加及相处方式的改变,上述的三种成分也将有所改变,而爱情三角形的形状和大小也会因其组成元素的增减而发生相应的改变。三角形的面积代表爱情的质量,据斯滕伯格的说法:"三角形越大,爱情就越丰富。"斯滕伯格还进一步提出:在三种成分下有以下八种不同的爱情关系组合。

① 喜欢:只包括亲密部分。如朋友式的"对象"。
② 迷恋:只存在激情成分。如男人对嫖娼的痴迷。
③ 空爱:只有承诺的成分。如纯粹为了感恩而嫁给某人。
④ 浪漫之爱:是多亲密和激情而少承诺的一种爱情形态。如没有结果的爱情。
⑤ 友谊之爱:是亲密和承诺的结合,却又缺少了些激情。如兄妹式的伴侣。
⑥ 愚爱:只有激情和承诺,没有时间进行很好的沟通和了解。如闪电式结婚。
⑦ 无爱:三种成分俱无,也可称之为游戏之爱。如男女之间的逢场作戏。
⑧ 完整的爱:三种成分聚集在一个关系之中。如所有幸福美满的姻缘。

9.1.3　李的爱情观类型理论

从科学的角度研究爱情的比较成熟的心理学理论,除了上面鲁宾的爱情态度理论和斯滕伯格的爱情三角理论以外,加拿大社会学家约翰·阿兰·李(John Alan Lee)的爱情观类型理论也比较著名。李(Lee)经由文献收集及调查访谈两阶段的研究,将男女之间的爱情分成六种形态:情欲之爱(eros)、游戏之爱(ludus)、友谊之爱(storge)、依恋之爱(mania)、现实之爱(pragama)及利他之爱(agape)。所谓的"情欲之爱"是建立在理想化的外在美,并且是罗曼蒂克、激情的爱情；游戏之爱视爱情为一场让异性青睐的游戏，并不会将真实的情感投入，常更换对象，且重视的是过程而非结果；友谊之爱是指如青梅竹马般的感情，是一种细水长流型、稳定的爱；依恋之爱者对于情感的需求非常大；现实之爱者则是会考虑对方的现实条件，期望让自己的酬赏增加且减少付出的成本的爱情；利他之爱者则带着一种牺牲、奉献的态度，追求爱情且不求对方回报。

承接鲁宾将爱情视为态度的方向，有些研究者编制爱情态度量表来验证李的爱情类型理论，研究结果发现，的确有六个向度，因此验证了李的理论，受到许多学者的认可。

9.2 爱之路：亲密关系发展的理论

以社会交换论的观点来看亲密关系的发展，认为亲密关系中的双方，在此关系中互相有所得失，并以一种理性且公平的评估方式，衡量自己在此关系中的付出与收获，再以此评估为基准，决定其对关系的应对方式。在这类理论中，鲁斯布尔特（Rusbult）的投资模式是其中较重要的一种。

9.2.1 鲁斯布尔特的投资模式

鲁斯布尔特认为男女亲密关系中的"承诺（commitment）"，是由满意度（satisfaction）、替代性（alternatives）及投资量（investments）等因素共同决定的。根据投资模式的预测，当亲密关系中的个体，对关系有较高的满意度、知觉到较差的替代性品质，以及投资了较多或较重要的资源时，便会对此亲密关系做出较强的承诺，也就是较不易离开此关系。简单来看，可用下式加以说明：

$$满意度 - 替代性 + 投资量 = 承诺$$

1. 满意度

亲密关系中的个体，对于他在此关系中所得到的报酬及所付出的成本，会评估相互抵消后的实际结果；随着关系的长期发展，彼此的相互依赖性会随着提高，而开始将伴侣的结果和整个关系的结果也并入实际结果的计算，比如，与伴侣一起分享他的成功或共同分担他的痛苦。此外，个体也会依据过去曾有的亲密关系及有关的经验（如与家人和朋友所讨论、比较的结果），形成一个自己对目前关系所应得结果的预期水准。最后个体会将在关系中获得的实际结果，与此预期水准相比较，而产生对此亲密关系的满意度，当实际结果越好，预期水准越低，则满意度越高。

2. 替代性

替代性是指对放弃此亲密关系的"可能结果"的好坏判断。"可能结果"包括发展另一段亲密关系、周旋在不同的约会对象间，或是选择保持没有任何亲密关系的单身状态等。个体对于可替代关系中的可能对象，其检验考虑的因素不只包括特定的喜欢对象，也包括非特定的对象，以及个体对自己能否离开此关系的能力的主观知觉与客观评估。此外，个体的内在倾向与价值观也会影响替代性的主观知觉。例如，当个体觉得有自信、有价值、有高自尊及强烈的自主性需求时，通常会知觉自己有较佳的替代性品质，而较容易离开此亲密关系。

3. 投资量

投资是指个体在亲密关系中,所投入或形成的资源。投资与报酬或成本最大的不同有两点:第一是投资通常不能独立地从关系中抽取出来,而报酬与成本可以;第二是当关系结束时,"投资"无法回收,而会随着关系的结束一并消失。因此投资会增加结束关系的成本,使个体较不愿也不易放弃此关系,从另一个角度看,则是增强了个体对此关系的承诺。个体投资在亲密关系中的资源可分为两类:一类是直接投入的资源,如时间的投入、情绪能量的释放、个人隐私的想法与幻想的揭露,以及为伴侣所做的牺牲等;另一类是间接投入的资源,如双方彼此的朋友、两人共同的回忆,以及此关系中所特有的活动或拥有物等。此外,在长期亲密关系中所形成两人一体的认同感、长期相处下来所建立的默契与思想上的相似,以及彼此互补的一些记忆与信息等,也会随着关系结束而使投资失去。个体所投入的资源层面越广、重要性越高、数量越多,则表示其投资量越大;当个体在此关系的投资量越大时,对此关系的承诺也越强。

4. 承诺

此模式中所指的"承诺",是指会使个体去设法维持这份关系及感觉依恋在此关系中的倾向。因此承诺的定义包含两个部分:行为的意向与情感的依恋。当个体对一份亲密关系做出承诺后,不仅代表他想维持这份关系并依恋于此关系下,也会促使个体做出种种有助于维持此关系的行为。例如,与他人做一些适应性的社会比较,并选择性地加以解释,以便得到此关系是"很好"的知觉;对于对个体具有吸引力而易破坏现有关系的替代对象,尽量拒绝与其接触或相处的机会;采取有效的方式,处理有关忌妒与第三者介入的问题;自愿为此关系做一些付出与牺牲;以及当伴侣做了某些糟糕或不合己意的事时,采取顺应而非报复的方式解决等。

9.2.2 默斯坦的 SVR 理论

这个理论与上面介绍的理论一样,主要是探讨亲密关系如何发展,两者的差别是前者属于社会交换论,后者则属于阶段论。这里介绍默斯坦(Murstein)所提出的 SVR 理论,他认为亲密关系的发展,依双方接触的次数多寡来看,可分为"刺激(stimulus)""价值(value)""角色(role)"三个阶段。

① 刺激阶段。通常双方第一次的接触即属于刺激阶段。在这个阶段中,双方彼此间互相吸引,主要建立在外在条件上,如被对方的外貌或身材所吸引。

② 价值阶段。一般而言,双方第二次至第七次的接触,便属于价值阶段。在这个阶段中,彼此情感上的依恋,主要是建立在彼此价值观和信念上的相似。

③ 角色阶段。通常双方大约第八次以后的接触,便开始属于角色阶段。在这个阶段中,彼此对对方的承诺,主要建立在个体是否能成功地扮演好在此关系中对方对自己所要求的角色。

虽然默斯坦认为亲密关系包含刺激、价值和角色三阶段,但其实在亲密关系的每个阶段中,这三种因素对关系都有影响。只是在每个阶段中,各有一个因素是最主要的影响因素。以整个关系发展历程来看,刺激因素一开始占较高的比重,之后随着接触次数的增加而逐渐上升,但是所增加的幅度很小,最后会趋于一个平稳的水准。而价值因素虽然一开始时的比重较低,但关系发展至"价值阶段"的时候,这个因素的比重会迅速提高,不过在"角色阶段"时,其比重也会趋于平稳,且最后平稳的水准所占的比重,也比稳定后刺激因素所占的比重高。同样,角色因素一开始最低,到角色阶段时则会超越其他两个因素,且随着关系的继续发展,其比重也会不断地往上提升。

9.2.3 人类学家海伦·费希尔的观点

根据美国拉特格斯大学人类学家海伦·费希尔的观点,爱情可以分成三个截然不同的部分:欲望、浪漫和依恋。欲望是急迫地满足性要求,却没有两情长久的打算;浪漫是爱的感情升华和对爱人的关注;依恋则是伴有安定和平稳的感觉,通常是长期伴侣之间拥有的。

英国媒体援引费希尔的观点说,爱情的每一部分都是独立的,但又联系在一起形成有序整体——随时间推移的爱的进程。大脑的不同物质导致了爱情的三步曲。大脑在感情的每一个阶段都会分泌不同的神经递质,脑神经也会有不同的工作。

例如,在一夜情背后是很多复杂的化学物质。伴随欲望而来的是男女身体内睾丸激素水平的上升。一旦找到释放的闸口,欲望就会像直线下降的睾丸激素一样消退。在两情相悦的浪漫时光中,大脑变成了睾丸激素、多巴胺、复合胺及其他神经递质的大旋涡。多巴胺的水平在大脑的几个不同区域内激增,其中包括和占有欲及上瘾有关的脑部区域。

依恋是爱情进入长跑时产生的状态。抗利尿激素和后叶催产素是依恋时期的重要化学物质。科学家认为这些化学物质在性行为时水平会升高,尤其是在达到性高潮的时候会更高。同时,睾丸激素会保持在很低的水平,这就意味着真正的依恋伴随着欲望的降低和不再想东游西荡。

9.3 爱之密:亲密关系的科学分析

爱情究竟是怎么一回事?这大概是一个亘古未解的难题。美国《时代》周刊推出专稿《我们为什么相爱》,试图从科学原理上分析爱情是怎么产生的。现转录于此。

9.3.1 爱情的源头在哪里

基因学研究表明,男女间之所以会相互吸引、爱慕的原因,在于我们体内存在某种通过几万年进化所形成的基因物质,促使人类为了自身繁衍而"不得不"寻求交媾对象;荷尔蒙在这方面也起到了关键作用。

但基因与荷尔蒙首先促成的是看到异性在生理层次上的冲动。而对于爱的产生,还要从人类的精神层面上去寻找缘由。

西方宗教告诉我们的是:女人是男人身上的一根肋骨。于是男人们便要带着近似"原罪"的痛苦,在大千世界、茫茫人海中寻找属于自己的那一根"肋骨"。但科学家证实,事实上最初决定男性生命形成的染色体,是由女性染色体裂变所得——原来那些自以为是的男人才是"肋骨"(怪不得女性天生具有如此深厚的"母性")。

现代精神生理学研究表明,互生爱慕的男女双方,所发出的脑电波频率是大致相同的,爱得越深,则和谐共振的频率图谱就会越优美。中国古代有"夫妻相"一说,意思是指相爱的双方在精神气质上有相当符合的地方,以至于他和她在外表容颜上也体现出惊人的相似。

在爱情的由来上,德国人类学家海伦·费希尔给出的解释更加详细、合理和完备:"爱情其实由三种需求而生,一种是'性'的需求,它激发你去寻求那些'合适'的人;另一种是'渴求浪漫',类似于那种初恋时的眩晕感觉,但这种感觉大多数人只能珍藏于求爱时期;第三种对于爱的需求,是由我们大脑里的'婚姻系统'发挥作用,那就是对生活伴侣的深深依恋。"

9.3.2 爱情的筛选标准

上面说了爱情产生的源头,那么在寻找属于自己的爱情时,有什么选择标准吗?当看到潜在的爱情"候选人"时,我们首先会从外在感观上对"候选人"作一番优胜劣汰。这主要从视觉、听觉、嗅觉及触觉上作判断。

视觉:不论男女都喜欢漂亮面孔和性感身材,男人喜欢丰胸细腰翘臀女;女人则中意宽肩厚胸络腮胡男。有人会说这是我们的审美观,事实上基因的本能让我们更偏爱这些生育能力强的相貌特征。

听觉:女人偏爱低沉浑厚的男声,声音好听程度和相貌基本上呈正相关关系,人们从声音中也能获取身体的部分信息。

嗅觉:嗅觉的重要性一点都不亚于视觉和听觉。比如,女性排卵期时分泌的弗洛蒙(pheromone,一种可以刺激同类其他动物响应的化学物质)数量要比平时高。这些弗洛蒙会改变周围人体的内分泌系统,从而使住在一起的女性的生理周期会逐渐同步。从繁衍后代本能上讲,处在排卵期的女性当然对男性有更强的吸引力,所以当许多女性生理周期同步时,则每个人找到自己中意伴侣的可能性大大提高。当然男性对这类气味更加敏感,如当伴侣处于排卵期时,男士们会更有爱意,更殷勤,也更容易嫉妒。可能是从女性身上嗅到的这些味道,唤起了男性内部的配偶守护者(mate guard)意识。

弗洛蒙分子不仅告诉人们哪些人最值得考虑,同时也帮他们排除了部分候选人。比如,人体基因中掌管免疫系统的是 MHC(major histocompatibility complex,主要组织为相容性抗原复合体),会影响组织排斥反应。如果两人的 MHC 系统太相似,胎儿流产死胎的危险性会大大提高。所以找和自己 MHC 不同的伴侣,也是有利孕育下一代的生存策略。

据研究显示,实验室的老鼠能从另一只老鼠的尿中闻出过于相似的 MHC,从而避免和那些个体交配。在由瑞士伯尔尼大学进行的实验中,女性能通过男性衬衫气味选择出与自己 MHC 差异最大的男性。

触觉:从眼神交汇到深情相吻再到进一步的发展,这个过程就像连锁反应,一旦开始就无法中止,接吻在爱情发展中扮演了重要角色。首先,唾液中含有和气味中相似的化学物质,可以用来测试 MHC 的相容性(也许接吻在最初只是一个味觉测试);同时接吻也是一个信号放大过程,提高人体对气味、声音、呼吸等的所有感受;接吻还是一个全方位的(心理的、物理的、化学的)信息交换过程(当然这些都是自动操作,不用大脑费神)。此外,接吻也是男性"投放催情药"的过程。男女体内都含有一种雄性激素叫睾丸激素(testosterone,通常男性要远比女性高),对保持性欲至关重要。男性的唾液里,特别是那些本身血液中荷尔蒙含量高的男性,会含有睾丸激素。经过一段时间内的多次接吻,女性接受到的这些激素就开始工作,性兴奋水平提高,愿意接受更亲密的行为。

9.3.3 大脑内还有爱情"生产线"

除了上述外在感观因素,人类大脑中还有条爱情"生产线"。人脑中和爱情有关的区域主要有 3 块:腹侧被盖区(ventral tegmental,多巴胺的精炼厂,愉悦系统或反馈回路);伏隔核(nucleus accumbens,又名阿肯伯氏核,次脑皮层中的反馈回路);尾状核(caudate nuclei,是主导行为模式和乏味习惯形成的区域,如打字、开车等技能)。

爱情产生的神经化学过程大概是这样的:当我们感受到爱情萌动时,腹侧被盖区开始大量分泌多巴胺,高浓度的多巴胺让人感到极度的快乐甚至心醉神迷(但这只是短暂的愉悦,还称不上爱);伏隔核针对从下丘脑传递过来的神经信息,用多巴胺和血清素、催产素进行调制,写入尾状核。任何记忆感受一旦写入尾状核,就很难消除,这就不奇怪为什么爱情的回忆是终生难忘且历历在目。

在这个过程中,催产素是最重要的角色,它是一种可以帮助人们建立"信任"、促成男女承诺的物质。大脑中的爱情反馈回路是由多巴胺等调制的,这些物质浓度越高,调制出的信号越强。

这个过程也会受到其他因素的干扰,比如说共同经历过灾难的伴侣,更倾向于认为对方就是自己终身伴侣。这实际上是在经历灾难这一过程中,身体产生的某种化学物质让我们形成了这种认识。

当然,爱情可能会破裂,但大脑的神经活动或相关记忆并不会随之消失,这也是失恋者痛苦的根源。更有甚者,尾状核与成瘾相关的区域始终保持活跃状态,对这样的人安慰说时间会改变一切是没用的。幸好不是所有的爱情都最终破裂,绝大部分的爱情经过最初的狂热,逐渐冷却,变成亲情。亲情虽说不令人心跳,但比爱情更稳定。

以上关于爱情的科学理论可以说是两性关系的"心理地图"的继续,有助于廓清个案的内部动力和恋爱风格,但要解读爱情的扑朔迷离,要解决一个个为情所困的个案,似乎简单的爱情元素测量、发展阶段划分和生理生化剖析还是显得有些概括和粗糙,相比之下,心理分析的理论虽然好像不及以上理论那样符合实证科学的量化规范,但却更能深入和准确地理解一个个活生生的个案,呈现心理学理论更具有灵性的一面。

9.4 爱之谜:亲密关系的心理分析

9.4.1 爱情的情结理论

情结是一心理学术语,指的是一群重要的无意识组合,或是一种藏在一个人神秘的心理状态中,强烈而无意识的冲动。尽管每个心理学理论对于情结的详细定义不同,但不论是弗洛伊德体系还是荣格体系的理论都公认情结是非常重要的。情结是探索心理的一种方法,也是重要的理论工具。"情结"(complex)一语是由瑟欧德·泽翰(Theodor Ziehen)于1898年所创,由荣格在与弗洛伊德·西格蒙德合作的时期发扬光大。荣格将complex形容为"无意识之中的一个结"。可以将情结想成一群无意识感觉与信念形成的结。这个结可以间接侦测,而表现的行为则很难理解。荣格在职业生涯早期就找到证明情结存在的证据。1910年,他在词汇关联测验中注意到受试者的行为模式暗示着此人的无意识感觉与信念。荣格派理论视无害的情结为普通健康心理的多元变化,只有造成有害行为的情结,荣格才视为心理疾病。以下借助案例介绍3种最为常见的与爱情有关的有害情结。

1. 恋父情结与爱情

上海女作家淳子在其散文体学术专著《张爱玲地图》中对张爱玲的恋父情结和两次悲凉

的婚姻做了入木三分的剖析。

每个女孩子在她童年的时候或多或少都会有一种恋父情结,但是大部分女孩子的恋父情结慢慢地会投射到应该和她在一起的异性的身上,来终结自己的恋父情结。但张爱玲是没有能力终结她的恋父情结的,她以后不断地和别的异性结合,只是对她的恋父情结的延续。

张爱玲的恋父情结是怎么形成的呢?在她4岁的时候,母亲因为不满父亲的吸毒、嫖妓、养姨太太、颓废堕落,不理财、不养家、没有责任感而离家出走了,她对妈妈的离开,不是想念,而是怨恨,因为她觉得妈妈其实是抛弃她了。但妈妈走了以后,很快她就学会了享受和父亲在一起的生活。张爱玲从小勤奋好学,所以父亲非常喜欢她,他给她念诗、教她读书、给她很幼稚的作文眉批、总批,并且还把她很幼稚的作文装订成册。因为她父亲是一个游手好闲的贵族子弟,根本不用去上班,闲来无事时就带张爱玲去咖啡馆、夜总会,去吃点心,有的时候甚至带她到妓院里,然后只是让她坐在妓院的客厅里面,找一个女人来陪她玩儿,她和她父亲之间的关系就好像她是她父亲整个生活的一个见证人,有她父亲的时候,就一定是有张爱玲,父亲和女儿之间有一种相依为命的感觉,所以,父亲很自然地成了她爱的所有的寄托,成为她生命的一个支柱。一般女孩子的恋父情结都是在一个合理的范围里面,而张爱玲的恋父情结已经到了夸张和极端的那样一个情结里面,恋父情结使她的两次爱情和婚姻生活都极为悲凉。

张爱玲的第一任丈夫是汉奸胡兰成。当她认识胡兰成的时候,胡兰成其实已经有婚约在身,那时她23岁,胡38岁,非常符合只能和中年男子、只能和成熟男子交往的这样一个恋父情结的女性特征。张爱玲是一个很害羞的人,用她自己的话说也是一个鬼鬼祟祟躲着人的人,但是她却主动跑到了一个陌生男人的家里,并且在这个陌生男人家里,一坐就是一个下午,好像有讲不完的话……胡兰成是一个长得像江南书生样的人,形象与张爱玲的父亲很像。张爱玲回去后就在自己玉照后面写了这样的字送给他:"见到你以后,我变得很低很低,低到了尘埃里,但我的心却是快乐的,在尘埃里开出了花",主动向胡兰成示爱。她是和姑姑合住一套公寓的,但和胡兰成好了以后,居然不避嫌疑,让胡兰成住到了自己的家里,因为胡兰成是有妻小的。从这种爱里面我们就可以看到那种没有办法解脱的恋父情结。她爱上一个中年男子,她就是可以这样,平常很小气很斤斤计较,连自己弟弟的一顿饭都不愿意留,但她却留下了这个男人和她同居。而且,还不避嫌和他一起出去,有一次在路上正好撞到了胡兰成的发妻,这个发妻当场羞辱张爱玲,但张爱玲居然还是那么坚定地和胡兰成在一起。到了1945年,抗日战争结束了,胡兰成害怕受到汉奸的处罚,逃到温州。春节,张爱玲就辗转到温州去寻夫,当时张爱玲一是去看胡兰成,二是想和胡兰成在感情上做一个梳理。因为她知道,胡兰成逃到武汉的时候,有了一个相好,是一个护士叫小周。她希望胡兰成能够在她和小周之间做一个选择,当然她是期待胡兰成选择她的,但没有想到,千里迢迢,千辛万苦找到温州的时候,胡兰成已经又和一个女人范秀美住在一起了。张爱玲是他名正言顺的妻子,却只能对邻居谎称是胡兰成的表妹。就是在这样一个艰难困苦的环境里面,面对这样一个没有人格底线的胡兰成,她都没办法放弃,其实她也不是不知道胡兰成的为人,可她就是没法离开胡兰成。因为恋父情结是她的死穴,而这个中年男子也是她致命的毒药!胡兰成害怕张爱玲的到来会暴露自己的身份就赶她回去,虽然不舍得,但她还是只好回到了上海。当时因为张爱玲嫁给了汉奸,所以很多报纸也开始封杀张爱玲,她自己的处境也非常困难,几乎已经是没有稿费的收入了。有个叫桑弧的导演同情她,让她写了两个剧本,几个月后,张爱玲居然把这两个剧本刚刚得到的所有稿费全部都寄给了胡兰成,并且给胡兰成写了一封绝交信说:"我不爱你了,但是是你先不爱我的。"

张爱玲尽管身体离开了胡兰成,其情感还是没办法离开,所以就把她最艰难困苦的时候得到的那笔钱,全部寄给了胡兰成。至此,这个恋父情结还没有完,1952年胡兰成逃到了香港,张爱玲便申请护照要到香港大学去继续她的学业,其真正的目的还是想和这个中年男子续前缘的。但是张爱玲也是万万没想到,或者冥冥之中她也已经料到,就是到了香港以后,胡兰成的身边又有了新的女人,这个女人就是当时上海一个黑社会头子的老婆,叫佘爱珍。这个佘爱珍长得非常漂亮,并且会用手枪,当时在上海滩也是一个很不一般的女人。她在逃出去的时候带了很多的钻石,据说她的金刚钻就有一化妆箱。胡兰成也是出于自己生计的考虑,他没有选择一个穷学生——张爱玲,而选择了一个对他的生活,对他日后的生存有保障的女人。也就是说胡兰成这个人是一个没有人格底线的人,而张爱玲这个人是有着严重的恋父情结的人,这两个人搭在一起,张爱玲渴望得到父爱,而胡这个人虽然是一个中年男子,长得虽像她父亲,但胡兰成其实没有父爱的情怀,所以这两个人生活在一起就注定了张爱玲悲剧的人生,所以悲凉、苍凉、残酷成了张爱玲生命的底色,也是从头到尾她作品的底色。这是张爱玲的第一段婚姻。

再来看张爱玲的第二段婚姻。因为她没有办法和胡兰成继续好下去,就离开香港,去了美国。到美国后,在一个文艺营里面认识了赖雅,赖雅在认识张爱玲之前,也是一个叱咤风云的人物,曾被人预言是可以获诺贝尔文学奖的,当张爱玲认识赖雅的时候,赖雅也已经开始在美国文坛上被人淡忘了,因此他也要依靠文艺营免费的午餐来维持自己的肉身。张爱玲遇到赖雅的时候是36岁,但是赖雅已经是65岁了。像这样永远走不出自己恋父情结的女人,她总是无可奈何地爱上中年男人,或者就是当她到中年的时候,她只能爱上老年男人,所以她的情结真的是注定了她终生的不圆满。爱上赖雅也是她主动的。张爱玲和胡兰成结婚,从认识到结婚是用了八个月,而张爱玲和赖雅从认识到结婚是半年,而在这两桩婚姻当中主动的都是张爱玲。所以由于张爱玲的这种没有办法摆脱的恋父情结,既造就了她那种诡异的令后人不断地去改编的经典小说,也造就了她爱情和婚姻的悲凉与人生的凄惨。

2. 自卑情结与爱情

自卑不同于自卑情结,两者的区别在于前者是个人对自我某一方面的否定与信心不足,而后者则是对自我的全盘否定与信心不足。在生活中,每个人都会嫌弃自我的某一方面(如嫌自己容貌不佳,身材不高,学习不够好,工作不理想等),那是自卑;但一个人方方面面都嫌弃自我,甚至连自己在他人心目中出众的方面也嫌弃,那就是自卑情结了。

爱情的自卑情结表现为个人对自我的爱情价值、能力和结果的负面评估。它使人对爱情的追求只重过程而不重结果,只讲自己的付出而不企望对方的回报;它还使人对爱情忽略被爱的感觉的满足,心甘情愿地接受爱情的不平等。

瑞典著名科学家诺贝尔一生在事业上成就非凡,名垂千古,但他在情场上却屡屡失意,终生孑然一身。纵观诺贝尔的爱情经历,可谓是苦涩辛酸的。这表面上看是因为他时运不济,但本质上也是因为诺贝尔有着很深的爱情自卑情结。

青年时代,情窦初开的诺贝尔曾热恋上一位在药房工作的瑞典姑娘。正当他们对未来充满幸福的憧憬时,那位恋人竟因病早逝,突如其来的噩耗给诺贝尔的心灵造成巨大的创伤,久久不能平复。之后,诺贝尔曾在巴黎邂逅一位法国姑娘,并向她倾诉了自己所有的烦恼:相貌难看、动作笨拙、前途渺茫、意志消沉,担心别人会瞧不起他。那女郎非但没有小瞧他,反而一再鼓励他要对未来充满信心。这曾极大地激励了诺贝尔,令他对那女郎产生了恋情。他们之后约会了几次,每次会面都给诺贝尔带来无穷的愉悦。但不久那位姑娘断绝了与诺贝尔的来往,这令诺贝尔伤感了许久。二十多年后,诺贝尔因发明炸药而名满天下。他在众亲友的劝说下,鼓起勇气,刊出了一则措辞相当含蓄的广告:"一位十分富有且受过高等教育、渐近老年的男士欲寻找一位中年女性,条件是能讲多种语言、能胜任秘书业务、能承担家务劳动。"不久,他便收到了奥地利的贝尔塔·金斯基小姐的来函。金斯基小姐受雇诺贝尔后,以她的不凡气质和干练作风给诺贝尔留下了极为深刻的印象。然而,正当诺贝尔对金斯基小姐产生恋意时,她竟不辞而别,并匆匆结婚。这次经历又极大地挫伤了诺贝尔的自尊心,几乎放弃了与女人一起生活的愿望。金斯基出走两年后,诺贝尔在奥地利的巴登疗养院与年龄小他一半的索菲·赫斯小姐邂逅。她出身于维也纳一个简朴的家庭,继母对她不好,因而从家里跑了出来。诺贝尔迷恋上了她。他们相处了将近20年,诺贝尔希望有一个气氛轻松、整齐舒适的家,而索菲却追求生活享受。诺贝尔虽花了很多心血对她进行训练和改造,可索菲无法忍受这一切,最后干脆嫁给了一位匈牙利骑手,临走时还得到诺贝尔的大笔馈赠。不料,他们结婚后没多久,那位骑手竟溜之大吉,索菲后来生下了一个女儿。诺贝尔获悉此事后,特意在遗嘱中做出明确安排:索菲每年可获得50万克朗,用以维持生计和培养女儿。更可悲的是,索菲还常以诺贝尔夫人的身份同诺贝尔的所谓崇拜者鬼混。诺贝尔曾一再加以劝说,却不起任何作用。这一切耗尽了诺贝尔对爱情的最后一点希望。

诺贝尔的情场失意经历告诉我们:爱情的单向投入只会使人陷入单恋的泥潭。爱情的成功原则是双向投入,爱情如果不能使恋爱双方都真情投入,则其爱迟早会蜕化变质,成为自怜自艾的角斗场。换言之,如果爱的体验长期或远远超过被爱的体验,则爱情本身就是荒谬而无意义的。由于诺贝尔认定自己很丑陋,没有吸引力,不敢大胆追求真正的爱情,总是在迁就女性的弱点。所以,爱得辛苦、爱得累赘、爱得没有原则、爱得没有自信。四段爱情,除了第一段爱情是双方的真情投入外,其他三段都是诺贝尔单相思或一厢情愿的,最后都以他深受伤害收场。说到底,爱情应该滋润人的心田,愉悦人的心情,并使人更加自尊自信。爱情如果使人长期生活在自卑的体验中,当是对爱情本身的莫大讽刺!如果诺贝尔能走出爱情的自卑情结,以"我很丑,但我很温柔"的积极心态追求爱情,他应该有很多机会获取成功。

3. 处女情结与爱情

作为一位心理辅导老师,接触到的由于处女情结所引发的两性关系困扰的个案还真为数不少,就在前不久还有位毕业几年的学生突然打电话来,劈头就问:"老师,您知道'处女情结'吧?您说我是不是心理有问题了,需要去做一下心理治疗啊?"原来这位男同学在学校时一直认为纠缠处女情结之类的问题是件很愚昧的事情,不料现在自己临近结婚,发现女朋友好像不是处女时,心理却总觉得不是个滋味,但又拿自己的这种感觉没有办法,所以,才疑心自己是不是心理出了问题。这位男同学其实还算是比较开明的。事实上,中国男人的处女情结根深蒂固,婚姻恋爱受此影响的也比比皆是。有位先生,妻子由于想要巴结领导获得好处而失身,事情败露后,这位先生很受打击,不仅义无反顾地与悔愧万分的妻子离了婚,而且,离婚后开始不断地"泡"漂亮女人,每一个都是到手后就甩掉,好几年了,都玩着同样的"恋爱"游戏,不再有结婚的打算。其实这也是变相的处女情结在作祟。究竟男人为什么会深陷处女情结呢?从网上看到了关于男人处女情结的种种"学说",转录于此供大家参考。

① 纯洁学说:处女在一些男人的心中被等同为"圣女",这未曾受人染指的感觉,让男人感觉爱情的"唯一","今生只属于我"的美好成为强烈的期待。

② 权利学说:男人希望女人能按自己的想象和期盼获得性成熟,而非其他人的"调教"和

"影响",他们渴望处于支配地位,塑造真正适合自己需求的伴侣。如果失去了"第一次"的所有权,那种侮辱感和妒忌感会永远萦绕在他的心底。

③ 情感学说:恋人之间,总应该有一些东西是仅仅属于彼此的,比如性。有些男人相信女性的第一次自愿性行为会永远留在她的心中,那种挥之不去的深切怀念会影响双方的感情。

④ 自卑学说:"她如果把我们作比较,以前的他是否比我在性方面更出色?"——他的身体很可能受这些观念的影响而变得不听使唤,猜疑成为羞耻。有些男人怀疑自己在性方面和情感方面的能力,一个毫无经验的女人可能增强男人的自信心。

不管缘由为何,处女情结困扰着许多男人是不争的事实。其实除了男人,处女情结也一样给女人带来了烦恼。女大学生最常见的处女情结困扰有两种:一种是为了自己的将来而极力自我保护,与男友展开处女膜保卫战而闹矛盾的;另一种是不小心没能守住自己的第一次,所以,面对现男友不知如何是好,是该部署一个缜密而不留"后患"的"完璧"之策——比如,去做个处女膜修复术?还是该带着赌徒般的冒险精神去考验男友对自己的爱与宽容?不管做何选择,当事人都会备受煎熬,男人有几个不在乎这事的呢?27岁的公证员贾强(化名)说:"哪个男人不在乎自己的妻子是不是'第一次'呢?就算他嘴上不说,接受了这样的女孩子,心里也会隐隐约约有想法的。那种新婚之夜落红的感觉,一定会让我感觉到她的冰清玉洁,更加珍惜她"。到底什么是"冰清玉洁"?是不是处女膜完整的女人就一定是"冰清玉洁"的?而有过性经验的女人就一定是"龌龊放荡"的呢?面对那个受困于"处女情结"的男同学的电话时,我并没有直接回答他有没有心理问题,而是问了他这样一个问题:"如果有两个女生,其中一个,在大学期间对待男生的策略就是:'男生嘛,他离你远了,你就要去勾勾他,离你近了呢,你又要学会躲躲他,反正绝对不能让他突破底线占了你的便宜,这样咱不损失什么,他们还会乖乖地为你服务……'可想而知这个女生虽然谈过数个男朋友,但结婚时一定还是可以保得住她的'冰清玉洁'的;另外一个,正好相反,在大学里深深地爱过一次,在山盟海誓的激情中把自己提前献给了'迟早是他的人'的那个男生,不料相处3年后男友移情别恋,分了手。显然,这位女同学是没法带给你'新婚之夜落红的感觉'了(除非假造一个处女膜)。那么,如果是你,你愿意娶那一位为妻呢?当然前提是其他方面的喜欢程度都一样。"那个学生毫不犹豫地说:"当然是要后面这个了!前面那个多可怕呀。""那你觉得作为女人,比较而言,这两个人哪个更纯洁一点呢?""呵呵,我明白了,老师,我回去就跟她讲,我再也不问她以前的事了,不管怎样,她人很好,对我也很不错,而我呢,喜欢的是现在的她,这就够了,以前的事就留给历史吧,反正,我是没什么必要再追究了。"

其实,除了童贞,一个女人的珍贵之处还有很多——她的美丽、人品、才华、性格……最重要的还有她的爱!婚姻在某种意义上来说是人生最重要的决定,一个有过去的女人也许更懂得经营,懂得珍惜。很高兴这个学生做了一个明智的选择。事实上,在后现代社会背景下,盲目的"处女崇拜"并不能给婚姻带来幸福,相反会导致一系列社会问题。

一位做了10年处女膜修复术的医生忧心地说:这是一个很简单的小手术,只要是正规医院的妇科医生都可以做,但是接触了形形色色的求医者,了解了五花八门的手术目的后,颇让人觉得生命的沉重。这种自欺欺人的行为修复的究竟是女性身心的创伤,还是男人们那一点可怜又可悲的自尊和占有欲呢?更有甚者,某些人居然用修复处女膜来达到敛财的目的。一些从事不正当职业的小姐为挣此差价,竟频频求助妇科医生。最为可笑的是广州一小姐一年内竟做了十次这样的手术。这是女人的悲哀,抑或是男人的悲哀?男人是否也该反思:女人能因为小小的手术而变得贞洁起来吗？这些人真该从处女情结的病态心理中反省。

如果男人抱定"处女 = 心灵100%纯洁 = 一心一意的爱"的观念作为衡量女人的标准，那他只会被表象所蒙蔽。毕竟，贞洁不是那层生理上的膜，贞洁是一种思想、一种信念、一种矢志不渝的爱的态度和行为。男人也好，女人也好，只要他们发生性关系时，是因为真心相爱才去做的(make love)，是能够为自己、为对方，也为未来负得起责任的，他们的行为就是贞洁的。连商人做生意都要讲"诚信为本"，没有诚挚、严肃和负责的态度的两性关系，又怎能算得上是"爱"呢？那是对这个字的亵渎。

性是圣洁的！但性的圣洁并不等于性经验的空白与无知。贞洁应该是灵魂(心灵)、思想语言和躯体行为里里外外的镇静与圣洁，而且，心灵是根源，正本清源应该从心灵做起，心灵具有统帅和修复功能。一个人想要达到性的纯洁，只守住"身戒"，护住处女膜，是远远不够的，拥抱亲吻是否也已是明确的性的行为了呢？至少我们中国人没有非恋人而接吻的习俗。所以，纯洁其实是在你的心里的，随随便便的性、多角多边的性、没有爱的性、出卖肉体的性，起心动念就已经不纯洁了！所以治本之道还是守住"心戒"，否则，即便有那层膜又与纯洁何干？

只有我们都从过分局限于躯体的处女情结中觉悟了，我们才有可能摆脱性的操控，女人才不会因为被算计"生米做成了熟饭"就忍气吞声地嫁给一个自己不爱的人；男人才不会因为抗拒不了女人一时的性诱惑而血本无归。

话又说回来，万事都有两面性，处女情结原本也有一定的积极意义，东方女性因为强烈的处女情结，把自己的第一次看得很正式很重要，并且都希望把第一次托付给可以相伴一生的人，这代表着东方女性对感情、对性、对另一半的重视和尊重，这是内敛矜持的东方特质给予我们的好的东西，应该保持和发扬。而东方男性，不单要本能地监督和要求女性，更要自觉地监督和要求自己——以身作则，做到"非爱不婚，非婚不性"，洁身自好，守贞洁守到"坐怀不乱""从心所欲而不逾矩"，即遇到并非自己深爱着的女人，即便再漂亮也不会动非分之念，那才是真正成熟的性道德境界，而不是信誓旦旦地口里喊着"非处女不娶"，行为上却不加约束自己，对未来的妻子是"马列主义"——要是百分之百的"冰清玉洁"，而对自己却是"自由主义"——谈恋爱就要同居，同居了又负不起责任，见异思迁，随随便便玩弄女性，甚至以占有了多少处女来满足自己的变态和虚荣……如果男人如此堕落下去，不久的将来，恐怕连好男人想娶处女也只好找人造的了。

要想改变局面，单靠女性的力量是远远不够的，只有男人和女人一起行动起来，追求一种更纯洁更高尚更精神化的爱情生活，性与爱才能最终彻底地统合起来，达到真正意义上的贞洁。现代社会中，性的解放应该与性的贞洁是一枚硬币的两个方面，性的解放意味着摆脱性的操控与被操控，谁也别想拿处女膜这个东西来要挟或利诱谁；性的贞洁意味着性就仅仅是两性真诚相爱到极致时的灵与肉合一的爱的行为和爱的承诺。只有二者统合起来，才会促成两性关系真正的文明和进步。否则，即便把"处女"这个词从人们心灵的词典里删除掉，"性解放"也无法真正解放男人和女人，到那时，恐怕"性解放"只会变成"性泛滥""性瘟疫""性艾滋"！只会给千千万万的男男女女、千千万万的家庭和孩子带来痛苦和灾难。

人有身体、心理与心灵，执着那个层面的自我，就有那个层面的贞洁观，升级你的贞洁观，就等于升级你的情爱版本。从兽性到人性到神性，从身体到心理到心灵，低级版本只能打发掉寂寞，而高级版本——真挚深刻的爱情、灵与肉的合一——才是孤独最好的消解剂，两性和谐社会的希望所在。

9.4.2 爱情的依恋理论

今日在英美占主导趋势的另外一个爱情学说是约翰·鲍尔比的依恋理论。鲍尔比是英国精神分析师,曾师从客体关系理论学派的梅勒妮·凯伦,在接受世界卫生组织的委托,研究了各种形式缺乏母爱的幼儿后,他揭示了这些匮乏如何形成种种不同形态的心理结构,提出了关于亲密关系主题的极为精辟的论述——依恋理论。该理论认为,我们心理的稳定和健康发展取决于我们的心理结构中心是否有个安全基地,而在我们很小的时候,这个安全基地更多的是由妈妈来营造的。幼儿在屋里玩的时候,会不时地瞥一瞥他/她的妈妈是否在那儿,只要妈妈在那儿,幼儿便会大胆尽兴地一口气玩下去;如果妈妈不在了,那么游戏就会中断,他/她的第一要务就是找妈妈,他/她将心神不宁,上下而求索寻找妈妈的"爱情"。如果妈妈是个"足够好"的妈妈,妈妈担任的安全基地就会内化为我们心中的安全基地,我们长大后就有了内在的安全感。当然长大成人之后,除了这种内在的安全感,我们还会需要我们的环境提供的安全感,我们的伴侣就是我们成年之后最重要的外在安全基地。如果我们没有"足够好"的妈妈,那么我们在孩提时代就开始有些特征,比如,我们索性不要妈妈,妈妈回来了,我们懒得理,我们更关注智力活动,不太感觉情感;或者,我们表现得很矛盾,我们好像要靠近妈妈,但妈妈靠近了要拥抱我们,我们又挣扎着要离开,我们对妈妈好像有很多怒气,情感摇摆,缺乏理性。所有这一切都是因为我们没有从母亲那获得安全基地,所以我们或者发展成前者——一种强迫性的自我依靠,或者后者——我们又想要母亲又不信任母亲。正是在这里,依恋理论对成年人的爱情切入了。如将以上描述中的"妈妈"换成"我们的伴侣",那描述也适合用于不少成年人的爱情形态。依恋理论说,我们与我们小时候"重要他者"——父母或其他重要的照顾者的互动模式会继续展演在我们的爱情模式中。

1. 爱情关系的依恋模式理论

此类研究取向也不外乎将爱情分类,但还将爱情关系与依恋关系做了一个连接。这些研究者认为个体婴儿时期与人建立的依恋关系,会使个体形成一个持久且稳定的人格特质,与后来的爱情互动形态可能有因果的关系存在。以下介绍两种爱情依恋模式理论。他们认为如同婴儿和母亲关系的构建过程类似,浪漫的爱情——两个成年的恋人形成情感纽带的过程也是一个社会生物的过程。

1) 三类型的爱情依恋模式理论

哈森(Hazan)和舍沃(Shever)、巴塞洛缪(Bartholomew)和霍露维茨(Horowitz)根据鲍尔比(Bowlby)的依恋理论和爱因斯沃斯(Ainsworth)等人的三种婴幼儿倾向,提出了爱情关系的三种依恋模式。

(1) 安全型依恋(secure style)。

幼年是安全型/自主型依恋的人,倾向会与恋人建立相似的关系,当恋人离去时虽然会引发难过,但当两人相聚时,又会快乐地彼此相待。安全依恋者对爱情的描述有较多的快乐、友善与信任,他们也较能接受对方的缺点,关系也比其他类型的依恋者持久。总之,与伴侣的关系良好、稳定,能彼此信任、互相支持。

(2) 逃避型依恋(avoidant style)。

逃避型/淡漠型依恋的人则是甚少表露情绪,当与恋人分离时不会表现出不悦,当相聚时则出现冷淡与逃避,这种举动常让对方不知所措。逃避型依恋者的特征是害怕且逃避与伴侣亲密,情绪起伏较大和嫉妒,对爱情的正面描述低于平均值。

(3) 焦虑/矛盾型依恋(anxious/ambivalent style)。

焦虑/矛盾型依恋的个人在相同情况下,则容易引发严重的困扰,不太能忍受分离,当恋人回来时,即使心中想要亲近对方,但行为却表现出排斥与抗拒,造成关系紧张。该型依恋者带有强迫的想法,渴望互惠与契合、情绪起伏大,以及重视生理上的吸引,时常具有情绪不稳、极端反应的现象,容易忌妒且希望跟伴侣的关系是互惠的。

在哈森和舍沃的研究中发现,三种不同爱情依恋模式在成人中所占比例(安全依恋约占56%,逃避依恋约占25%,而焦虑矛盾依恋约占19%),与婴儿依恋类型的调查比例相当接近,而且成人受试者的爱情依恋模式,可以从他们对其父母关系的主观知觉来加以预测。因此他们认为成人的爱情依恋模式,可能是从婴幼儿时期就开始发展的一种人际关系取向。

2) 四类型的爱情依恋模式理论

巴塞洛缪等人则以"正向或负向的自我意象"与"正向或负向的他人意象"为向度,区分出四个不同的人际依恋形态,且经一连串的实证研究获得证明。

(1) 安全型依恋。

安全型依恋者是指对自己及他人都有较正向的看法,认为自己是有价值的、可爱的,他人都是接纳的、有好响应的,在关系中保有亲密与自我独立性两者。

(2) 排斥型依恋。

排斥型依恋者是指认为自己是有价值的、可爱的正向自我意象,但却认为他人是不可信赖和拒绝的,虽然同样逃避和他人亲近,却是为了保护自己免于失望、受伤,此型与哈森和舍沃的逃避依恋类型并不完全相同。排斥型依恋者强调成就与自力更生,不喜欢与他人相互依赖。

(3) 焦虑型依恋。

焦虑型依恋者一方面觉得自己是没价值的,不可爱的负面自我意象,而对他人的评价则是正向的,使得此类型的人会不断地寻求他人的接纳借以肯定自我,这种类型接近哈森和舍沃的焦虑/矛盾依恋形态。

(4) 逃避型依恋。

逃避型依恋者具有自我是没价值的、不可爱的负面自我意象,同时对他人的认知也是不可信赖的,他们渴望亲密又难以信任他人,故借着逃避和他人的亲近,来保护自己免受他人的拒绝。此型接近哈森和舍沃的逃避依恋形态。

2. 不同依恋模式与爱情案例分析

1) 矛盾型依恋模式与爱情

案例:不断寻找下一个女人的"花心"

"花心"已经离过两次婚,后又有过四次(半年到一年)时间不长的亲密关系,在每一次这样的关系中,他都会把对方搞得伤痕累累,最终迫使对方离开他,同时自己也很受伤害。非常奇怪的一个现象是:第二次婚姻的破裂和四次关系的终止,无一例外地都是因为他认为对方借助孩子的原因与原配继续交往,这让他不能容忍而发生冲突。回溯童年,"花心"在家庭排行处于一个尴尬的位置,上有一姐一哥,下有一弟弟,处于中间的他经常被母亲忽略。潜意识里为争夺母亲的关爱,获得依恋的满足,他必然要与兄弟竞争,在竞争中他总以挖苦讽刺或自我虐待方式(如大冷天只穿着小内裤跑到房子外面冻着;故意刺激对方把自己身上弄伤流血等)让对方难受痛苦。唯有这时,母亲才会来关注他,有时一边护理着伤口,一边呵斥、埋怨他,有时却不予理睬。当然,这一方面总算能得到与母亲依恋的链接,哪怕是痛苦也比被忽略强;另一方面,妈妈的忽略造成了缺失,不可能形成安全的依恋关系,内心会理想化出一个完美的母亲形象,用以抚慰内心的缺失。早期依恋关系让他觉得非常不安全,成人后在现实关系中,同样矛盾的依恋模式移植到与之有亲密关系的女人身上,总感到找到的女人都不吻合那个理想中母亲的形象,觉得下一个女人一定会是理想中的那一个,"花心"还会继续……

2)排斥型依恋模式与爱情

案例:徘徊在真爱门外的女人——胡因梦

曾是李敖"千分之千的爱人"的胡因梦可能许多朋友都已熟悉,可笔者是在看到她的自传《生命不可思议》时才关注到这位心智、毅力都绝不亚于其美貌的新女性。从这本书中,我们可以清楚地看到,从小形成的排斥型不安全依恋模式对她的爱情和婚姻带来的毁灭性影响。对于与初恋对象的无果,她在其书中是这样总结的:"党(Don)和我的关系有一种神人的品质,不用言传便能深入于对方的心灵。如果我们能放弃自保,说不定可以两忘。然而多年来我们一直徘徊于真爱的门外,不愿接受它的鞭笞与试炼,因此我们的人生始终是纪伯伦所说的四季不分、欢笑无法全然、哭泣也不能尽兴。我们唯恐惊扰到意识底端的幽冥,唤醒那些沉睡的鬼魅;我们宁愿压抑和闪躲,也要维持虚假的平静。当一个人无法彻底面对内心的真相时,上瘾症便逐渐形成,我日后之所以男友不断,其实我是有心病的。"

那么她是怎样进行"自保"的呢?在书中"徘徊于真爱门外"一节,描述得非常清楚:"党(Don)走了以后(党是到异地工作一些日子,一对恋人暂时的分别),我完全没有料到自己竟然瓦解到了不能动弹的地步。我走在路上一想起他就哭,泡在澡缸里一想到他,泪水和洗澡水混成了一团,睡午觉的时候经常从梦魇中惊醒……那三个月的瓦解令我深感震撼,我暗自思索:人怎么可以把自己的命交到别人手中,怎么可以连站都站不稳?这样的缘我宁可不要。""爱情是什么?激情是什么?真爱又是什么?这类深入的问题,我当时并没有能力思考,那些看似自律的思索只是激情过后的自保机制罢了。表面上我是被党(Don)吓坏了,其实我是被自己的反应吓到了:为了不再受伤,我把一个应该再发展下去的关系逐渐给扼杀了……藏家老叔从日本来信,说要为我提亲,对方是航运巨子的独生爱子沙凡。我当时的心态比较复杂,虽然整颗心仍然在党(Don)身上,但我无法预料将来会是什么结局,万一有第三者介入或者情感自身起了变化,我想我一定会精神崩溃的。我宁愿开放自己,看一看沙凡能不能给我另外的可能性。"放弃一个用"整颗心"爱着的男友,却从台湾飞去美国与一个陌生男人沙凡尝试婚姻的可能性,这恐怕也就只有胡因梦这样的排斥型依恋者做得出来!在美国短暂的试婚失败后,20岁的她居然在纽约体验了一年的性解放,她这样记录自己的那段经历和感悟:"我在性爱活动的过程中仍然能觉察到许多隐讳的心理现象,我发现性对女性而言确实是亲密的起点,为了那份迷人的亲密感,她开放自己的身体。对男人而言性却是亲密的终点。男人(非心灵取向的)似乎很难把女人视为一个完整的实体,他们不是在对一个生命做爱,而是在对某个局部的器官发泄。此外,他们的征服欲和自我肯定的驱动力其实远远凌驾于性能量的排泄欲。有了比较丰富的经验之后,我开始领会比我大 8 岁的党(Don)曾经告诉过我的一句话——我们的默契是千万人中难得一见的。对于那段逝去的姻缘的回忆,唤起了我盛宴之后的孤独与疲乏,我在滚滚红尘的纽约时常感到一股逼人的低潮与哀伤……"足见缺乏身、心、灵整体性的"性解放"活动并不能让人获得性的满足,不安全感让她没能守住自己的真爱,虽然多少年后他们碰面时彼此的感觉"仍和初恋一样",但她的排斥型依恋注定了那段刻骨铭心的爱情会在她生命的流程里滑落。

3) 逃避型依恋模式与爱情

案例:不再寻求伴侣的"无心"

"无心"离婚后不再接触女性,也不管孩子,前妻称他为"死木头"。一个人租了一间30平方米的房子独住,没看见有什么好朋友往来,父母家也不常去,偶尔回去吃顿饭,也不怎么与父母交流,看不到他有太难过的表现,图书管理员的工作再适合他不过了,除了看点书,其他没什么兴趣爱好。"无心"身体一直不太好,总是生病,感冒、发烧、拉肚子长年不断,已是十多年的抑郁症患者。

"无心"出生于20世纪60年代初困难时期,是家里最小的一个,上面有一哥一姐,早年父母算是"革命干部",工作很忙,对他的照顾实在太少,大多数时间他都待在婴儿室、托儿所里。母亲说:因为困难时期自己也没有吃的,月子里奶水不够,"无心"常常饿得哇哇大哭,但哭有什么用,说起这些母亲非常难过。后来生活好一些,但怎么做也补偿不了,而且总让父母感到他并不需要他们的关心。婴儿受哺乳时更体现大脑中的情绪区域与母亲的情感联系,遭受抛弃或被忽视的婴儿这个情绪区域的情感联系是很弱的。这就是为什么"无心"的依恋关系会断裂,他似乎不太在意亲密关系,宁愿不依赖于别人或不让别人依赖自己。形成回避型的依恋模式让对方受不了。

4) 安全型依恋模式与爱情

"幸福的家庭都相似,不幸的家庭各有各的不幸。"以上列举了三种典型的不安全依恋模式与爱情婚姻生活的案例,可以说是"各有各的不幸"。而安全型依恋者则是那些"相似的幸福的家庭"的构建者。他们普遍拥有"我好—你也好,我行—你也行"的健康的心理状态,虽然并非十全十美,但他们能客观地悦纳自己和他人,正视现实,并努力去改变他们能改变的事物,善于去发现自己、他人和世界的光明面。对应的亲子关系类型是开放、真诚、自然自在的安全型依恋。这些人通常对自己和他人持肯定看法,对自己和伴侣亲密无间的感情和相互依赖关系感到得心应手,一切顺遂。他们是有爱的能力的人,基本上都有这样的特点:他/她能和人走得很近,很深;许多时候他/她对依靠别人和让别人依靠他/她觉得很舒服,但他/她并不太害怕独处,也不太过分在意别人是否接受他/她;归根结底,他/她相信自己,也相信别人。这种安全型的人也是理解交流自己和他人的情感的高手,爱情和婚姻生活往往是幸福美满的。

成人的人际亲密关系与儿时的亲子关系有很大的关联,而且是连续的。所以社会上这么多为情所困的案例,可能代表着生命更早期的人际关系是有困扰的,一直延续到现在。当遇到亲密关系的困扰时,拼命地看书学习两性沟通技巧,或是一味地告诉自己"下一个男(女)人会更好""天涯何处无芳草",有时可能并不见得会奏效。若是不清楚自己的依恋模式,很可能还是会像上面的个案一样一再落入重复的模式中,继续在感情中受伤。治本之道是必须去探索你更深层的内在动力和处事风格在目前人际关系中是如何运作的,如此才有可能修补不良的亲密互动的品质。依恋理论作为一个可以解释如何去爱与为何爱有不同发展的形式之观点,正在被广泛应用,希望也能给读者带来一些启示。

小结

当我们将科学心理学(生理心理学、认知和行为心理学)、情结理论(分析心理学)、依恋理论(客体关系心理学)及佛学心理架构都放在一起来看两性亲密关系的时候,我们似乎才有了一个从生理到心理到心灵的爱情全谱图,才得以又见树木又见森林。尽管如此,理论终归还是理论,尤其是科学家和科学心理学家眼中的爱情,似乎还是太过理性了一些,对于爱情这个人类生活中极其复杂的"社会实践和心灵活动"而言,读过此文的学生和心理学爱好者们,还是要放眼实践,创造性地灵活运用这些理论,切忌生搬硬套。如果热恋中的男男女女们只是按照这些理论去理解爱情、感悟爱情,那么这个世界上恐怕也就没有爱情了。爱情的现象可以去理解、可以去解释、可以去研究、可以去……但是,爱情的美只能在感动中得以体会,那是一个充满了想象与超脱现实的生命经验。你永远没有办法去理解为什么一个人可以那样地去爱另一个人,除非你也曾深深体会。最后,再问一遍自己:究竟什么是爱? 抛下心理学和科学的解释,倒是有一次偶然在网上看到以下的描述,倍感生动和贴切。

爱,就是在他的一切头衔、学识之后看清了他不过是个孩子,一个好孩子或坏孩子。欣赏他的优点,包容他的缺点。

爱,就是系上围裙,笨拙地对着书本学做他最喜欢吃的菜;就是在他因失落而沉默不语时为他端上一杯热咖啡,默默地依偎在他的身旁。

爱一个人,当他出现在面前的时候,眼睛里只有他一个人;而他不在眼前时,一切都带上了他的影子。

爱一个人,就是在对方接起电话时突然不知说什么才好,只听到电话那一端传来他的声音和呼吸就已经满足……

爱,是具有一定危险性的,常常让人"拿是拿得起,放却放不下"。因为我们不是未卜先知的神人,更不能掌控世间的种种变化。当爱情的小舟被暴风雨颠覆之后,我们将承受的痛苦绝不亚于做一次大手术。而且这种痛苦可能持续数年,甚至一生。然而,爱值得我们去冒险。因为,没有爱,生命就毫无意义。

思考题

1. 谈谈斯滕伯格爱情三角理论给你的启示。
2. 试述人际交往的四种基本态度对两性关系的影响。
3. 什么是处女情结? 如何看待大学生同居?
4. "水手与姑娘"的游戏给你什么启示? 怎样看待爱与性的关系更利于身心健康和家庭幸福?

第10章 相爱与相处：
两性关系的心理艺术

浪漫爱情的本质，与其他诸如对乌托邦的渴望的理想主义其实如出一辙，表达着人类仰头向天的一面，而由"相爱"走到"相处"，则过渡到了人类的另一面——脚踩大地的一面。著名心理学家弗洛姆的理论可以说是最为理想主义的爱情理论了，弗氏理论中的爱单指斯滕伯格(Sternberg)类型中的第八种——完整/完美的爱，而其他种类的爱在他看来则算不上是爱，或者有些根本意味着病态。被称为"爱的大师"的弗洛姆在53岁的时候(弗氏前妻病故后几年)与第二个妻子弗里曼结了婚，弗里曼这个高高的、自信的、高智商的、吸引人的、感性的女子，是弗洛姆科学讨论的平等伴侣，她阅读他的著作，但同时她又对掌相学、占星术和东方的精神传统感兴趣。弗洛姆陷入情网追求她时像是个中世纪的游吟诗人，但不是以歌，而是以他整个姿态、凝视、温柔的语句……在他们76岁的时候，有时坐电梯而上还会忍不住不避旁人地互相凝视和亲吻。正是这场持续了28年直到他去世的热烈情感孕育了其发表于1956年被翻译成50种语言卖出约2 500万册的小书《爱的艺术》。弗洛姆的爱情理论被称为"爱的成就/能力"说，因为他以为爱不是任何人都能达到的境界，爱是一种艺术，既然是艺术，就必须学习，像学习任何一门其他艺术一样；既然是艺术，那么像是艺术有艺术大师一样，爱也有爱的大师。他在《爱的艺术》中说："要成为大师，除了学习理论和实践之外还有第三个必不可少的因素，即要把成为大师看得高于一切，这些目标必须占据他整个身心。"弗洛姆毫无疑问是现代社会许多时尚的尖利的批判者，他相信，之所以爱在许多人那里不可能，是因为"人们一方面渴望爱情，另一方面却把其他的东西，如成功、地位、名利看得重于爱情。我们几乎把所有精力都用于达到上述目的，却很少用来学会爱情这门艺术。"弗洛姆说："有没有能力把爱情作为一种给的行为取决于人的性格发展……他应该同别人分享他的欢乐、兴趣、理解力、知识、幽默和悲伤——简而言之，一切在他身上有生命力的东西，正因为他的给，他就不得不接受还给他的东西；那个因为得到而被唤醒了的生命的接受者的给予，彼此激荡的生命力洋溢出无限的欢乐……"

10.1 奉献宽容：修善缘

有句歌词"相爱总是简单，相处太难……"印象挺深，的确，许多人都会发出"相爱容易相处难"这样的感慨。爱情只要三个字就可以决定，爱上彼此的感觉总是那么甜蜜美好，爱情的火花一瞬间就可以照亮两个人的心，但真正相处在一起，日子长了，爱情的化学反应过了，"难"也就出来了。曾几何时，争吵、嫉妒、怀疑、迁怒、私心、算计、固执、贪欲、背叛……生活中的磕磕绊绊让我们遍体鳞伤，而"白头偕老"对很多人来说反而成了奢望？相爱的人，在谈恋爱时，有意无意展现给对方的都是优点、长处、阳光的一面。一旦朝夕相处，缺点、短处、阴暗的一面暴露无遗，矛盾也就来了。同时，性别、文化、家庭背景，甚至地域差异都可能会成为家庭战争的导火索。在后现代氛围中,关于两性之爱,所谓永恒、所谓永远似乎已经是非常虚弱的假象了。

就在前两天,有位朋友看了本书第13章的初稿,禁不住担心地问:"查尔斯与卡米拉婚后好像出了状况,你书中天长地久的爱情童话就不怕破灭吗?"的确,英国《每日快报》《太阳报》报道,英国王储查尔斯王子和妻子卡米拉结婚刚满一年,他们的婚姻就已频频爆发危机。夫妻俩不仅经常吵架,并且一次吵架后卡米拉还驱车冲出克劳伦斯宫,独自回到威尔特郡自己的房子中居住;而在另一次发生在哈格罗夫庄园的吵架中,查尔斯王子暴怒中甚至将一把昂贵的古董木椅踢得散了架。争吵之后,这对曾经肆无忌惮地黏在一起,就像两个连体儿一样,出双入对的情侣相互赌气,极少说话,各自处理自己的事务,拒绝介入对方的领域中,甚至还闹起了分居……

经过了35年的风风雨雨,好不容易才修得正果的这个"现代版的爱情童话"果真这么快就要土崩瓦解了吗?查尔斯与卡米拉的感情究竟是一个童话呢?还是只是一个易碎的泡沫,顷刻间灿烂于阳光下,旋即便破败殆尽?不管结局怎样,看到这些报道,都不得不为这对"痴男怨女"爱的有限性和不成熟而深感遗憾!他们让我想起校园里许许多多哭哭笑笑为情所困的独生子女大学生们。看来,爱的能力的缺乏乃是现代人的通病,不管年龄、国籍如何,其实都是一样的:有些时候,你跟一个人很相爱,但是不见得有能力跟他相处得很好,因为一些生活的琐事就分开了也不是没有可能。

就像查尔斯与卡米拉,如果说他们之间没有真情,又怎么能经得住35年的风风雨雨?只是那些丑闻就已经让一般人望而却步了,就在他们结婚前英国《太阳报》还报出一道超级猛料:"英国女王三令五申警告查尔斯王子在结婚大典举行之前,暂停与卡米拉的性生活。众所周知,即使是戴安娜王妃在世的时候,这对'地下恋人'也是隔三岔五地聚在一起卿卿我我,然而,就要成为正式夫妻了,却要被女王的一道'口谕'相隔在一张床的两边……"看到这样的新闻,如果你是当事人,你脸上会发烫吗?不过查尔斯与卡米拉好像很是勇敢无畏、不管不顾——何等情切切欲浓浓的一对啊!怎么结婚才几个月,两个人就整天像'猫狗大战'一样,把王室闹得鸡犬不宁呢?有人说,这场婚姻已经到了无法收拾的局面。笔者以为,这不过是自我中心的现代夫妇间经常萌发的问题罢了,所以"婚姻是爱情的坟墓"才是许多人共同的感慨。实际上,如果给他俩的婚姻把个脉,分道扬镳至少在夫妻大战期间还为时尚早。因为,夫妻间硝烟滚滚的战火其实正是浓情蜜意的变相表现,爱的反面并不是恨,而是淡漠,如果有一天他们连架都不吵了,不管冷战热战一概没兴趣,就像两个不相干的陌生人,那可真就快画句号了。

据悉,这对夫妻爆发矛盾的根源,是因为查尔斯王子指责卡米拉在懒懒地逃避"王室职责",但据克劳伦斯宫官员称,卡米拉之所以数次取消参加官方活动,主要和她父亲布鲁斯·桑德少校去世有关。父亲的去世让卡米拉非常悲伤,但查尔斯却照旧忙碌于公务,拒绝更改自己排得满满的时间表,来抽空陪伴伤心的卡米拉,因此,卡米拉对他的指责也毫不示弱,朝查尔斯大声怒吼"那是你的观点,那不是我想要的,我不会做任何事!""这并不是我签约参加的工作"。卡米拉不像自己的前任戴安娜王妃那样喜欢到处抛头露面,而只愿参加少数几个自己支持的慈善活动。其实,查尔斯本该理解的,有报道说当年卡米拉就因无法面对成为皇后的前景,曾拒绝过查尔斯的求婚,后来她努力争取英国民众的认同,也算是为爱情做出了让步吧。

昔日两个兴趣相投的恩爱伴侣,怎么一结婚就变得格格不入水火不容了呢?笔者以为,查尔斯对卡米拉的吹毛求疵和剑拔弩张,与卡米拉对查尔斯母狮子般的怒吼和抗衡一样,实际上都是他们内心脆弱、害怕失去对方的爱的过激情绪反应。他们谁也不肯先向对方低头，实际是在互相测试对方的底线，看对方究竟能容忍、接纳和支持自己到什么程度，看对方爱自己究竟有几分。曾几何时卡米拉充满母性的关爱与呵护让查尔斯备感安全与放松，他曾动情地和卡米拉说："你最大的成就就是爱我"，甚至还有过"我愿意做你的卫生棉球"之类让全国哗然的电话表白。而现在卡米拉频频说"不"，一定让他觉得失宠难挨，所以才暴跳如雷，查尔斯的内心实际上还是个孩子，需要一个无条件地宠爱他的"好妈妈"。有报道说卡米拉长得像查尔斯的乳母，那么查尔斯对卡米拉的迷恋实际是与他的恋母情结有关的，恋母情结也注定了他无法爱上一个少女气十足的女人——戴安娜，即便她美若天仙，即便作为丈夫与她朝夕相伴，还是要偷偷去找他的"好妈妈"卡米拉感觉更对味一些。卡米拉本来也是很适合"好妈妈"这个角色的，但妻子毕竟不是母亲，再成熟的女人，至少偶尔也还是需要被呵护的，尤其像在失去亲爱的父亲这样的悲痛时刻，自己的哀伤已经快要灭顶了，哪里还有余力再去扮一个"好妈妈"？其实此时倒是需要查尔斯哪怕扮演那么一会儿的"好爸爸"或者好丈夫，让卡米拉能靠着他的肩膀熬过自己的悲伤和低潮，等缓过劲儿了再继续去扮演"好妈妈"——陪查尔斯做任何他需要，而不是她需要或喜欢的事情。可惜查尔斯好像还没有成熟到有能力真正地去爱一个女人的程度。

一个人得到一件心爱之物后会怎么样呢？会去保护它，珍惜地擦拭它，然后会去欣赏它。对一件没有生命的东西尚且如此，何况对一个活生生的人呢？查尔斯娶了卡米拉之后却不会去保护她，更不会去欣赏她，只会使用她——去完成什么"王室职责"，这真是很奇怪的事！这是不是真正的爱呢？至少不是成熟的爱，因为需要一个人才去爱这个人，那是儿童的爱。成熟的爱应该首先是与奉献和宽容联系在一起的，因为爱，心中就充满了柔情，充满了让对方喜悦的心情，对方的喜悦就是自己的喜悦，为了这个目标甚至可以不惜自己忍受痛苦……这里有一种能将痛苦转化为幸福的机制，这至少是人活在这大地上之所以有意义的一种解释。这种爱才是真爱，它无须回报，但却能产生回应，这回应仍然是爱。

经历过的人都知道，爱一个人容易，难的是自己可爱。好伴侣的角色不容易当，大多数人并不是天生的好伴侣。要使关系持久，需要许多的努力。但经常是，无论我们多么想让事情顺利但是就是不顺利。有时我们的爱会枯竭。有时我们如此渴望被爱，以致会缠住伴侣或忽视他们的需要。爱不再相互、不再有付出有接受。佛家讲："夫妻是缘，善缘孽缘，无缘不聚。"查尔斯与卡米拉显然是一对有缘人，但愿查尔斯能把卡米拉当作最知心的伴侣，而不是一个任由他约束、摆布的共同生活者；但愿卡米拉能把查尔斯当作一个有待长大的孩子，欣赏他的优点，宽容他的缺点。爱是世界上最纯洁的和解，希望这对情侣的爱情能够成熟起来，在相互的奉献与宽容中缔造两性间的善缘，告别互相伤害、彼此折磨的两性间的孽缘。

10.2 围城内外：化嫉妒

有句名言："婚姻是一座围城，外面的人想往里冲，里面的人想往外冲。"外面的人想往里冲，这非常自然，因为婚姻是爱情的必然归宿，是道德、伦理的需要，但为什么里面的人要往外冲呢？因为一旦步入婚姻的殿堂，才发现原来两个人相爱那么容易，而要和谐相处却这么难。于是就有了下面的感慨："婚姻是爱情的坟墓。"之所以婚姻能够成为爱情的坟墓，除上面案例中查尔斯的恋母情结充当了他和卡米拉爱情的杀手之外，伴侣之间的恶性嫉妒通常也会是将爱情推入坟墓的祸首。

为什么说"恶性嫉妒"才是爱情的掘墓者呢？因为，爱情实际上是很难不与嫉妒同行的。甚至有人说"没有嫉妒的爱情就像没有灵魂的躯壳"。社会心理学家也认为，相爱的一方不时显露出一点嫉妒心，对另一方来说是一种满足，因为它标志着爱。著名心理学者岳晓东在他的博客中专门论述了爱情与嫉妒的关系，他认为："嫉妒是一种强烈的情感交流，爱当中如果不再有嫉妒的情感交流，则其爱已经发生了质的变化。具体地说，如果拿爱中嫉妒的度数与人的体温相比，30℃以下嫉妒的爱毫无激情可言；35～37℃嫉妒的爱恰如其分；38～39℃嫉妒的爱令人躁动不安；40℃以上嫉妒的爱令人晕头转向。所以，爱的艺术在于使嫉妒控制在正常温度下。温度太低则兴味索然，温度太高则昏头昏脑。嫉妒就像调味剂，过分的嫉妒会给人辛辣的感觉，呛得人无法忍受，适度的嫉妒会给人麻辣的感觉，令人回味无穷。嫉妒就是要给恋人喝麻辣汤。"嫉妒与爱情的辩证关系，当代哲学家赵鑫珊先生也引用梅克夫人写给恋人柴可夫斯基的信"你结婚那天，我简直受不了，仿佛心都碎了。一想到你和那个女人在一起，我就痛苦难当……"，而论述曰："这封信，无疑是梅克夫人灵魂的自白。它露骨地袒露一个女人的嫉妒。因为哪里有一丝嫉妒，哪里就有一丝爱情。哪里有一屋子嫉妒，哪里就有一屋子爱情。嫉妒消失了，爱情也就没有了。嫉妒同爱情是成正比的。"

爱，出于对所爱对象的深厚感情，因此而喜欢、爱惜、爱护。爱的表现可以向两个不同的方向发展：第一，一般人所谓爱某一个人，乃欲将所爱之对象独占拥有，"一日三摩挲"，永远不分离，婚姻制度在某种意义上也是一种锁住对方的办法，婚姻中的两性关系很容易蜕变成占有和控制，一发展到这个阶段，感情就不见了，只有权利、义务、责任和得失，于是就会时有"谁欠谁"或"什么不公平"的争执发生，如果婚姻对象竟然移爱他人或被他人占有（哪怕只是发现某种迹象或有所怀疑），如何能不"妒"劲大发而猛吃醋哉？所以恶性嫉妒让人再次哀叹"婚姻是爱情的坟墓"，但是，如果没有婚姻呢？爱情不是更加死无葬身之地了吗？所以，如何很好地相处成了这类伴侣的必修课。第二，是被浪漫主义极力推崇为爱之圣者的最高爱情，是心心念念要让自己所爱之对象享受幸福，称心如意；为此而不惜放弃自己对彼之追求，甚至不惜牺牲自己的一切。有首流行歌名为"只要你过得比我好"，其意似略近之。爱情若能达到如此境界，就像梁思成对妻子林徽因的爱，自然会化干戈为玉帛，成就一桩美满姻缘，可惜"此曲只应天上有，人间能得几回闻？"能在感情上超凡入圣到这个程度者实在是寥寥无几啊！

世俗的爱情，大多介于上述两极端之间，呈现出纷繁复杂的形态，网上有位叫土豆大叔的，将情爱中的嫉妒分成了三类，值得参考。

第一类是无根据的嫉妒。它是以精神疾病为基础，以无端猜疑为出发点的。它往往造成爱情和家庭的悲剧、暴力，甚至血案。这种嫉妒的成因是情爱的一方有偏执型精神分裂症或者人格障碍。偏执型精神分裂症属重症精神病，常发病于成年，一些人起病隐匿，而且不影响智力，所以常常不被发现。他们在一定阶段可能会出现幻听、幻视，出现嫉妒妄想、钟情妄想、被迫害妄想。亲眼所见或亲耳听到他的恋人背叛他而产生嫉妒。这种情况很危险，因为他可能会被幻觉控制，出于自卫而毁物伤人。人格障碍是从少年儿童时期开始发生并持续终生的严重心理疾患。这种人心理特征紊乱，人格特征显著偏离正常，对环境适应不良，与这种人恋爱肯定不会轻松。第二类是无道理的嫉妒。它是以自卑、不自信为基础，以过度敏感和夸大事实为出发点的。这种人因为对自己的相貌、能力等自卑，或因某种残疾、功能障碍等原因，或者没什么原因就是自卑。解决这种问题的关键是要使嫉妒者认识到这一点。这种嫉妒可以被爱心、包容心所融化，真挚的爱情可以使自卑的人自信，可以使人脱胎换骨，这就是爱情特有的力量。第三类是合乎情理的嫉妒，这种嫉妒是爱情本身的属性。如果当你的对象和其他异性过度亲密而你却没有任何嫉妒心，就准确地证明你们之间的爱情已经消亡。出于真正爱情的嫉妒不会导致无端猜疑、侮辱、暗中监视、相互仇恨，而是一种纯洁的隐痛，为逝去的分分秒秒而感到伤心和惋惜，唯恐失掉亲爱的人而感到潜在的忧虑。对于这三种不同性质的嫉妒，我们可以采取以下三种不同的对策。

第一，如果陷入以精神疾病为基础的无根据的嫉妒纠缠之中，最好的办法就是争取对方家人、亲友和单位的支持，送她/他到医院就医，只有通过药物和心理的治疗，病情好转后双方才有可能从这种病态的情感纠缠和痛苦中摆脱出来，构建和谐的两性关系。没有专业的治疗，一般的讲道理和说服教育是难以解决根本问题的。

第二，对待以自卑为基础的无道理的嫉妒，则可以真挚的情感加上两性相处的心理艺术去化解。下面是一个应用较高的情绪解读力处理恋人之间嫉妒的例子，可供参考和仿效（克劳德·史坦纳，《别再闹情绪》，2001）。

珍发现强在伟旁边已经变得越来越不自在了。她的直觉告诉她，他在嫉妒，虽然他起初否认。她无法理解为什么他会有这种反应，因为她在和他独处时都对他非常热情，表现得很在乎他。她猜想强的嫉妒可能与伟长相英俊有关，而开始觉得强可能对自己的外表没有安全感。她决定去问强是不是感到嫉妒。强第一反应是否认。他觉得嫉妒是孩子气的事，不好意思承认。"请你老实说"，珍要求道，并保证不会因此看轻他。"好吧，我是有一点嫉妒。"他终于承认。"可是伟对我并没有特别的吸引力。我比较喜欢你。""不，不是那回事，你已经清楚地让我知道你很喜欢我。"他怯怯地笑着说，"可是你知道我有时候嘴巴很笨，而伟是那么自在、风趣，那不会吸引你吗？"珍想了一下："我想是吧。但是我俩单独相处时，你也有你风趣的一套啊。和他那样的人在一起是很好玩，但你是我想交往的人。以后会不断有我们俩都认识、其特质我们也都喜欢的人出现，可是我是和你一起，因为你的特质对我而言是最重要的，因为我爱你。"他们快乐地相拥了一会儿。然后轮到强去澄清一些事情了。"我能问你一个相关的问题吗？"珍欣然答应。"我觉得你在他面前和我保持着距离。老实说，当我们三人在一起时，我很担心你会对我失去兴趣。"她很吃惊。"根本没有这回事！"但想了一想，她了解到他为什么会这么觉得，"我想那是因为我一直认为在没有女朋友的人面前和男朋友亲热是不礼貌的。""我了解。"强善意地点头。"不过也许我表现得太过分了。我想我们可以手牵手，或紧挨着坐，而不至于让伟感到不舒服。我会试着那么做。我只是很想让你的朋友喜欢我，而我也一直小心地为他人设想。"强直觉到珍被伟某些特质吸引的事实是对的，同样的，他们三人在一起时，她确实是在避免和强的接触，可是他所害怕的，像珍心仪伟或伟把他比下去等事情都不是真的。他反而高兴地知道珍很想进入他的朋友圈里，也努力在为他人的感觉设想。强的直觉经过证实，他的恐惧消失了，而且他对珍有新的发现——她很替人着想，他觉得那一点相当可爱。强有时觉得珍宣称爱他是在夸大，但是听到她平静地谈到为什么选择和他在一起时，他忽然觉得更加坚定了对她的爱。这是进行了如上情绪解读取得的效果。珍直觉到强的嫉妒，而主动找他谈过之后，在她和强之间构筑了更为坚固、更具有情绪解读力的关系。珍的直觉经过了证实，让她有机会改变而使强觉得好过些。

当然，以上案例之所以取得效果，是因为珍和强双方真诚相爱，都愿意为了把关系处好而诚实回答对方的提问。事实上，只要任一方不诚实、不愿意开放地提供确实的回答，或不愿意适当地调整自己的行为，问题就不会解决。所以，情绪解读的方法只适合于真心相爱，但一方有些自卑或由于误会而产生的嫉妒。

　　第三,对待爱情中的隐痛——合乎情理的嫉妒。当自己的伴侣与其他异性过度亲密时,我们每个人无一例外地都会体尝这样的苦痛,那么心理学对这种状况有何助益呢?笔者以为,这类嫉妒实际上是爱情缺乏承诺和安全感的表现,确立了恋爱关系,甚至订了婚或结了婚,都只能算是有了一定程度的承诺,但这些常常还不足以彻底消除我们内心的不安全感。有位朋友说"我不是对他没有信心,也不是对我自己没有信心,而是对这个社会没有信心!"现代社会,情人现象比比皆是,有些城市的离婚率甚至高达近半,大学校园里的恋爱更是被戏称为"练爱",即"练习着爱",既然是"练习",那么对大多数学生来讲,"天长地久"基本上就是一种高雅的奢侈品了……在这样一个精神失落、真爱匮乏的时代氛围中,我们又怎能拥有一份实实在在、完完整整的安全感呢?尤其是那些不安全依恋者就更是难上加难了!怎样才能争取自己的情爱生活得到最大限度承诺和安全,心理学家鲁斯布尔特(Rusbult)的投资模式也许可以帮我们理清思路。

　　记得有次课堂讨论中,有位男同学激动地站起来说:"我要替'陈世美'说几句话,女生都很讨厌移情别恋的男生,把他们叫作'陈世美',但是就说说当年的陈世美吧,既然考了状元,可见他学识广博,工作一天回到家里,肯定也希望与妻子聊聊自己的所思所虑吧?请问秦香莲女士听得懂吗?我觉得女生应该及时升级自己的爱情版本,只为对方生儿育女是远远不够的,还应该从思想上、精神上与对方同步共鸣,否则,再骂对方'陈世美'也是无济于事的。"这个学生还真是有些见地,的确,身—心—灵全人的爱才是最保险的!建构身—心—灵全人的爱,就等于给你的爱情和婚姻上了"三保险"。第一道保险是身体和物质层面的,具体表现为婚姻的法律形式,包括一夫一妻的法律承诺、对于妇女儿童及军人的保护,以及离异时财产分割方面对于过错方适当的制裁等,但若想将爱情进行到底,只有结婚证显然远远不够。所以我们还需要第二道——心理层面的保险:具体表现为相近的价值观、理想、兴趣、相和的性格与习惯等,是一种心理上的承诺。第三道——心灵/精神层面的保险:具体表现为奉献、鉴赏与决策。如"你的幸福就是我的守候"的奉献;"A恋人"眼里出"A西施","B恋人"眼里出"B西施"的鉴赏,以及"非他/她不爱,非爱不行"的意志决策,这个层面是一种精神上的承诺,只有达到了这个程度,才能算是真爱。根据鲁斯布尔特的投资模式"承诺=满意度-替代性+投资量",达标爱情的"三保险"能使彼此的满意度最高化、替代性最小化、投资量最大化,亦即承诺最优化。达到这样的状态时,就不大可能再有什么人比你更能让她/他感到亲密了,无论你还是你的伴侣都会自然而然地忠诚于你们的爱情,那时第三类嫉妒自然也就可以避免了,或者变成单纯的第二类嫉妒,可以用情绪解读的艺术去处理。

　　但遗憾的是,由于种种原因,我们的爱情往往没法达到"三保险"——真爱的理想状态,那就要好好给自己的亲密关系把把脉了。如果你们的关系果真先天不良,由于底子太差而很少能够满足彼此从身体到心理到心灵多个层面的需求,那么,其中的一方或者双方在某个时刻被其他的异性吸引,甚至出轨、离异都会是平常的事。胡因梦说"有外遇问题时,通常都没有单纯的受害者",如果你不与你的伴侣营造婚内情,那么他/她就有可能与另一个人发生婚外情,通常当爱的连接被切断时人都会非常孤独,本能地就想逃避它,寻找渠道满足自己爱与被爱的渴望。事实上,心理上能够称得上成人的人很少,我们大部分人走入两性关系时,内心仍然都是没有长大的孩子,带着自己没有解决的种种问题,希望对方给自己滋养、给自己温暖。所以,承认真相,放下自己端着的东西很是重要,如果能够开放自我、正视自己的问题,就能给对方一种安全感,对方也会随着开放自我,柔软起来……所有的最深层的不安全感都来自于"你是你,我是我"。真正亲密的两性关系里面不能有面子、对错、自保、你我疆界……只有这样才会有自由的交流、自发的互动,要有放肆、自在才会亲密,要呈现自己柔软的部分,想哭就可以哭,不需要武装自己,"相敬如宾"日子久了就会变成"相处如冰",只好到外面去找温暖了。两性关系最能揭露我们最深层的渴望、焦虑、自卑和无助,必须勇敢地面对它,最终我们才会变得整全,逃避是解决不了问题的。有以下三种最好的面对深层自我的机会:

- 两性产生矛盾冲突的时候;
- 与爱的人结束关系的时候;
- 爱人有第三者出现的时候。

通常爱情都是一个三部曲:从神圣的疯狂状态——一种虚幻的融和状态,很快就会过渡到阴影曝光、冲突产生、触及内心情结的深层阶段,这个阶段如果不能很好地面对和处理,就有可能出现移情别恋,甚至关系破裂。实际上,这时双方一起求助一些婚姻家庭的心理援助是很有必要的,如果能够安然度过这一段,亲密关系就能真正进入融合与成熟的阶段,第三类嫉妒也会随着关系的成熟(或者解体)而淡化。

10.3 知己知彼:好相处

人们常说"命运的悲剧就是个性的悲剧",恋爱婚姻的失败其实也与双方性格的匹配与否息息相关,两个好人生活在一起并不一定就能幸福,"性格不合"是情侣们分手时常常会提到的原因。那么心理学在这一点上能给我们什么启示呢?下面我们从个体性格的匹配来探讨这个问题。

1992年,心理学家亚历山大·阿维拉博士根据MBTI发明了恋爱类型系统。1993年开始研究其恋爱类型中关系的满意度,根据对大约400对异性恋爱情侣做测试,得到一个重要的发现:不管他们的关系在什么阶段(刚交往、订婚或已婚),情侣们在碰到与他/她有相匹配个性的对象时,都倾向于表示比较满意。在《天生情人16种》一书中,阿维拉博士报告了这个重要的实证研究结果,同时还详细介绍了各种类型的人该如何去寻找,并且与其理想恋爱类型发展一段恒久的关系。首先要做的是卸下你自己的面具,必须发现你自己专属的恋爱类型,包括当你置身于一段关系中时,你的习惯、价值观和偏好,才可以避免"我将选择第一个出现的可爱男人/女人"的陷阱,否则如果挑上与自己价值观和生活方式截然相反的伴侣只能让人不断陷入沮丧。阿维拉博士认为,人们在交往、做爱和发展有品质的恋情时都有特殊的偏好,除非你知道自己的恋爱类型,并且知道哪一种恋爱类型最适合你,否则会很难找到一个可以和你分享爱情和生活的最佳伴侣。

10.3.1 四种个性偏向

你的恋爱类型字母是指涉及四种你人格的主要倾向或支柱。其中每一种都提供两个选择,也被称为偏向。偏向是指你最喜爱用来处理你周围的事情、人和想法的方法。这些偏向如下所述。

① 能量倾向:你偏向通过以下方法取得你生命的能量。

内向型(I):以你自己的想法独处。

外向型(E):在外面的世界应酬交际。
② 专注倾向:你偏向通过哪个渠道去注意和体验周围的世界。
直觉型(N):你对未来的幻想和憧憬。
感受型(S):你在现实环境中的五官感受。
③ 决定倾向:你依据什么做决定。
感性型(F):你偏向依据你的感觉和价值做决定。
理性型(T):你偏向依据你的逻辑和客观的分析做决定。
④ 组织倾向:你如何组织和设计生活。
观察型(P):你偏好有弹性的、自然自发的、没有组织的生活方式。
果断型(J):你偏好有组织的、排好日程的、有时间性的生活方式。

10.3.2　16 种恋爱类型

由以上四种个性倾向组合形成了下面 16 种恋爱类型。
① 哲学家型(INFP):"爱情是最完美的所在:安静、平和与善良。"
◆ 喜欢艺术、哲学和心理学,对于自己的生命有使命感;
◆ 很敏感同时也很理想化;
◆ 通常很随和,除非他们的价值被侵犯;
◆ 倾向于对他们喜爱的人有很高的期待。
② 作家型(INFJ):"爱情在我的脑中、心上和灵魂里。"
◆ 会被心理学、哲学、神秘主义和心灵感应所吸引;
◆ 是很好的聆听者而且非常具有同情心;
◆ 通常很安静,喜爱阅读和写作;
◆ 有些时候极端固执。
③ 记者型(ENFP):"爱情是神秘的、有启发的和有趣味的。"
◆ 对发现生命的意义非常有兴趣;
◆ 喜欢被人们所肯定;
◆ 开朗而且富有领袖魅力;
◆ 倾向于开始很多事情(包括感情)但却不一定会完成它们。
④ 教育家型(ENFJ):"爱情是被你所爱的人占满。"
◆ 是卓越的沟通者和游说者;
◆ 可以成为有效率的领导人和发动人;
◆ 如果他们觉得他们的恋人把他们的存在视为理所当然,会变得善妒且具占有欲;
◆ 喜欢在任何事情上给予他们的朋友劝告,而且在情感上非常具有支持性。
⑤ 学者型(INTP):"爱情不过是另一个灵光乍现。"
◆ 是个着迷于理论但心不在焉的教授,总是忘东忘西,可仍有出色的想法和观察;
◆ 通常是随和且易相处的伴侣,有时是安静的,但有时又非常好辩;
◆ 也许会忘记他们感情关系中的情感需求。
⑥ 专家型(INTJ):"爱情可以被分析并改进得更完美。"
◆ 对爱情有一套详细的理论概念;

- 重视他们伴侣的能力;
- 是所有恋爱类型中教育水平最高的;
- 通常在科学和思想的世界中有所成就,且不断追求自我成长。

⑦ 发明家型(ENTP):"首先我在脑海中发明爱情。"
- 几乎可以针对任何事情侃侃而谈;
- 是创造新发明、计划事情或提出方案的天才;
- 是多才多艺的个体也是个挥金如土的冒险家;
- 喜欢同时进行许多件事情(并且有能力把所有事情都做得不错)。

⑧ 陆军元帅型(ENTJ):"爱情可以因力量、影响和成就而加强。"
- 非常具有权威性而且擅长沟通;
- 通常在他们所选择的领域中有卓越的成就;
- 野心很大,通常对他们自己和他们的伴侣要求很高;
- 具有审判律师的个性:享受热烈的辩论。

⑨ 照顾者型(ISFJ):"爱情是一个值得为它牺牲的目标。"
- 具有强烈的责任感,相信生命应该适得其所;
- 通常对生命中弱小的人物特别关心,如儿童、动物、病人和老年人;
- 在服务别人的过程中找到快乐(他们会是很好的护士、教师和母亲/父亲)。

⑩ 公务员型(ISTJ):"爱情是建立在义务和责任上的。"
- 非常负责任和可靠;
- 具有忠诚性也很安静;
- 不喜欢他们伴侣俗丽的爱情举动或敏感的表达方式。

⑪ 主人型(ESFJ):"爱情建立在服务他人之上。"
- 重视他们感情关系中的和谐;
- 喜欢对他人表示善意;
- 是完美的主人且是超常的家庭导向。

⑫ 大男人型(ESTJ):"爱情是建立在坚固的家庭价值、传统和忠贞上的。"
- 呈现负责任的个性;
- 重视权威和指挥体系;
- 享受一种粗糙的幽默感;
- 追寻婚姻和家庭生活的稳定性和结构,也是家庭极佳的保护者和供养者。

⑬ 艺术家型(ISFP):"爱情是温柔的、自然的和奉献的。"
- 拥有强烈的艺术气息;
- 喜欢动物和大自然;
- 是温柔及关爱的恋人;
- 既安静又随和。

⑭ 冒险家型(ISTP):"爱情是一连串的动作。"
- 喜欢用他们的双手工作且为了自己的兴趣而活;
- 非常重视他们的个人空间;
- 相信"能活就该好好活着"的哲学;

◆ 让人无法预期的极端个性。

⑮ 表演者型(ESFP):"爱情是享受和陶醉在此刻的狂热中。"

◆ 是天生的演艺人员;
◆ 通常以温柔、有魅力的俊男或美女和诱惑者著称;
◆ 是那种典型的"夜总会爬虫类";
◆ 呈现永恒的乐观主义;
◆ 讨厌感情中的冲突,如在一段感情初期发现到彼此的不和谐,他们会很快离开。

⑯ 挑战者型(ESTP):"爱情应该是经常充满刺激及能激发人的。"

◆ 追求刺激、兴奋和每件事情中的多样性;
◆ 可以是专业型的诱惑者;
◆ 相信行动,不相信理论;
◆ 通常是极佳的促销者且具有操纵欲。

一旦知道你的恋爱类型,即自己在恋爱中最主要的4个偏向后,便能了解到与不同偏向的人交往时可能会发生的事情和问题。至少有90%的单身人口丝毫不了解他们的恋爱偏向,或是当他们在和与他们相反偏向的人交往时该预期什么样的事情。当你越来越熟悉恋爱类型系统并拥有更多经验时,你将会看到你的个性偏向,如何影响着生活中的每一个层面,包括你的爱情关系。恋爱类型的认知可以使你成为一个恋爱课堂上的佼佼者。在知己知彼的前提下,若你无法接受一个可能的情侣原来的样子,那就试着利用恋爱类型系统,去找到一个原本就最适合自己风格的人吧,表10-1是阿维拉博士的研究提供的参考,明智的人永远都不会企图将另一半塑造成自己想要的样子,俗话说"江山易改,禀性难移"。首先,他们不太可能改变已经根深蒂固的习惯和偏好,再者,他们会因为你尝试把他们变成你想要的样子而生气。如果能多懂得尊重对方的恋爱偏好,并且允许他/她表达其独特的人格,而不做过分的批评,你将会更快乐,同时享受更高品质的两性关系。所谓"知己知彼好相处",这是其一。

表10-1 恋爱类型匹配系统

你是一个		你最佳的配对是
哲学家型(INFP)	男性	哲学家型(INFP)
		作家型(INFJ)
	女性	哲学家型(INFP)
		记者型(ENFP)
		教育家型(ENFJ)
		作家型(INFJ)
作家型(INFJ)	男性	哲学家型(INFP)
		作家型(INFJ)
	女性	作家型(INFJ)
		哲学家型(INFP)
		学者型(INTP)
		挑战者型(ESTP)
记者型(ENFP)	男性	记者型(ENFP)
		哲学家型(INFP)
	女性	记者型(ENFP)
		教育家型(ENFJ)[①]

续表

你是一个		你最佳的配对是
教育家型（ENFJ）	男性	记者型（ENFP）
		教育家型（ENFJ）
		哲学家型（INFP）
		冒险家型（ISTP）
	女性	教育家型（ENFJ）
		冒险家型（ISTP）
学者型（INTP）	男性	作家型（INFJ）
	女性	专家型（INTJ）
		陆军元帅型（ENTJ）
		发明家型（ENTP）
专家型（INTJ）	男性	学者型（INTP）
		专家型（INTJ）
	女性	专家型（INTJ）
		大男人型（ESTJ）②
发明家型（ENTP）	男性	学者型（INTP）
		挑战者型（ESTP）
	女性	陆军元帅型（ENTJ）
陆军元帅型（ENTJ）	男性	学者型（INTP）
		发明家型（ENTP）
		陆军元帅型（ENTJ）
	女性	陆军元帅型（ENTJ）
		大男人型（ESTJ）③
照顾者型（ISFJ）	男性	照顾者型（ISFJ）
		哲学家型（INFP）
	女性	照顾者型（ISFJ）
		主人型（ESFJ）
		公务员型（ISTJ）
公务员型（ISTJ）	男性	公务员型（ISTJ）
		照顾者型（ISFJ）
	女性	公务员型（ISTJ）
		照顾者型（ISFJ）
		大男人型（ESTJ）
主人型（ESFJ）	男性	照顾者型（ISFJ）
		主人型（ESFJ）
	女性	主人型（ESFJ）
		大男人型（ESTJ）
大男人型（ESTJ）	男性	专家型（INJJ）
		陆军元帅型（ENTJ）
	女性	大男人型（ESTJ）
		陆军元帅型（ENTJ）
艺术家型（JSFP）	男性	艺术家型（ISFP）
	女性	艺术家型（ISFP）
		冒险家型（ISTP）
		表演者型（ESFP）
		挑战者型（ESTP）

续表

你是一个		你最佳的配对是
冒险家型(ISTP)	男性	冒险家型(ISTP)
		艺术家型(ISFP)
		教育家型(ENFJ)
	女性	冒险家型(ISTP)
		挑战者型(ESTP)
		教育家型(ENFJ)
表演者型(ESFP)	男性	表演者型(ESFP)
		艺术家型(ISFP)
	女性	表演者型(ESFP)
		挑战者型(ESTP)
挑战者型(ESTP)	男性	挑战者型(ESTP)
		冒险家型(ISTP)
		艺术家型(ISFP)
		表演者型(ESFP)
		作家型(INFJ)
	女性	挑战者型(ESTP)
		发明家型(ENTP)

注1:条件是这个教育家型不是一个很强势的果断者(J)
注2:条件是这个大男人型不是一个很强势的感受者(S)
注3:条件是这个大男人型不是一个很强势的果断者(J)

10.3.3 四种恋爱气质

为了更容易学习恋爱类型系统,阿维拉博士把16种恋爱类型又分成四个易于记忆的组合,称作恋爱气质。这个名词指的是一组可以分辨某一群人的爱情特征。每一组恋爱气质以两种人格偏向(字母)来表述,而不是像恋爱类型一样用四种偏向来形容,尽管只有两项,但你仍然可以知晓关于他/她重要的信息,以下分别介绍各组恋爱气质及其个性描述。

1. NF型(意义追求者)

这组恋爱气质包含所有拥有N(直觉型)和F(感性型)的恋爱类型。意义追求者看重亲密的行为、个人的成长、意义的追寻和感情关系中的想象力。它们包含:哲学家型(INFP)、作家型(INFJ)、记者型(ENFP)、教育家型(ENFJ)四种恋爱类型。NF型人心中理想的伴侣是一种精神伴侣,下面的描述是它的生动写照。

你的召唤,我来应答;你的愿望,我来实现;你是黑夜,我就是白天。还有什么?这已经足够完美了。它及其圆满。你和我在一起。

——D. H. 劳伦斯

2. NT型(知识追求者)

这组恋爱气质包含所有拥有N(直觉型)和T(理性型)的恋爱类型。知识追求者看重逻辑、喜好辩论、聪明、有才能,并且能在感情关系中不断成长。它们包含学者型(INTP)、专家型(INTJ)、发明家型(ENTP)、陆军元帅型(ENTJ)四种恋爱类型。NT型人心中理想的伴侣是一种思想伴侣,下面的描述是它的生动写照。

我希望我的妻子能够分享我的兴趣,包括数学领域里的社会科学……我有些担心(我不是在开玩笑)她不懂得微积分,但是她答应补上这一课,她在许多年以后才履行了这个诺言。

——赫伯特·西蒙

3. SJ 型(安全追求者)

这组恋爱气质包含所有拥有 S(感受型)和 J(果断型)的恋爱类型。安全追求者看重传统、忠贞、安全感,并且在他们的感情关系中有所计划。它们包含照顾者型(ISFJ)、公务员型(ISTJ)、主人型(ESFJ)、大男人型(ESTJ)四种恋爱类型。SJ 型人心中理想的伴侣是一种合作伴侣,下面的描述是它的生动写照。

拉母奇夫人向他保证(就像举着一盏灯穿过黑暗房间的护士向一个乖张的孩子保证),那是千真万确的;库房殷实;花园里鲜花盛开。如果他绝对地信任她,将不会受到任何伤害;无论他把自己埋藏得多么深或攀登得多么高,都会发现自己一刻也没有离开她。

——费吉尼亚·伍尔夫

4. SP 型(刺激追求者)

这组恋爱气质包含所有拥有 S(感受型)和 P(观察型)的恋爱类型。刺激追求者看重娱乐、刺激、冒险和感情关系中的随意。它们包含艺术家型(ISFP)、冒险家型(ISTP)、表演者型(ESFP)、挑战者型(ESTP)四种恋爱类型。SP 型人心中理想的伴侣是一种游戏伴侣,下面的描述是它的生动写照。

在见到她的那一刻起,我感到一股电流的撞击;她令我为之倾倒。她有着黑色皮肤和浅蓝色眼睛的非凡组合,配以金色的头发和骄人的身材。我被深深地触动了……她在以一种低沉、性感的声音演唱吉卜赛情歌的时候,率直地凝视着我的眼睛,她的微笑像炉火一般温暖人心。我无法控制自己的要与她相识。

——阿曼德·哈默

由于这 4 组比起 16 种好学多了,也许可以先从学习 4 组恋爱气质入手。之后,再加入每一组恋爱气质中的特别的恋爱类型,来补充个人认知中的断层。认识你自己和你的伴侣的个性特征,尝试预期性格可能带给你们的互动方式和冲突陷阱,对于处理好你们的关系颇为重要。

10.4 沟通欣赏:常保鲜

大多男女恋爱初期都会经历所谓"神圣的疯狂状态——一种虚幻的融和状态":伴随神奇的爱情物质的大量产生,两颗心激发出炽热的爱情火花,引起飘飘欲仙的感觉。英国性学家萨拉·李特维诺夫认为,造成这一系列的起麻醉作用的化学物质在 18 个月以后会消耗殆尽,热恋的感觉随之消失,爱情的保质期也就到了。原来,所谓两性关系的"保鲜"问题,秘诀竟在于与性有关的麻醉物质!西方畅销书《充满激情的婚姻》中,婚姻治疗师大卫·斯加纳克(David Schnarch)在对性障碍治疗中提出,在性的基本模式中,性兴奋包含感官上的、情感上的和思想上的(非常需要注意的一点是:这里的思想情感指的是瞬间的、无意识的)三种成分,任何一种性冲动都是这样。因而,许多夫妻之间的性疲劳,并非一定是什么审美疲劳和缺乏新鲜,可能是长期关系中不知不觉结下的许多思想情感上的暗结令性兴奋总值下降。可见,倘若只停留在生理感官上,两性相吸就只能在完成动物性的发情期后,哀叹爱情的保质期太短,只有开发和保持思想情感和精神上的吸引要素,恋情和性趣才能历久弥新。心理学研究表明,如果你的恋爱超过 18 个月,你的体内就会产生另一种麻醉品——内腓肽,我们与情侣待在一起的时间越长,我们体内的内腓肽分泌得也越多,我们越是感觉到温暖和幸福。看来两性关系的"保鲜"工作,关键在于激发体内源源不断地生产内腓肽——另一种让我们感觉温暖和幸福的爱情物质。爱的确是一种能力,从一开始慧眼识英雄的抉择,到婚后灵与肉合二为一的契合与适应,每一环节,其实心理学都可以给我们一些启示。如何在不同恋爱气质类型组合中取长补短,有效地处理甚至避免不同个性偏向伴侣间常常会产生的冲突,减少和避免两性关系在不知不觉中结下思想上和情感上的暗结,应该是心理学可以提供给大家的实用的"爱情保鲜剂"。

10.4.1 基于个性偏向的沟通与欣赏

个性偏向不同往往会引发两性之间的冲突,有时甚至难以调和,所以在结合之前最好先搞清楚自己是否能接受这个可能的伴侣原来的样子,如果不能,那就参考恋爱类型系统,另外去找一个原本就比较适合自己风格的人,千万不要抱着侥幸,企图将对方改造或修理成自己期望的样子。如果不能接纳对方的个性偏好,在你们的关系中允许对方做他/她自己,那么,热恋和蜜月期或许双方还可以不太在乎或者彼此容忍,而漫长的婚姻旅途中,就只能是冲突不断、伤痕累累了。那么,两性之间究竟会有哪些性格的冲突,应该如何避免或者应对呢?彼此的沟通与欣赏是关键。下面将通过一些实例与大家分享。

1. 内向型(I)与外向型(E)的矛盾冲突与处理

1) 案例

莎与艾两个人只有一个问题:莎很爱不停地讲话,但艾认为沉默比一切都好。事实上,艾最爱的活动就是待在家中阅读、冥想、聆听他收藏的爵士乐 CD。而莎却从来不愿错过任何一场派对或社交活动。在他们交往 6 周后,莎和艾的关系直线下降。艾不断地留给莎恶言相向的字条:"我已厌倦了你的朋友。我们什么时候可以共享一些高品质的独处时间,只有你和我?"当莎拿着那些字条去找艾对质时,他会保持沉默,这使她更加恼怒。莎越是强迫艾开口说话,他越是一声不吭地心想:"她就是如此跋扈!""你是一个懦弱的家伙!"面对艾的沉默,莎如此说。"你为什么不直接告诉我你在想什么?而只留些胆怯的字条给我!为什么不能像个男人?"很不幸的是,两人彼此都不了解对方。他们的关系每况愈下,已到了不可收拾的地步,而所有那些开始时许下的诺言都变成了废话。

2) 沟通与欣赏

对于以上案例,可能的沟通方式是:在外向型的莎(E)与内向型的艾(I)相处时,莎(E)应给艾(I)留出一定的私人的、反省的时间和空间,不要拿那些字条直接去逼问艾。一般外向型遇到问题,最惯常的做法就是直接说出来,但这时莎(E)必须意识到,这是她自己喜欢和习惯的沟通方式,而不是艾(I)所喜欢和习惯的。一般内向型遇到问题都喜欢自己解决,不喜欢讲,而如果你能写小纸条给他,他反而会比较喜欢,因为他会觉得受到了私人性的重视,所以,与艾(I)发生冲突时,莎(E)应该适当采取通常自己不太习惯的方式,如在日记中写下自己的感受,给艾(I)也写个字条甚至写封长信,留出空间和时间让艾(I)自己去反省,而不要步步紧逼。而作为内向型的艾(I)在面对外向型的莎(E)时,遇到冲突,要给莎(E)解释时间的需求,容许莎(E)为澄清问题的"多话",而不把这个看成是她的"专横跋扈"。要意识到,这种行为是外向型人很自然的反应,反省和沉思是他这样的内向型所喜欢和习惯的方式,而莎(E)所喜欢和习惯的交流方式就是直接说出来,所以,艾(I)也要适当学会述说,尝试着自发性地与莎(E)谈论他的感受和需求。

3) 参考资料

1981 年,来自夏威夷大学研究员鲁斯·舍曼,解释了一些当内向的人碰上外向的人时会发生的问题。在她的研究中,舍曼发现男性内向者与女性外向者的配对比其他任何一种在性别上、家务上、朋友上、经济上和沟通上的内向和外向组合都要容易出问题。舍曼的发现,也许部分可以被解释成是社会对男性和女性角色在亲密关系中的定位之影响。男性在传统上被定位成说话者及一个社团的领导者,而女人则被训练成较安静及顺从的角色。因此,在这样的社会结构下长大的内向男人,常常会觉得被直言不讳的外向女性威胁及压迫。同时,外向的女性会把她的内向恋人的沉默个性解读成懦弱和顺从,而结果是她将对他失去尊敬。

2. 直觉型(N)与感受型(S)的矛盾冲突与处理

1) 案例

42 岁的娜,在一个庆祝他们城市新建的伊斯兰教堂宴会上遇到了 45 岁的米。他是一个很俊美的医生,黝黑好看的容貌和绅士风度深深吸引了她。在 20 分钟的交谈后,她答应第二天与他外出共进午餐。但是她自坐下那一刻就开始觉得无聊,米谈论的所有内容都是他最爱的篮球队。他用了整个约会的时间高谈阔论着他最爱的球员、季赛、胜场数,同时更津津乐道于每一个球队光荣史之间的关联。虽然娜对运动也有些兴趣,她最感兴趣的却是心理学和心灵等课题。她想要谈论那些使世界发生变化的事物,但米只关心统计学和琐碎的事情。"哦,我犯了多么严重的错误呀!"她心想。

2) 沟通与欣赏

米(S)在与娜(N)约会时,首先谈一些比较概括的东西,不能整个时间都按照自己的喜好谈他最爱的球员、季赛、胜场数等细节性问题,这样喜欢幻想的娜(N)会觉得太琐碎乏味而不耐烦,虽然米(S)喜欢和习惯感官活动,但是,如果要想和娜(N)很好地相处,就必须学习拓展自己原来不是很擅长和习惯的东西,如对抽象性和象征性的兴趣、感知和统御能力。而娜(N)如果想和米(S)交谈的愉快,就必须与他谈论一些基本成型的具体观点,如她也有兴趣的某些运动,注意涉及相关的细节,而不要奢望米(S)来满足她关于心理学和心灵等课题的兴趣,这些东西最好另找他人去探讨,与米(S)在一起更适合做些有感官性细节的活动。

3) 参考资料

一旦甜蜜的蜜月期结束后,漫无边际的直觉者(N)会觉得现实的感受型(S)伴侣是个世俗又实际的老古董,关心的课题不外乎是账簿平衡、退休金储蓄、体育运动、食品、衣服、住所、交通及类似休闲和安全等生活中琐碎的细节。感受者(S)同时也认为直觉者(N)像个外星人,谈论的都是些不着边际的话题,把自己沉溺在梦幻般的对话中,如打造一个帝国或改变全世界。两类人都很容易在他们自己的世界里发现生命活力、迫切性和重要意义,而另外一个世界的重要问题则显得相对与己无关、无聊和不重要。1992 年,两名来自印第安纳大学和普度大学的心理学教授,证明了专注倾向在一段关系中的重要性。在他们的研究中,他们请男人和女人分别形容他们的理想伴侣后发现,超过 70%的被试者,偏好一个与他们在专注倾向上相吻合的恋人。虽然也会看到有一些感受型(S)和直觉型(N)的组合还是可以相安无事,因为他们的专注倾向差距不是太远。但是那些与另一半共享相同专注倾向的人,会有较好的沟通模式,也因此拥有较良好的关系和婚姻。而当他们在这个重要的倾向上有冲突时,则很容易发生问题。所以,心理学家建议伴侣们共享同样的专注倾向,即 N—N 组合,或者 S—S 组合,因为这个部分对于日常生活中的沟通有致命的影响。若两个人无法了解并欣赏对方说话、沟通的方式,谈起话来就经常像是"鸡对鸭讲",轻则找不到感觉,重则干脆搞不懂对方,长此以往两个人的感情就会变质。

3. 感性型(F)与理性型(T)的矛盾冲突与处理

1) 案例

韩是一个喜欢拥抱的人。他喜欢和他的恋人有亲密接触:拥抱、爱抚。韩就像是一个大玩具熊,他有着一个大肚子、一双善感的眼睛和绒毛般的胡子。当他回复妮的个人广告时,知道她在广告中表明自己是个浪漫的人,同时在寻找一个浪漫的男人。他看后觉得非常高兴,以为终于有机会遇到一个特别的女人,懂得欣赏像他那样不遵循传统的男人(传统的男性大多是 T 型)。天啊! 当他们出去约会时他是如此失望。自看到她的那一刻开始,他就感受到她散发出来的那一股冷冰冰的气质。她不苟言笑,不伸出手让他牵,并且在整个约会过程中让人感觉非常有距离。妮所有谈论的话题都是她为办公室设计的计算机系统,还抱怨没有人能了解她所做的事情。晚餐过后,韩送她回家,同时确信妮是一点儿都不喜欢他。正当他准备道再见时,她的话却让他吃了一惊:"我相信我们会有未来;我们似乎在知性上非常匹配。当我的工作都完成时,我会再与你联络。"

在上述例子中,妮是一个理性者(T),当她在选择伴侣时,看重的是知性上的匹配。而韩却是一个感性者(F),他渴望一个在情感上与他契合的伴侣。很不幸的是,两个人都没有得到彼此想要的,最后都快快不乐地回家去了。

2) 沟通与欣赏

妮(T)与韩(F)约会,交谈时要首先考虑谈话内容对韩(F)的影响,由他们共同熟悉或感兴趣的人或事谈起,而不能只顾自己的喜好和需求,把所有谈论的话题都放在她为办公室设计的计算机系统上,妮(T)应该学习感受韩(F)的感受和需求。而韩(F)如果想与妮(T)相处下去,做事说话就要先分析事情的原委:也许妮(T)与他约会时正巧碰到计算机系统的问题,所以才拿出来跟他讲,也许就如广告中说的,妮(T)也是个浪漫的女人,只是初次见面,拘谨的性格使得她不便表露过多的热情。韩(F)必须学会分析客观的情况,而不是只凭感觉,如妮(T)在第一次约会时"不伸出手让他牵"就断定他们在情感上不能匹配,这样感情用事可能会失去结交一个本来还不错的恋人的机会。

3) 参考资料

若你是一个感性者(F),在爱情的关系中,你喜欢对方以任何方式来表达疼爱之情。你享受揉背、爱抚和自对方口中说出的"我爱你",但同时你厌恶另一半操控的行为和强势的作风。若你是一个理性者(T),你重视伴侣的能力、聪敏的幽默、令人兴奋的交谈、对你的尊重和独特的个性。你会对太多情感或肉体的纠缠不休避而远之,尤其是对过度的多愁善感,会认为那是"肉麻恶心的东西"。理性型和感性型在社会上各占半数。但在那 50% 被分类成理性型的人当中,大约有 2/3 是男人,而 1/3 是女人。就感性型而言,情况刚好相反,大约 2/3 的感性型是女人,而 1/3 是男人。既然大多数的男性是理性型,而大多数的女性是感性型,女性感性者和男性理性者组合就是很平常的了。传统的性别角色有助于解释男女之间在决定倾向上的差异:女人在社会化的过程中,被教育成比较体贴、善于表达感情,同时致力于人际关系;而男人则被教育成比较具逻辑性、分析性,同时比较不关注于人际关系。今天我们看到的状况是,较多的女人被归类成感性型,而较多的男人被贴上理性型的标签。所以,理性与感性的性格差异,在某种意义上也反映了男女性别的差异:男性(T)因此经常被指责为冷酷无情、感觉迟钝、漠不关心;而女性(F)则被指责为头发长见识短、妇人之仁、意志薄弱、爱听甜言蜜语。这类的谴责可能是强烈的和有损人格的,尤其在婚姻关系中,当两个人生定位不同的人因为一个重要决定有所冲突时,F型妻子也许需要她的T型丈夫向其敞开心扉"让他的情感流露出来",而T型丈夫却希望F型妻子"合乎逻辑一次"。如果双方能够摈弃彼此的偏见,通常会发现他们无论在婚姻还是工作中都能很好地互补,因为,T型丈夫是一个坚定的伙伴,可以提供无穷的明确性和坚韧性,而F型妻子则是仁慈的伙伴,往往奉献不尽的怜悯和富有人情味的体谅。另外需要说明的是,男性感性者和女性感性者、男性理性者和女性理性者,这些组合都可以拥有成功的爱情,假设这些情侣在其他偏好上也相配的话。

4. 观察型(P)与果断型(J)的矛盾冲突与处理

1) 案例

秦约了丽吃晚餐,但他已经迟到一个小时了。率性而为的秦总是迟到。并非他喜欢特立独行不负责任,只是秦总是有"另一件事"可以做:再打一通电话,再写一封信。他真的很喜欢他的生活方式,但同时他也明白其他人未必欣赏他的作风。当他抵达丽家时,她已经气疯了。"你怎么可以迟到这么久呢?我不是一直告诉你我很讨厌别人迟到吗?"丽歇斯底里地尖叫。迟到对她而言是一项最糟糕的罪名。她是果断型最佳的代表——有组织的、有计划的、对时间很敏感的人。自他们5个月前开始交往以来,他们的生活方式和个性就不断发生冲突。除此以外,他们非常喜欢彼此,但这样的差异是很难克服的。"我很抱歉,亲爱的。"秦尝试让自己脱离困境,"我只是必须接听罗伯特的电话,那是一通紧急电话。这样的事不会再发生了,我是很爱你的。"丽有点被秦的话打动了,她决定这次原谅他。她钻进秦的车子,但当她坐下时,她听到一阵难听的声音,同时心生一种可怕的感觉——秦没有吃完的马铃薯沙拉粘在她全新的黑色晚礼服上。丽立即发出一声尖叫,秦畏缩着:他在匆忙中忘了清理他的车子。"等她发现那支在沙拉下面的断裂圆珠笔时,就真的完蛋了!"秦心想。

2) 沟通与欣赏

丽(J)与秦(P)如果想和睦相处,丽(J)必须容许秦(P)的计划、工作方式中的灵活性,满足他不愿被控制的需要。丽(J)习惯有计划地完成一件事,但遇到了秦(P),就不得不适当放弃自己原来的时间表了。对丽(J)而言,秦(P)要容许她的计划和结构,以及控制和决定的需要。秦(P)是喜欢灵活性和自主性,不愿有什么约束,但遇到了丽(J),就必须改变自己原来比较随意的习惯,而坚持按照双方约定的计划行事。

3) 参考资料

果断者(J)往往整洁、有序,喜欢办公桌整齐、房屋井井有条——盘碟收拾停当、床铺整理好、汽车清洗干净等。观察者(P)则不然,他们能在很大程度上忍受客观环境的无序状态,似乎在那一刻正沉浸在他们所做和所想的事情当中,从而有些淡忘家务琐事。这两种风格的人,有可能互相使对方心神不定,果断者(J)可能会对观察者(P)表面上的被动和爱玩逐渐感到不耐烦,把他们描述成优柔寡断、拖沓、没有目标、不合作、诡辩及草率甚至懒散。另外,观察者(P)可能由于果断者(J)的压迫和催促感到烦躁,说他们过于匆忙、过分拘泥于规则、受人驱使、紧张过度及逼人太甚、专横、僵化而顽固,甚至整洁的怪物。通常情况下,这种愤怒和谩骂会在双方相互研究对方的行为时得到平息。许多人渐渐为这种差异所吸引并从中获得乐趣,随着更进一步的相互理解,人们发现宽容另一方的行为是很容易的。一些人实际上还会领会到,两种人在生活和工作上良好的配合和互补效果:观察者(P)趋于发现机会及安排可供选择的事物,而果断者(J)行动及时和迫切需要完成任务。

10.4.2 基于恋爱气质的沟通与欣赏

1. SJ 型(安全追求者)与 NF 型(意义追求者)

1) 冲突

一般来讲,SJ 型可能认为 NF 型缺乏常识;而 NF 型可能觉得 SJ 型没有想象力。NF 型关注一些不实际的问题,可能使 SJ 型觉得没有共同语言,感到关系的不公平,迫使 SJ 型考虑现实问题(如生计问题)。尤其是在关于金钱和工作的问题上的冲突,可能导致 SJ 型不断地对 NF 型说教和唠叨。由于缺乏鼓励和赞同,可能导致 NF 型的自尊和自我价值感受到挫伤。NF 型可能认为 SJ 型根本不能理解深厚的感情关系。

2) 互惠

SJ 型可能变得对审美、学习、人际关系、情感和信仰等更为开放。NF 可能学会将部分的精力花在可能有经济回报的领域。SJ 型可能变得更为灵活;而 NF 型则可能学会善始善终,更为准时和可靠。

2. NF 型(意义追求者)与 SP 型(刺激追求者)

1) 冲突

NF 可能认为 SP 没有信仰,缺乏想象力、责任感、承诺和生活目标。SP 可能认为 NF 无趣,没有现实感。

2) 互惠

SP 型可能让 NF 型活跃起来,教会 NF 型不要总是沉溺于对生活和关系的"意义"追求,不要过于看重精神/信仰的目标,要生活在当前的现实中,不要生活在未来的可能性中。NF 型可能帮助 SP 型发展生活和工作中的一致性,对价值和情感的重视,对哲学和信仰的容忍,以及对学习的开放性,并帮助个人成长。

3. SJ 型(安全追求者)与 SP 型(刺激追求者)

1) 冲突

SJ 型可能认为 SP 型缺乏责任感;而 SP 型可能觉得 SJ 型没有乐趣。SJ 型可能把 SP 型当作孩子;而 SP 型也可能把 SJ 型视为父母,认为养家糊口的责任、日常的义务都是 SJ 型的事。SJ 型可能试图将易冲动的 SP 型的工作习惯有序化,使其有计划;而 SP 型则对 SJ 型被时间计划表所约束嗤之以鼻。SP 型老想玩,并且认为 SJ 型也如此;而 SJ 型总想工作,也认为 SP 型也这样。SP 型认为 SJ 型太悲观;而 SJ 型则认为 SP 型过于乐观。

2) 互惠

SP 型可能让 SJ 型活跃起来;而 SJ 型则可能帮助 SP 型发展对时间计划、目标和个人成就的重视。SP 型可能教 SJ 型如何玩,并且向 SJ 型显示工作的另一种方式:聪明地工作比刻苦地工作更为重要。

4. NT 型(知识追求者)与 SP 型(刺激追求者)

1) 冲突

NT 型可能会觉得 SP 型缺乏想象力、创造性、责任感和生活目标。SP 型可能会认为 NT 型缺乏乐趣、冒险精神和现实感。

2) 互惠

SP 型可能使 NT 型变得放松起来,教会 NT 型不必凡事都要问"为什么"和"怎么样",不要以为工作中缺了自己就不行,不要总是生活在理论和未来的世界里。NT 型可能帮助 SP 型发展对工作和生活的责任心,对理论的容忍度和对学习的开放性。

5. NT 型(知识追求者)与 NF 型(意义追求者)

1) 冲突

NT 型可能认为 NF 型简直不合常理,缺乏逻辑性。NF 型可能认为 NT 型不近人情。双方都可能认为对方缺乏创造性,不够睿智。

2) 互惠

双方都可能学会拓展自己思考和情感中的智慧成分。NT 型可能学会欣赏和鼓励别人,NF 型则可能变得更为独立和自我激励;NT 型可能获得情绪或情感上的和谐,NF 型则可能发展自己的逻辑能力。双方可能在活动中利用彼此共同的直觉技能,从合理利用角度出发来分享在思考和情感上的优势而受益。

6. NT 型(知识追求者)与 SJ 型(安全追求者)

1) 冲突

NT 型可能认为 SJ 型是个预设了程序的工作机器,从不提问题,也不思考生活和工作的意义。SJ 型可能认为 NT 是个反复无常的改革者:只顾打破程序和传统,不考虑这种不负责任的行为的长期后果,可能导致对对方的动机和目的的严重不信任,尤其是在 E/I,T/F,J/P 之间。

2) 互惠

NT 型可能学会重视计划和为非工作的活动(如家庭生活)留出时间。SJ 型可能变得更为开放,更多地接纳观念、理论、变化和生活中的随机性。STJ 型和 NTP 型之间,STJ 型可能天生就关注生活中的经济细节。这种搭配可能对双方都较少压力。NT 型倾向于对既有程序、常规和礼仪等置之不理,而 SJ 型可以帮助其对这些社会习俗更为平和地接受。

小结

需要说明的是,以上涉及恋爱类型系统的内容仅能够让你做一个最初始的扫描:这个人的人格类型是否有可能与我的人格类型相匹配?而真实的情况要复杂得多。大部分的人在人格偏向上都是一个综合体,只有极少数的人是 100% 的感性者或 100% 的理性者。我们当中有些人是 90% 的感性者加上 10% 的理性者,另一些人则是 50% 的感性者加上 50% 的理性者。这仅仅是程度不同而已。在你评量自己或他人的恋爱类型时,要多注意他在每一个偏向上的强度,是适中的偏向,还是非常强烈的偏向?如果是处于这个偏向的交界地带,就意味着他并不强烈地偏向这个因素。辩证地看问题才有可能更准确地认识你和他/她的性格倾向,这个问题值得花时间去探究,因为性格将影响到你们对彼此的看法和互动的方式,从而在你们关系的发展中扮演重要的角色。

通常人们对自己的长处总是更熟悉、更亲切,对自己的短处却往往缺乏意识,还把别人身上体现出来的、自己所欠缺的素质看成是毛病和问题。比如,内倾者在内倾者的眼中颇为深沉、独立、有思想、自信、自尊和自重,但在外倾者看来却是孤傲、懦弱、胆怯、不合群、缺乏协作精神;感知型会批评直觉型的漫无边际、奇怪、幻想、缺乏生活常识,而直觉型则会批评感知型的缺乏想象力、平庸、无聊甚至琐碎俗气;理智型看情感型是多愁善感、无病呻吟、没有头脑、缺乏原则,情感型说理智型是思想复杂、情感淡漠、好挑刺、爱争辩;判断型怪理解型是缺乏主见、责任心不强、自由散漫,理解型抱怨判断型是自作主张、固执己见、专横独断、好指挥、不谦让……所以男女相处,不论哪一方,都应首先对自己的性格类型及心理行为的基本特征有所了解,觉察自己的个性如何影响自己的为人处世风格,还要对交往对象的个性也有个基本的了解,预期到自己的个性跟他/她的个性之间会发生怎样的互动关系,只有这样,才可能减少以自己性格为准则去评判对方而产生的误差,也会减少因对方不够准确的看法和评价而带来的自我困惑。其实,每种性格都有优势和局限,在交往中切忌给对方的性格贴上"好的、对的"或者"坏的、错的"标签,面对你的伴侣,应尽量提供他/她发挥自己个性的空间,即让他/她成为他/她自己。要学习欣赏和接纳彼此的不同,强化双方的相似,接受并尊重每一个男人或每一个女人都是一个主体,都有其独特性,并能彼此携手合作,相信当阴阳和合之时,人间的幸福是无可言喻的。

另外,也许有人认为恋爱类型系统会把爱情中的浪漫剔除,担心一旦了解了一个人的全部,也就丧失了其中的神秘性。当然神秘感是好玩的一部分,但在你使用恋爱类型系统的时候,它仍然是存在的,仍然有很多关于你的伴侣的事情是无法预测的。比如,他/她来自怎样的家庭背景,有什么样的成长经历?受过什么样的教育?价值观、信仰和生活习惯是怎样的?依恋模式如何?有什么样的情结?身心健康状况怎样?有人格上,甚至精神上的问题吗?……诸如此类的种种因素都对你们相处时彼此的理解、沟通、欣赏和接纳有一定的影响。所以说,爱是一种艺术,要成为爱的大师,除了把成为大师看得高于一切,让这些目标占据你整个身心之外,在相处中不断学习和实践更是必不可少的功课。青年男女,谁不对爱情抱着一番浪漫的想法呢?浪漫是没错的,但现实却并不以我们的意志为转移。金无足赤,人无完人,生活中,我们遇到的对象,大多数既不是完人也不是废料,我们和我们遇到的人都是半成品,后来如何,要看我们自己了。面对缺憾应该着手弥补,而不是转身离去,相信这句古话"精诚所至,金石为开",真正成功的爱人明白这样的道理:爱情是艰辛的学习,而不是轻松的享受。

思考题

1. 爱情有保质期吗?为什么?如何让你的爱情保鲜?
2. 如何化解两性关系中的嫉妒?
3. 什么是恋爱类型系统?举例说明性格对两性关系的影响。

实践篇

第 11 章 走近萨提亚女士 走进萨提亚模式

11.1 维吉尼亚·萨提亚是谁？

图 11-1 维吉尼亚·萨提亚
（Virginia Satir）

维吉尼亚·萨提亚（Virginia Satir 1916—1988，见图 11-1）是谁？中国读者也许并不熟悉这位积极心理学的先驱，家庭治疗的首创者，即便是心理学的学习和工作者，也未必真正了解她，中国心理学界人人皆知卡尔·罗杰斯，但萨提亚作为罗杰斯的好朋友，两人还曾联袂做过工作坊——时代的涟漪（见图 11-2），却鲜有人知。

20 世纪 70 年代美国精神医学会列出的 21 位最具影响力的治疗师中，萨提亚是唯一一位女性，且高居榜首，之所以这样，是因为萨提亚是一名真正的学者，是一位一生都在孜孜以求不断学习的人，她从小就有一个心愿：想要做大人们的"侦探"，对人和世界充满了好奇，也非常好学，会努力将其所学身体力行，创造性地用于自我关爱和援助他人。尽管当年萨提亚女士只是硕士毕业，而在这个领域，当时其他的专业人士全都是拥有博士学位的精神科医生、心理学家和生物学家等，但这些丝毫也没有减弱萨提亚女士对于家庭治疗领域的贡献。

2007 年美国心理治疗最重要的杂志《心理治疗圈内人》（*Psychotherapy Networker*）公布了一份针对美国心理治疗师所做的调查：关于在过去的四分之一世纪里，他们心目中最有影响力的治疗师，结果前十名依次是：人本治疗师罗杰斯（Carl Rogers）、人和行为治疗师贝克（Aaron Beck）、结构派家族治疗师米纽庆（Salvador Minuchin）、团体治疗兼存在治疗师欧文·亚隆（Irvin Yalom）、体验派家族治疗师萨提亚（Virginia Satir）、理情疗法治疗师埃利斯（Albert Ellis）、精神分析家族治疗师鲍文（Murray Bowen）、去世多年依然影响力十足的治疗师荣格（Carl Jung）、传奇的催眠治疗师埃里克森（Milton Erickson）以及以"爱情实验室"闻名的家族治疗师高特曼（John Gottman）。

不仅如此，对于萨提亚在家庭治疗领域的突出贡献，许多著名心理治疗专家都曾给予高度的赞誉和评价。

图 11-2　时代的涟漪——1979 年罗杰斯与萨提亚联袂工作坊海报

卡尔·罗杰斯与萨提亚有过许多合作,称赞萨提亚:"我很好奇你的工作,当你和一个人做着疗愈的工作,那个改变就奇迹般地像水面的涟漪一样拓展开来,我真觉得很奇妙,好像打开了一扇大门。"

家族治疗专家萨尔瓦多·米纽庆称:"萨提亚是我所看到的第一位行动派家族治疗师。后来,她成为最有影响力的家族治疗师之一。……我仿效萨提亚、高德曼……整合这些学习,形成自己的特色。"

美国家庭治疗专家 MicheI P. Nichols,Richard C. Schwartz 在《家庭治疗基础》中写道,"萨提亚是在家庭治疗发展的第一个十年里起领导作用的人物","她是一个具有超凡魅力的治疗者"。

团体治疗专家欧文·亚隆称:"有一整年时间,每个星期五,上一整天维吉尼亚·萨提亚的联合家庭治疗课,对家庭治疗的效果越发敬佩。"

萨提亚创造的有独特魅力的心理治疗理论和方法一直被当代世界各国心理治疗师所使用。例如,2018 年 10 月,当代情绪聚焦疗法创始人 Greenberg 博士称他曾有四年时间跟随萨提亚学习,他所创建的情绪聚焦疗法中吸收了萨提亚治疗模式的理念。

2015 年 3 月,德国著名的 Helm Stierlin 研究所的现任所长 Nicolai 教授在同济大学演讲的主题就是"萨提亚沟通模式与家庭雕塑",深受我国听众欢迎。

另外,瑞士的卡琳·倩兹·库克(Karin Tschanz Cooke)博士在其 2013 年完成的博士论文中,对萨提亚女士进行了全方位系统深入的研究,铺呈了一幅长长的画卷,将萨提亚女士的个人生活、职业心理,生平转折真实鲜活地展现了出来。如果读者您想更多、更深入地了解萨提亚女士究竟是个什么样的人,她是如何成为这样一位具有世界影响力的职业女性的?库克博士的博士论文无疑会为您提供最完整的第一手"考古"资料,它呈现了萨提亚女士生平很生动的细节和画面,见附录 D,可以帮助我们更好地理解萨提亚的成长历程,以及她是怎样从这些困难中发展出自己的资源:勤奋,创新,有动力。萨提亚是极具开放性和拓展性的一位女性,不愧为伟大的理论实践和革新者,《人类行为杂志》称她为"每个人的家庭治疗大师"。

萨提亚女士的最大的愿景和希望就是——内在和谐,人际和睦,世界和平,这个愿景与我国古人"修身、齐家、治国、平天下"如出一辙。如今,萨提亚女士去世30年之后,萨提亚模式仍然对世界有影响力,而萨提亚女士的墓地也因其生前嘱托至今一直铺满了可以回馈探访者的粉晶石(见图11-3)……这样一位伟大的女性,她走了,但她把自己的爱从精神和物质两个方面都留在了这个世界。

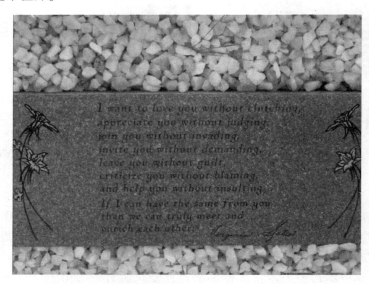

图 11-3　萨提亚女士的墓志铭以及她留给探访者的粉晶石

1988年,萨提亚女士去世以后,她的生前好友、同事约翰·贝曼博士,以及玛瑞亚·葛茉莉等人继承并发展了萨提亚模式的理论体系,更加丰富了其深刻的内涵和高效实用的治疗方法。贝曼博士说:"她的理念让我信服,所以才会用一生的时间推广她的治疗模式。"

11.2　何以称为萨提亚模式?

萨提亚家庭治疗,又称萨提亚转化式系统治疗,简称萨提亚模式。世界上有那么多种心理疗法,为什么萨提亚创立的家庭治疗会被后人用她的名字命名为一种治疗的模式——萨提亚模式呢?这是由于其治疗方式在很多地方都与传统的治疗方式有很多不同之处,颇具萨提亚女士个人的独特风格。首先,萨提亚家庭治疗的终极目标是个人达到身心整合,内外一致,让生命活得更和谐,更完整。萨提亚女士会把自己的精神、价值观和人生哲学融入其家庭治疗模式中,特别强调在咨询和治疗中"运用自己",始终以欣赏、一致性、信任和希望与来访者联结,致力于提高人的自尊,改善沟通品质,帮助人活出自己本来的样子,而非只求消除症状。

萨提亚女士本人在家庭治疗领域具有如下独特性:

(1)她是系统家庭治疗先驱中唯一一位女性、唯一一位社会工作师,唯一一位硕士毕业生;

(2)她打破了精神分析的传统,是第一位将生命力的概念整合进心理咨询与治疗的家庭治疗师；

（3）她以经验为导向，创造性地使用工具：如椅子、绳子、帽子等；

（4）她是发展家庭治疗培训项目并教授这些项目的第一人；

（5）萨提亚女士开创了许多独特的治疗视角和丰富多彩的有效干预措施。

有学者总结，萨提亚模式主张个体的变化存在于超越理性的治疗体验中，关注体验、交流、直觉、历程、存在、自发性、行动、此时此刻等。萨提亚模式是属于人性验证过程模型，她一直在尝试建立跨学科、跨理论的模式，继承了精神分析的观点、拥有建构主义的特点，以及后现代的气息，也汲取了东方思想和中国哲学的营养。还融合了辩证行为治疗和意识过程两者的优点，学习辩证行为的全然练习觉察，学习意识过程对自己和他人思维过程的觉察。

那么，萨提亚模式究竟体现着怎样独特的治疗理论视角与实操干预策略呢？如果我们将萨提亚创造的这个理论体系核心架构的画面用一幢房子来象征（见图11-4），那么，萨提亚模式的21条核心信念为这幢房子在哲学的高度上奠定了坚实的地基和健康发展的肥沃土壤，以及临床干预操作的优良平台背景；而治疗的五大要素（体验性/系统性/积极正向/聚焦于改变/运用自己），犹如该房屋的五根顶梁柱，撑起了达成治疗目标的有效空间和方法与技术的"道"与"器"，围绕五大支柱之核心干预策略与技术，萨提亚发展出了很多具有很强的实践性与可操作性的治疗工具，比如：冰山、历程性提问、未满足期待的处理、互动的要素、改变的历程、应对姿态、沟通舞蹈、雕塑、家谱图、家庭大事年表、家庭规条、家庭重塑、自我环、在身体上工作（呼吸，移动）、冥想、两人组和三人组的工作、天气报告、面貌舞会、五种自由、影响/资源之轮、隐喻叙事、生命力呈现的五朵金花，等等。而这一切，都将把治疗导向四大目标的达成：帮助个体提升自我价值感——更自信；能够更加自我负责与担当——更自主；内外和谐一致——更自在；成为更好的选择者——更自由。而当一个人可以自由、自在、自主、自信地彰显自己的生命时，也就是达到了萨提亚模式所说的"第三度诞生"。无论是心理辅导、心理咨询，还是心理治疗或家庭治疗，萨提亚模式都是立足于对"完整的人"的干预与调频，促使当事人达成内心和谐，释放其生来就有的生命力，恢复心智与行为的智慧与弹性，以便建构其幸福的主观体验、和睦的人际关系、精彩的生活状态、良好的工作适应，让受服务者的生命在时间的长河里如花绽放，闪耀出智慧的光芒。萨提亚模式之所以被称为"转化式"系统治疗，也正是因为它的目标是促成生命状态在精气神能量层面的根本改变，从而在内在历程与体验、外在行为与结果方面都能有脱胎换骨似的转化，里里外外呈现出一系列的成长或疗愈的迹象。玛瑞亚·葛茉莉曾说某种意义上"萨提亚模式不是一种治疗方式，而是一种生命的存在状态"。

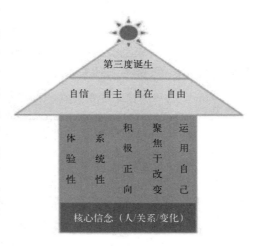

图11-4　萨提亚模式核心架构

令人欣喜的是萨提亚模式的治疗哲学和理念与我国传统文化有很多相融合之处，儒、释、道、医、易等中国文化的种种"土壤与气候"都极其适宜萨提亚模式之花在这里的扎根与绽放，自1998年始，约翰·贝曼（John Banmen）博士作为萨提亚的同事，怀揣着让更多人实现更幸福、更快乐、更成功的梦想,在中国陆续开展连续工作坊,还有他的伙伴玛瑞亚·葛茉莉、林沈明莹,以及学生蔺桂瑞、郝宗媛等,在中国的各级各类学校、医院、萨提亚机构等平台进行了很多系统的萨提亚模式的专业培训。萨提亚模式在中国的一系列实践应用逐渐被国人接纳和认可,尤其近年来,萨提亚模式更是展现出广泛扎根于中国的趋势,并生机勃勃地开枝散叶绽放于心理健康、医疗卫生、教育工作以及企业培训领域中,取得了一定的成效。

从图11-5所示的知网文献检索结果可以看出,萨提亚模式的相关研究始见于2007年,近几年有快速增长的趋势。对2007—2018年的213篇论文进行进一步分析,其中155篇是期刊或会议文章,53篇是博士、硕士论文。在应用人群上,关于老年人的有2篇,关于大学生的有55篇,关于中学生的有8篇,关于精神分裂症的有4篇。在应用主题上,心理健康与辅导的有35篇,人际关系的有33篇,自我成长的有21篇,个案研究的有11篇,亲子沟通的有4篇,心理辅导与规划的有1篇。从这些数据资料中可以看出,2012年后萨提亚的相关研究逐渐增多,而萨提亚的应用对象主要集中在大学生群体上,应用内容则主要是心理健康、亲密关系、情绪管理、自我成长等,都与人际关系心理有着千丝万缕的联系。

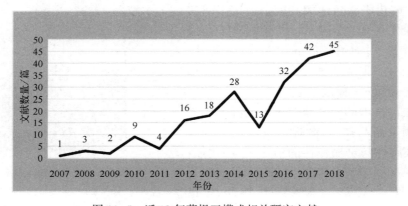

图11-5　近12年萨提亚模式相关研究文献

11.3　萨提亚模式与人际关系

第1章中,我们学习了良好的人际交往,对于实现个体的生理需要、心理需要和精神需要都是必不可少的。刚出生的婴儿不用别人教,就知道吃奶;春心萌动的少男少女们不用别人引导,就会自然地开始爱慕异性,甚至想压制都压制不住……这是一种生命本然需要的力量,人不可以缺少与别人的交往,就像吃饭、睡觉一样,良好的人际关系是我们本能的需要。另外,人际关系的状况也会直接影响到人的心理状态和性格养成,对任何人来说,正常的人际交往和良好的人际氛围是心理正常发展和生活具有幸福感的必要前提,也是心理健康的营养元素,不与他人交往,没有良好的人际关系,人就难以保持良好的心理状态,就难以在社会上获得正常发展,因此,良好的人际关系也是社会生活的需要,马斯洛的需要层次理论中"爱与归属"的需要,萨提亚冰山隐喻中人同此心的关于"联结、爱、安全感、价值和意义"的渴望……越是高级的需要越是与人际关系息息相关。而萨提亚模式对于人与自己的关系,人与他人的关系,以及人与原生家庭的关系都有着极为睿智的人性洞见和可操作的建设性策略,萨提亚模式的学习与应用可以促进个体成为一个和谐而且完整的人,成就良好的人际关系,绽放独特的自我价值,活出美丽丰富的人生。

11.3.1 萨提亚模式的核心信念与人际关系

萨提亚模式认为人是活在环境、关系中的(或说系统中)。所以,一个症状的出现,与人与他人、环境的互动有很大的关系,其中,一个人在原生家庭中经验到的各种关系,以及各种应对方式,对这个人的一生影响最为重大。在萨提亚模式的治疗中,爱和信念比技巧和技能还要重要,萨提亚模式的核心信念集中体现对每个生命的敬畏与尊重,以及对于应对的理解和对于改变的信心。以下基于人性的每一条萨提亚核心信念都会有益于良好人际关系的建构与维护。

对人的信念:
① 我们都是同一生命力的独特彰显,透过这股生命力相联结。
② 人类的历程是普遍性的,因此适用于一切情况、文化及环境。
③ 人们由于相似而有所联结,由于相异而有所成长。
④ 父母常重复在其成长过程中熟悉的模式,即使那些模式是负向的。
⑤ 大多数人在任何时候都是尽他们所能而为的。
⑥ 人们需要寻找自己的宝藏,以便去联结并确认他们的自我价值。
⑦ 健康的人际关系建立在价值平等的基础上。
⑧ 感受是属于我们的,我们都拥有它们,而且可以学习如何驾驭它们。

对应对的信念:
① 我们拥有所需的一切内在资源,以便成功地应对和成长。
② 人们的应对通常是在其痛苦经验中求生存的方式,而且这一点应该被承认。
③ 问题(困难)本身不是问题,如何应对(困难)才是问题。个人受到问题冲击的大小,取决于此人看待这个问题的严重程度。
④ 应对乃是自我价值层次的呈现,自我价值越高,则应对的方式越正确。

对于改变的信念:
① 改变永远是有可能的,即使外在的改变有限,内在的改变仍是可能的。
② 我们无法改变过去已经发生的事件,但可以改变那些事件对我们造成的冲击和影响。
③ "希望"是"改变"的重要组成部分。
④ 历程是"改变"的途径,故事内容形成情境,而"改变"就在那里发生。
⑤ 大多数人倾向选择他所熟悉的,更胜于"改变"带来的不适,尤其在承受压力的当下。
⑥ 欣赏并接纳"过去",可以增加我们支配"现在"和管理"未来"的能力。
⑦ 迈向自我完整的目标之一,即是接受父母也是人,并在人性的层面而非角色层次上与他们相遇。
⑧ 治疗需要把重点放在健康及可能性的部分,而非病理负面的部分。
⑨ 治疗需往正向导向的目标迈进。
⑩ 症状是潜意识对问题的解决之道。核对现有的问题如何成为来访者的难题,认真看待问题,但治疗工作未必要局限在此范围内。
⑪ "运用自己"是治疗师最有力的治疗工具。

11.3.2 萨提亚模式的五大元素与人际关系

萨提亚女士作为积极心理学的先驱和推动者,关注个体与自身/他人/情境的和谐,关注个体内在潜能的挖掘,以及"人尽其性"的生命力的绽放。"积极正向、体验性、系统性、聚焦于改变、运用自己"构成了萨提亚模式的代表性特征,这五大鲜明而独特的核心元素是人际关系心理调适最重要和最有效的干预策略和手段。

1. 系统性

萨提亚认为,我们每个人都是个人内在系统、人际互动关系系统,以及原生家庭系统中的个人,个体心理问题的形成与转化都和这三个系统密切相关。她主张在个体的内在系统、外在系统以及家庭互动系统三个系统上同时进行工作。原生家庭系统对个体健康人格的形成具有奠基性意义,个体的观念、看法、行为习惯,以及应对模式多源于幼年时在原生家庭中所习得的信念。个体的内在系统也即个人的内在冰山,外在互动系统则是人际系统,内在系统与外在系统相互联系、彼此影响,任何一个系统的变动都会带动另一个系统的改变。萨提亚模式的系统性的观点启示我们,人际关系的改善与提升既要在个体内在系统(冰山)的各个层面进行工作,也要在人际互动系统里进行工作,同时也不能忽略个体人际关系与其原生家庭的关系。这些系统性的干预可以借由冰山、应对姿态和家谱图这三大核心工具来实现,萨提亚模式的疗愈过程可以同时发生在个体的身体、心智与心灵层面,促成全人的转化。

1) 个人内在系统(冰山隐喻)

冰山模型最早源自弗洛伊德关于意识与潜意识的比喻(图 11-6)。冰山是萨提亚模式最著名的关于个人内在世界的隐喻,由维吉尼亚·萨提亚女士和她的好友约翰·贝曼博士创立并完善,萨提亚女士称冰山为有关生命"历程"的路线图,具体来讲就是把一个人的内在世界比喻为一座包含七个水下层面的"冰山",海平面以上是看得见的行为,而处于海平面及以下看不见的层面从上到下依次为:应对姿态、感受、感受的感受、观点、期待、渴望,以及一个人最核心的本质:自己或者称为生命力(self),以上各层共同构成了一个完整的个人内在系统(图 11-7)。

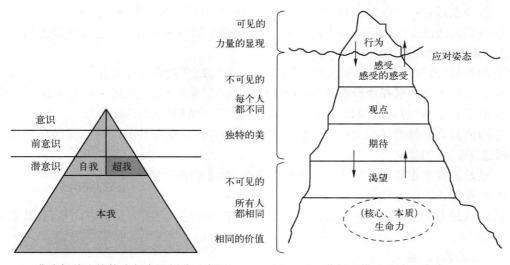

图 11-6 弗洛伊德人格构成与意识划分示意图　　图 11-7 萨提亚模式的冰山隐喻

图 11-7 的七个层面层层衔接,环环相扣,形成一个完整的个人内在系统。从个人层面来看,人们可以借由冰山来倾听自己内在的声音,通过觉察自己的冰山各层面的"卡顿"与"走调"来开启改变内部世界混乱、纠结、耗能与阻塞的成长历程,让人有智慧放得下未满足的期待,也有能力、有办法自我满足一些期待与渴望、自我滋养自己的心灵,让自己的内在世界处于和谐的状态,然后就有能力释放原有的生命力,把爱传递给他人,建构真实、和睦、温暖的人际关系。

冰山隐喻是如此生动地体现着一个人活生生的生命,因此,以冰山隐喻为灵魂的萨提亚模式可以帮助人更好地觉察自己,理解他人,不再纠缠于冰山上行为的是非对错,而是通过透视冰山下的不同层面,发现每个人行为背后的内心期待与渴望,由此连接生命力,调频内心的和谐,重新焕发生命的活力与热情。

总之,人们可以借由冰山来掌管自己的内在系统,调频心理状态,促进个体内在系统的和谐,从而构建健康、亲密的两性关系,促进家庭系统的和睦,同时也创造和谐的社会和工作关系,萨提亚模式的冰山隐喻可以被广泛应用于家庭治疗以外的关于人以及人的生命力更好地呈现与联结的人际关系领域。人们可以很好地借由"冰山"来觉察自己、懂得别人,促进和谐、滋养生命。

2)人际互动系统(应对姿态与一致性)

萨提亚继承了精神分析的观点,人在小时候为了生存发展了防御模式,固着于个体的行为模式中,她称其为"应对姿态";应对姿态是人们在情绪压力下的生存模式,不属于人格范畴。四种生存姿态均来自于个体的低自尊、低自我价值感,即个体的冰山处于不平衡的状态。在个体成长的历程中,父母会在自己能力与经验范围之内关爱、保护自己的孩子,为了保护弱小个体,他们可能会对个体设定规则与要求。个体在幼小的时候并不能理解父母的真正意图,为了保护他们的自我价值免受言语或非言语的、感受到或是假想存在的威胁,为了生存就会努力维持与父母或看护者之间的关系,以生存关系为背景,因弱小而服从,作为僵化的观念,内化在潜意识里,形成了个体条件化的生存反应,在人际互动过程中成为个体有效交流的阻碍。

萨提亚说人们生活在世界上,要处理好三个关系:首先,自己与自己的关系。也是这三个关系中最重要的关系,人们很多烦恼和困惑是因为不了解自己的内在冲突,人活在过去的影响里,受潜意识的支配,要经过学习与练习觉察自己的感受和想法,接纳与改变它们,转化为积极的状态。其次,与环境的关系,每个人都生活在一定的环境当中,物理环境和人际环境等,观察所在的环境,是与环境的联结。当一个人生活在某个情境中,如果没有感觉,缺乏情感,只是工作,只是完成任务,会感到孤独,人需要情感的投入与支持,当人与环境有很好的接触后,才能安心自在。最后,与他人的关系,作为社会人,人需要跟周围的各种人接触,满足自己与他人的需要。在与他人沟通的过程中,人的喜怒哀乐会传达彼此的信息。所以,在沟通过程中既要感受到自己的感受,也要关注到他人,还要关注到环境,三部分都和谐了,就可以成为和谐一致的人,生活就会变得自由自在。萨提亚认为做到自我、他人和所处的情境三方面和谐的人,才是和谐一致的人,内在和谐,人际和睦的目标自然也就实现了。

人际互动系统的干预是指在沟通的过程中,促进家庭系统与个体内在系统的互动,构建开放的家庭系统——萨提亚称其为"种子或功能良好的模式",系统能量是流动的、有边界的、规则具有一定的弹性,就可以促进个体的成长。人的内在系统能够保持相对的独立性和有效性,当内在系统的需要得到满足时,个体无须用压力下的应对姿态来应对外在世界,萨提亚认为,个体无法控制外在的影响,但可以通过内在系统来选择如何应对影响。在互动过程中个体关注他人与情境,个体要在变化的情境中发展自己,情境是指家庭、社会、国家、世界乃至宇宙,情境包括所有可能对互动产生影响的因素,如政治、经济条件、性别、阶层、宗教等其他显而易见的因素。人际关系干预以家庭系统为背景,将在家庭系统中习得的不适应社会化发展的部分进行转化,以适应自我和谐与情境和谐的需要。

萨提亚模式帮助人们觉察自身内在系统,以及外在系统之间的变化,帮助个体解决差异,萨提亚曾说过"人因相似而联结,人因相异而成长",提倡用表里一致的沟通方式来解决人与人之间的差异。萨提亚认为现实中人们通常用5种方式来处理差异。

第一种方式是冲突(指责性的应对姿态,如图11-8所示),通常是指人们解决问题时站在极端的自我中心的立场上,用等级的模式、用身体的对抗与言语争论的方式来应对问题。萨提亚提倡个体借由冲突看到自己的冰山系统与对方的冰山系统,人与人的相遇其实就是"冰山"与"冰山"的相遇,要看到自己也要看到对方冰山深层的期待与渴望,进行联结,达到和解。

图11-8　应对姿态:指责(忽略他人的感受)

第二种方式是否认(打岔的应对姿态,如图11-9所示),为了回避现实存在的差异与冲突,个体间选择压抑、退缩,逃避关系,破坏了亲密与亲近的关系。

图11-9　应对姿态:打岔(同时忽略自己、他人和情境)

第三种方式是妥协,委曲求全、让步的方式(讨好的应对姿态,如图11-10所示),这也不是萨提亚提倡的。

图11-10　应对姿态:讨好(忽略自己的感受)

第四种方式是解决,这是一种就事论事不牵涉个人情感感受的方式,人们在深层次没有联结,也无法满足彼此的渴望(超理智的应对姿态,如图 11-11 所示)。

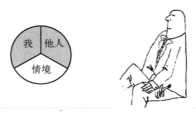

图 11-11 应对姿态:超理智(忽略他人,也忽略自己的感受)

第五种方式是:成长(一致性的应对姿态,如图 11-12 所示)。是萨提亚所提倡的理解与包容,合作共赢的方式,是表里一致的表达,人们在差异中学会接纳,在构建关系的基础上互相接纳,走向成长,此过程可以推演到人际互动与团队合作中,促进人际和睦,以及团队凝聚力。

图 11-12 应对姿态:一致性(同时顾及自己、他人与情境)

3)原生家庭系统(家谱图)

萨提亚模式非常强调原生家庭对个体的影响,认为个体感知世界的方式是在家庭中形成的雏形,家庭是社会最基本的单元,家庭系统是个体社会化的第一个社会情境,家庭系统中的所有成员都是相互依赖的,组成家庭系统的元素有自尊、交流、规则和信念。每个家庭有其自身的家庭规则、等级制度、沟通模式,以及边界,当系统处于压力状态下时,个体的应对姿态就会展现出来。和谐家庭的成长模式充满弹性、爱与包容,接纳个体的差异性。家庭氛围和谐,充满活力,成员表情放松,身体健康,彼此相伴,语言富有磁性,表达清晰,夫妻沟通和谐,对于孩子注重言传身教,大家自由交谈、用心倾听,父母在家里是被赋权的领导者,培养孩子发展出稳定的、肯定的自我价值感。家庭系统是开放的,系统中各部分是相互联结的,规则具有弹性,彼此之间互有回应且敏感,允许信息在内部和外部环境中流动,家里的互动关系也能够得到改变,个体会积极应对挫折,发展适应性的能力与资源。问题家庭是有等级制度的,家庭规则僵化,沟通时没有进行情感的交流,透过成员的五官显露出他们的状态,面色阴沉、忧伤或面无表情,身体僵硬或紧绷无力,没有目光交流,语言表达不清,家庭成员之间是隔离的,父母觉得自己是发号施令的老板,成员把沟通看作义务,沟通时言语和非言语的信息传达的是双重信息,家庭成员是低自尊、低自我价值感的。家庭系统是封闭的,各部分之间是僵化的联结,或完全不联结,信息不会在各部分之间流动,也不会流出或流入系统,系统中没有边界。通过干预帮助个体解决原生家庭对一个人的内在负面影响,并使个体重新利用从原生家庭已经取得的资源,家庭重塑和家谱图是行之有效的干预策略和工具(家谱图的工作参见第 14 章)。

萨提亚模式在干预过程中将个体的问题,拓展到其原生家庭系统,再延伸到家族和社会系统中,最后关注到世界的和平,其"自我和谐、人际和睦、世界和平"的理念与古人"修身、齐家、治国、平天下"的信念如出一辙。

2. 体验性

萨提亚模式被称为是"体验性家庭治疗"模式,可见其对体验性的注重。萨提亚曾说"我的声音、我的面部表情、我的手、我的呼吸、我的眼睛、我的肤色,都可以向另一个人发出信息。我需要小心,把一个完整的、值得信任的整体呈现给另一个人"。尽管如此,萨提亚模式并不会因为强调体验性就贬低左脑的贡献,它选择了添加(add-on)的做法,在治疗中由习惯性的左脑的分析和说理,加入右脑的体验性,这样来访者的心理干预才能够做得深入和完整。通常打开感受就容易进入体验,可以说,进入感受是进入内在历程的高速公路入口。人类在感受中更容易接收新的信息,打破原来的习惯思维。Allan Schore 博士总结了大量的神经心理学数据得出结论:"在正常情况下,右半球,尤其是右侧额叶区,在建立自我与世界之间的适当关系方面起着至关重要的作用。其功能障碍导致自我与环境之间的个人关联双向干扰,导致自我与世界之间不足和过度相关的紊乱"。想使治疗师对治疗师与来访者关系产生积极的影响,他们必须解决自己内在的完整性(一致性)问题。当我们有意识地与自己的身体、思想和情感联结时,我们的右半球是垂直整合的(即身体、边缘系统和皮质相关联),我们的外在行为反映了这种一致性的状态。一个整合的状态可以促进大脑左右半球之间的神经通信,以及前额叶皮质、边缘系统、脑干和身体之间的垂直交流。在维吉尼亚·萨提亚的有生之年,我们对多重迷走神经防御系统的了解才刚刚开了一个头,其实她对应对姿态的分类就是现代神经科学所称的行动化或去行动化防御反应。萨提亚鼓励治疗师整合左右脑,用一致性的姿态与来访者做出接触,超越他们所呈现的问题,在人性的层面与他们联结,并视其为平等的人,她明确地提到要眼神接触、握手、身体处于同一水平,询问每个人的姓名,以及他们想被怎样称呼。萨提亚在治疗时常常用身体工作,用自己的经验和直觉激发家庭成员的觉察,感受到内在心理的复杂活动,觉察自己的内在需要与情绪、情感、期待和认知的关系,提升体验性。萨提亚模式认为干预过程必须是体验式的,在唤起来访者体验过去事件,冲击身体记忆的同时,引导来访者感受正向的能量,促进能量的转化。因为人在感知事物时需要左右脑共同工作,干预过程中促进感觉与情感共同协作,动物已经有了情绪脑,情绪脑是最早进化来的,情绪情感是最真实的,当需要被满足时表达积极的情绪情感,当需要没有被满足时,表达消极的情绪情感。人脑与动物脑的区别在于,认知脑是后来进化来的,认知脑会加工信息,经常从"应该"的观念出发而不是从"真实"出发。萨提亚五大元素中的系统性和体验性两个维度尝试通过访谈来评估个人内在系统和谐与外在系统和谐关系之交互影响,体验性维度是指通过访谈个体觉察在自我整合身体、心智、心灵层面时的反应与变化。心理辅导的内容应涉及头脑的知识、身体的知识、心灵的知识三个方面,"心—身—脑"一体共同作用于个体的认知、情感、行为的成长与改变。如能将萨提亚模式的体验性巧妙地融入人际心理援助中,以体验为基础,以启发、互动、感悟等手段引导大学生潜移默化地获得人际互动中适宜的态度、有用的知识,以及落地的技能,就可以促进学生觉察自己,理解别人,在一定程度上提高大学生人际交往以及情绪管理的能力。

3. 正向导向

萨提亚女士是家庭治疗流派和积极心理学的先驱,萨提亚的积极取向的治疗工作为赛里格曼发展积极心理学搭建了舞台。

萨提亚模式相信"问题不是问题,如何应对才是问题""人本身就拥有应对问题和成长所需的所有资源",它把关注点放在个体应对问题的方式上,把重点聚焦在个体健康、正向、积极的部分,希望增加正向的部分来应对问题。因此它非常注重启动个人内在的潜能,引导大学生同自己生命的积极面向相联结,接纳并欣赏自己,培养积极的心理素质。萨提亚模式心理干预的过程就是要引导学生发展和选择积极的思想理念、积极的情绪体验,以及积极的人际互动行为。帮助学生提升自我觉察的能力,看到真正的自己,学会自我接纳和自我调频,挖掘自我潜能,将人际阻碍转化为可用资源,解除心灵的枷锁,提升生命能量,增强人际适应力。

萨提亚模式心理干预的正向导向可以总结为三个方面:第一,整个心理援助倾向于积极正向。积极心理干预强调积极特质的认识与运用、积极情感的感知与体验,以及积极思维的训练与培育。萨提亚模式的心理干预旨在帮助个体发现自己内在的生命力量,增强个体的自我价值感与自我效能感,强化人际交往。第二,萨提亚模式的心理干预重视积极情感体验在人际关系心理辅导中的应用,如通过唤醒与人际关系相关的渴望,引导个体立足于当下放眼于未来,形成积极的未来自我和未来人际愿景,提升"自主感""喜悦感""价值感"。第三,整个辅导自始至终都非常注重"扶正祛邪",通过类似"我们拥有一切所需要的内在资源,以便成功地应对成长""问题不是问题,如何应对问题才是问题""在增添的基础上实现转化"等"扶正"思维的引入,帮助大学生智慧地探索人际互动路径、清晰地回归自己的初心,从而有效缓解、转化与人际关系相关的消极情绪情感体验,减少人际互动对心理资源的各种内耗,达到"祛邪"的目的。

4. 聚焦于改变

萨提亚模式的心理治疗不是聚焦在事件或者问题上,而是把精力聚焦在促进来访者的觉察与改变上,针对改变开展工作。萨提亚认为"改变总是可能的,即使外在改变受到限制,内在的改变也永远是可能的"。用转化性的观点看待改变是萨提亚模式颇具匠心之处,这种改变不是评判、消除一些东西,而是寻找自身原本一直就存在的资源,在这些原本已经存在的资源上有所增添,从而使个体在"安全的氛围"中实现内在的转化。这些改变涵盖个体内在冰山的每个层面,如:期待、观点、感受、行为等,也涵盖由内在改变而引起的人际互动方式的改变,通过个体内在系统某个层面的改变,引起其他层面的改变;通过个体内在系统的变化,改变个体与外在世界互动的方式。从萨提亚模式的角度来说,心理治疗必须要有体验性的改变发生,这些改变不仅限于一些冰山上层关于期待、观点、感受和行为等的局部变化,更应该是"自我(self)"生命能量层面的彻底转化。简单来说,萨提亚模式的心理干预是要帮助学生成为一个更快乐、更有爱心、更有自我价值感、更独立自主和更加和谐一致的能量满满,青春飞扬的有志青年,即帮助学生获得"第三度诞生"。因此,相比于传统上通过说教仅仅实现观点层面的改变,萨提亚模式是由内而外实现着"整个人的改变",这样的心理辅导服务更贴合当代大学生独立又依恋的人际发展需要。

萨提亚模式深受中国传统文化的影响,中国传统医学的理念是扶正祛邪,引导个案运用辩证思维,从痛苦和挫折中发现自己的优势和资源,看到资源为自己带来的成绩与不同,积累个案微小的变化,促进个案积极自我转化的能力,形成自我成长良性心智模式与行为模式。

5. 运用自己

萨提亚模式把治疗师自身作为促进来访者改变的重要工具,认为在干预过程中咨询师运用自己非常重要。首先,萨提亚模式的咨询关系是建立在尊重和价值平等的信念基础上的,咨询师会运用创造性、灵活性的方式与来访者在人的层面做出接触、建立联结，而不是聚焦于问题和症状；再者，萨提亚模式的咨询工作非常强调咨询师的"准备自己"，其中最重要的就是不断提升自己的一致性，以便咨询中能够全然处于当下的状态，陪伴和催化来访者，把来访者看作是"拥有惊奇的复杂性和可能性的神圣存在"，而不是等待"修理"的"机器"；最后，萨提亚模式的咨询师会积极参与家庭系统的工作，为个体或家庭成员做出示范，咨询师会利用自己的直觉和经验，唤起个体或家庭成员的感受和内在心理体验，为个体或家庭成员扩展可能性，激发个体或家庭成员的内在成长，释放被压抑的冲动和情感，提升觉察力，帮助各异的家庭成员更好地了解自己在互动中的应对模式，学会表里一致地表达，达到自我和谐、家庭和睦，建构亲密自在的人际关系。

另外，如果把"运用自己"作为对大学生心理援助工作者的一个重要要求，用萨提亚模式来诠释，就是高校心理咨询工作者运用自己积极、阳光的生命状态，用生命影响生命，引导和感染学生。正所谓"身教胜于言教"，如果心理干预工作者自身是乐观的、自信的、真诚一致的、对自己负责的，可以用接纳和欣赏的眼光来看待自己，肯定生命的意义，能够在人性的深处与学生相遇，从人的角度而不是角色的角度真正关爱、包容和接纳学生，那么，这样的心理援助的育人作用不可估量。当心理咨询师自己的冰山是很和谐、很有能量、很有滋养性时，他就准备好了可以用自己的知识和技能做各种心理援助的工作，无论是心理教育、心理辅导、还是心理咨询，他都可以做得有声有色，春满校园。最后，学生自身其实也可以合理地"运用自己"，通过自身冰山的富足、和谐与统整，迎接人际交往中的差异和挑战。

11.3.3　萨提亚模式的四大目标与人际关系

萨提亚模式的四大目标不仅针对症状、关注于问题层面，更能从根本上为解决大学生的这些心理问题提供可行的依据，标本兼治。帮助来访者"提升自我价值感、为自己负起责任、成为更好的选择者、发展和谐一致的健康人格"是萨提亚模式心理干预的四大目标。

1. 提升自我价值感，建立人际交往自信

自尊是一个人对自身价值的判断、信念或感受，也是自我价值的体验。萨提亚延续了人本主义的理念，相信人具有符合社会主流价值观的积极向上的动机与内在能量，每个人生来就具有平等的内在价值，自我价值是人生命力的源泉，始终存在并植根于人的心底，时刻希望被发现、被承认和被证实。个体的能量取决于是否欣赏与珍爱自己，身体语言与行动反应折射出个体的思想、情绪和能量状态，自我价值感是个体与其内心深处的自己建立联结的基石，和谐的自我更具适应性。

自我价值感是一个内在建构的过程。儿童的自我同一性来源于在原生家庭基本三角关系中的经验，成人后的自我价值感或自尊源于原生家庭三角关系建设性与破坏性交互作用经验的相对比例。面临危机和挫折，不同自我价值感所带来的外部反应差异非常明显：高自尊的人能够很好地平衡自身各个部分资源的价值，在需要时及时联结、调动所需的资源，以此来应对发生在学习、人际、生活中的困难和压力，满足内在的期待与渴望；但对于低自尊的大学生而言，尽管他们同样拥有自己的内在资源以及渴望，但当外界压力来临，当对自身、对他人的期待不能得到满足时，由于不能很好地与自己生命的积极面相联结，他们不能把自身的价值与发生的事情区分开，认为自己是一个毫无价值的失败者，从而引发强烈的心理冲突，对他人产生愤怒、对自己感到自责、对生活感到绝望，甚至引发自杀或者伤害他人的过激行为。因此，"提升

自我价值感,建立心理自信"是心理干预工作的根基。

2. 做更好的选择者,获得心灵自由

由于个体在成长过程中受到各种规则的限制,在日常生活中,常用机械、退缩的观点来看待问题,只看到问题的是与非、对与错、好与坏,这种两极性的思维方式使个体陷入两难的选择,甚至将个体引向极端。"一个选择不是选择,两个选择进退两难,三个选择才是选择"是萨提亚很经典的一句名言,她鼓励人们在任何情况下,都至少要考虑三种选择。萨提亚认为,如果个体有能力与很多资源相联结,从而能更自由地为自己做出更好的选择,即使不能选择外在对自身的影响,也可以选择内在如何应对这些影响,这种选择不仅包括个体对外界压力的应对,也包括个体对自身未满足期待的对待方式、个体对自身感受的是否接纳等,而不是一味地以一种习惯的、僵化的、失功能的反应方式自动化地去应对外在事件。

萨提亚主张每个人都拥有与生俱来的天然资源,拥有看、听、触摸、品尝、嗅闻、感受、思考、行动、说话和选择的能力,鼓励个体在处理人际关系的过程中积极、主动、富有弹性地应对心理挫折,挖掘积极的心理社会资源,成为一个更加和谐一致的人,不断地去适应外在环境的要求,成为自己人生之舟灵活的掌舵者,在一生的心灵之旅中,时时处处保持生命的弹性与活力,从容应对人际关系的挑战与变迁。

3. 更能为自己负责,主管自己人际关系的品质

当个体对自身、对他人、对环境抱有的期待不能得到满足的时候,常以受伤、愤怒、委屈等形式呈现出来,造成"是他人的过错"这一假象,把责任从自身推向他人和环境,从而逃避责任,维护虚假的自我价值感。实际上,当个体可以自主做出选择,获得生命掌控感的同时,他便同时也会更有责任感,有能力为自己的选择承担相应的责任。这种责任不仅体现在个体对自身外在行为的负责,同时也体现在个体对自己内在体验的负责:从内心的感受、观点、期待、渴望,到外在的行为,都是个体自身管辖的一部分。如何管理它们是个体自身的选择,提升个体自我负责的精神是萨提亚模式的四大目标之一,也应成为大学生心理援助工作的一大重要目标,引导大学生为自己负起责任,学会自主管理自己的内在世界,以及外在行为与关系,成为自己心理和行为的主人。

萨提亚相信每个人都具有内在的驱动力,是一份积极的生命能量,自己可以掌管自己的内在系统,能够改变过去对自己的影响,把握当下,变得更加完善。个体接受自己的独特性与差异性,承认自己不是附属于他人的,尊重自我与他人的边界,善用自己的资源,也会赢得他人的支持。在人际交往中能够倾听自己内心的声音,也能顾及家人及社会他人的期待,才能在亲密与独立、自主与合作之间拿捏适度。

4. 更加和谐一致,在人际的海域自在遨游

和谐一致是一种协调而统合的状态。它既包括内在冰山的和谐,也包含人际的和睦。萨提亚女士总结的四种典型的求生存应对姿态——"讨好、指责、打岔、超理智",为我们深究宿舍关系、同学关系、恋爱关系、师生关系等大学生所面临的人际关系不协调问题的根本原因,提供了合理的依据。造成这种困扰的主要原因正是个体不能很好地协调自身各部分的关系,以及自身与他人、情境的关系;而与此相对应,如果个体能欣赏接纳自己内在的资源,处理好与自己的关系,在互动过程中可以兼顾同时看到自身、他人、情境的需要,有意识、有选择地对外界做出反应,也就是萨提亚所谓的和谐一致。发展这种身心整合,内外一致的和谐状态,可以从根本上减少大学生的消极情绪，以及攻击等行为，营造良好的师生关系、和谐的同学关系、室友关系，以及亲密的恋爱关系，促进大学生在轻松、自由、快乐中学习与成长。

萨提亚提倡表里一致地表达，和谐一致是一种完美的状态，它既是一种存在状态，也是一种与自我和他人进行沟通的方式。亦即，在沟通过程中，能够在适时的背景下，恰当地传递真实、真诚的自我信息，而不是传递双重束缚的或混乱的信息，做到即传达了自我的信息，也照顾到了情境，自我、他人和情境三方面都得到了应有的尊重。一致性状态下的个体即能平衡角色之间的矛盾，也保持了自我的同一性，能够与人合作、与环境适配，是一种很自在愉快的人际互动与合作状态。

萨提亚模式的四大目标之一就是提升个体的一致性，即个体内在冰山的和谐，以及与他人和情境互动时的和谐与平衡，包括与家庭、社会、国家等情境的和谐。因此，运用萨提亚模式对于塑造大学生健康人格，提升人际交往的情商，打造幸福人生，构建和谐社会具有深远的现实意义。

11.3.4 萨提亚模式的第三度诞生与人际关系

萨提亚认为人有三度诞生。第一度诞生，是精子与卵子的结合，激活了生命力，创造了一个新的生命力的呈现形式。萨提亚认为，人与这个生命力一起创造了自己的生命。所有人类的生命力都是互相联结的，这是萨提亚模式的精神基础。

第二度诞生，是我们的身体从母亲的子宫里产出，出生后进入一个已经存在的家庭系统中，我们的生存完全依赖照顾者。婴幼儿为了求生存，需要在某种程度上适应(或讨好)那个系统。我们所有人，都是一生下来就与父母建立了求生存的关系，并通过与家庭系统的互动，构建自己关于现实的观念，构建自己在现实中的位置。人们的应对方式直接与他们生活的原生家庭系统相关，与这个家庭对现实的认识，以及对现实的假设有关。

第三度诞生是"我们成为自己的决定者"。前两度诞生人们没有进行有意识的选择。当人们成功地实现整合、找到新的自我意识，开始觉察和欣赏自己如何管理、理解、滋养和发现自己作为一个人的奇迹时，他就会第三度诞生。其本质就是人们根据他们自己现实的情况，有意识地选择最适合自己的方式。萨提亚认为，对自我新的觉察和欣赏，是内在系统变得独立于外在系统的结果，仅仅通过接触、联结内在资源，人们就可以实现这个统整。

自信、自由、自主、自在的状态就是生命力自然绽放的第三度诞生状态。心理上的第三度诞生可以让学生在自己人际世界的导航台上，提升自我觉察和自我掌管的能力，成为一个更完整、更成熟的人，一个能够悦纳自己的人，在人际互动中也会更快乐和更有爱心。

小结

历史上许多伟大的治疗师，首先自己也是病人。萨提亚女士也不例外，因为她妈妈抑郁，父亲酗酒，从6岁开始萨提亚就需要照顾四个弟弟妹妹，原生家庭的艰难经历历练了萨提亚，让她很早就学会了自我关爱和照顾他人，虽然也曾陷入过一段时间的低谷和沮丧，但终究萨提亚还是凭借其极端的好学、天赋的聪颖和强大的行动力破茧成蝶，在她具有创造性的、受欣赏的、有爱的、受人尊敬的工作中，用后来称为"萨提亚模式"的方法为家庭做治疗，成为一名享誉世界的职业女性——"每个人的家庭治疗大师"，萨提亚女士穿越了苦难，把自己的智慧和爱留在了人间，庆幸这位伟大的女性曾经来过。

借由本章对萨提亚模式核心架构的学习，希望能为同学们第 12～14 章的实战演练学习打下一定的基础，萨提亚模式是非常强调体验性的，希望大家通过本章的学习，以及实战体验，能够获得建设性的与人相处和沟通的能力。做一个别人眼中值得信赖、可以依靠、言行一致的人；能够自在、一致地表达真实的自己；悦纳自己的同时，也能以热情、关心、好奇、尊重的正面态度来对待他人；在亲密关系中既能够享受独立自主，也能够安心地彼此依靠；与人交往时，对自己的行为举止能够敏锐觉察不使对方受到被评判的威胁；对于期待的落差，可以将他人视为不断成长的个体，而不受限于对方或者自己过去的经验和习惯。

思考题

1. 萨提亚的童年经历让她从困难中发展了自己的资源：勤奋、创新、有动力。你的童年遇到过哪些困难和挑战吗？你从中获得了哪些资源？
2. 什么是萨提亚模式？其核心架构包含哪些重要内容？
3. 萨提亚模式的学习如何助益于你的人际关系？本章对你的最大启示是什么？

第 12 章 人际关系的核心——与自己的关系

12.1 概述

12.1.1 核心理论概述

人的世界,是关系的世界。人的第一个关系,也是最重要、最核心的关系就是自己与自己的关系。如果你不能处理好这个关系,不管外在多繁华,内心总难免荒凉,生活的品质自然不会很高。如果你可以看到自己的资源,欣赏接纳自己的特质,领悟自己的价值并不是来自于他人的认可和给予,而是自己与生俱来的,是自己内心对自己的尊重、信任和爱。

如果你将快乐幸福的权利拿回到自己这里,不再想去改变他人,控制情境,就可以找到生命的源头,重新激活健康的生命状态,坦坦荡荡地活在世界上,敞开、一致、坦然、安定、没有担忧和畏惧,有勇气、有能力应对生活的种种,你就找到了生命的源头,感受到了生命的本质。

就从这几个自我对话开始:"我是如何与自己相处的?""我是如何体验自己的?""我是怎么看我自己这个人的?"……

12.1.2 活动的主要目的

(1) 通过活动练习,觉察自己,看到自己的资源,提升自我价值感。
(2) 通过活动练习,认知自己,悦纳自己,尊重自己,爱上自己。

12.1.3 内容整体设计

"与自己的关系"活动内容整体设计见表 12-1。

表 12-1 "与自己的关系"活动内容整体设计

类别	活动名称	目标	适合人数/人	时间/min	需要材料
认知自己	表达性自我介绍	团体成员互相认识、熟悉,消除陌生感,建立团体凝聚力和信任感	20~50	60	背景音乐
	与情绪一起喝咖啡	帮助成员认知和了解自己与情绪的关系,引导学员接纳情绪,能管理和调节情绪,做自己情绪的主人	20~50	90	A4 纸、记号笔、夹子等
	与观念(观点、信念)一起谈情说爱	觉察自己与自己观念的关系,体验困扰自己的原因是自己被观念掌管,学会松动观念、掌管观念	20~50	60~80	A4 纸、记号笔、夹子等

续表

类别	活动名称	目标	适合人数/人	时间/min	需要材料
悦纳自己	独特的我，丰富的自然界	觉察自己的独特性，接纳自己的独特性，欣赏自己的独特品质	20～50	90	A4 纸、签字笔、彩笔
	我是独特的	觉察我与他人都是独特的个体，接纳并欣赏自己与他人的独特性，允许彼此的不同	20～50	60	A4 纸，笔、颜料或印泥
	复杂的我，完整的我	觉察我是复杂的，接纳我是复杂的，欣赏复杂即是完整	20～50	90	A4 纸，笔、白板、白板笔等
完善自己	自我关爱曼陀罗——自我环	觉察自我，关爱自我	20～40	90	纸、彩笔、夹子、移动白板、白板笔等
	创造心想事成的自己	设立目标，完善自我，创造自我	20～50	90	纸、彩笔，夹子、移动白板、白板笔等

12.2 认知自己

12.2.1 表达性自我介绍

活动目的：团体成员互相认识、熟悉，消除陌生感，建立团体凝聚力和信任感。

活动时间：60 min。

活动人数：20～50 人。

活动场所：宽敞明亮的教室，配备可活动的椅子。

活动所需材料：音乐。

活动内容及流程：

（1）全体学员围成圆圈站立，先从某一个学员开始，自愿选择顺序表达性自我介绍。

（2）具体方式是：学员由原来的位置向圈内迈进一大步，站在圈里用自己的方式介绍自己，如名字、来自哪里、特质、爱好等，可以一边用语言介绍一边做表达自己的动作，也可以语言介绍过之后再做表达自己的动作。这是以一种特殊的方式进行自我介绍和互动。

（3）学员用语言和肢体动作介绍完自己后，退回到原来站的位置，其他学员同时一起向前迈一步，模仿刚才学员的动作并且异口同声地叫出这个同学的名字并向其问好，如：×××好！

（4）每个人都轮流一次。

（5）带领者要求全体止语，看着场内学员用眼神相互打招呼。

（6）冥想内观：

① 带领者引导内观，要求大家轻轻闭上眼睛。

② 做三个深深的深呼吸，通过呼吸进入自己的内在，与自己的身体联结。

③ 使用内心之眼来内看此时眼前有什么画面浮现出来？就是去看看她。（语气轻缓，停留 1 min）

④ 觉察一下身体上有什么感觉？是放松的？开心的？还是紧张的？害羞的？这些情绪感受在身体的哪个位置？此刻就将你的关注力放在身体有反应的那个地方，不去抗拒，也不用逃避，就是带着接纳的感觉去感受她、体验她、聆听她。如果可以，看看你可以为她做点什么。慢慢来。（语气轻缓，停留 2 min）

⑤ 再做一个深呼吸，深深地吸气，吸进去刚刚好你需要的，缓缓地呼出来，呼出你不需要的部分，继续使用你的内心之眼来内观回溯：刚才在你介绍自己时，你内在的体验是什么样的？当你说出自己的名字时，你是如何体验自己的：自豪的？羞愧的？还是疏离的？这与你日常在人前介绍自己的模式相同吗？你如何理解这些？如果今天你可以让自己有些不同，你想让自己在介绍自己时是什么样的？感受是什么样的？声音、语气是什么样的？动作是什么样的？你希望自己内在如何体验自己？你希望外在怎么样呈现表达自己？继续使用你的内心之眼来看，当你能如你所愿表达自己时，你这个人是什么样的状态？表情是什么样的？语气、语言是什么样的？动作是什么样的？你怎么看自己？别人会怎么看你？就是让这些画面慢慢地在你的眼前浮现出来，你什么都不需要做，只需静静地用心、用身体来体验、享受这个画面里的自己，用身体记住这些，享受这些。然后与自己待一会，待一会。（语气轻缓，停留 2 min）

（7）冥想结束。

（8）全体学员回到座位上，找一个自己愿意接近的伙伴，两人面对面坐好，分享刚才整个过程的体验和觉察。

（9）学员回到自己的座位，全班分享刚才活动的体验和觉察。（一般 3～5 名自愿发言的同学进行分享）

（10）带领者根据学员的反馈进行回应和引导启发。（如果是同辈学生带领者，可以聆听发言者反馈，进行适当回应）

（活动注意事项）：

（1）提醒学员遵守保密约定。

（2）做自我介绍时，带领者要随时觉察现场学员的情况，根据现场情况及时调整。

（3）带领者在引导冥想静心时，内在要安静、临在，语气要轻缓、温暖。

（4）带领者在引导分享时，尽量不讲太多的故事，引导分享内在的历程。

（理论点睛）：

很多时候，人们不知道自己不知道的，并生活在过去习惯的模式里麻木不仁。此活动主要通过体验性活动，让参与者觉察自己日常忽略的自己与自己的关系：人前介绍自己时，对自己的体验。通过冥想、讨论，将原本忽略的、被压抑的部分浮现到意识层面，在此基础上，又通过"你想让自己变得有何不同"具体清晰的冥想画面，引导参与者在身体层面体验到正向导向的目标方向，觉察带来选择，选择带来改变，转化在此已经发生。

12.2.2 与情绪一起喝咖啡

（活动目的）：帮助成员认知和了解自己与情绪的关系，引导学员接纳情绪，能管理和调节情绪，做自己情绪的主人。

第 12 章　人际关系的核心——与自己的关系

- 活动时间 :90 min。
- 活动人数 :20～50 人。
- 活动场所 :配备可活动椅子的安静的教室。
- 活动所需材料 :A4 纸、记号笔、夹子等。
- 活动内容及流程 :

（1）全体学员联结，打招呼。

（2）选择一位你愿意联结的伙伴，两人互相问候，面对面坐好。

（3）带领者设置练习引导语：邀请两位同学轻轻地闭上眼睛，可以将双手放在自己的胸口或心上，通过自己双手的手心和呼吸与自己的身体联结，感受身心此时的状态。不管此时内在的状态是怎么样的，都允许这些体验浮现出来，带着接纳、平和地观照这些。（语气轻缓，停留2 min）当你能接纳内在所有的发生时，你的内在就平静下来了。此时，邀请你使用你的内心之眼来回溯：在过往的生活中，你还记得哪些让你印象深刻至今影响你的情绪负性的体验？当时的情境是什么样的？在哪里？有哪些人？发生了什么让你有如此负向的情绪体验？当时你有哪些感受？什么观点在支持你有如此情绪？你希望他人是什么样的？你希望自己是什么样的？你当时的生命状态是什么样的？……就是让这些画面都浮现出来，今天你自己跳出框架来看这些。（停留 2 min）然后，请慢慢睁开眼睛，和你对面的伙伴分享刚才你的内在的画面。

（4）两个人面对坐立，分享交流刚才的过程。

（5）全体分享，学员自由发言，坦诚自己在负向情绪体验里的历程。

（6）选明星（当事人）做示范：带领者根据现场学生发言内容，选择一个学员比较有代表性的情绪困扰，运用身体语言来呈现当一个压力事件出现时，自己与情绪的关系。

（7）情绪转化雕塑。具体做法是：

① 让当事人在团体中选不同的学员扮演自己、自己的各种情绪。运用萨提亚模式的沟通姿态呈现自己与自己各种情绪的关系：用手按压压抑情绪？情绪爆发淹没自己？逃避、装作看不见情绪？还是对情绪冷漠、讲道理、指责？（根据当时自己与情绪的关系扮演各种动作姿态。）

② 带领者访谈各个角色扮演者的体验（注，这时当事人在角色外观察），引起当事人的觉察。提问可以问：你在这里发生什么了？有什么感受？你认为自己和他人应该怎么样呢？你希望自己怎么样？你希望他人怎么样？你这样的应对，到底在渴望什么？（理解？被接纳？被尊重？联结？归属？）

③ 让当事人进入角色体验。带领者通过内在历程提问：当你在这里，有什么感受？身体感觉怎样？你怎么看自己？怎么看他人？你希望自己怎么样？你希望他人怎么样？你这样的应对，到底在渴望什么？（理解？被接纳？被尊重？联结？归属？）通过访谈，引导当事人觉察自己在压力事件下的情绪反应，以及自己处于求生存应对时内心真正的渴望及付出的代价。

④ 引导当事人雕塑出自己想要的、适合自己的与各个情绪之间的关系。（提示：基本的理念是：看到→承认→接纳→管理）

⑤ 引导者通过历程性提问访谈当事人和角色，引起学员觉察：情绪是属于自己的，是自己

的一部分,但不是自己这个人。引导学员了解在遇到压力事件时,有情绪是正常的,情绪就是自己内心渴望的信使,关键是增加对情绪的觉察,而不是压抑、被淹没或者忽视等。通过身体雕塑的体验,引导学员们领悟只有自己才能为自己的情绪负责。只有看到和接纳自己的情绪,情绪才能缓解。同时引导学员更深入地觉察:情绪是渴望的呼救,只有用适合自己的方式滋养自己内在的需要(理解、被爱、被接纳、被尊重、联结、归属),自己内在平和、富足、自信了,外在情绪的导火索自然就很难被点燃。

⑥ 所有扮演者卸掉角色:我不是你的×××情绪,我是×××。同时甩动双臂,甩掉角色里的感觉体验,回到自己的角色上。

(8) 全班分享刚才雕塑中,对自己的觉察和学习。

(9) 带领者教学如何管理自己的情绪。

> 活动注意事项 :

1. 提醒学员遵守保密约定。
2. 带领者带领时,要引导学生慢慢来,一步步体验,练习体验一点,深化分享一点。这样引导学员逐层往内在探索。
3. 没有教师带领者,也可以同辈带领者根据步骤一步步引领团体进行练习。前提是带领者要对第11章介绍的萨提亚模式基本理论(如:应对姿态、雕塑等)有所掌握。
4. 带领者在引导分享时,提醒学员尽量不讲太多故事,引导分享内在的历程。

> 理论点睛 :

情绪是我们自己的,需要我们自己负责;我们拥有情绪,但情绪不是我们的全部;不要去捡别人情绪的垃圾;情绪是不能因压抑而消失的;情绪本身没有好坏。在遇到压力事件时,有情绪是正常的,情绪就是自己内心渴望的信使,关键是增加对情绪的觉察,而不是压抑、被淹没或者忽视等。只有自己能真正地处理和转化情绪,即自己体验,并接纳情绪;深入觉察情绪;聆听情绪背后的信息,并为之负责;自己选择与决定如何行动,做自己情绪的主人。

12.2.3 与观念(观点、信念)一起谈情说爱

> 活动目的 :觉察自己与自己观念的关系,体验困扰自己的原因是自己被观念掌管,学会松动观念、掌管观念。

> 活动时间 :60～80 min。

> 活动人数 :20～50人。

> 活动场所 :配备可活动椅子的安静的教室。

> 活动所需材料 :A4纸、记号笔、夹子等。

> 活动内容及流程 :

1. 每个人安静地坐在椅位上,一张A4纸、笔。
2. 带领者教学观点、信念内涵:人的生活,是由自己内心所坚定的观点指导的。你采用了怎么样的观点,就会做出怎样的行动。萨提亚模式所说的观点,指的是我们头脑中所想、所坚

信的东西及思维。包括：对事物的观点、信念、规条、标签、定义、价值观、世界观等。观点是人所掌控的，人们使用经验发展出自己对于事物的观点是为了让自己更好地生活。但是当这个观点僵化、阻碍了原来该有的快乐的时候，当我们死抱着某种观念不放的时候，信念就会控制我们。当我们变成信念的奴隶的时候，这个观点很可能就成了非理性的观点了。

3. 每个人在纸上写下至少10个日常生活中经常使用的观念，如：做人应该守时，不守时就是不负责任和对他人的不重视、不尊重。提醒：每条观念的后面多留出点空间备用。

4. 回溯并写出你与每一条信念的关系，即根据每一条信念，回溯过去遇见的某个人或者发生的某一件事，在那个过程中，自己是如何使用自己的这个信念的？即自己与这条信念的关系是怎么样的？①是紧紧抓住不放？②还是麻木、忽略、逃避？③是观念挡住了这个人，自己被观念推着走？④还是自己站在观念前面，掌管观念为自己服务？或者还有其他的关系。在每一条的信念下面，写出你与她的关系，可以写一条，也可以写多条。

5. 学员自由结合，组合成3人组。围成圈面对面坐，分享自己这张A4纸的内容与觉察。

6. 三人将纸放在圈中间，站立。每个学员选择一条日常生活中最影响自己的信念，自己和小组其他两位成员用身体姿势雕塑出自己与信念的关系。自己扮演自己，其他两位扮演与信念的关系。（动作定格3 min）

7. 3人分享角色过程中的体验：身体感觉怎么样？有什么情绪感受？想要怎么样？希望彼此怎么样对待？付出的代价是什么？这样做到底想要什么？

8. 雕塑：带领者指导明星雕塑姿势：①既关注到自己又关注到他人，且对情境有了评估后，让自己与观念平衡相处；②自己管理观念，让观念为自己服务；③明星摆好动作，定格3 min。

9. 去掉角色，3人分享刚才雕塑的觉察和学习，并探讨在压力事件下，如何做才能不让自己被观念掌管，而是自己做观念的主人，根据自己、他人和情境松动自己的观点，让观点从僵化变得更有弹性。

10. 全班学员自愿分享刚才整个过程的觉察、体验和学习。

11. 带领者点评，教学如何松动观念、掌管观念。

> **活动注意事项**：

1. 带领者带领时，要耐心引导学员一步步体验，根据学员现场情况把握时间，必要时对小组雕塑进行指导。

2. 没有教师带领者，也可以同辈带领者根据步骤一步步引领团体进行练习。

3. 带领者要对第11章的萨提亚模式理论有所了解。

4. 提醒学员遵守保密约定。

5. 带领者在引导分享时，提醒学员尽量不讲太多故事，引导分享内在的历程。

> **理论点睛**：

随时觉察观念是自己的，自己可以掌管自己的观念，做观念的主人，而不是被观念掌管。随时觉察在关注自己、他人和情境的情况下，松动观念让其更有弹性，在孰是孰非上，松动自己的观念，不是软弱，也不是为了他人，而是为了自己的自由、自在。更新、添加一些新的观点，在变化中成长，做自己观念的主人。

12.3 悦纳自己

12.3.1 独特的我,丰富的自然界

> 活动目的：觉察自己的独特性,接纳自己的独特性,欣赏自己的独特品质。

> 活动时间：90 min。

> 活动人数：20～50人。

> 活动场所：自由活动椅子的宽阔的教室。

> 活动所需材料：A4纸、签字笔、彩笔。

> 活动内容及流程：

1. 冥想：闭上眼睛,注意把两只手、脚平放,不要交叉,肌肉放松。双脚放松下来,腰部放松下来,双肩放松下来,脖子放松,面部肌肉放松,感觉整个身体慢慢放松下来,注意力放在呼吸上。你发觉很安静、很舒服、很平静。然后你跟随引导语,从内心想象一下：如果此时有个神奇的魔法杖让你可以自由地成为你想成为自然界的一个事物,你想成为什么呢？如果是植物,是什么样的植物？有多高？躯干、叶子是什么样的？开花吗？有果实吗？果实的样子是什么样的？如果是动物,是什么样的动物？身躯？颜色？形状？眼睛？跑起来的速度？叫声？如果是自然环境,是山？是水？还是空气？存在的形式是什么样的？就是想象你正在变成你想成为的样子,慢慢地,慢慢地,你越来越像这个样子了。在你的眼前有个画面,这个画面就是你的样子,让这个画面在你的脑海里、身体里停留一小会。

2. 现在你可以继续闭着眼睛或者轻轻睁开眼睛,先不用和别人交流,慢慢地找到适合自己的空间,把这里想象成一个大自然,你置身于这个大自然中,你用身体或者动作表现出你这个事物的样子,按照你的主观理解的特征呈现出来,不用好看,能体现出你这个物种的特征就是好的。假如你是个大冬瓜,就请抱团躺在地上。如果是棵大树,就傲然伸展你的身姿,如果你是狮子,就去展现你的速度和吼叫。这是你的机会,可以任性地成为你自己的样子容身于这个自然界中。现在慢慢睁开你的眼睛,不用讲话,就是在这个大自然中去做自己。

3. 给学员充分的时间用身体语言来呈现自己的存在方式。

4. 带领者引导学员慢慢从自己的角色中抽离出来,带着觉察看这个自然界。

5. 带领者发给学员每人纸笔,不需要交流,每个人把这个物种最终是什么样子画出来。不是它应该长成什么样,而是它自然地长成的样子。

6. 代表你的这个物种的身上有哪些特质是你喜欢的,你把它写出来。这些特质是指内在的特点,而不是外在的好吃什么的。(就是画出来的部分的特点,你喜欢的)

7. 如果写完了,跟周围的伙伴分享刚才过程中的觉察和学习。

8. 请全体学员围成圈站立,将自己的画放在场中间。

9. 请所有学员分别轮流进入到场中间,介绍自己是什么？喜欢的特质是什么？

10. 所有人再次用身体语言雕塑自己的这个物种,不说话交流。

11. 带领者引导冥想:自在地放松身体,闭上眼睛。当你闭上眼睛的时候,脑子里浮现出刚才的整个画面,那是一个非常美丽、丰富的自然界,然后再想一想我是谁?我是西瓜、小草、大树?此刻,当你把自己放在自然界的时候,是一种什么样的感受,不需要说出来,在心里说,"我是独特的,就是因为我是独特的,跟别人不一样,就是因为这么多不一样,才构成大自然,所以我是重要的,因为缺了我,这个自然界就缺了一份美丽。我是重要的,因为我的存在,让这个世界这么丰富,这么美丽。不是因为我做了什么,就是因为我的存在,我是重要的,缺了我,这个世界就缺了一份美丽,所以,我真的可以感受到我的重要。不是因为我做了什么,就是因为我的存在,因为我跟别人不一样,每一个存在都有独特的价值,所以就是因为我的独特的存在,才让自然界这么丰富和美丽,所以我是重要的。你可以感受到吗?把你自己放到画面里,你就是这个画面里重要的一个分子,一份存在。在生活中,你能感受到这些吗?或者说,你经常会和别人比较,认为别人比我好看,比我成绩好,比我的家庭条件好。当你这样想的时候,你就忽略了自己独特的存在、独特的价值和你的重要性。在生活中,你可以去接纳你自己的独特吗?就像小草虽然很小,但是它的绿色装扮了美丽的世界,没有它的衬托,鲜花就没有那么美丽。小草的生命力那么强,在生活中,你可以接纳这一个自我吗?我不需要跟别人比较,我就是我自己,我接纳我自己,我很独特,我也很重要。这个世界因为我的存在而更加美丽。感受一下此刻你的心情是怎么样的,你有什么感受,你的心里有什么想法冒出来?你对自己有什么新的发现、新的认识吗?你觉得你重要吗?当你真的体验到你的独特性和重要性的时候,是因为你的存在,世界才丰富美丽的时候,此刻你有什么感受呢?不管发生什么,都请带着允许和慈爱来观照这些,将适合自己的,吸收成你身体的养分,不适合自己的,暂时放在一边,不用立刻去解决她,待会我们可以拿出来分享。好,请大家慢慢地,慢慢地睁开眼睛。

12. 全班自愿分享过程的体验和感受。

13. 带领者回应和小结。

(活动注意事项):

1. 带领时,要引导学员慢慢来,一步步体验,体验练习一点,深化分享一点。这样引导学员逐层往内在探索。

2. 冥想时要缓慢,给学员充分时间去探索自己的雕塑和体验。

3. 提醒学员遵守保密约定。

4. 带领者在引导分享时,提醒学员尽量不讲太多故事,引导分享内在的历程。

(理论点睛):

每个人都是独特的、复杂的、可爱的。人与人就像这个自然界,就是由不同的种类构成的。冬瓜不能成为橘子,苹果无法成为香樟树。接纳自己与他人的独特性,允许彼此的不同。因相同而联结,因相异而成长。

12.3.2 我是独特的

(活动目的):觉察我与他人都是独特的个体,接纳并欣赏自己与他人的独特性,允许彼此的不同。

(活动时间):60 min。

活动人数：20～50 人。

活动场所：宽敞明亮的教室,可移动的椅子。

活动所需材料：A4 纸、笔、颜料或印泥。

活动内容及流程：

1. 每个人看自己的指纹,认真看,仔细看,用心看,然后在一张大白纸上,每个人用颜料或印泥按下自己的指纹,并在上面写上自己的名字"×××的指纹"。

2. 找两个伙伴组成 3 人组,围圈坐,将纸放在中间,专注看看自己的指纹与别人的有什么不同? 然后分享。

3. 谢谢 3 人组。找团体中另外一个学员。两人面对面坐或者站着,用好奇、欣赏、专注的感觉看着对方头部,头部是什么样子的? 看脸部,对方的眼睛是什么样的? 形状? 大小? 色泽? 神情? 对方的眉毛是什么样的? 形状? 粗淡? 对方的鼻子是什么样的? 大小? 形状? 对方的嘴巴是什么样的? 把自己当成一面镜子或者一部摄像机,将这脸庞定格成一张照片。然后轻轻闭上你的眼睛,让这张照片在你的眼前回放,用你的内心之眼来看这个画面,觉察一下:当你回放这个画面时,你内在的感觉、感受怎么样? 身体有什么反应? 有什么念头、想法出来? 不去评判,就只是去觉察到这些。

4. 缓缓地睁开眼睛。不出声,用身体语言谢谢对面的伙伴。

5. 再换另一位伙伴,同样面对面彼此站在面前。同样好奇、欣赏、专注的感觉看着对方头部,头部是什么样子的? 看脸部,对方的眼睛是什么样的? 形状? 大小? 色泽? 神情? 对方的眉毛是什么样的? 形状? 粗淡? 对方的鼻子是什么样的? 大小? 形状? 对方的嘴巴是什么样的? 把自己当成一面镜子或者一部摄像机,将这脸庞定格成一张照片。然后轻轻闭上你的眼睛,让这张照片在你的眼前回放,用你的内心之眼来看这个画面,觉察一下:当你回放这个画面时,你内在的感觉、感受怎么样? 身体有什么反应? 有什么念头、想法出来? 就只是去觉察到这些。

6. 继续闭着眼睛,然后切换频道,用你的内心之眼将两张照片放在一起,看看这两张照片有什么相同? 相同在哪里? 他们又有什么不同? 不同在什么地方? 你怎么看这些不同? 如果让他们其中之一舍去自己的样子,强行化妆变成另一张的样子,会发生什么情景? 你如何体验这强行的变化? 你期待他们是什么样子的? 是保持自己,绽放自己,还是厌弃自己强行去模仿别人? 就是带着这种觉知,不比较,不评判,让这些画面、感觉和体验浮现出来。

7. 两个人坐下来轮流分享刚才整个过程中自己的体验是什么? 有什么觉察和学习?

8. 全体学员坐回位置分享整个过程的觉察、体验和学习。

活动注意事项：

1. 引导学员练习时,带领者自己内心平和稳定的状态和对学员全然接纳态度更会感化学员,带领者运用自己的生命状态影响学员的生命状态。

2. 带领者在引导分享时,提醒学员尽量不讲太多故事,引导分享内在的历程。

理论点睛：

我们每个人都是独一无二的。在许多方面我与他人有很多相同之处,另一些方面,我们又有很多不同。我们因相同而联结,因相异而成长。我欣赏自己的不同,也接纳别人与我不同。我接纳自己与别人不同,也欣赏自己与别人的相同。我就是我,天下没有一个人和我一模一样,我和他人之间不是谁更好,而是各有各的好,我们只是不同。我的价值不是和别人比较高低,而是我欣赏我自己的价值,绽放自己,活出自己本来的样子。总之,我和你不同,而不是不好。不同≠不好。

12.3.3 复杂的我,完整的我

活动目的:觉察我是复杂的,接纳我是复杂的,欣赏复杂即是完整。

活动时间:90 min。

活动人数:20～50人。

活动场所:宽敞明亮的教室,可移动的椅子。

活动所需材料:A4纸,笔、白板、白板笔等。

活动内容及流程:

1. 冥想静心:将身体安放在椅子上,调整姿势,让自己放松而清醒。做三个缓缓、深深的呼吸,通过呼吸与自己的身体联结,觉察当下身体的反应:身体哪些地方不舒服?紧或者松?有哪些地方需要照顾,请送去对这个地方的关照,看看她需要什么?(缓慢停留2 min)然后陪伴她一会儿。这会你的身体感觉怎么样了呢?如果她是放松的,平安的,就邀请她在接下来的时间里放松、敞开自己和你一起探讨你是谁吧!然后,按照你自己的节奏慢慢地睁开眼睛,回到这里。

2. 带领者讲解:人是复杂的,是由很多面向组成的。每个人都有不同的性格、不同的特质,在不同的场合我们会根据对自己、他人和情境的评估来使用自己的不同面向和特质。也许这些不同的面向和特质有些是你喜欢的,有些是你不喜欢的。喜欢的,你会接纳她、运用她,她也会给你带来很多资源。如果是你不喜欢的面向和特质,即使你使用她,却也常常指责、评判自己,让自己内在有冲突,内耗,降低自我价值感……

3. 板书:

① 你认为你是个怎么样的人?有哪些不同的性格特质?

② 在每个特征的一侧写上一句话或者一小段话:这个特质是从谁那里学习来的?或者经历了什么事情自己发展出来的?每人一张A4纸,一支笔,在纸的中间位置写上我,用圆圈起来。在圆圈周围分别写上我不同的面向和特质,像齿轮一样在自己周围。记住:对自己诚实,即使自己认为不好的特质,拿出来晒晒太阳,也许能发现金子。

4. 每个人找个安静的地方,不予其他同学交流,与自己的内心核对,独自完成。

5. 完成后,找另外1个人组成两人组,分享自己的不同特质及这些特质的来源。

6. 谢谢两人组,全班围圈坐成大组,3～4人自愿分享刚才的体验练习。

7. 带领者邀请全班:

① 自愿组成7人组。

② 自愿产生一位明星,明星站在中间,其余是明星的特质,围绕明星站一圈。

③ 明星告诉每一位扮演者特质名称。

④ 明星走到每一位特质面前,看着特质的眼睛跟自己的特质对话,对话内容主要是明星想给特质说的心里话,感谢过去如何帮助自己,现在还需不需要?如果需要,将希望怎么样?如果不需要,将如何完善?如:谢谢你,我的坚强,你是我的一部分,属于我,在过去的日子里一直陪伴我,你在我小时候妈妈和爸爸不在家时,帮助我战胜困难,让我不服输,得以成为今天的我。谢谢你为我的付出,我欣赏你,我的坚强。但现在我已经长大了,不需要你那么用力地保护我了,这样已经让我感到很累了,我希望偶尔在关键的时刻你出来提醒我,日常生活中我可以放松自在地努力就够了。再次谢谢你,我的坚强。

8. 明星可以选择最主要的6个特质,一一轮流对话。

9. 结束后,7人小组学员坐成一圈,彼此分享刚才过程的体验、觉察和学习。

10. 谢谢7人组,回到全班坐成圈,3～4人自愿分享刚才的体验练习。

11. 带领者用冥想小结活动内容:我是复杂的,不同的特质都是我的某一个部分,不是我这个人,我可以来掌管我的特质,而不是让特质覆盖我。复杂不是奸诈,复杂是我的多个面向,复杂是更完整。

活动注意事项:

1. 提醒学员遵守保密协议。
2. 此练习涉及的步骤较多,一步步来,带领者带领时,节奏不宜快,及时觉察当下学员们的能量状态再决定下一步,必要时,及时指导回应学员。
3. 带领者需要一定的团体带领经验。
4. 带领者在引导分享时,提醒学员尽量不讲太多故事,引导分享内在的历程。

理论点睛:

人是复杂的,是由很多面向组成的,每个人都有不同的性格和不同的特质,在不同的场合我们会根据对自己、他人和情境的评估和使用自己的不同面向和特质。也许这些不同的面向和特质有些是你喜欢的,有些是你不喜欢的。喜欢的,你会接纳她、运用她,她也会给你带来很多资源。如果是你不喜欢的面向和特质,即使你使用她,却也常常指责、评判自己,让自己内在有冲突、内耗,降低自我价值感。事实是,这些不同的特质是我们在儿时成长经验中,为了求生存和更好地适应社会,发展出来的,在那个成长阶段一定帮助到了我们。关键是,当我们长大成人后,也许有些特质仍然很适合我们终生使用,如友爱、专注、平静等。有些特质已经不适合成人的生活,阻碍了我们与周围世界的互动,这时我们要做的就是觉察,带着接纳和感谢,放下那些不合适,更新、发展适合我们当下的特质。或者更重要的是,我们可以带着觉知对原来的特质进行添加,在关注到自己、他人和情境的情况下,看看在哪个情境下和哪些人互动时,使用哪些特质,哪些时候不能使用。我可以同时拥有不同的特质,而不是非此即彼(如:我是放松的,同时我也是严格要求自己的)。

特质是我的一部分,不是我这个人,我可以来掌管我的特质,而不是让特质覆盖我。觉察带来选择,选择带来改变。

12.4 完善自己

12.4.1 自我关爱曼陀罗——自我环

活动目的：觉察自我，关爱自我。

活动时间：90 min。

活动人数：20～40人。

活动场所：宽敞明亮的教室，可移动的椅子。

活动所需材料：纸、彩笔、夹子、移动白板、白板笔等。

活动内容及流程：

1. 联结，通过冥想观心引导学员安静下来进入内在。内容为：通过呼吸与自己的身体联结，观照身体哪些地方需要送去一些观照和陪伴，然后和自己待一会（停留2 min）。接着邀请大家将注意力放在带领者的引导语上。请用看电影的方式将自己抽离出来看部电影：自己这段时间与自己的关系是怎么样的？这段时间自己是如何与自己相处的？如果有什么画面或者念头浮现出来，就允许这些都发生。看看自己在哪里？在什么情景下？表情是什么样的？当外在有很多诱惑时，自己的反应是什么？在某个压力情境下自己有哪些感受？有什么想法念头出来？怎么看自己？怎么看他人？希望自己是什么样的？希望他人是什么样的？在这里你自己真正想要的是什么呢？谁为你的想要负责呢？就是邀请自己作为一个不带评判的、一个好的、接纳的观众来看到这些。当自己是观众在看时，想对画面中的自己说什么呢？假如有个魔法杖在这里一挥，自己可以进入画面中与那个自己对话的话，自己想对他说什么呢？想对他做什么呢？（留出时间去做）当你这样做了，画面里的自己有什么回应呢？他信你吗？不管信不信，你又想对他做什么呢？现在有个声音来邀请你做一件事，看看你是否愿意：对画面里的他仁慈些，友善些！看看是否能给他一些接纳，允许，如其所是的样子？当你这样时，他发生了什么？就是这样与自己待一会，陪伴陪伴自己。（舒缓地等待，给予时间）

2. 讲解"自我环"咨询知识：自我环，又称自我曼陀罗。维吉尼亚·萨提亚用自我环来描述在自我层面之能量的各种呈现，这些能量共同组成了自我的完整能量。根据人们如何体验自己、感受自己、如何期待自己，自我层面的能量会因求生存的应对模式而呈现出失衡。自我环旨在帮助人们觉察能量状态以及如何将能量运用在不同面向以创造出更多平衡、更多活力和积极正向的可能性。自我环的组成包括：生理能量；智力能量；互动能量；情境能量；营养能量；感官的能量；情绪能量和灵性能量8个方面。

3. 学员自行组成3人组，讨论对自我环的理解，并相互补充。
4. 带领者核对有无不清楚或者疑惑的部分。
5. 雕塑呈现个人自我环：
① 选明星；
② 明星选角色：自我和8个部分，分别邀请不同的学员代表；

③ 引导明星雕塑每一个部分与自己的关系品质:距离？面向？高低等。

6. 引导明星站在圈外看整个场面后的感受。各个角色扮演者也在体验内在历程的发生。

7. 明星换到扮演者自己的位置,体验感受。访谈明星内在的体验与发生。

8. 明星面对每一个部分(学员扮演的),每一个部分对明星说"我是你的营养(灵性等),以前你……对我,我感到……,我想要你……"。轮流一圈。

9. 明星回应每一个部分所说的。适合自己的,自己接收,不适合自己的,一致性回应给部分。如:谢谢你我的营养,以后我会注重合理饮食,一日三餐7分饱。但食素我还暂时做不到,我的身体需要这些营养。整个过程就是添加,尊重明星当下的每一个感受。允许……接纳……承诺……。轮流一圈。

10. 引导明星看圈内每一个部分,每一个部分都是自己的资源,都是自己的一部分。让每一个部分异口同声给明星说:我是你的一部分,我会理解你,支持你,丰盈你的生命。我爱你!

11. 谢角色。一圈一组围坐在一起分享刚才的学习。

12. 全班学员围成大圈自愿分享刚才整个过程的觉察和学习,带领者适当做点评。

（活动注意事项）:

1. 提醒学员遵守保密约定。
2. 带领者对萨提亚模式的自我环练习要有练的了解和掌握。
3. 带领者在引导分享时,提醒学员尽量不讲太多故事,引导分享内在的历程。

（理论点睛）:

一个人如何开始有意识地觉察哺育和滋养自己的需要,如何以创造性的、积极正向的方法决定运用自己的营养能量都是自我的体现。营养的能量需要在允许的情况下,以她明白如何去滋养的方式给予;智力的能量需要用想法,信息,建设性争辩来滋养;生理的能量需要用食物,水,睡眠,接触和运动来滋养;情绪的能量需要用接纳,共情,同情,希望来滋养;感官的能量需要用可爱的声音和音乐,美丽的风景和艺术,可口的饮食,刺激的接触体验,美好的气味来滋养;灵性的能量需要用静止,和平,爱,喜悦和联结来滋养;互动的能量需要用心的联结,为他人奉献,获得他人的支持,趣味性,分享来滋养;情境的能量需要用安全,舒适,美好,共享,激励来滋养。

12.4.2 创造心想事成的自己

（活动目的）:设立目标,完善自我,创造自我。

（活动时间）:90 min。

（活动人数）:20～50人。

（活动场所）:宽敞明亮的教室,可移动的椅子。

（活动所需材料）:纸、彩笔、夹子、移动白板、白板笔等。

（活动内容及流程）:

1. 联结,通过冥想引导学员进入内在:请找个舒服的空间,将身体舒适地安顿在椅子上,确保你是放松且清醒的。轻轻地闭上你那美丽的眼睛,当眼睛闭上的时候,你觉得自己是更安全、安稳的。请给自己几个自己身体需要的深呼吸,通过呼吸与自己的内在进行连接。(缓缓地暂停2 min)在这个放松、安然的时刻,邀请你将注意力聚焦在我的引导上:请使用你的内心之眼浮现一幅画面,这个画面是关于你的。你希望自己是什么样的呢?内、外在的生命状态是什么样的?你的情绪感受是什么样的?你的神情、动作是什么样的呢?在这样的生命状态里,你怎么看你自己这个人?你会做什么?你与周围的家人、亲友、同学、同事如何互动?周围的人又如何看你?如何与你互动?你有哪些角色?你是如何掌管你的角色的?你是如何绽放你的生命能量的?让这些画面缓慢地浮现出来,用你的身体、心灵来记住、感受这些变化。然后在这个情境中待一会。(背景音乐,停留2 min)现在请你轻轻与自己的那个画面告别,告诉她:我知道这就是我想要的生命状态,我今天记住你了。我会慢慢地、一步步地走近你,请给我点时间和耐心,允许我慢慢地、一步步地来,我会和你在一起的。感谢你这会的陪伴。然后慢慢地将这些感觉拥抱在自己的身体里。然后按照你身体需要的速度,慢慢地睁开眼睛,回到课堂。

2. 全班分享刚才冥想过程的体验、觉察和学习。带领者适时做回应。
3. 带领者发给每个学员3张纸和笔。引导练习:请在纸上写出5年后的你是什么样的。每个学员无须与其他学员交流,自己找个安静的地方,安心写出5年后的自己是什么样的。
4. 与邻座分享自己写的5年后的自己以及在此刻的体验、觉察和学习。
5. 不与其他学员交流,回到自己的座位上,安静地写出10年后的自己是什么样的。
6. 找一个与刚才不一样的伙伴,分享10年后的自己及此刻的体验、觉察和学习。
7. 不与其他学员交流,回到自己的座位,安静地写出20年后的自己是什么样的。
8. 再找两个刚才没遇见的伙伴,彼此分享20年后的自己及此刻的体验、觉察和学习。
9. 全班大圈分享:刚才整个练习过程中,自己的体验、觉察和学习是什么。
10. 带领者冥想小结:遇见心想事成的自己。

活动注意事项:

1. 提醒学员们遵守保密约定。
2. 在学员分享时,带领引导分享者尽量不讲太多的故事,引导分享内在的历程。

理论点睛:

安静下来,觉察自己内心真正想要的,找到自己的目标,承诺改变,建设目标。画面感、身体细胞的记忆会直接进入人的潜意识进行整合,觉察会带来选择,选择带来改变。成长在此已经发生。

小结

本章主要工作是自己与自己的关系,从"认知自己""悦纳自己""完善自己"三个部分逐层深入,处理、转化与自己的关系。主要通过"表达性自我介绍",觉察与自己的关系;从"与情绪一起喝咖啡",觉察与自己情绪的关系,学习做情绪的主人;从"与观念一起谈情说爱",学习松动自己僵化的观念;从"独特的我,丰富的自然界",觉察自己的独特性,接纳自己的独特性,欣赏自己的独特品质;从"我是独特的",学习接纳并欣赏自己与他人的独特性与不同;从"复杂的我,完整的我",觉察、接纳、欣赏我是复杂的;从"自我环",学习关爱自我;从"创造心想事成的自己",学习完善自我,创造自我。

思考题

1. 在本章的学习中,对你最大的触动是什么?与你信任的身边人分享你的体验。
2. 你打算如何在生活中实践运用本章所学内容?

第 13 章 人际关系的应用——与他人的关系

13.1 概述

13.1.1 核心理论概述

人的世界,是关系的世界。人从出生的那一刻起,就与养育者、父母或其他亲人们开始互动。只要你在生活,在互动,在与人沟通,与他人的关系就不可避免。在家里与父母、亲人的关系,在学校与老师、同学的关系,在生活中,与朋友的关系、亲戚的关系、陌生人的关系……与他人的关系编织着生活,也影响着我们生活的品质。

在关系中,我们无数次深深体验到:谁做了什么,让我感觉很受伤;谁没有做什么,让我感觉很愤怒;我拥有了谁?我失去了谁?……我们总以为错的是别人,而受伤的却总是我们。

人际关系的困扰多数的阻碍是:我无法接纳你与我的不同;我希望你认可我、尊重我、欣赏我、爱我,而你没有;我对你好,你也要对我好;我为你们付出那么多,你们就要认可我;如果你没有看到我、认可我,就是否定我这个人……当在一段关系中感到受伤时,其实是我想让他人满足我的期待,变成我理想中的样子,成为我认为的那个人,我就会感觉舒服。

改变别人是很难的,犹如让别人改变他们自己脚的大小来穿我们的鞋子,最后受伤的还是我们自己。健康的人际关系是接纳别人可以和我不同,接纳他人的观点、态度、行为方式与我的不同,也允许他人有他人的观点、情绪感受和行为方式。允许他人没有如我所想,但我可以听到他人内心深处的声音,看到他人的期待和渴望,同时我不需要为其负责。我会尊重他这个人,不代表认同他做的事。

健康的人际互动不用讨好、指责、超理智或打岔,不会争高低、论输赢,会带着觉知运用一致性与他人沟通,既尊重他人的界限,也维护自我的界限,带着敞开、真诚的自己与之良性互动,创建健康、有效、和谐的人际空间。

13.1.2 活动主要目的

1. 觉察自己人际关系的模式,理解人际困扰的原因。
2. 接纳自我与他人的独特性,提升自我价值感。
3. 掌握处理人际交往中情绪管理的能力。
4. 找到解决人际沟通的有效方法,练习一致性沟通。

13.1.3 内容整体设计

"与他人的关系"活动内容整体设计见表 13-1。

表 13-1 "与他人的关系"活动内容整体设计

类别	活动名称	目标	适合人数/人	时间/min	需要材料
洞见人际困扰的真面目	真情遇见你	热身,建立联结,觉察互动在人际关系中的作用	20~50	45	音乐
	紧抓我的信念,无法接纳你与我不同	觉察秉持自己僵化的信念和无法接纳他人"不同"是引发冲突的主要原因,认识和接纳自己与他人的独特性,松动观念、接纳彼此的不同	20~50	90	音乐、移动白板、白板笔
	人际互动舞蹈	觉察人际沟通的影响因素,体验不健康的互动对关系的影响	20~50	90	音乐、移动白板、白板笔
健康有效的一致性沟通	不健康的人际沟通长什么模样	引导学员通过身体语言觉察不一致的沟通是怎样阻碍建立通畅的人际关系的	20~50	60	
	健康的人际沟通——表达与倾听	掌握健康有效的沟通技巧与方法	20~50	60	音乐、移动白板、白板笔
	搭建彩虹桥	通过相互欣赏,提升自我价值感,创造和谐的人际关系氛围	20~50	90	
使用爱的语言	爱的语言	了解爱的语言,觉察爱的语言,运用爱的语言	20~50	90	移动白板、白板笔、纸、笔
	亲爱的,我想对你说	欣赏自己的重要他人,感恩重要他人,温暖自己,和谐关系	20~50	60	移动白板、白板笔、纸、笔等
	诗朗诵——我和你的目标	深化我是独特的,我是复杂的,我是有爱的,我是值得被爱的信念	20~50	30	适合朗诵的背景音乐、歌词

13.2 洞见人际困扰的真面目

13.2.1 真情遇见你

活动目的:热身,建立联结,觉察互动在人际关系中的作用。

活动时间:45 min。

活动人数:20~50人。

活动场所:宽敞明亮的教室,可活动的椅子。

活动所需材料:音乐。

活动内容及流程:

1. 全体学员围圈坐在椅子上。带领者讲活动规则:接下来的练习,请听从我的引导语,注意身体的体验。要注意的是,练习的历程要慢一些,用心感受当自己和对方接触时,内在有什么发生?感受是什么样的?有什么念头冒出来?

2. 每位同学不出声,止语,在教室内自由走动,用眼神和遇到的每一位同学打招呼。
3. 自由走动,不说话,与遇到的不同伙伴用手拍对方的肩膀打招呼。
4. 自由走动,不出声,与遇到的不同伙伴用手和对方的耳朵打招呼。
5. 自由走动,与遇到的不同伙伴用手和对方的鼻子打招呼。
6. 自由走动,用后背和对方的后背打招呼。
7. 自由走动,和对方握手并拥抱打招呼,同时使用语言说:认识你真的很开心。
8. 冥想观心:学生坐到椅子上,带领者引导冥想:请轻轻地闭上你那美丽的眼睛,感受自己此时的身体是什么感觉?兴奋的?愉悦的?紧张的?放松的?不管什么都是可以的。在这种允许里,请运用你的内心之眼来回放刚才在和不同的伙伴用不同的动作打招呼的过程里,你的内在发生了什么?刚开始怎样的?后来有什么不同?当你和别人接触时,你有什么样的感受?你怎么看自己?怎么看别人?你觉得别人怎么看你?你希望自己怎么样?希望别人怎么样?不管外在的行为做了什么,你内心真正需要的是什么呢?就是对自己诚实些,如看电影一般,慢慢地感受这些。(停顿)不管这个过程发生了什么,请试着放下对自己的评判,就是看到这些,然后送给自己一些接纳和理解。感谢自己在这个过程中已经尽其所能做到最好了。
9. 全班分享刚才过程中的体验。
10. 带领者适当回应学员,分享并小结。

活动注意事项:
1. 带领者在引导分享时,提醒学员尽量不讲太多故事,引导分享内在的历程。
2. 选择轻柔舒缓的背景音乐。

理论点睛:

如何互动决定人际交往的品质。互动产生联结,联结建立关系,关系影响生活品质,生活品质又会产生新的互动。所以,互动是影响人际关系品质非常重要的因素。

13.2.2 紧抓我的信念,无法接纳你与我不同

活动目的:觉察秉持自己僵化的信念和无法接纳他人"不同"是引发冲突的主要原因,认识和接纳自己与他人的独特性,松动观念、接纳彼此的不同。

活动时间:90 min。

活动人数:20～50人。

活动场所:宽敞明亮的教室,可活动的椅子。

活动所需材料:音乐、移动白板、白板笔。

活动内容及流程:

1. 全班学员离座,在教室里自由走动,用眼睛看、鼻子闻、手握事物等,感受每个人、物有什么不同。
2. 让戴眼镜的学员找没戴眼镜的学员,戴眼镜的学员将自己的眼镜一定要让对方戴。不管对方舒服与否,都要让对方戴上 5 min。对方学员根据自己身体发声,如果不舒服可以选择

摘下等,但原来戴眼镜的学员一定要尽量想办法保证让对方戴自己的眼镜。

3. 找临近的同学组成两人组分享刚才活动过程中的体验。

4. 换角色,让刚才被戴眼镜的学员将自己的外套或者鞋子让戴眼镜的同学穿。持续 5 min,不管戴眼镜的学员感觉如何,都要让他坚持 5 min。

5. 找临近的同学组成 4 人组分享刚才联系过程的觉察和体验。

6. 全班围成大圈分享刚才活动过程的觉察和学习。

7. 带领者回应和小结。人际关系困扰很大一部分原因在于:一是我用我认为好的做事方式、正确的观点强加于别人,如果别人认同,我就会很开心;如果别人没有按照我期待的去做,就会认为是不尊重我,是在拒绝我这个人,不看好我。于是,就会自动化地运用求生存的应对方式,阻隔了和谐的人际关系之流动。通过练习觉察到,当我秉持自己认为的信念不放时,信念就变成了我的主人,我被信念推着走,而失去了对自己的掌管、对他人和情境的关照。二是无觉知、无法接纳别人的不同,无法接纳别人的不同是引发人际冲突的主要原因,造成的结果往往是伤害自己,破坏了人际关系。

(活动注意事项):

1. 提醒学员遵守保密约定。
2. 带领者在引导分享时,提醒学员尽量不讲太多故事,引导分享内在的历程。

(理论点睛):

健康的人际关系是同时关注自己、他人和情境。与自己核对我在哪里?觉察自己内在的冰山。关注他人,允许别人和我不同,别人没有如我所愿,不是我不好,是我们彼此之间的不同。评估当时情境是什么,选择与自己内外一致的方式进行互动。

13.2.3 人际互动舞蹈

(活动目的):觉察人际沟通的影响因素,体验不健康的互动对关系的影响。

(活动时间):90 min。

(活动人数):20～50 人。

(活动场所):宽敞明亮的教室,可活动的椅子。

(活动所需材料):音乐、移动白板、白板笔。

(活动内容及流程):

1. 带领者讲述一个来自身边的真实的事(或选取一则日常生活中阻碍人际交往的典型案例):雅茹是大二年级的学生,近来因与舍友韩莉的关系倍感困扰。两人原来关系挺好的,一起上课,吃饭,去图书馆。雅茹将韩莉视为来大学后最好的朋友,经常帮她占位,习惯早起就给她带早饭,有时还体贴韩莉做兼职辛苦,帮她抄抄作业什么的。即使有时韩莉晚上很晚打电话或晚睡影响到自己休息,自己也就将就着过去了。但慢慢地雅茹发觉自己在韩莉心中却并不那么重要。上体育课测试 800 米,雅茹跑下来后肚子疼得厉害,其他同学过来搀扶她,韩莉只转脸看了看,就做自己的事了。雅茹心里很不是滋味,自己日常是很照顾她的呀。而且现在只要别的舍友叫韩莉,她说一声就走了,越来越不像自己一样总是要等着她一起去做事情。雅茹心里堵得慌,难免有情绪,韩莉也能感觉出来,却满不在乎的样子,依然与别的同学有说有笑的。雅茹越来越觉得委屈,终于因一点小事两人发生了口角。现在不到非不得已,两人连话都不说了。

2. 全班自愿分享:你自己有过或听说过类似的困扰吗?
3. 带领者邀请全体学员一起做个试验看一看她们之间到底发生什么了。实验步骤如下。
(1) 全体学员起立,带领者示范,引导学员复习4种求生存(讨好、指责、超理智和打岔)的应对姿态和一致性沟通。
(2) 分组。全班面对面站立两排,一排扮演雅茹,一排扮演韩莉。教师根据案例内容,邀请所有学生用身体语言雕塑呈现出两个人之间变化的沟通模式。大概程序为:①雅茹因为对韩莉特别在意,刚开始相处时雅茹的应对姿态就是讨好雕塑的:你对我很重要,你是我的好友,我特别在意你,甚至迁就你并为你做很多事情。同时,我也期待你像我对你一样对待我,重视我。②面对讨好应对姿态的雅茹,韩莉感到压力和不舒服,不由自主地往后退且想侧转过脸往别的地方看,以减缓和雅茹过紧的张力。③当韩莉转过脸去后,雅茹的应对姿态就变成了指责(故事中雅茹认为我对你那么好,你却和别的同学有说有笑的,疏远我。于是雅茹有了委屈,然后就会指责)。④当雅茹的应对变成指责时,韩莉的应对也变成了指责。⑤两个人一直指责下去就会彼此耗能,很累,然后就都转过脸去谁也不理谁,应对姿态就变成打岔了(故事中谁也不理谁了)。即使打岔,一只手还是指向对方的。

注:★在这个互动雕塑的变化过程中,每一次变化一种应对姿态,带领者都在访谈扮演角色的内在发生。

(3) 带领者让这个动作定格,访谈两个角色扮演学员内在的体验。
(4) 继续雕塑。带领者引导:"如果一直这样,关系就会破裂,谁也不理谁了。即使交另外的朋友,也会因为个人人际交往的模式没有改变而容易重复陷入人际关系破裂的循环。那怎么办呢?"带领者访谈两个角色的渴望:虽然一只手在指责,另一只没被对方看到的手却是想和对方联结,建立关系的。"如何建立健康有效的沟通模式呢?一致性沟通"。让两个角色做一致性沟通的姿态。
(5) 带领者让这个动作定格,同时放背景音乐用冥想总结且深化学习:这就是我想要的人际交往的样子,我不再讨好、指责、超理智和打岔,我先关爱自己,尊重自己。同时我允许别人和我不同,允许别人有别人的生活方式,我们既联结又保有自己。
(6) 所有学员谢角色。实验结束。
4. 所有学员围圈坐,自愿分享刚才活动的体验、觉察和学习。
5. 带领者根据学员的发言做适当的回应。

(活动注意事项):
1. 带领者要具有萨提亚模式学习经验,了解互动舞蹈类雕塑。
2. 提醒学员遵守保密约定。
3. 练习过程中要给学员充分的时间讨论、分享,逐步深化、内化所学。

(理论点睛):
不一致沟通姿态是由个人内在的不安全感、不够好、不值得所生发的一种保护自己的防御模式。这是由于人们在孩童时是弱小的，无助的，需要大人才能存活下来。如果不听话，父母会打骂，就学会了要乖，要压抑自己的感受，不让情绪表达出来，这样父母就会喜欢自己，让父母开心。父母心情好，彼此之间就不会吵架。于是，个体为了应对父母或其他的重要他人不得不发展出来的一种保护自己生存下来的应对模式。成人后，当压力出现时，人们就会不自觉地启动自动化的应对，于是双方都会关注彼此外在行为上做了什么，导致处于指责、讨好、疏离等应对状态中，彼此耗能。不一致沟通的深层渴望是为了保护自己，为了留住一段关系。

人际关系交往的黄金法则是"一致性的沟通"。一致性沟通是关于与自己、与他人和与情境三者关系的平衡。一致性沟通首先是关于自己和自己的关系，是自尊、自爱。自爱≠自私。对他人是尊重，看到和允许别人与自己的不同，接纳别人在他们的情境中没有如我所想。接纳≠喜欢。关注情境，在有些时候，如果我做得到，我会伸出友爱的手；如果做不到，会坦诚拒绝而无须言愧疚。拒绝≠否定。

13.3 健康有效的一致性沟通

13.3.1 不健康的人际沟通长什么模样

(活动目的)：引导学员通过身体语言觉察不一致的沟通是怎样阻碍建立通畅的人际关系的。

(活动时间)：60 min。

(活动人数)：20～50人。

(活动场所)：宽敞明亮的教室，可活动的椅子。

(活动内容及流程)：

1. 全班学员分A、B角色。A学员用这种方式想和对面的伙伴建立联结：捂着耳朵，低着头，快速行走在自己的内心世界里。B学员站在A前方努力地想和A说一些话。如：B学员对A学员说："当你晚上打游戏打到深夜，不睡觉，而且还大骂特骂地埋怨游戏失败时，我感到很生气，因为我很在意睡眠，每天都需要定点休息。我希望你在我睡觉时，即使玩游戏，也不要发出声音，希望你尊重我的感受，我也想和你好好相处。另外，当轮到你值日时，能把基本的卫生做完，自己的物品尽量收拾整齐，这样我就不用担心被辅导员找去谈话了。"A学员捂着耳朵，低着头，听不到B学员的话，独自行走在自己的内心世界里。练习5 min。

2. A、B学员角色互换，体验性练习。练习5 min。

3. A、B学员同时练习体验又盲、又聋、又快速反应的沟通方式：A学员捂着耳朵，低着头，快速行走，边走边和B学员说话。B学员也捂着耳朵，低着头，快速行走，边走边和A学员说话。两个人用这种方式和彼此沟通。练习5 min。

4. A、B两位学员由快速应对状态，慢慢放缓速度，慢下来，站定在对方面前，看着对方的眼睛听对方讲话。

5. A、B学员角色停下来，回到座位，两人面对面分享刚才练习过程的体验和学习。

6. 全班围坐大圈，学员自愿分享刚才练习过程的觉察和学习。

7. 带领者回应分享的学员,夯实领悟人际沟通的要诀。

活动注意事项:

1. 提醒学员保密约定。
2. 带领者要指导学员充分感受又聋又哑的沟通模式的身体体验。
3. 学员分享时,带领者要引导学员的分享聚焦于内在。

理论点睛:

当人们无法慢下来回到自己的内在,不能用心听到对方,也不能看到对方时,是无法进行有效沟通的。只有慢下来,回到自己的内在,了解自己的所需所感,然后向对方清晰、直接地表达自己,同时也能用心倾听对方,了解对方,才能进行有效的沟通,联结才能发生。

13.3.2 健康沟通长什么样——表达与倾听

活动目的:掌握健康有效的沟通技巧与方法。

活动时间:60 min。

活动人数:20 ~ 50 人。

活动场所:宽敞明亮的教室,可活动的椅子。

活动所需材料:音乐、移动白板、白板笔。

活动内容及流程:

1. 全班学员 A、B 报数。所有 A 的学员自愿找到一个报 B 的伙伴,两人面对面坐在椅子上。
2. 带领者资讯教学:说(表达)的技巧;听(倾听)的技巧。

板书:说(表达)的技巧。

用"我"字开头,清晰、直接、准确地说出自己的感受和所需,不指责,不评判,不是要让对方改变,而是真诚地把自己内心的话说出来。

① 先说我看到了什么?听到了什么?我的感官接收到的信息是什么?
② 接着说我自己的感受,如:我感受到了愤怒、委屈、受伤、害怕、开心、感动等。
③ 然后说自己的想法,比如:因为我觉得你没重视我,因为我觉得守时很重要。
④ 最后说自己的期待和渴望,比如:我希望你能听我说没等你的原因,我希望你把宿舍垃圾丢掉。如下例是一位高中生与母亲的一致性沟通:说与听。

说(孩子):"当我没考好回到家,听到你长长的叹息,看到爸爸严厉的目光,我真的难过极了,很伤心和无助,害怕面对你们失望的眼神。我恨自己笨,为什么别人能考好而我却不行?表面我冲着你们,其实内心非常心虚,我真的很在意你们的感受,只是装着罢了。我希望你们能听我把话说完,理解我不是没有努力,我一直都在尽力的。也希望你们在我没考好的时候能给我点安慰,让我能打起精神继续努力。我真的很需要你和爸爸的理解和支持。"

板书:听(倾听)技巧。

① 不评判、不打断、不下定义、不讲道理,耐心、安静、专注地聆听。

② 回应。回应时启用上面"表达的步骤方法回应"。

例如,妈妈:"听你这么说,真的很抱歉,更加理解你了。过去我不知道你心里有这么多委屈和难过。其实每次批评你,我也很难过,事后我都会后悔。表面我指责你,其实内心我更恨自己无能。我也是把自己内心的脆弱和委屈藏着,我是认可你有很多优点的,但又怕表扬会让你骄傲。今天你说出了心里话,我很感动。我爱你,没有人能代替你在我心里的位置。我希望你以后都能这样直接告诉我你的想法,我会信任你,理解你和支持你。"

3. A学员先做明星,先用10 min左右时间向B学员讲述发生在自己身上曾经影响自己或现在依然影响自己的事。B学员听过A学员的叙事后,扮演A学员叙事中的他人。B学员运用聆听技巧专注倾听。等A学员讲过,B学员再回应。B学员回应时也是按照"表达"的技巧说话。

4. A、B学员互换角色,B学员讲述发生在自己身上真实的故事。

5. 全班围成大圈,学员自愿分享运用有效沟通练习时的体验和学习。

6. 带领者夯实有效沟通的学习。

> **活动注意事项**:

1. 提醒学员遵守保密约定。
2. 学员在练习时,带领者随时在场中指导有些自动化地启用旧有沟通模式的学员用正确的方法练习。
3. 鼓励学员课后随时觉察,启用一致性沟通进行人际交往。

> **理论点睛**:

健康有效沟通的法宝:

前提:慢下来,回到自己的内心。

基本:敞开、真诚、尊重、接纳。

基础:不评判、不定义、不插话、不讲道理。

同时关注到自己、他人和情境。

关于自己:自爱。了解自己,知道自己需要什么。清晰、直接、准确地说出自己所感所需。表达不是要让对方改变,不是要让对方为自己的感受负责任,而是真诚地表达自己。

关于他人:接纳。敞开自己,耐心地倾听他人,让他人有机会把心里话说出来,理解他人内心真实的所感所需,不是要为他人改变自己,不为对方的需要买单,而是理解对方这个人,看到他的渴望和意图。

关于情境:随时带着觉知慢下来,看情况为自己选择需不需要沟通,在哪里沟通,何时沟通?怎么沟通?

因此,健康有效的沟通是在真诚交流的基础上,不逃避问题,不论输赢,不控制环境,不是要让对方改变,也不为对方改变自己,而是我可以成为真实的自己,不带任何评判地接纳并拥有自己的感受,并且以一种积极和开放的态度来清晰表达我内心的声音。同时尊重他人的想法、做事方式,我愿意说出我内心的声音,也愿意聆听你内心的声音,然后找到一个彼此都可以接受的平衡点和平共处。

13.3.3 搭建彩虹桥

活动目的:通过相互欣赏,提升自我价值感,创造和谐的人际关系氛围。

活动时间:90 min。

活动人数:20～50人。

活动场所:宽敞的教室,可移动的椅子。

活动内容及流程:

1. 全班学员在教室自由走动,用微笑和遇见的伙伴打招呼。
2. 找自己愿意联结的人,走到对方面前,看着对方的眼睛,向对方表达欣赏他的三个优点,表达时,越具体越好。至少找3个伙伴来表达。
3. 带领者带领学员冥想内观,深化练习:请轻轻地闭上你那美丽的眼睛,感受一下此时你的身心状态是什么样的?有哪些感觉冒出来?身体体验到了什么?你怎么看自己这个人?怎么感受自己?当别人欣赏你时,你的内在发生什么了?当你欣赏别人时,你能感受到对方的什么变化?当对方有变化时,又是如何影响你内在的发生的?如果你把他人对你的欣赏接收进来,每天你都这么看你自己,陪伴你自己,你会发生什么呢?你的生命状态又会有什么不同呢?如果你的生命状态是富足的、饱满的、平和的,你和身边的家人、亲友的关系又会有什么不同呢?当他们受到你的影响,他们的生命状态又会有什么不同?这是你想要的吗?让这些画面浮现出来,用你的身心自由地感受到这些,然后记在自己的身心里。(停留2 min)请慢慢睁开你的眼睛,回到这里。
4. 在教室里自由走动,找自己最愿意联结的伙伴,站到对方面前,看着对方的眼睛,把对方当成自己,对自己表达欣赏和感恩自己的三个优点,越具体越好,至少找3个人。
5. 找一个伙伴组成两人组坐下来,分享整个过程的体验和学习。
6. 全班围成圈自愿分享整个练习过程的觉察和学习。
7. 带领者总结夯实所学。

活动注意事项:

1. 活动练习时,可以放舒缓的背景音乐。
2. 提醒学员遵守保密协议。

理论点睛:

人际互动是系统的历程。在这个系统中首先是自己与自己的关系,自己认可自己、接纳自己、关爱自己。当自我价值感的杯子满溢出来了,就会惠及到他人,会有能力与他人进行一致性沟通。自我价值感高,会与内在的生命能量深深联结,也会有能力关注到情境,能根据周围情境评估做出选择。如此,一个人就能处在一个通畅、健康、流动的人际关系系统中。

13.4 使用爱的语言

13.4.1 爱的语言

>【活动目的】:了解爱的语言,觉察爱的语言,运用爱的语言。

>【活动时间】:90 min。

>【活动人数】:20～50人。

>【活动场所】:宽敞明亮的教室,可活动的椅子。

>【活动所需材料】:移动白板、白板笔、纸、笔。

>【活动内容及流程】:

1. 冥想,放松身心,内观,导入课程学习。"让身体放松,通过呼吸与自己联结,此时你的身体在说什么?想要什么?她需要什么?你可以为身体做些什么?(停留几分钟)邀请自己回到当下,呼吸,感受身体,此刻感觉怎么样?摸摸自己的心,听听自己的心,听她告诉你在内心深处想如何度过这人世之旅。你希望此生你呈现什么样的生命状态,平和?快乐?喜悦?接纳?坦然?或友爱?你是否可以告诉自己不管过去我有什么样的童年,什么样的父母,什么样的婚姻,经历什么样的坎坷,我都愿意接纳,因为那是我之前走的路,但今后我可以创造我的未来。我可以自由地爱父母,不再为他们的生命负责任;我可以放松地爱孩子,不再为他的人生负责任;我慢慢松开紧抓的双手,我有能力自由地做自己。我可以自由快乐地去学习,放松地努力,我值得拥有快乐自由的生活;我可以有情绪,可以有恐惧,恐惧是我们人类的基本情绪,但我可以减少恐惧,拥有快乐的人生……我值得拥有快乐美好的人生。就是让自己慢慢体验今天你送给自己的这些新的不一样的礼物,用你的身体和心灵来接收她。然后,静静地与自己待一会。(缓慢停留)好了,请带着对自己的爱,缓缓地慢慢地按照你自己的节奏睁开眼睛,回到教室里来。

2. 与邻座组成两人组分享刚才冥想的觉察和学习。

3. 与邻座组成3人组。面对面练习:①欣赏这周你为你的重要他人做了什么。②欣赏重要他人这周为你做了什么。

4. 带领者进行资讯教学,讲解"爱的语言"。

爱的语言包括五种:

① 欣赏的言辞;

② 服务的行为;

③ 高品质的陪伴;

④ 身体接触;

⑤ 适宜的礼物。

5. 在全班找一个自己熟悉的学员,组成两人组,练习以下内容:

① 我对自己爱的语言是什么?对亲密的人的爱的语言是什么?我如何体验、理解这些?

他们是如何体验我的？

② 我的好友、伴侣或孩子的爱的语言是什么？我们如何体验彼此爱的语言？

③ 我父亲、母亲的爱的语言是什么？我是如何体验他们的爱的语言的？

④ 父母在自己的原生家庭是如何体验爱的语言的？

6. 暂别两人组，回到自己的座位上，在纸上写如下练习：

① 我是如何贡献给我自己爱的语言的？我需要什么爱的语言？如何做？

② 当下我生命中最重要的人有谁？我是如何贡献给他们爱的语言的？他们需要什么？我决定如何做？当我这样做时，我们的关系会有什么不同？我的生活会有什么不同？

7. 自愿组成 6 人小组。每组自愿产生一个明星，围圈，明星站在中间，带领者先带大家冥想，陪伴，全然投入。

第一轮，周围 5 位学员每人轮流对明星说话，如：玉芹，你值得拥有快乐、自由的生活，你值得被珍惜，你值得被爱。（注：做个雕塑舞蹈）。

第二轮，玉芹对自己说，用爱的 5 种语言表达如何爱自己，珍惜自己。

8. 小组围圈坐下来讨论分享。

9. 全班围圈坐，自愿分享练习的体验与学习。

10. 带领者冥想总结，夯实练习。

> **活动注意事项**：

1. 提醒学员遵守保密约定。
2. 提醒学员将爱的语言运用在生活中。

> **理论点睛**：

爱有爱的语言，爱的语言需要表达。如果你按照自己爱的语言框架去要求对方，那么对方就没办法接收到你的爱。就像是语言体系全然不通的两个人，他们用尽了力气来表达，但是效果却微乎其微，彼此对对方的话没办法产生感觉。如果你爱他，就用他需要的语言，用心体察他需要的爱的语言是什么？然后决定如何满足。即使满足不了，也可以敞开地进行一致性沟通，让他体察到你不习惯按照他的需求去做，但你的方式背后也是深深的爱，然后学习如何互相协调，找到彼此都能接受的方式，互相滋养。如果你爱他，就看到且接收来自他与你不同的爱的语言，犹如你想要可乐，而对方从小成长的经验中没有体验过可乐的味道，他只知道橙汁，就只会给你橙汁。当他给你橙汁时，请你看到并欣赏他的爱，同时一致性沟通你想要的。即使他不能立刻做到，你依然能接收到他的爱，承认你们爱的方式就是不同，并经常透明地向他一致性沟通，且愿意、允许彼此慢慢来，在两者之间找到一个彼此都能接受的平衡点，互相滋养对方。

13.4.2 亲爱的，我想对你说

> **活动目的**：欣赏自己的重要他人，感恩重要他人，温暖自己，和谐关系。

> **活动时间**：60 min。

> **活动人数**：20～50 人。

> **活动场所**：宽敞明亮的教室，可移动的椅子。

（活动所需材料）：移动白板、白板笔、纸、笔等。

（活动内容及流程）：

1. 教室放舒缓的背景音乐，带领者引导学生做。学员面带微笑自由缓慢地在教室里走动，找自己熟悉的、想联结的人，站到对方面前，握着对方的手，用微笑、眼神和对方打招呼，同时用语言表达对对方的欣赏和感谢。至少找三个伙伴表达。

2. 伴着音乐，带领者引导做冥想：想象一下刚才当别人表达对你的欣赏和感谢时，你内在的感觉怎么样？你有什么感受？那一刻你怎么体验你自己？你怎么体验对面的伙伴？如果用一个画面隐喻，你们之间的能量状态是怎么样的？如果你把这种能量状态的感觉带到你与家人、同学或同事的相处中，你们的关系会有什么不同呢？他们会发生什么？慢慢体味这种感觉，然后慢慢地睁开你那美丽的眼睛，我们继续接下来的活动。

3. 想想在你当前的生活中，你认为很重要的人，他在过去给你带来了什么帮助和关爱？也许你当面没有给他表达过你的欣赏、感恩和感谢，今天在这里，请你在场中找一个学员，当成你的重要他人，站到他前面对他表达欣赏和感恩。

4. 再找一个伙伴，两人面对面坐下来分享刚才过程的体验和学习。

5. 全体学员围成大圈，自愿分享刚才活动的体验和学习（3～5人）。

6. 带领者根据学员的分享，进行点评，夯实所学。

（活动注意事项）：

1. 提醒学员注意保密约定。
2. 带领者要运用自己，创设宁静、温馨的氛围。
3. 带领的冥想内容要聚焦，能起到夯实、点化活动的目的。

（理论点睛）：

将在日常生活中，对重要他人情感的忽略、压抑、羞于表达、不敢表达或不愿表达的部分，用语言表达出来，让学员切身感受到自己所拥有的那些支持、温暖和爱的资源。如此，内在自然就会丰盈、富足起来，成长即在其中潜移默化地生根发芽。

13.4.3 诗朗诵——我和你的目标

（活动目的）：深化我是独特的，我是复杂的，我是有爱的，我是值得被爱的信念。

（活动时间）：30 min。

（活动人数）：20～50人。

（活动场所）：宽敞明亮的教室，可移动的椅子。

（活动所需材料）：适合朗诵的背景音乐、歌词。

（活动内容及流程）：

1. 全班围成圈，伴着舒缓的背景音乐一起朗诵维吉尼亚·萨提亚诗歌《我和你的目标》。
2. 朗诵完，大家异口同声地说出"我爱我自己"。

我和你的目标

——维吉尼亚·萨提亚

我想爱你而不用抓住你

欣赏你而无须批评你

和你齐参与而不会伤害你

邀请你而不必强求你

离开你亦无须言歉疚

批评你但并非责备你

并且

帮助你而没有半点看低你

那么

我俩的相会就是真诚的

而且能彼此润泽

小结

本章主要工作是如何处理与他人的关系。从"洞见人际困扰的真面目""健康有效的一致性沟通""使用爱的语言"三部分逐层深入,通过"真情遇见你""紧抓我的信念,无法接纳你与我不同""人际互动舞蹈""不健康的人际沟通长什么模样""健康沟通长什么样——表达与倾听""搭建彩虹桥""爱的语言""亲爱的,我想对你说""诗朗诵——我和你的目标"九大专题活动,觉察自己人际关系的模式,掌握处理人际交往中情绪管理的能力,找到解决人际沟通的有效方法,练习健康有效的一致性沟通。

思考题

1. 在本章的学习中,对你最大的触动是什么?你新的选择和决定是什么?
2. 你打算如何在生活中运用从本章学习到的知识?

第 14 章 人际关系的源头——与原生家庭的关系

14.1 概述

14.1.1 核心理论概述

维吉尼亚·萨提亚说：人是家庭塑造出来的。我们每个人都受原生家庭的影响，这种影响在年少时不甚明显，随着年龄增长，在我们成为一个有着多重家庭、社会角色的人的时候，才越来越清晰地看到父母的影响。

因此，我们与自己的关系，与他人的关系，与周围情境的关系来自原生家庭的影响甚深。在我们刚出生时，作为一个小婴孩，我们什么都不懂，只有依靠父母或其他养育者才能得以生存下来。在与父母的互动中，我们学会了使用求生存的应对姿态保护自己，同时得到自己想要的物质、认可或疼爱。父母也会用他们的方式要求、教导我们。这样，父母早年和我们的关系，就内化成了我们自己与自己的关系。成年后，我们会用早年内化父母的声音、思维、价值观等来要求自己，成为自己与自己的关系。同时，会将自己与自己的关系外化投射到与他人和情境的关系中。所以，与原生家庭的关系，是人际关系的初起。

14.1.2 活动主要目的

1. 探讨原生家庭的影响，将家庭规条转化为生活指引。
2. 探索原生家庭的影响，释放未完成事件，重新拿回原生家庭的资源和爱。
3. 探讨重要他人的影响，感恩正向，转化负向，丰厚自己的生命资源。

14.1.3 内容整体设计

"与原生家庭的关系"活动内容整体设计见表 14-1。

表 14-1　"与原生家庭的关系"活动内容整体设计

类　别	活动名称	目　标	适合人数/人	时间/min	需要材料
家庭规条	探讨我的家庭规条	了解家庭规条，探讨家庭规条的影响，将家庭规条转化为生活指引	20～50	90	移动白板、白板笔、纸、笔等
	我是这样被捆绑的	看到、觉察、体验到自己的家庭规条是如何而来的，释放负向影响，学习转化规条	20～50	90	移动白板、白板笔、纸、笔、丝巾等
	将背负放下，轻松走路	觉察引起自己内心困扰的压力源，放下不需要的，面对生活的挑战	20～50	60	宽敞明亮的教室，可活动的椅子

续表

类别	活动名称	目标	适合人数/人	时间/min	需要材料
家庭图	家庭图	1. 觉察原生家庭对人们内在的负向影响； 2. 让过去负向影响浮现到意识层面，并觉察、选择、转化，重新利用从原生家庭取得的资源	20～50	180	访谈练习指导语讲义纸、移动白板、白板笔，纸、笔、夹子等
家庭重塑	家庭重塑	1. 释放过往压抑的情绪，并转化过去的影响； 2. 觉察过去未曾意识到的，接收资源	20～50	180	移动白板、白板笔，纸、笔、夹子等
重要他人的影响	影响轮	觉察自己生命成长中的重要他人，接收资源，提升自我价值感	20～50	90	移动白板、白板笔，纸、笔、夹子等
重要他人的影响	关于姓名的探索	释放获取负向的影响，接纳自我，提升自我价值感	20～50	90	
重要他人的影响	感恩生命中的贵人	唤醒心中的爱，提升自我价值感，丰盈生命的状态	20～50	60	移动白板、白板笔，纸、笔、夹子等

14.2 家庭规条

14.2.1 探讨我的家庭规条

活动目的：了解家庭规条，探讨家庭规条的影响，将家庭规条转化为生活指引。

活动时间：90 min。

活动人数：20～50 人。

活动场所：宽敞明亮的教室，可活动的椅子。

活动所需材料：移动白板、白板笔，纸、笔等。

活动内容及流程：

1. 带领者带领冥想内观：请在椅子上找个适合自己身体的姿势，允许自己的身体全然放松，然后轻轻地闭上你那美丽的眼睛。当你闭上眼睛时，你觉得自己是安全的，与内在的自己是在一起的。在这份宁静的感觉里，邀请你用内心之眼来穿越时光的隧道回到儿时的日子。想到儿时，你的眼前浮现出什么样的画面？这个画面里的自己是什么样的？大概有几岁？慢慢地将镜头定格在那个时段。请随着我的引导继续回溯：在那时，你听到妈妈和爸爸对你最多的教导是什么？他们会对你说什么？对你看到和听到的事，你能自由表达吗？当你对某些事情不清楚时，你会提出疑问吗？你的父母允许你提出疑问吗？在儿时，你的什么是被允许的？什么是不被允许的？如果你受了委屈或者有不满意的地方，你被允许表达吗？如果不被允许，你会做什么？在那时，你从父母身上学习到哪些"禁止令"和"驱逐令"？慢慢地让现在的你去回看那时候的自己，让一些画面浮现出来，请你以现在的状态带着允许和接纳看着那时的自己，然后看看此刻想给内心的那个儿时的自己说点什么？或者做点什么？或什么都不需要做，就是这样安静地陪伴陪伴自己,和自己待一会。(停留几分钟)最后,邀请你将内在的自己拥抱在心底,给他说:谢谢你亲爱的,我在这里,我会好好照顾你。然后按照你自己的速度慢慢回到这里来。

2. 全班围圈坐,学员自愿分享刚才冥想过中的体验和觉察。

3. 带领者教学家庭规条的资讯:家庭规条是每个人从出生就开始从长辈那里传承下来的家庭规矩,萨提亚模式称规条。这些规条有些是直接显现的,叫显性规条,如"人应该……""人不能……";有些是隐性的,如不要存在、不要做自己、不要亲近、不要归属、不要长大、不要放松、不能快乐、不要像个孩子等。隐性规条是谁都不说,却默默遵守的规则,是人们通过自己的经验摸索出来的行事风格,如果不遵守,就没有爱。

家庭规条在不知不觉中影响着我们生活的方方面面,用教育、指责、惩罚、生气等方式传给我们,然后我们把这些再传给下一代。

家庭规条是小时候家庭为了帮助我们更好地适应社会或者保护我们更好地生存下来而教给我们或者我们自己学习发展出来的。只是我们长大成人后,依然活在过去自动形成的规条模式里,没有根据现阶段所需进行调整,还一直紧抓使用过去的方式,使规条变成僵化的绳索将我们牢牢捆束,限制了现在的发展,生出一些问题。而今要学习的就是了解规条,松动规条,让规条为我所用。

4. 邻座学员讨论、分享对家庭规条内涵的理解。

5. 带领者引导练习:探讨和转化家庭规条。每个学员找到属于自己安静的空间,根据带领者要求探索以下内容:

(1)列出十项你的家庭规条。(显性和隐性的)

(2)在每条规条后面罗列出规条的好处及代价。

(3)在"应该""必须"寻找例外情况。如:"自己的事应该自己做",转换为:在精力及能力允许的情况下,我可以自己的事自己办。有时候,若有以下情况发生,我自己的事可以不自己办:

① 当我在做教师,需要培养学生的自主能力时;

② 当我太累了,需要休息时;

③ 当我发现我做其他事情可以贡献更大价值时。

(4)写出哪些规条是你想继续保留的。哪些是你觉得已经过时,需要放下的。

6. 自愿组合成两人组,面对面坐好,分享刚才练习的觉察和新的选择与决定。

7. 带领者带领冥想小结。

活动注意事项:

1. 提醒学员遵守保密约定。

2. 冥想要与练习的主题相聚焦,协助学员夯实、深化学习内容。

理论点睛:

家庭规条是每个人从出生就开始从长辈那里传承下来的家庭规矩、必须遵守的价值观、信念等。规条有些是显性的,有些是隐性的。家庭规条不是都不好,是小时候家庭为了帮助我们更好地适应社会或者保护我们更好地生存下来而教给我们的。在我们长大成人后,依然活在过去自动形成的规条模式里,没有根据现阶段所需进行调整,还一直紧抓使用过去的方式,使规条变成僵化的绳索将我们牢牢捆束,限制了现在的发展,生出一些问题。要对过往的家庭规条有觉察,松动僵化的规条,使规条更有弹性地为我们当下的生活服务。

14.2.2 我是这样被捆绑的

活动目的:看到、觉察、体验到自己的家庭规条是如何而来的,释放负向影响,学习转化规条。

活动时间:90 min。

活动人数:20～50人。

活动场所:宽敞明亮的教室,可活动的椅子。

活动所需材料:移动白板、白板笔,丝巾、纸、笔等。

活动内容及流程:

1. 自愿组合成两人组,面对面坐好,分享:回溯在自己小学阶段,印象最深刻的父母或者其他家人对自己严格要求的"必须""一定"等事件是什么,叙述当自己不遵守时付出的代价,以及这如何影响到今天的自己。

2. 全班围圈坐,学员自愿分享刚才两人组练习中的体验和学习。

3. 雕塑示范教学家庭规条的由来。大概流程是:

① 带领者根据学员分享内容,选择一位儿时受家庭规条影响很深的学员,作为教学的明星。

② 明星选择场中几位学员作为儿时和自己生活在一起的重要他人,如:父亲、母亲、祖父、祖母、外祖父、外祖母或者哥哥、姐姐等。提醒选择对自己成长有很大影响的人。

③ 明星对每一位角色简单讲述在那时,这个角色(如妈妈)是如何教导自己"应该做什么?不能做什么?""必须要怎么样?必须不能怎么样?"还有哪些隐性的,谁都不说,却默默遵守的潜规则。注:目的是让角色扮演者了解所扮演角色的工作,更重要的是让明星重新体验、厘清儿时所发生事情。看到即是疗愈。

④ 角色扮演者根据明星的叙述,找一些丝巾、纸等道具,象征家庭规条,对明星进行捆绑、束缚。如母亲角色扮演者,边说当时管束明星的话,边用丝巾将明星的手脚捆绑起来,"小孩子不许乱讲话,不许哭,不许和大人顶嘴,不许晚上出去玩"等。不同角色轮流来到明星面前,用不同方式将明星捆束。注:这里提醒扮演者显性规条动作是直接做,隐性规条动作是偷偷地做。

⑤ 带领者让明星在这个状态里体验感受身心的变化。

⑥ 带领者访谈明星内在的冰山。

⑦ 带领者访谈各个角色扮演者:当你这么做时,你的意图是什么?现在当你看到明星这样(被捆绑),你内在发生什么了?这是你想要的吗?你希望明星现在是什么样的?

⑧ 明星自己用自己的方式一层层给自己松绑。然后其他扮演者谢角色。

⑨ 明星分享整个过程的体验、觉察与学习。

4. 全班学员围大圈分享学习体验。

5. 带领者冥想小结。

活动注意事项：

1. 提醒学员遵守保密约定。
2. 冥想要与练习的主题相聚焦，协助学员夯实、深化学习内容。
3. 要评估明星的情况安排练习节奏。
4. 带领者要对萨提亚模式冰山历程性提问运用自如，方能更好地协助明星探索内在。

理论点睛：

家庭规条本身不是问题，问题是我们对规条的僵化使用和紧抓不放。规条是小时候家庭为了帮助我们更好地适应社会或者保护我们更好地生存下来而教给我们或者我们自己学习发展出来的。在那个时候大部分是适合我们的，只是随着我们长大，这些规条已经限制了我们的发展，已经不适合我们了，犹如小时候穿的一件马夹，到现在还一直穿着的话，就束缚我们的成长了。所以，要学会松动和转化规条。

14.2.3 将背负放下，轻松走路

活动目的：觉察引起自己内心困扰的压力源，放下不需要的，面对生活的挑战。

活动时间：60 min。

活动人数：20～50 人。

活动场所：宽敞明亮的教室，可活动的椅子。

活动内容及流程：

1. 全体学员在室内自由走动，伸展双臂、腰肢等，使其放松。
2. 自由结合，组成两人组，分 A、B 角色。
3. 全体不出声，一方背起另一方，在室内走动。带领者同时做引导语："当你背着伙伴时，你身体发生了什么？感觉怎么样？随着你身上的重量越来越重，你如何体验自己？如何体验对方？当你这样做，你的生命状态是什么样的？你如何照顾自己？如何与周围的人和环境互动？被背着的伙伴，当你被背着时，你舒服吗？你的感觉怎么样？你想做什么？随着你感受到对方越来越吃力，你的身体感觉怎么样？被背着的体验怎么样？如此这样，你的生命能量是怎么样的？这是你想要的吗？你希望怎么样呢？如果一直被背着，你会发生什么？会做什么？你觉得怎么样才是最适合你们俩的方式呢？"两人组根据自己身体的需要，实在坚持不住了时，停下来。
4. 换角色，重复以上练习。
5. 两人找个安静地方坐下来一起分享刚才过程的体验、觉察、选择和新的决定。
6. 全班自愿分享刚才活动的启悟。
7. 带领者反馈，冥想小结。

活动注意事项：

1. 提醒学员遵守保密约定。

2. 冥想要与练习的主题相聚焦,协助学员夯实、深化学习内容。

> 理论点睛:

不需要的、能放下的,就放下了。放不下的,看看是什么,带着接纳的心态坦然面对,积极承担。放下,是对自己和对方双方的自由和慈悲。

14.3 家庭图

> 活动目的:

1. 觉察原生家庭对人们内在的负向影响。
2. 让过去负向影响浮现到意识层面,并觉察、选择、转化,重新利用从原生家庭取得的资源。

> 活动时间:180 min。

> 活动人数:20～50人。

> 活动场所:宽敞明亮的教室,可活动的椅子。

> 活动所需材料:访谈练习指导语讲义纸、移动白板、白板笔、纸、笔、夹子等。

> 活动内容及流程:

1. 冥想静心:请轻轻地闭上你那美丽的眼睛,回到自己的内在。通过呼吸感受自己的存在(缓慢、停留)。接下来我们将会一起回溯过往,探讨我们18岁之前的原生家庭。也许在那里发生了很多对我们有着重要影响的事情,有喜乐,也有悲伤难过。不管发生什么,都邀请你带着接纳、敞开的心态来看到那些经历,怀着对自己慈悲的感受慢慢走近过往的发生。请给自己几分钟的时间在这里准备自己,等你好了,就缓缓地睁开眼睛回到这里。

2. 带领者教学家庭图基本资讯:如下:"第一阶段事实上的现在"和"第二阶段观点中的过去"。

3. 自愿组合成3人组;每组领取访谈练习指导语、2K纸、记号笔等;自愿分角色:明星(被访谈者)、访谈者(问话者)和观察者(绘图者)。按照以下步骤进行家庭图探索:首先,带领者先在白板上讲解板书家庭图的做法;然后带领者邀请所有3人组学员带着接纳、敞开、陪伴和支持与其他两位学员一起探索,不管发生什么,都请带着爱用心陪伴(访谈内容可以参考指导语);最后3人组学员找个属于自己的空间安静地待在一起进行探索,按照步骤一步步自行练习。其间,带领者在场中观察做指导。

第一阶段:事实上的现在

从你出生成长的原生家庭开始,按下列提示先提供事实上的资讯,包括所有家庭成员或自你出生至今在你原生家庭中同住的人,包括:

- 你的父亲和母亲;
- 父亲和母亲的其他配偶(婚姻法或民法上的关系);
- 你自己;你的兄弟姐妹;同父异母、同母异父、继父母及养父母所生的兄弟姐妹;
- 未出生即死亡的、夭折或堕胎的;

- 成长过程中曾与你同住的其他重要人士。

画一个圆圈代表女性,画一个圆圈外加一个方形代表男性;把每一个孩子依出生时间次序排列在家庭图上(见后面"事实上现在的家庭图"范例)。若其中有人已去世,便在圆内画一个"×"表示他已不再与我们同在了。

(1) 填写个人资料,包括:
- 姓名
- 出生日期
- 出生地点
- 现在的年龄或去世的年龄
- 宗教信仰
- 职业
- 省籍/种族背景
- 教育程度
- 重大疾病
- 嗜好兴趣

(2) 结婚/民法上的关系,包括:
- 结婚或开始同居的日期
- 如果已发生离婚或分居,加上分居/离婚的日期

(3) 如果成长过程中你有过不止一个家庭(如亲生和抚养家庭),请分别画出每个图来,如果你是被收养的,请画出亲生和收养两个家庭图。

若没有任何事实资料,便依据你曾经听过或想过,而你认为是真实的信息来写。事实上现在的原生家庭图如图 14-1 所示。

在进入你的家庭图的第二阶段之前,请先用些时间回顾你所看、所感及你所了解的。请与你自己的内在核对,要对自己敞开和诚实。

第二阶段:观点中的过去

提供你关于家庭的主观事实的资讯。把自己带回到过去,在十八岁以前你是在怎样的家庭,让自己进入当时的心境,现在可能对你的家庭有不同的体验,但就是把自己带回到当时,你是怎样体验到他们的。

(1) 个性形容词:

依你还是儿童、青少年时对每个家庭成员的体验为他们分别加上三个正向的个性形容词。请记住,没有人是完全好或完全坏的,每个人都同时具有正向及负向的个性特质。

> 完成后,再看一看你的原生家庭图。你看到了些什么?有何感受?有何回忆?与你的三人小组成员分享你的经历。

(2) 家庭关系:

选取一个在你十八岁前发生的特定状况:当时在你的家庭里有压力或是有重大的歧异。归纳出处于压力之下家庭成员间的关系。依照下列方式在家庭成员间画上关系线。

① 粗而实的直线━━━━━ 代表纠缠不清的关系

② 曲折线〜〜〜〜〜 代表风暴的、骚动的或憎恨的关系

第一阶段：事实上现在的原生家庭图

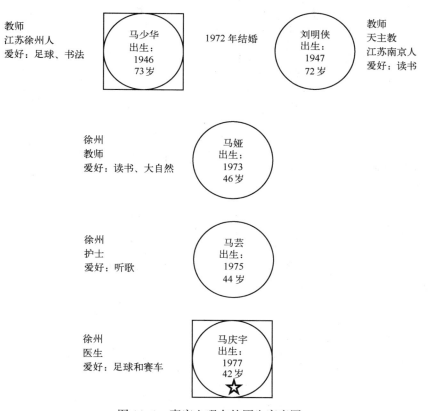

图 14-1　事实上现在的原生家庭图

③ 细而实的直线——————　代表即使在压力之下也是普通的、接纳的、少有冲突及正向的关系

④ 虚线----------　代表疏远的、退缩的、负向的或冷淡的关系

如果在某个人之间不只有一种明显关系,则同时加上第二种关系线

（3）应对姿态：

根据你对十八岁以前的记忆,为每位家庭成员加上他们在压力之下的主要应对姿态。如果有另一个压力下明显的次要应对姿态,则亦将之加在主要应对姿态之下。

> 用一些时间,与你的 3 人小组成员回顾家庭图内的关系线及应对姿态。你自己看到些什么？你的 3 人小组成员看到些什么？你有何感受？分享并讨论之。

接下来透过马庆宇的眼光：综合了事实上的现在和观点中的过去所复制的原生家庭图。第一及第二阶段：整合事实上的现在与观点中的过去之原生家庭图如图 14-2 所示。

4. 原生家庭图访谈和绘制完成后,请 3 人组分享从这个练习过程中的觉察和学习以及新的选择和决定。

5. 带领者根据练习主题,用冥想小结原生家庭图的练习。3 人小组互相致谢,表达感谢。

6. 全班学员围坐一圈,自愿分享整个过程的学习。

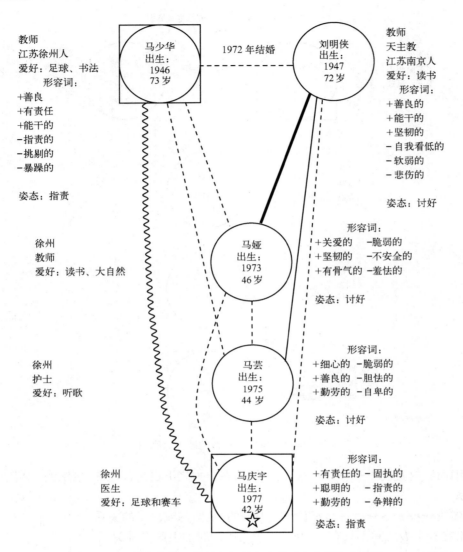

图 14-2　整合事实上的现在与观点中的过去之原生家庭图

7. 带领者根据学员分享,反馈、回应,目的是夯实刚才的觉察和体验,进一步内化,促进其成长。

(活动注意事项):

1. 提醒学员遵守保密约定。
2. 练习过程,访谈者可参照指导语进行问话,需要耐心,逐步深入。
3. 根据学员需要,及时进行指导。

(理论点睛):

现在是过去的模板,我们每个人都受儿时成长的家庭影响很深。维吉尼亚·萨提亚说:家庭塑造人。萨提亚模式非常强调原生家庭的影响。家庭图的作用是解决一个原生家庭对一个人内在的负面影响,让那些影响重新浮现出来,并帮助去觉察,然后重新利用从原生家庭中已经取得的资源。

14.4 家庭重塑

活动目的:1. 释放过往压抑的情绪,转化过去的影响;
　　　　　　2. 觉察过去未曾意识到的,接收资源。

活动时间:180 min。

活动人数:20～50人。

活动场所:宽敞明亮的教室,可活动的椅子。

活动所需材料:移动白板、白板笔,纸、笔、夹子等。

活动内容及流程:

1. 带领者带领小组成员进行适当冥想,让所有学员都能带着开放、好奇和支持的态度进入,让成员的思维进入直觉和感觉层面,强化相互之间的连接。

2. 选中一个需要做重塑的主角(明星),并进行晤谈。在明星谈到重要的家庭成员时,首先引导明星绘制出家庭图、家庭大事年表,必要时画出影响轮。这个过程会让角色扮演者在整个重塑过程中更加深入地了解家庭的相关细节。它也有助于创造一种情景,让明星对重现的家庭事件做出体验性回应。

3. 带领者邀请主角从班级成员中挑选认为能够扮演家庭成员的角色扮演者,并且挑选一个可以替代的"自我",以便在需要的时候扮演主角。替代的"自我"与"明星"相伴,为的是尽可能接近体验。角色扮演者在他们的胸前贴上名牌,为的是给"家庭"中的每一个人提供方便。贴牌这个过程能让角色扮演者和主角沉浸于此时此地新的家庭"联结实现"。

4. 主角利用房间中不同的部分,在新的情境下创造出相关的空间。例如,房子前方的角落是起居室,"母亲"就坐在桌子的一头,或者房间被划分为故事将展开的城镇、省或者地球。制新情境是另一种创造新的空间、时间情境的方式,并且能够强化所有参与者的意识。

5. 主角让角色扮演者做出相应的沟通姿态的姿势,并在情境中加入适当的对话和运动。角色扮演者允许根据自己的感觉拥有一些说话的自由,但不能影响整个过程。在一些敏感节点上,可以让主角亲自上场,与替代"自我"换位,或者让他们进行对话。这种基于直觉的操作要选好时机,以实现转变的潜能,如对渴望的挖掘。

6. 带领者必须掌握好时间,以便在适当的时间进入和退出重塑过程。起步、高潮和放松的时间都要把握好。

7. 在重塑结束时,角色扮演者将进行汇报,他们将分享观察、感受、洞察、核对角色的感受。

8. 倒数第二发言的是替代的"自我"。这个角色具有特殊意义,因为替代性的"自我"是主角的影子,可能对主角具有真实性的反馈或者新的信息。来自"自我"的反馈可能会突出主角自己的思想和情感,为这个故事提供新的深度,而且为主角提供更多的选择。

9. 接着,主角将会发言,这给主角的整个体验画上句号,让他探寻自己新的深度和复杂性(在冰山的水位线以下)。

10. 在每个角色扮演者讲话后,没有扮演的其他人也可以说话。他们对所看到和听到的东西发表看法,并且谈论如何在自己的生活中应用这些东西。

11. 最后需要去角色化。除了主角,所有人都闭上眼睛,触摸跟他们相关的所有体验。他们叫出自己的名字和身份,睁开眼睛,把名牌交给明星,并且用清晰的声音说:"我的名字是……"这步是为了保证角色失去其效力,并且在离开这个特定的重塑情境后,身份不会发生混淆。

12. 全班围成大圈分享练习过程的觉察和收获。

活动注意事项:

1. 带领者需要具备一定的萨提亚模式专业训练经验。
2. 提醒学员遵守保密协议。
3. 雕塑过程,带领者随时评估学员的情况,根据情况调整教学。

理论点睛:

家庭重塑是采用雕塑的方式,将家庭中发生过的重大事件以类似心理剧(又不是心理剧)的形式表演一次,让当事人再次体验,并在这个视觉化的过程中重新审视和完成转化。

14.5 重要他人的影响

14.5.1 影响轮

活动目的:觉察自己生命成长中的重要他人,接收资源,提升自我价值感。

活动时间:90 min。

活动人数:20～50人。

活动场所:宽敞明亮的教室,可活动的椅子。

活动所需材料:移动白板、白板笔、纸、笔、夹子等。

活动内容及流程:

1. 带领者教学影响轮资讯部分:那些给过我们重要影响,甚至决定我们人格形成的任何人或物,就是我们的重要他人。重要他人的影响有的是正向的,有的是负向的,有的是两者皆有的,不管是正向还是负向,这些影响其实都是得以磨炼或支持我们成长的资源。萨提亚创造"影响轮"这个工具,帮助人们来觉察这些重要他人对我们的影响。影响轮包括18岁之前,任何在情感上、生理上支持过我们的人和物。

2. 邀请学员给自己一个安静的环境和充足的时间,确保你不会被打扰。这一刻,只有你自己,让你去感受,供你去回忆,看看过往。静静冥想5 min,然后开始。

3. 现在,每人拿出一张空白的纸,一起来画出你的影响轮。

第一步，在纸的最中央画一个小圈，并写下自己的名字。

第二步，在这个圈外开始画圈，每个圈都代表一个给过你影响的人物。影响圈与自我圈的距离，是你感觉到的对你影响的程度，影响越大越靠近自我圈，影响越小则越远离。当然这里面肯定要包括你的爸爸妈妈，如果他们对你亲密，或者你感觉你对他们比较亲密，你就把他们画得离你更近一些；如果你感觉他们对你疏远，影响较小，他们的圈的距离就跟你的稍远点。画出圆圈代表曾经影响过你的其他人或物。

第三步，用线画关系。你跟他们的关系又是怎样的呢？现在，在你的自我圈和他人圈中间开始画线来代表你们的关系。用线的粗细、长短、形状来描述你们之间的关系，是疏离还是亲密，是纠缠还是冲突，如图14-3中表示的那样。例如我和妈妈意见不一致的时候，我们就会打架，我就画上曲线，表示有冲突，我指责你，你也指责我。再例如我的音乐老师，她是给我鼓励最多的人，也许她对所有同学都一样，但是她的话——无论你做什么，如果值得做的话，就把它做好——"对我来说很重要。我们并没有太多的联系，她只不过是一个老师，所以我就不会在这上面画太多太近的线，但是也是对我有影响的"。

第四步，以你的感觉，给每个人加1～3个形容词，并为每个形容词标明是正向的或负向的，正向用"+"，负向用"-"。例如，想几个词来形容一下妈妈，可以这样描述：她是很有原则的，对我来说这是一份非常正向的品质，她又很大方很慷慨，对我来说这也是正向的；她同时也很有控制欲，对我来说这是负向的。于是我在妈妈的圈旁边写下：有原则+、慷慨+、控制欲-。

第五步，现在去看你做完的这个图，去看看曾经对你产生影响的重要他人。萨提亚说，我们不能改变过去，但是我们能改变过去对我们现在的影响。现在你可以重新去选择，你怎样看待这个影响？

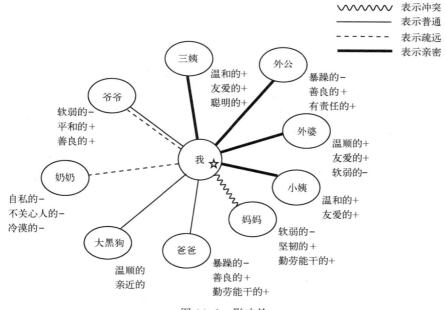

图14-3 影响轮

今天再去看看这些影响，看看在你生命里出现的这些人，你从周围的这些人身上学到了什么东西呢？你会不会告诉自己，你绝对不会像妈妈那样掌控，因为那曾经伤害过你。你可以决定以她为教材,选择自己的人生。

第六步,给一个人写封信。在你画的这个图里面选择一个你最想写信的人,然后写一封信给他。告诉他他是怎么影响你的,你从他那里学到了什么,今天你是怎么运用的,如果你已经改变了这些的话,用一封信的形式,对这个人表达出你的感谢。当你写完这封信,你可以把信留给自己保留;如果他还健在的话,也可以把这封信寄给他。

4. 找一个邻座的伙伴,互相分享你们的影响轮以及今天的学习。

5. 全班学员围成大圈,分享今天的学习。

6. 带领者回应学员分享,小结并夯实今天所学的内容。

（活动注意事项）:

1. 提醒学员遵守保密约定。
2. 提醒学员将今天所学及时在生活中运用。

（理论点睛）:

影响轮是我们在过往成长经历中对我们有重要影响的他人或物。萨提亚通过"影响轮"这个工具,帮助我们来觉察这些重要他人对我们的影响,继而将曾经那些正向或负向的影响进行转化,变成我们今日的资源。

14.5.2 关于姓名的探索

（活动目的）:释放获取负向的影响,接纳自我,提升自我的价值感。

（活动时间）:90 min。

（活动人数）:20～50人。

（活动场所）:宽敞明亮的教室,可活动的椅子。

（活动内容及流程）:

1. 带领者引导静心:邀请你在椅子上放松身体,让自己的身体来说话,调整适宜她的舒适的姿势和空间。然后邀请你内在的自己在接下来的时间里诚实、友爱、敞开地陪伴自己,来探索你名字的意义。

2. 自愿组成两人组,面对面坐好,相互分享:你现在的名字叫什么？谁给你取的名字？你的名字对你的影响是什么？你是如何体验自己的名字的？

3. 带领者引导冥想:请轻轻地闭上自己的眼镜,感受呼吸,听内心的声音。用自己的内心之眼来回放过去几十年,你跟自己名字的关系是怎么样的？这个名字跟你几十年了,你跟她的关系是怎么样？是顺畅的还是拧巴的？是欣赏的还是嫌弃的？就是来看看你与她的关系。现在你打算怎么处理你与这个跟了你几十年的名字的关系呢？你今天的决定是什么？

4. 全体学员围成大圈,学员自愿分享。

5. 重新组合两人组,面对面坐好,相互分享:如果你愿意更换名字,想叫什么？或者你已经更换了名字,在更换中,带来的影响是什么？在这里面你体验到的是什么？

6. 分享过后,感谢伙伴的陪伴,告别。继续重新组成两人组,面对面坐好,相互分享:你的乳名叫什么？你对自己的乳名有什么体验？你希望别人叫你什么？

7. 带领者引导冥想:请轻轻地闭上你的眼睛,回到内在。用内心之眼回放小时候,五六岁的时候,你叫什么名字? 别人怎么称呼你? 你希望别人怎么称呼你? 那时你是如何体验自己的? 当别人那样叫你时,你会有什么感觉? 你是如何看自己的? 如何看你的父母? 你希望自己是什么样的? 希望父母是什么样的呢? 如果在当时没有得到自己想要的,那个小女孩是如何帮助自己的? 当时她做了什么决定? 她发展了什么来得到自己想要的? 今天你可以看到,她没有错,就是得到自己想要的。

8. 全体学员围成大圈,自愿分享刚才练习过程中的体验和学习。

9. 带领者小结。接纳自己的过去,自己的姓,接纳姓名是自己的一部分,不是自己。承认儿时就是没有得到自己想要的,就是错过了。现在自己可以给自己。如果喜欢且接纳自己的名字,就庆贺。如果暂时不接纳,可以给现在的名字添加一个姊妹,圆满的状态,就是添加,不否定自己的需要。

活动注意事项:

1. 提醒学员遵守保密约定。
2. 创设安全氛围,邀请学员保持开放和真诚的心态。

理论点睛:

接纳自己的过去,自己的姓名。接纳姓名只是自己的一部分,不是自己这个人。承认儿时就是没有得到自己想要的,就是错过了。现在自己可以给自己。自己可以对自己的名字赋予新的意义,或者可以在自己的名字上添加新的有创意的部分。

14.5.3 感恩生命中的贵人

活动目的:唤醒心中的爱,提升自我价值感,丰盈生命的状态。

活动时间:60 min。

活动人数:20~50人。

活动场所:宽敞明亮的教室,可活动的椅子。

活动所需材料:移动白板、白板笔、纸、笔、夹子等。

活动内容及流程:

1. 全体学员在教室自由走动,用欣赏的语言和微笑与遇见的伙伴连接、打招呼。
2. 冥想静心:请轻轻闭上你那美丽的眼睛,感受一下此时你的感觉如何? 你体验到那些温暖的、兴奋的、愉悦的感觉了吗? 这些感觉现在在你身体的哪些部位? 你是如何体验她们的? 在这种美好的感觉里,你想给你自己、你的家人和亲友说些什么或者做些什么呢? 用你的内心之眼先在这里做,然后课结束后回去再做。停留几分钟,然后慢慢回到这里。
3. 自愿组合成两人组,面对面坐好,彼此换角色分享:在你过往的生命历程中,你遇到过哪些贵人? 他们都是谁? 他们是怎么成为你的贵人的? 一人在分享时,另一位伙伴安然陪伴、倾听。然后换角色。
4. 自愿组合成6人组,围成一个小圆圈,每个人轮流做一次主角(明星)。主角站在中间,其他 5 位是主角的贵人。主角站到每一个贵人面前轮流给贵人表达感谢、感恩、遗憾、想念等任何主角在现实中没有机会表达的话。贵人专心听,不回应。主角轮流一圈后,贵人们手拉手,一齐给主角说:我欣赏你,喜欢你,你值得被爱!

5. 每个人轮流做一次主角。
6. 大家围圈坐下来,分享练习过程的体验和学习。
7. 全体学员围成大圈,学员自愿分享活动中的学习。
8. 带领者用冥想小结:你是独特的,你是复杂的,你是可爱的,你是值得被爱的。

活动注意事项:

1. 舒缓的背景音乐。
2. 根据学员情况掌握练习节奏。
3. 提醒学员遵守保密协议。

理论点睛:

每个人都是可爱的,是值得被爱的;每个人都是独特的,是闪耀的独特;每个人都是复杂的,因复杂而完整。

小结

本章主要从家庭规条、重要他人的影响(影响轮)、原生家庭图、家庭重塑几个方面探讨原生家庭影响,通过体验性活动练习,让隐藏在无意识的一些影响浮现到意识层面,使忽略的被看见,将模糊的具体清晰起来,将抽象的变为具体,将原本压抑在潜意识里的部分用身体、语言表达释放出来,从而完成对负向体验的转化。

思考题

1. 在你的心里,你和父母之间还有哪些未完成事件?
2. 你决定如何处理你与父母之间的未完成事件?找个安静的时间,自己与自己进行对话,并用笔将你的决定和打算写出来。

活 动 篇

第 15 章 初 次 相 识

15.1 最佳拍档

- 活动场地：室内外均可。
- 人员要求：不限。
- 材料准备：彩色纸剪成三角形或正方形,并一分为二,胶水,硬纸板。
- 活动目标：彼此相识,建立互动关系。
- 活动流程：
  1. 团体成员自由抽取裁好的彩色纸。
  2. 成员必须找到与自己的纸同色且形状相匹配的另一半。
  3. 找到后,将彩色纸贴在硬纸板上,并在彩色纸上写上两个人的名字,两个人自由交谈五分钟,互相认识。
  4. 全体成员围圈坐下,每一对轮流向大家介绍对方,使团体中每个人都能认识。
- 引导讨论：
  1. 请一些同学介绍他们认识的朋友。
  2. 分享此次活动的感想与收获。

15.2 猜猜我是谁

- 活动场地：室外或宽敞的室内。
- 人员要求：不限。
- 材料准备：不透明的幕布一条。
- 活动目标：使初步认识的队员再次彼此认识。

> **活动流程**：

1. 参加的人员分成两组。
2. 依序说出自己的姓名或希望别人如何称呼自己。
3. 指导者与一位志愿者手拿布幕隔开两组成员。
4. 第一阶段,两组成员各派一位代表至幕布前,隔着幕布面对面蹲下,指导者喊一、二、三,然后放下幕布,两位成员以先说出对面成员姓名或绰号者为胜,胜者可将对面成员俘虏至本组。
5. 第二阶段,两组成员各派一位代表至幕布前背对背蹲下,指导者喊一、二、三,然后放下幕布,两位成员靠组内成员提示(不可说出姓名,绰号),以先说出对面成员姓名或绰号者为胜,胜者可将对面成员俘虏至本组。
6. 活动进行至其中一组人数少于3人即可停止。

> **引导讨论**：

1. 各位如果继续玩下去谁会赢？谁会输？
2. 我们所设计的这个游戏是 No loser/No winner,这是什么意思？

> **注意事项**：

1. 选择的幕布必须不透明,以免预先看出伙伴而失去公平性及趣味性。
2. 成员蹲在幕布前,避免踩在幕布上,以免跌倒。
3. 指导者应制止站立或至侧边偷看的情况发生。
4. 组员不可离指导者太近,以免操作幕布时产生撞击。
5. 组员叫出名字时间差距短,指导者须注意公平性。
6. 本活动不适用于完全不熟悉的团队。

> **项目变化**：

1. 可增加幕布前代表人数。
2. 可让组员背部贴紧幕布,彼此凭其轮廓猜出其姓名或绰号。

15.3 棒打薄情郎

> **活动场地**：室内外均可。

> **人员要求**：不限。

> **材料准备**：用挂历纸或旧报纸卷成一根纸棒。

> **活动目标**：促进成员尽快熟悉彼此,增进团体凝聚力。

> **活动流程**：

1. 初次聚会,全体成员围圈而坐,轮流介绍自己的名字、兴趣、出生年月等个人资料。每个人都专心去记其他成员的资料。
2. 全体站成一圈,选一个执棒者站在圈中间,由他面对的人开始大声叫出一个成员的姓名,执棒者马上跑到那个被叫的人面前。被叫的人马上再叫出另一个成员的姓名。如果叫不出来,就会受当头一棒。然后由他执棒。依此类推,直到大家熟悉互相的姓名为止。如果一个人3次被打就必须出来表演,作为惩罚。

引导讨论:
1. 请"薄情郎"谈谈被打的感受。
2. 请大家依次介绍认识的朋友。

15.4 连环炮

活动场地:室内外均可。

人员要求:不限。

材料准备:麦克风(道具)。

活动目标:初步相识,并建立团体互动关系。

活动流程:
1. 全体讨论自我介绍应有内容,并讨论当一名记者与被访问者应注意的事项。
2. 由指导者手持麦克风访问一位成员,再由这位成员访问另一位成员,如此反复进行,直到全体都被访问。访问内容主要是关于姓名、兴趣等个人资料。访问过程中,记者可以用生动活泼的语言来发问。

引导讨论:
1. 如何与陌生人相识?
2. 在与陌生人交谈过程中要注意哪些问题?

15.5 大树与松鼠

活动场地:室外。

人员要求:10人以上。

材料准备:无。

活动目标:提高成员之间的熟悉度,融洽团体气氛。

活动流程:
1. 事先分组,三人一组。二人扮大树,面对面伸出双手搭成一个圆圈;一人扮松鼠,并站在圆圈中间;培训师或其他没成对的学员担任临时人员。
2. 培训师喊"松鼠",大树不动,扮演"松鼠"的人就必须离开原来的大树,重新选择其他的大树;培训师或临时人员就临时扮演松鼠并插到大树当中,落单的人应表演节目。
3. 培训师喊"大树",松鼠不动,扮演"大树"的人就必须离开原先的同伴重新组合成一对大树,并圈住松鼠,培训师或临时人员就应临时扮演大树,落单的人应表演节目。

4. 培训师喊"地震",扮演大树和松鼠的人全部打散并重新组合,扮演大树的人也可扮演松鼠,松鼠也可扮演大树,培训师或其他没成对的人亦可插入队伍当中,落单的人表演节目。

引导讨论:

谈谈活动后的感想和收获。

15.6 开火车

活动场地:室内。

人员要求:两人以上,多多益善。

材料准备:无。

活动目标:增进团体成员之间的感情,利用他或她"开火车"的机会传情达意。

活动流程:

1. 在开始之前,每个人说出一个地名,代表自己,但是地点不能重复。

2. 游戏开始,假设你来自北京,而另一个人来自上海,你就要说:"开呀开呀开火车,北京的火车就要开。"大家一起问:"往哪开?"你说:"上海开。"代表上海的那个人就要马上反应接着说:"上海的火车就要开。"然后大家一起问:"往哪开?"再由这个人选择另外的游戏对象,说:"往某某地方开。"如果对方稍有迟疑,没有反应过来就输了。

引导讨论:

谈谈活动后的感想和收获。

第 16 章　建 立 信 任

16.1　信任之旅

活动场地：室内或室外。

人员要求：两人以上。

材料准备：指导者事先要选择好盲行路线，最好道路不是坦途，有阻碍，如上楼、下坡、拐弯、室内室外结合。每人准备蒙眼睛用的毛巾或头巾。

活动目标：通过助人与受助的体验，增加对他人的信任与接纳。

活动流程：

1. 团体成员两人一组，一位做盲人，一位做帮助盲人的人，盲人蒙上眼睛，原地转3圈，暂时失去方向感。
2. 助人者搀扶"盲人"，沿着指导者选定的路线，带领"盲人"绕室内外活动。其间不能讲话，只能用手势、动作帮助"盲人"体验各种感觉。
3. 活动结束后两人坐下来交流当"盲人"的感觉与帮助别人的感觉，并在团体内交流。
4. 互换角色，再来一遍，再互相交流。

引导讨论：

1. 对于"盲人"，你看不见后是什么感觉？使你想起什么？你对你的伙伴的帮助是否满意，为什么？你对自己或他人有什么新发现？
2. 对于助人者，你怎样理解你的伙伴？你是怎样想方设法帮助他的？这使你想起什么？

16.2　信任考验

活动场地：室内。

人员要求：不限。

材料准备：纸、笔。

活动目标：增加成员间的相互信任。

活动流程：

1. 指导者让成员就下列事件其中一个写在纸上。

① 最怕发生的事。
② 最不敢想的事。
③ 最不容易忘记的事。
④ 从未告诉过别人的事。

2. 在全体成员写完后,指导者请其中一位成员朗读自己所写的,然后问他能不能对外公开,如果不能,是否可以告诉某人,请他在下图的量尺上选一点,表示可以向谁吐露,并说明原因。

3. 接着请其他组员发表意见,说说各自的看法,认为这件事可以告诉谁,在量尺上找一点。看一看个人与其他成员的选择有无区别?为什么?成员依次发言。

【引导讨论】:
1. 你对团体内成员间的信任有什么发现?
2. 团体内哪些行为阻挠彼此间的信任?
3. 为获得别人信任有什么办法?

16.3 信任圈

【活动场地】:室外宽敞的场地。
【人员要求】:8～12人一组。
【材料准备】:无。
【活动目标】:增进彼此合作,建立信任感,活跃团体气氛。
【活动流程】:
1. 每组围成一个圈,邀请一位成员到中间,其他成员手拉手围圈。
2. 练习开始时,圈内人闭上眼睛,自觉舒适地倒向任何一方,其他成员必须手挽手,形成保护圈给予保护,不能让圈内人摔倒。他往哪里倒,团体就往哪里去接住他,将他推到中央的位置。
3. 如此倒下、接住,使中间的成员从紧张到很放松。
4. 换其他成员到圈内去体验。

【引导讨论】:
当你倒向任何一方时,是否有所担忧?当被其他人接住时,有什么感觉?

第 17 章 自 我 探 索

17.1 自画像

活动场地:室内。

人员要求:无。

材料准备:每人1张图画纸、几盒彩色水笔或油画棒。

活动目标:强化成员自我认识,促进自我感知。说明:用非语言的方法将画者的内心投射出来,是一种独特的自我探索、自我分析、自我展示的方法。

活动流程:

1. 指导者给每位成员发1张图画纸,每人或几个人合用1盒彩笔。
2. 请成员画出自己。可以有标题,也可以无标题。若有标题,如大学生活中的我、我的梦等。无标题则让成员随自己的意思,可以用任何形式来画出自己,抽象的、形象的、写实的、动物的、植物的什么都可以。总之,把自己心目中的最能代表自己的东西画出来。这种方法可以使成员发现隐藏在潜意识层面的自我,不知不觉中对自己做出评估和内省。
3. 画完后挂上墙,开"画展",让团体成员自己观看他人的画,不加评论。
4. 完毕,请每一位"画家"对他的画解释并答疑。
5. 团体内交流,促进成员深化自我认识,加深对他人的认识和理解。

引导讨论:

通过自画像和答疑,你对自己的认识有什么变化?

17.2 我了解自己吗?

活动场地:室内。

人员要求:8人小组。

材料准备:自我探索练习纸,纸和笔(每人一份)。

活动目标:自我探索,自我了解。

活动流程:

1. 发下练习纸,要求成员认真思考后填写表17-1。

表 17-1　自我探索练习纸

请您写下：
1. 性别
2. 年龄
3. 最欣赏自己的 2～3 项
4. 你生命中最重要的人物 2～3 人
5. 你记得童年最开心的一个经历是……
6. 在你学习或工作中最有满足感的一个经历是……
7. 如果危机降临到你身上,你的生命将只有 10 个小时,你最想做什么?
8. 现在是 50 年后,你从空中眺望此处,你的感受是……最想对谁说……
9. 20 年后,你希望别人怎样评价你,记得你?
10. 你最想送给自己的一句话是什么?

2. 填写完后在组内分享交流。

引导讨论：
1. 自我探索练习纸中的项目,哪些是你以前没有意识到的?
2. 这次活动中,你的收获和感想是什么?

17.3　生命线

活动场地:室内。

人员要求:不限。

材料准备:"生命线"打印纸,每人 1 支笔。

活动目标:对过去的我,现在的我,未来的我作评估和展望。

活动流程:

1. 团体指导者先说明内容,见表 17-2,然后让团体成员自行填写。

表 17-2　生命线(Life line)

出生:
预测死亡年龄:
预测死亡年龄的依据:
○本人的健康状况
○家族的健康状况
○生活地域的平均寿命
找出今天你的位置:
○写上今天的年龄
○写上今天的日期
思考过去的我与未来的我:
○列出过去影响你最大或令你最难忘的三件事

续表

○列出今后你最想做的三件事或最想实现的三个目标

过去的三件事	未来的三件事
①	①
②	②
③	③

2. 10分钟后大家一起分享交流。小组交流中,每个人都拿出自己的生命线给其他人看,边展示边说明,注意自己与他人内心的反应。

（引导讨论）：

1. 对过去的我的看法怎样？
2. 对现在的我是否满意？
3. 对未来的我有什么预期？

17.4 目光炯炯

（活动场地）：安静舒适的空间。

（人员要求）：不限,两人一组。

（材料准备）：无。

（活动目标）：学习自我肯定的技巧及拒绝。

（活动流程）：

1. 团体成员两人一组,互相注视对方眼睛50 s,不可以躲闪,目光注视表示自信及诚恳。注视着对方,肯定地作1 min自我介绍。接着,肯定地表达自己的感受"我对××(绘画、弹琴、数学、英语等)最有把握",大声说三遍,注意每遍的感受,交换角色进行。

2. 接着,请对方帮忙某件事或借东西,1 min之内用各种方法要求他,但另一方看着对方重复说"不",两人交换。

（引导讨论）：

1. 讨论活动中的感受及意义。
2. 思考如何将自我肯定应用到日常生活中去。
3. 如何恰当委婉地拒绝别人的请求？

第 18 章 共同成长

18.1 你的难题我来解

活动场地:室内。

人员要求:不限,若人数多,可分为6~10人一小组。

材料准备:每人一个信封,若干张纸条(比人数少一张)。

活动目标:通过相互提供意见,协助成员解决个人面临的困惑。

活动流程:

1. 发给每个成员几张白纸条,一个信封。在信封上写上自己的姓名。然后,将自己目前最困扰、最想得到帮助的问题写在纸条上,如"你对我的印象如何?""怎样才能找到意中人?""怎样才能成为一个出色的咨询员""我怎样做才能获得真正的友谊""睡不着怎么办?"……每张纸条写同样的问题,并且留有足够的回答问题的空间,每张纸条上写上姓名,然后把写好的纸条发给每一位小组成员,请他们回答。

2. 每位成员拿到他人的问题纸条时,认真思考,根据自己的经验及体会,怀着真诚助人的心情,以自己独特的方式回答,没有什么对不对之分,把自己对某一问题的真实看法写出来。回答者不用署名。

3. 信封放在小组中央地上或桌上。回答完毕,把每个人的问题装进他的信封内。

4. 每个成员取回自己的信封,抽出回条,一一阅读。

5. 最后,全组集中,每人谈自己阅读完他人意见后的感想。由于得到多个人的帮助,丰富了个人有限的经验,常常使受益者感动不已。

引导讨论:

1. 每个人对问题的解答是否满意?
2. 做完这个活动,你有什么收获?

18.2 脑力激荡

活动场地:室内。

人员要求:不限,6~8人一组。

材料准备:每个小组一张大纸,粗水笔一支。

活动目标：发挥集体力量探讨解决问题的有效办法及途径。

活动流程：

1. 全体成员分组，根据团体成员的特点或团体咨询的目标选择脑力激荡的主题，如"怎样减轻生活学习压力""愉快度过大学生活的方法""改善人际关系的方法""如何增强自信""紧张焦虑消解方法"等。

2. 每组在指导者给定的时间内就某个题目发表意见。应遵守三条规则：一是不评论他人意见正确与否；二是尽可能多的出主意；三是争取超过别的小组。活动本身带有竞赛性质。每个题目限时 15～20 min。

当指导者宣布开始，每个小组派一人记录，其他人七嘴八舌出主意，互相启发，集思广益，列举各种可能的方法。当指导者说"停"，每个小组把自己的意见贴在墙上，选一位代表解释这些方法。全体成员一起评论，看哪个小组办法最多，可以评为"幽默奖""实用奖""有趣奖""认真奖""好主意奖"。

3. 通过评比，帮助成员选择在生活中最适合运用的方法，拓宽思路，群策群力，依靠集体的力量，获得解决问题的方法。

引导讨论：

1. 活动后你有什么收获？
2. 如何发挥集体力量获得解决问题的方法或途径？

18.3 秘密大会串

活动场地：室内。

人员要求：不限。

材料准备：纸、笔。

活动目标：帮助成员面对与处理当前的困扰。

活动流程：

1. 指导者请每位成员想一想目前最困扰自己的事情是什么，最想解决的问题是什么，然后写在纸上，不署名。

2. 写完折叠好，放在团体中央。

3. 全体写完后，指导者随机抽出一张，大声念纸上的内容，请团体成员共同思考，帮助提问题的人解决问题，全体共同出主意想方法，帮助别人也帮助自己。

4. 必要时可通过角色扮演方法来表现具体情境。讨论完一张，再讨论另一张，直至所有纸条上的问题都逐一解决。

引导讨论：

怎样从他人经验中学习成长？

18.4 勇于承担责任

(活动场地):室外或宽敞的室内。

(人员准备):不限。

(材料准备):无。

(活动目标):帮助成员正视自己的错误,并勇于承认错误,克服心理障碍。

(活动流程):

游戏规则:成员相隔一臂站成几排(视人数而定),指导者喊一时,向右转;喊二时,向左转;喊三时,向后转;喊四时,向前跨一步;喊五时,不动。

当有人做错时,做错的人要走出队列,站到大家面前先鞠一躬,举起右手高声说:"对不起,我错了!"做几个回合。

(引导讨论):

1. 这个游戏说明什么问题?
2. 在日常生活中,大多数情况下你是勇于承认错误的吗?为什么?

18.5 报数

(活动场地):室内外均可。

(人员要求):不限,人数越多越好。

(材料准备):秒表、白板。

(活动目标):使团队通过竞争提高他们的效率;使队员看到团队的责任心。

(活动流程):

1. 将所有参加的人在两分钟之内平均分成两组。
2. 挑选男女队长各一名,组织团队进行比赛(队长不参加比赛)。
3. 指导者要求队长宣誓,问三个问题:"有没有信心战胜对手""如果失败,敢不敢于面对队员的指责""如果失败,愿不愿意承担由此所带来的一切责任"。
4. 指导者宣布比赛规则:
① 全队学员进行报数,速度越快越好。
② 分别进行 8 轮比赛,每轮比赛间隔休息。
③ 每轮比赛进行奖惩。输者,由队长率领队员向对方表示诚服,并对对方队员说:"愿赌服输,恭喜你们!"并由男队长做俯卧撑 10 次或女队长做仰卧起坐 20 次,如果以后再输,俯卧撑的次数将会成倍递增。赢者,全队哈哈大笑,以示胜利。
④ 将每轮比赛的结果记录在白板上。

⑤ 游戏结束,播放抒情音乐,诵读一篇散文。
⑥ 诵读结束,指导者引导大家讨论。

引导讨论:
谈谈责任心对我们人生的意义。

18.6 快乐动物园

活动场地:室内外均可。

人员要求:不限。

材料准备:无。

活动目标:体验情绪在问题解决中的强大作用;训练保持幽默和乐观的情绪。说明:情绪有正性与负性之分。有些正性情绪,如兴奋、愉快、幽默可以激发人的创造力,而许多负性情绪,如痛苦、焦虑、恐惧则会阻碍人的创造力发挥。我们每个人都可能有因成功或失败而导致情绪波动的经历。在游戏中,感到尴尬的心理会使你羞于开口。假如你有幽默感,学动物叫就更容易开口。正性乐观的情绪是创造力的催化剂。因此,在最困难的时候,不要忘记幽默可以使你保持乐观。

活动流程:
选择一个伙伴(最好在一些朋友中挑一位不太熟悉的人作为伙伴)。彼此盯着看,目光不能转移,同时用嘴大声学动物叫,至少 10 s。

下面的字母顺序决定你要学的动物是什么:

你姓氏汉语拼音的第一字母	动物名称
A—F	猫
G—L	鸡
M—R	猩猩
S—Z	布谷鸟

引导讨论:

1. 在这个简单的游戏中,你的感觉如何?你是否感到既幽默有趣又有些尴尬?

2. 这个游戏尽管开始时会感到不舒服,很可能结束时已是笑声满堂。你是否注意到好玩和幽默的情绪会有助于你在这个游戏中创造性地发挥,可能会使你灵机一动,模仿出种种出人意料的叫声,获得满堂喝彩,或者逗得大家捧腹大笑?

第 19 章 综 合 一

以下活动建议配合基础篇使用,部分亦可用于实践篇。

19.1 挤眉弄眼

活动场地:室内外均可。

人员要求:不限。

材料准备:四则运算题目数个。

活动目标:增进班级成员更多交流和互动;增进团队合作精神与向心力;活跃班级气氛;增进学生对非口语信息的观察能力;培养学生的专注力等。

此处借由限定面部、肢体表达的方式,加强学生对非言语表达方式的注意与观察,促进人与人之间的交流。

活动流程:

1. 分组及推派三名出题者。6～10人一组,各组派三位成员上前担任出题者。
2. 出题者使用挤眉弄眼出题。运用五官代表数字出题;如眉毛代表千位数数字,眼睛代表百位数、鼻子代表十位数、嘴巴代表个位数、运动五官的次数代表数字。运用头部晃动方式代表数学运算符号,如头向上仰代表加号、头向下低代表减号。各组三位出题者以接力方式呈现题目,其他成员负责算出正确答案,每位出题者只有两次呈现机会,出题者不能开口说话及给予任何手势提供暗示。
3. 各组其他成员齐声高喊正确答案。

注意事项:

1. 分组时应依照班级成员人数来规划每组人数。
2. 时间控制,避免花费太多时间。
3. 确定学生对于活动规则与进行方式均已了解。
4. 严格监督出题者是否有违反活动规则的情况并适时予以纠正。
5. 维持学生秩序避免过于吵闹而影响其他班级上课。
6. 注意被派出担任出题者的学生的身心状况。

引导讨论:

1. 邀请担任出题者分享在呈现题目时的技巧或遭遇的困扰。
2. 邀请担任猜题者分享刚刚的感觉及想法。
3. 邀请大家分享在活动过程中的感想与收获。

4. 你觉得有哪些地方可以做一些改变,让活动能进行得更顺利?

项目变化:

1. 在运算题目的设计上,可增减难度,如学生数学程度较佳,可使用加、减、乘、除、混合运算,或人数的多寡增减出题者,如人数多可增加出题者,或随时间长短增减题目形式,如时间较短,则可减少位数或出题者。

2. 答案呈现方式,可随意变化形式。例如,各组再另派一名学生担任答案揭晓者,再进行一次挤眉弄眼,由另一组的成员来猜该组答案。

3. 可运用身体其他部位来代替五官。例如,无名指、手肘、膝盖等。

19.2　词语接龙

活动场地:室内。

人员要求:20人以上。

材料准备:黑板、粉笔。

活动目标:增进团队合作精神与向心力;使成员感受被接纳;活跃班级气氛。

活动流程:

1. 将同学分成两组(即左右各一组),两组成员人数相等。
2. 在黑板上写好题目,如"黑板"。
3. 说明竞赛规则:限时三分钟,请左右两组的第一位同学开始以"黑板"的"板"进行接字,并写于黑板上,如"板凳"。等第一位同学回来后,再由第二位同学出去,依次类推,直到各组成员江郎才尽。
4. 接字结束后,计算两组写出的字词数量,以多的那一组为优胜。
5. 请比赛输的那一组表演。

注意事项:接字可以是二字词语也可以是三字或四字。

引导讨论:

1. 请个人讲讲在接字过程中的感受。
2. 谈谈当别人接了你的字时的感受。

19.3　左右护法

活动场地:室内外均可。

人员要求:20人以上。

材料准备:成员点名簿。

活动目标:本活动主要用于在团体成员彼此陌生的情况,利用这一活动可以让成员有机会认识邻座成员,增加彼此的熟悉感。

> 活动流程:

1. 如果在教室中进行时,活动开始前应请同学将座椅前后左右对齐,如在户外进行则请同学排成数列,并前后左右对齐,每列人数应相同。
2. 请同学先认识邻近左右第一位同学,记住这二位同学的名字。
3. 带领者应事先准备全班同学的点名簿,活动开始时,由带领者抽点点名簿上的名字,被叫到名字的同学,其左边第一位同学要高举右手,右边的第一位同学要代替被叫到名字的同学大声答"到",被叫到名字的同学则不需做出任何响应。
4. 如有同学未能在带领者喊出被点同学姓名一秒内做出反应,则带领者可请其上台表演节目。
5. 依照以上的步骤,如进行顺利,则可要求同学多认识其邻近左右第二位同学,依次类推,以增加活动难度。

> 引导讨论:

1. 请成员说说他(她)记住了几个同学的名字。
2. 请被人记住名字的同学谈他/她的感受如何。
3. 谈谈记住别人的名字对人际关系有何影响。

19.4 你说我做

> 活动场地:室内。

> 人员要求:20~30人。

> 材料准备:七彩积木。

> 活动目标:使成员认识不同角色的作用,体会不同角色的心态。

> 活动流程:

培训师先自己用积木做好一个模型。
1. 将参加人员分成若干组,每组4~6人为宜。
2. 每组讨论三分钟,根据自己平时的特点分成两队,分别为"指导者"和"操作者"。
3. 请每组的"操作者"暂时先到教室外面等候。
4. 这时培训师拿出自己做好的模型,让每组剩下的"指导者"观看(不许拆开),并记录下模型的样式。
5. 10 min 后,将模型收起,请"操作者"进入教室,每组的"指导者"将刚刚看到的模型描述给"操作者",由"操作者"自己搭建一个与模型一模一样的造型。
6. 培训师展示标准模型,用时少且出错率低者为胜。
7. 让"指导者"和"操作者"分别将自己的感受用彩笔写在白纸上。

> 引导讨论:

1. 身为"指导者"的你,体会到什么?

2. 身为"操作者"的你,体会到什么?
3. 当"操作者"没有完全按照你的指导去做的时候,"指导者"的你有什么感觉?
4. 当感觉到你没能完全领会"指导者"意图的时候,"操作者"的你有什么感觉?
5. 当竞争对手已经做完,欢呼雀跃的时候,你们有什么感受?
6. 当看到最后的作品与标准模型不一样的时候,你们有什么感受?

19.5 自我成长体验——人际关系中的我

活动场地:室内。

人员要求:每组6～10人。

材料准备:纸、笔。

活动目标:认识人际关系中的"我",认清不同人眼中的"我"。

活动流程:

1. 分组,每组6～10人。
2. 认真考虑,在纸上写下自己在以下人物眼中的样子。

父亲眼中的我;
母亲眼中的我;
兄弟姐妹眼中的我;
同事眼中的我;
朋友眼中的我;
同学眼中的我;
恋人眼中的我;
自己眼中的我;
自己理想中的我。

例如:在父母眼中我是一个懂事、有些害羞、不用父母操心、上进的、不乱花钱、有些懒惰的大男孩;在兄弟姐妹眼中(只有一个妹妹)我是妹妹心中可以依靠与信赖的大哥,是一个诚实守信,爱护妹妹的好哥哥;在同学眼中我是一个大方、乐于助人、受人尊敬、好人缘、有些懒散、追求自由的人;在老师眼中我是一个默默无闻、成绩优秀、自律、品学兼优的学生;在恋人眼中我是一个懂得爱、有责任感、守时守信、有幽默感、坚强的好男人。

3. 各小组内部交流。
4. 各组派代表在全班发言。

引导讨论:

1. 询问别人眼中的自己,谈谈自己在别人眼中的样子与自己写的是否一致。
2. 别人眼中的自己与自己的实际表现是否一致?分别说明。
3. 将这些描述清晰地整理出来时,你可以与你的同学、家人、朋友、恋人沟通,听取他们对你自己评价的认同度。

19.6　20 个"我是谁"

(活动场地):室内。

(人员要求):20 人以上。

(材料准备):"我是谁"活动单、笔。

(活动目标):认识并接纳自我。

(活动流程):

1. 活动说明:在"我是谁"活动单上写下以"我"字开头的 20 个句子,这些句子是描述你各方面特征的,说明头脑中浮现的关于自己的想法。

"我是谁"活动单

"我……";
"我是……";
"我有……";
"我喜欢……";
"我要……";
"我会……";
"我不……";
"我可以……";
"我想……";
…………

2. 将重要的和不重要的分开,把重要的按重要程度排序。
3. 各小组成员组内交流各自的清单。
4. 派小组代表在全班发言。

(引导讨论):

1. 请大家谈谈你所列出的 20 个我以前是否认识到。
2. 你是否接纳列出的 20 个我？为什么？

19.7　这是我的花生

(活动场地):室内。

(人员要求):8～12 人。

(材料准备):挑选形状类似却又不同的花生若干,至少每人一个。

(活动目标):认识自己的特点,突出自我的独特性,提高自我认识。

⬚ 活动流程 ：

1. 分组。8～12人为一组。
2. 将挑选好的花生分给每人一颗。请他们仔细观察手中的花生的特征、形状、纹路如何，总之要记住自己的花生的样子。
3. 将各自的花生交回圈内混合，请大家找出自己的那颗花生。

⬚ 注意事项 ：

若发生争执，互相竞争同一颗花生的人，要能正确描述出自己的花生，描述最准确者获得。

⬚ 引导讨论 ：

请大家说说每个人的特点(自己的、其他组员的)。

19.8 周哈里窗

⬚ 活动场地 ：室内。

⬚ 人员要求 ：每组8～10人。

⬚ 材料准备 ：周哈里窗海报。

⬚ 活动目标 ：让学生了解一个人可能存在的不同的部分；鼓励学生多探索；悦纳自己，扩大自己的公开区。

⬚ 活动流程 ：

1. 在黑板上(以海报)向学生介绍周哈里窗。指导语：我们常说"知己知彼，百战不殆"。"知彼"暂不说，我们真的能够做到"知己"吗？其实，对于自己，我们并不能真正做到了如指掌，有些事情是我们自己不知道而我们的朋友却清楚了解的。不相信吗？让我们来看看"周哈里窗"是怎么说的吧。

在别人给我们的回馈中，我们可以验证别人对自己的看法，增进自我的觉知。"周哈里窗(Johari Window)"就介绍了自我袒露和回馈经验之间的关系，它可以帮助我们认识自己，也可以让别人了解自己。Johari，是从创始人 Joe Luft 和 Harry Ingham 两人的名字中截取的；"窗"是指一个人的心就像一扇窗(如表19-1所示)，普通的窗户分成四个部分，人的心理也是如此。我们在和朋友彼此互相给予回馈的过程中，可帮助自己更加认识自己，同时可以使朋友之间更加深入地了解彼此。

表19-1　周哈里窗

	自己知道	自己不知道
别人知道	1. 自由活动领域(公众我)	2. 盲目领域(背脊我)
别人不知道	3. 逃避或隐藏领域(隐私我)	4. 处女领域(潜在我)

① 第一个部分称为公众我，是自由活动的领域，是自己和别人都知道的公开部分。身高、肤色、年龄、工作等，这是当局者清旁观者亦清的部分。

② 第二个部分称为背脊我，是盲目的领域，是自己不知道而别人却知道的部分，所以这是

旁观者清当局者迷的部分。口臭便是最好的例子,所以在外国有人称这个部分为口臭区。其实一个人的优点,尤其是缺乏自信者的优点,是自己不知道,而别人已发觉的领域,心理学家的任务便是帮助每个人发觉他自己的优缺点。

③ 第三个区域称为隐私我,是逃避或隐藏的领域,我们自己清楚知道而别人却不知道的秘密或不可告人之处,是当局者清而旁观者迷的部分。自私、嫉妒是平常自己不肯袒露的缺点,心中的愿望、雄心是优点,但也是不愿告诉别人的部分。

④ 第四个区域称为潜在我,是处女领域,是当局者迷而旁观者亦迷的部分。人的潜能常是自己和别人不易发觉的。人的眼睛是雪亮的,朋友之间如果相处久了,也就有互相开发处女领域的美好机会。

2. 引导学生在小组内发表对于不同区域的看法,进行组内交流。

3. 请学生根据以下的说明内容予以归类,分别将讨论的结果写在周哈里窗的四个格子里。

① 公众我:自己与别人都有提到的特质。
② 背脊我:自己没写而别人却提到的特质。
③ 隐私我:自己有写而别人却没提到的特质。
④ 潜在我:自己与别人都不知道的特质(空白)。

	【自己知道】	【自己不知道】
【别人知道】		
【别人不知道】		

4. 提醒学生要试着扩大自己的公开区。试排列你对秘密愿意尝试开放的顺序(请写别人不知道的特质)。

1. _____ 2. _____ 3. _____ 4. _____ 5. _____

引导讨论:

1. 活动的发现与心得如何?

2. 你对于目前自己的开放程度满意吗?
3. 谈谈活动中你对自己新的认识有哪些。

19.9　暖身活动

(活动场地):室外或宽敞的室内。

(人员要求):不限。

(材料准备):人际特质问卷(附录B)。

(活动目标):协助学生觉察自己喜欢的人际特质,了解他人欣赏的人际特质,进而反省自己与人互动的人际形态。

(活动流程):

1. 活动前教师先请学生将桌椅挪至两旁,将教室中间空出来。本活动亦适合于户外举行。
2. 教师发给每位学生"人际特质问卷"(附录B),并请其回答上面的问题。
3. 请学生起立至没有阻碍的空间进行"搭肩活动"。
① 教师宣读第一个题目,学生则走到答案中同学的身旁,将手搭在他(她)的肩上。
② 待所有学生都站定后,教师再宣读下一个题目,学生则再走到答案中同学的身旁,将手搭在他(她)的肩上。依次进行。
4. 当所有题目皆进行过后,学生可分组分享其在此活动中的感受及领悟。
5. 教师可公布学生所填答的理由。
6. 教师指导学生依网格线将"人际特质问卷"切割成12份,送给答案里的同学。

(引导讨论):

1. 当你填答问卷时:
① 有无任何困难? 如果有,原因何在?
② 你有没有想过将你自己填在答案栏上? 如果有,你有没有这样做?
2. 当你搭在别人肩上时,或被别人搭肩时,是什么感觉? 当时你想到什么?
3. 对你而言,什么样特质的人你较易与他相处?
① 这样的特质与你自己的特质相似还是互补?
② 有哪些特质,你的看法和其他人一样? 哪些是不一样的?

19.10　我拿鸡蛋我来说

(活动场地):室内。

(人员要求):10～15人。

(材料准备):鸡蛋若干、塑料袋、若干份不同题目的试卷(题目教师自定)。鸡蛋用塑料袋包起来,以免破掉弄脏衣服。鸡蛋个数和试卷分数不少于组数。

(活动目标):人际关系团体运作时认识自己的角色定位;了解自己在团体沟通模式中自己的沟通模式。

(活动流程):

1. 将班上同学分组,一组人数为 10～15 人。

2. 教师发给一组一个鸡蛋和一份试卷。说明只能由手拿鸡蛋的同学发言,没拿鸡蛋的同学不能说任何话,想要发言的同学就得拿到鸡蛋后才能说话,依此方式讨论出试卷的答案。

3. 三分钟过后,开始回答试卷的问题,每一组轮流回答一次,依旧还是只有拿鸡蛋的同学可以回答。答对最多的那组获胜。

(引导讨论):

1. 在生活中,我们的习惯是大家你一言我一嘴、杂七杂八的插嘴方式,现在规定只能由手拿鸡蛋的同学才能发言,情况与平时有什么不同?

2. 回想刚刚讨论的时候,自己是属于拼命拿着鸡蛋不放的人,还是就算是知道答案,也不去争取鸡蛋的人。检视自己在团体中的沟通定位。

3. 自己的沟通模式与人格类型有关吗?

19.11　上课演示教案

(活动场地):室内。

(人员要求):不限。

(材料准备):压力核查表附录 C。

(活动目标):让个体明白面临的压力,了解压力与健康的关系,寻找释放压力的措施。

(活动流程):

1. 准备压力核查表,表上面有许多当压力过大时人们会出现的症候。

2. 问大家会不会常常出现以下类似的情况,如果有的话,请把你的手举起来,在你的头顶画圈,如果没有的话,请把你的手臂在胸前交叉,逐条念出压力核查表上的项目。

3. 念完后,询问同学有多少个选项画圈,然后照着压力核查表中的评分说明告诉他们测验的结果,也就是几个到几个之间他们的压力状态是怎样的。

4. 组内讨论。

5. 小组代表发言。

(引导讨论):

1. 你的压力程度如何?是由什么原因引起的?

2. 压力过大对心理健康有哪些影响?

3. 有压力是否是不好的事?

4. 当压力过大时如何释放压力?

19.12 谁先出局

活动场地：室内。

人员要求：不限。

材料准备："人生六个球"清单。

活动目标：认清对自己最重要的事物,珍惜它们,这样才能获得成功。

活动流程：

1. 发放"人生六个球"清单。
- 面包和水；
- 健康和美；
- 事业/学业/工作；
- 理解、接纳和地位；
- 爱；
- 灵魂。

2. 指导语：在人生的舞台上我们每个人都像一个杂技演员,用这六个球演绎着我们的喜、怒、哀、乐……人生的六个球我们在很多时候不得不丢掉一个甚至更多,虽然有时候我们的心在滴血！

3. 让成员按照重要程度在"人生六个球"清单上对六个球依次圈除愿意舍弃的球,最后只留一个,看看五个球依次谁先出局？

4. 在小组内交流分享每个人对六个球的排序。

引导讨论：

1. 在这个活动中,你学到了什么？
2. 生命中对自己最重要的是什么？

19.13 价值观体验

活动场地：室内。

人员要求：不限。

材料准备：一份材料及统计表。

活动目标：探讨并澄清价值观,通过交流,认清生活中最有价值的东西。

活动流程：

1. 指导者告诉成员：地球上发生了核战争,人类要灭亡。但是,一位科学家发明了一个特别的核保护装置。谁在其中,就能活下去。装置只能容纳 7 人,现有 10 人。请你决定谁该活下去,谁该面对死亡,排出先后次序。并说明原因。

10个人分别是:
- 小学老师;
- 小学老师怀孕的妻子;
- 职业棒球运动员;
- 12岁少女;
- 外国游客;
- 优秀的警官;
- 年长的僧侣;
- 流行男歌手;
- 著名小说家;
- 慢性病住院患者。

2. 全体成员听完给定的情景后,认真思考,做出自己的选择。有的人会用排除法,先选出死亡者,有的人会先选出生存者。

3. 每位成员将自己的选择及理由记下并在小组内部交流。为了获得小组一致的意见,全组充分讨论,各抒己见,各个人可以在讨论后修正自己的意见。

4. 每个小组派小组代表在整个团体中介绍小组的决定及讨论情况。小组成员可保留自己的意见,到团体中再阐明。

引导讨论:
1. 通过自己的选择可以看出自己的价值观是怎样的。
2. 认清自己的价值观与获得成功有什么关系。

项目说明:这个活动包括丰富的寓意,充分体现了每个成员的价值观及对未来社会的憧憬或理想。讨论并不求得出一致的结论,真正的目的在于讨论过程中了解自己的价值观及他人的价值观,并通过他人的启发,调整自己的认识,认清生活中最重要最有意义的是什么。

19.14 创意射飞机

活动场地:室内。

人员要求:班级人数。

材料准备:
1. 准备六种不同材质的纸(影印纸、包装纸、棉纸、西卡纸、塑料袋、白报纸等)若干张(视班级人数而定)。
2. 折纸飞机步骤的小海报。
3. 黑板。
4. 小礼物若干份(可有可无)。

活动目标:让学生了解做决定的重要;使学生运用创造力解决问题,克服现有的限制;

体会团队合作的重要性;增进学生的沟通技巧。

> **活动流程**:

1. 决定命运——2 min 分组。指导语:每个学生可以选择自己要拿的纸,有些纸很漂亮但不好折、有些纸很好折但不容易飞、有些纸很容易飞但不好折……学生一旦决定自己要拿的是哪种纸,就得接受并承受之后的结果。由老师将每份纸发给每一排的第一位同学,每人随意选一张纸,并请同学安静地依次顺序向后传。确定每位同学都拿到纸后,说明此活动的名称、流程,并请同学依照老师接下来的步骤,跟着做。

2. 造飞机——3 min 分组。指导语:现在我们要进行"造飞机"活动,大家运用手上拿到的材料,折出一架飞机,做好的就把材料放在桌上,不要动它,然后做出一个手势,让老师知道你完成了。不知道怎么折飞机的同学,老师在黑板上会贴折纸步骤的小海报,另外,也会示范折纸飞机给大家看,各位同学可以参考。

老师在黑板上贴折纸飞机步骤的小海报,并实际示范这些步骤。

3. 谁跟我同类——1 min 分组。拿到同种类纸的人,坐在一起。

4. 创意射飞机——8 min 分组。指导语:等一下我们将进行创意射飞机的活动,各组将派一位代表进行比赛,靶在黑板上,发射区在 3 米外,射到不同的区域有不同的奖品哦!现在要请各小组用 2 min 的时间讨论一下,该用什么方法让手中的飞机随你心意地飞。另外,若要试射飞机,只能对着墙壁射,不能对着人射(1 min)。

小组讨论(2 min)。

射飞机(3 min),指导语:小组讨论时间结束,现在我们要进行射飞机的活动,请各组代表至发射区排成一列,依序发射,发射前代表要解释小组使用的方法。

注:老师协助安排顺序,让先到者排前头,先发射。代表射完随即颁奖。

在每组的代表都射完后,教师可在针对各小组中,飞机造型最佳、最有创意等的学生,给予鼓励。(1 min)

教师总结——1 min。

> **注意事项**:

发射区由老师标示、定位。

飞机不可对着人射!只能对墙壁射!以免学生受伤。

> **引导讨论**:

1. 你对你选择的纸和折成的飞机的飞翔效果满意吗?这样的结果应由谁负责?
2. 当遇到不满意的事情,怎样对待它才能减少失败,趋向成功?
3. 小组合作对射飞机有什么帮助?

> **项目变化**:

1. 不同材质的纸不一定非得六种,可视教师手边容易获取的资源而做调整。需特别注意的是,至少要有容易折和不容易折两大类。
2. 分组时,可视班级课桌椅排列情况,弹性调整每一组的位置。
3. 小礼物是给学生的鼓励,或是物质的,或是口头上的奖励,也可以是全班拍手鼓励等。教师可视班级学生的特性或喜好,给予鼓励。

19.15　最舍不得的人

活动场地：室内。

人员要求：班级人员。

材料准备：白纸、笔。

活动目标：寻找对自己最重要的人，学会珍惜。

活动流程：

1. 指导语：我们现在来做一个测试，在做这个测试前，要先拿上一支笔和一张纸，在做这个测试的时候，你一定要遵守游戏规则，当然这完全要靠你自觉，相信在做完这个测试后，你会有些收获！游戏现在开始：听我说，你先在纸上写出你最亲密的五个人的名字，要遵守游戏规则，一定要写。(等待每个人写完)相信你已经写好了，现在听我说，把你刚写的五个人名字里用笔画掉一个(仔细考虑一下，画掉就等于失去了，永远失去了，再也见不到了)画去他的名字。请遵守游戏规则！相信你已经画去了，现在请你用笔再画去其中一个，假设被你用笔画去的人以后你就永远见不到了。好，相信你也已经画掉了，请继续。现在要求你再画去其中一个，请一定要遵守游戏规则，否则这个游戏你做的一点意义都没有。再选择失去一个。好，现在请你闭上你的眼睛，在脑中幻想刚刚被你画去的名字现在正在慢慢地变得模糊，越来越模糊，已经看不清了，纸上只剩下你没画去的最后那个人的名字，其余的名字现在已经完全消失了。

这个游戏到这已经做完了。

2. 小组内交流感受。

3. 悲伤消除：看着你画掉的人的名字10 s，然后闭上眼睛深呼吸3次，想象你看到你眼前画掉的不是一个人，而是一个名字。你眼前的亲人的影像逐渐变得清晰，原来那是个游戏，你根本没有失去他们！

引导讨论：

1. 当划去第一个人时你的感受怎么样？
2. 当依次画去第二个、第三个直到第四个人时，你的感受怎么样？
3. 最后留下的是谁？你为什么留下他(她)？

19.16　合力吹气球

活动场地：室内外均可。

人员要求：每组6人。

材料准备：准备每组各六张签，上面写着嘴巴、手(二只)、屁股、脚(二只)、气球(每组一个)。

活动目标：通过分工合作明白人际支持的重要性，学会人际互动的道理。

活动流程：

1. 分组。不限几组，但每组必须有六人。
2. 主持人请每组每人抽签。
3. 吹气球并坐破。首先抽到嘴巴的必须由抽到手的两人帮助来把气球吹起（抽到嘴巴的人不能用手自己吹起气球），然后两个抽到脚的人抬起抽到屁股的人去把气球给坐破。

注意事项：

1. 场地空间需宽广，有足够的空间可活动。
2. 活动中要注意安全。
3. 控制好场面，学生不可过于嬉笑、混乱。

引导讨论：

1. 请完成最快的一组说说他们的做法和体验。
2. 在本活动中，分工合作与人际支持有什么作用？
3. 我们在什么时候需要人际支持？你的人际支持主要来自哪些方面？

19.17　捆绑过关

活动场地：室内外均可。

人员要求：不限。

材料准备：绳子或其他可以捆绑的东西。

活动目标：认识在完成任务中与他人协作的重要性。

活动流程：

1. 分组，不限几组，但每组最好二人以上。
2. 每一组组员围成一个圈圈，面对对方。主持人帮忙把每个人的手臂与隔壁的人绑在一起。
3. 绑好以后，现在每一组的组员都是绑在一起的，主持人交代一些任务要每组去完成。如吃东西、写字、脱鞋子、帮每个组员倒水等。
4. 交流被捆绑着完成任务过程中的感受。

注意事项：

1. 活动空间需宽广。
2. 不可捆绑过紧。
3. 控制好场面。

引导讨论：

1. 被捆绑的人如何才能更快更好地完成任务？

2. 通过本活动你学到了什么？

19.18　七手八脚

活动场地：室内。

人员要求：每组5人。

材料准备：黑板、计时器、口哨。

活动目标：帮助同学了解如何分工合作；让同学能了解互助合作的重要；让同学了解沟通的重要。

活动流程：

1. 向团体成员介绍活动名称及目标，向团体成员说明活动规则。
2. 分组：请同学依序由1～5报数，报到1的为第一组，依次类推。
3. 给各组一个主题，如医师、老师、警察、计算机工程师、家庭主妇等人物角色，给各组5 min的时间讨论该如何将本组的主题呈现于黑板上，以及每个人所要画的部分。
4. 规则：每组讨论时间为五分钟，每人都需上台画的时间为10 s，听到哨音即换人。
5. 活动结束后，请大家欣赏每一组所画的，并请每一组派代表上台分享他们这组是如何分工，以及所画人物的特征。

注意事项：

1. 分组时应依照班级成员人数来规划每组人数。
2. 控制同学分组及讨论的时间。
3. 提醒同学在分组时要注意安全并保持安静。
4. 控制每个人上台画画的时间。

引导讨论：

1. 在这个活动中，需要怎么做才能完成？
2. 人际关系中，沟通有什么作用？

项目变化：

1. 分组方式可以有所变化，依当时活动的时间进行变化。
2. 所画的主题亦可依课程有所变化，如本次的人物可与职业、生涯联结，主题亦可换为动物或环境类别皆可，可依主题进行变化。

第 20 章 综 合 二

以下活动建议配合应用篇使用,部分亦可用于实践篇。

20.1 终极密码战

活动场地:室内外均可。

人员要求:每组四人。

材料准备:密码(绕口令句子)若干。

活动目标:提升气氛、打破沉寂;使成员更加了解解读别人口语及非口语信息的重要性,认识如何专注、倾听来使信息正确地传递而减少传递错误。

活动流程:

1. 领导者向成员介绍活动方式。
2. 将班级人数平均分成四组并请组员尽量集中方便活动的进行。
3. 请各组推派一名成员,并由领导者予以分派小组密码。
4. 请各组推派的特派员以唇语的方式,不可发出声音,也不可比划动作,向其他组员传达密码内容。如云云运球运到晕倒、珊珊买了三十三个珊瑚、彬彬在冰箱旁吃冰淇淋。
5. 当各组完全正确读出密码内容时即止,并由最快猜出的到最后猜出的组为顺序公布密码。
6. 获得第一名的组接受其余组别的欢呼、掌声、恭贺。
7. 分享各自的心得和感悟。

引导讨论:

1. 说说在密码传递过程中,你是如何做的?
2. 要怎么做才能快速准确地听懂别人的话?
3. 专注和倾听在人际交往中有何作用?

项目变化:

该活动还可多准备一些题目。第一次就照上面的做法,不可以发出声音,也不可以比画动作,来让其他成员猜。第二次就可以加上动作来辅助说明,让成员猜。

20.2 "画"中有话

活动场地:室内。

(**人员要求**):不限。

(**材料准备**):八开图画纸7张、彩色笔7盒、抢答铃。

(**活动目标**):当团体共同进行一件工作时,每个人心中都会有自己的一个蓝图,你心中所想的和别人可能非常像或非常不同,这时就需要通过沟通,找到大家都可以接受的方式。在游戏中规定大家不能说话,就是希望大家能体认悟到"沟通"的重要。

(**活动流程**):

1. 把全班同学分成七组,坐成七直排,每一排人数尽量一致。
2. 将7张图画纸贴在黑板上,指定顺序,对应相应的小组。
3. 讲解规则:每个人依序出来到各组的图画纸上作画,可选择自己喜欢的颜色,每人限时30 s,30 s一到,会按铃提醒。第一位同学画完之后,回来换下一个同学,至少要轮过一轮。在第一轮的时候,每个人都要动笔,从第二轮开始,当你觉得这幅画可以接受时,就可以不用动笔,但还是要依序出来画,总共要轮完3轮。在活动过程中大家不能交谈或交换意见。

(**引导讨论**):

1. 当你心中有想法却无法说出的感觉是什么?
2. 当你心中的蓝图和那幅画差距越来越大的时候,心里有何想法?你想要怎么做?

20.3 独木桥

(**活动场地**):室外。

(**人员要求**):不限。

(**材料准备**):30厘米高的平衡木,可利用类似器具替代;题目四组或更多;哨子两个。

(**活动目标**):学习相互协助、团队合作;增进沟通技巧。

说明:利用这个活动,我们可以发现,唯有利用团队的合作,才能达成任务;而在活动进行的过程中,如何与自己的伙伴沟通,交换彼此的想法,亦将会影响到全组完成问题的速度。此外,当遇到问题时,该如何利用全体的力量来寻求解决的方法,亦是强调的重点;最后,借由仔细地聆听老师的说明,我们也可发觉聆听他人说话的重要性。整个活动,由聆听开始,利用沟通的技巧来统合团体的力量,以便解决所面临的问题,即为我们本次活动的主要目的。

(**活动流程**):

1. 在室外空间集合。
2. 教师利用抽签来进行分组,将全班平均分为六组。
3. 说明活动规则。

① 每组同学站好,从前向后报数,每位同学代表由一到十的其中一个数字,大家要记住自己的号码。当全组同学站在一起时,即代表一组数字,教师会读出一串数字,请同学们按数字的顺序排列自己,将数字展现出来。听到另一串数字,则全组同学必须配合调换位置,以达到要求。

② 请同学按照编号站在平衡木上,之后聆听教师说明题目,依照题目指示变换站立的位置。
③ 游戏进行中不可落地,否则即重新来过。
④ 活动开始时,第一组的号码为 123456789,请同学按照自己所代表的号码排列。第二组号码则为 214365897、第三组号码为 543219876、第四组号码为 987654321,每次转换队形时间为两分三十秒。
⑤ 每组完成最快者,接受其他组的掌声和祝贺。
4. 请每组同学开始进行活动。
5. 教师总结并说明活动目标。

(注意事项):

1. 注意平衡木高度,不可超过 30 厘米,以免增加危险。
2. 请同学于平衡木上务必不可推挤、嬉闹。
3. 请放置软垫或于草地上进行,以确保同学安全。
4. 若遇雨天或无法于室外进行活动时,可利用室内空旷场地,将胶带粘贴地板上,以胶带代替平衡木,请同学排列于胶带之上。
5. 教师务必注意同学安全。

(引导讨论):

1. 进行完这个活动,你有何发现?
2. 在活动进行的过程中,哪些因素会影响到全组完成问题的速度?
3. 当在进行过程中遇到问题时,该怎么办?

20.4 蒙眼作画

(活动场地):室内。

(人员要求):不限。

(材料准备):眼罩、纸、笔(份数与人数相同)。

(活动目标):使成员明白单向交流方式与双向交流方式可以取得不同效果。

(活动流程):

1. 指导语:人人都认为睁着眼睛画画比闭着眼要画得好,因为看得见,是这样吗?在日常工作中,我们自然是睁着眼的,但为什么总有些东西我们看不到?当发生这些问题时,我们有没有想到可以借助他人的眼睛?试着闭上眼睛,也许当我们闭上眼睛时,我们的心就敞开了。
2. 分发眼罩、纸和笔,每人一份。
3. 所有成员用眼罩将眼睛蒙上,要求蒙着眼睛将他们的家或者其他指定东西画在纸上。
4. 完成后,让学员摘下眼罩欣赏自己的大作。

(引导讨论):

1. 蒙上眼睛所完成的画为什么并不是我们所期望的那样?

2. 怎样使这一工作更容易些?

（项目变化）：

1. 让每个人在戴上眼罩前将他们的名字写在纸的另一面。在他们完成图画后,将所有的图片挂到墙上,让学员从中挑选出他们自己画的那幅。
2. 教师用语言描述某一样东西,让学员蒙着眼睛画下他们所听到的,然后比较他们所画的图并思考,为何每个人听到的是同样的描述,而画出的东西却是不同的。

20.5 冒险气球

（活动场地）：室外或宽敞的室内。

（人员要求）：不限。

（材料准备）：气球几个；秒表一只。

（活动目标）：强调团体合作,说明全体应该合作,并且能够分工,以达到团体最有效益的运作。

（活动流程）：

1. 将成员分为四组并分别标示为第一、二、三及四组。
2. 任务分派。第一组：有 1 min 30 s (90 s) 的时间,将自己的气球往上打,尽量不让气球落地,气球落地后可捡起再继续拍打。第二组：预备组。第三组：计时组,帮第一组计时一分半钟。第四组：计次组,帮第一组统计气球共掉到地面上几次。
3. 让四组有一分钟的时间去讨论自己组要用的避免气球掉到地上的策略。
4. 待一个组进行完后,第二组进行活动,第三组预备,第四组计时,第一组计次,依次类推。
5. 四组进行完毕,以气球落地数最少的一组为优胜。

（注意事项）：

1. 因活动进行过程较复杂,所以指导语要说明清楚。
2. 时间的掌握要恰当,不要拖延时间。
3. 注意班级管理的工作,不要让场面难以控制。

20.6 我说你做

（活动场地）：室内。

（人员要求）：不限。

（材料准备）：废纸若干张,大小为 A4 折半即可。

（活动目标）：使大家了解单向沟通的缺陷,增进沟通的技巧,达成有效的沟通。

> 活动流程：

1. 将预先准备好的废纸发给学生，每人一张。
2. 请学生闭上眼睛。
3. 对同学说明活动进行的方式。指导语：同学们，请闭上眼睛，看我们今天的活动名称你就可以知道我们今天要做什么。等一下，我说什么，你们就做什么，不用思考是什么，凭直觉去做就可以了，也不需要去看别人怎么做，大家清楚了吗？好，都闭上眼睛！
4. 开始引导学生折纸（自己也要折纸）：
- 把纸对折；
- 再对折；
- 再对折；
- 把右上角撕下来，转180°，把左上角也撕下来；
- 睁开眼睛，把纸打开。
5. 让学生互相看看折出来的东西是否相同，是否与老师所折的相同。

> 引导讨论：

1. 看看周围的同学折出来的纸是不是一样呢？你跟老师折出来的又有什么不同呢？老师说的明明是同一个指导语，为什么会造成这么不同的结果？
2. 在我们日常生活中，是不是常常会发生类似的状况？有时候同样的语言，在不同的人耳中听起来却会有不同的意思。
3. 影响沟通效果的因素有哪些？

20.7 微笑一分钟

> 活动场地：室内外均可。

> 人员要求：不限。

> 材料准备：无。

> 活动目标：让学生切身体会微笑的好处（这一活动可在讲解微笑的好处之后进行更为有效）。

> 活动流程：

1. 让学生对着同学，可以是任何一个同学微笑，但不能大笑，更不能怪笑。
2. 规定在一分钟时间内，每个学生至少要跟五个以上的同学有目光碰撞的微笑。

> 引导讨论：

1. 当你真心地微笑后，全身有什么样的感觉？
2. 别人对你微笑时，你有什么感受？
3. 讲讲微笑有哪些作用。

20.8 找领袖

活动场地：室内。

人员要求：不限。

材料准备：无。

活动目标：活跃课堂氛围,增强学习动机;增加成员之间的默契。

活动流程：

1. 领导者向成员解说游戏规则。
2. 邀请一位自愿作寻找者的同学到教室外。
3. 在剩下的成员中选出一位领袖,让此领袖带领成员做动作,如领袖拍手,其他成员也跟着拍手;领袖摸头,其他成员也跟着摸头,依次类推。
4. 请寻找者回到教室内,观察成员的动作及反应,以找出谁是领袖。
5. 换其他的领袖和寻找者继续进行。

引导讨论：

1. 请寻找者谈谈他是如何找到领袖者的。
2. 请领袖说说你是如何做到不让寻找者发现你的。

20.9 突围闯关

活动场地：室外或宽敞的室内。

人员要求：不限。

材料准备：无。

活动目标：这个活动可作为交往的沟通活动,譬如说团体里可能有被排斥的成员,此时采用此活动,不仅可让成员感受这种感觉,也可帮助成员打入团体,还可以用来促进人际关系,培养团队精神。

活动流程：

1. 将全班同学分组,每组 10 人左右。
2. 突围
① 选出一位成员,站在团体中央。
② 其他的成员则勾起手臂,形成包围。
③ 被包围在团体中央的成员可以采用任何方式,力求突围挣脱;而围成一圈的成员们要尽力不让包围者逃出。
④ 一段时间之后,换其他成员尝试。

3. 闯关

① 所有的成员围成一圈,并勾起手臂。

② 领导者或其他一位成员站在圈外,设法打入圈里。

③ 其他成员应尽量排斥,直到闯关者成功。

④ 一段时间之后,换其他成员尝试。

注意事项：

1. 强调安全问题,突围和闯关时要用策略,而不要莽撞。
2. 保护同学的安全。

引导讨论：

1. 当你闯关时,身处团体之外,你有什么感受？当时想的是什么？
2. 闯关成功或失败时,你有什么感受？

20.10 飞来横祸

活动场地：室内外均可。

人员要求：不限。

材料准备：充气棒槌形玩具一个；哨子一个。

活动目标：促进团体成员气氛,引发学习动机；让学生体验无法预测或无法控制情境中的感受；让学生体验在人际相处中被排斥和不受欢迎的感受。

活动流程：

1. 分组

① 若在教室外：空旷场所请成员组成两个同心圆,分别为内圈、外圈。

② 若在教室内：

- 教室的情形,将座位集中,仅留二至三条(越少越好)的走道供活动进行,必要时得搬动桌椅；
- 座位必须两两成对,成对的座位靠走道者为前排,另一个为后排,请学生面向走道而坐。

2. 说明活动规则

① 正所谓"天有不测风云,人有旦夕祸福",所谓世事无常……在生活中我们往往会遇到许多不如意的事情,有时来得突然更是让人措手不及,所谓"飞来横祸"就是这个意思。今天就让我们一起来体验这无常的世事吧。

② 待一会儿,会有一名衰神降临,他会将厄运带给被他不幸之槌(充气棒槌形玩具)击中的人,被击中的人会变成另一个衰神,而原本的衰神便替代了那人的位置,同时可以指挥新的衰神降临灾祸给任何一个人,很可怕,对不对……没关系,各位都有一名小天使在守护着,当衰神快要将厄运带来时,小天使可以使你免于厄运。

③ 前排(外圈)的同学是小天使,后排(内圈)的人则是凡人,衰神只会找凡人下手,当衰神要击中不幸的人时,他的小天使便会喊其他人的名字来使衰神转移目标。

④ 主持人扮演万能天神的角色,可以决定第一个衰神是谁,并在衰神迟迟找不到目标下手时帮他一把,使活动得以流畅进行。

(注意事项):

1. 为避免受伤,衰神只能轻轻敲一下凡人,且不可以打脸部、胸部。
2. 内圈(后排)的凡人不能说话。
3. 若要节省活动时间,可规定外圈(前排)的伙伴,也就是天使,不得叫已叫过伙伴的名字。
4. 新任衰神必须听命旧任衰神的指令突然降临灾祸给某人,直到新任衰神找到目标为止。
5. 若在教室内进行,为避免受伤,须规定衰神不得跑动。若于室外则视情况而定,一切以参与者的安全为第一。
6. 当衰神第一次出击时,即旧任衰神或天神要叫凡人名字时,衰神要站在某一定点,避免旧任衰神叫新任衰神附近的同学,而让同学措手不及。

(引导讨论):

1. 被别人的小天使叫到名字时,有什么感受?
2. 自己的命运完全在小天使手中时,感觉是什么?
3. 被人排斥的衰神有什么感受?

20.11 Discovery

(活动场地):室外或宽敞的室内。

(人员要求):不限。

(材料准备):无。

(活动目标):活跃班级气氛;培养学生合作精神;激发学生的创造力;增进学生彼此间的了解;让学生了解自己在人际互动中,"主、客的关系"(如自己是较主动或被动、领导他人或配合他人等)。

(活动流程):

1. 说明活动。

① 这是一个关于扮演动物的游戏,等会儿请大家仔细听老师的指导语,并跟着做,当听到"停"的时候,请将动作定格,然后在老师下达"好"的指令时才恢复原状。举例来说:现在老师的指令是"请两个人一组,化身为击掌的蝴蝶";这时请同学各自找一个同伴,并一起做出蝴蝶击掌的样子;当听到"停"时,请保持动作;在听到"好"的时候,就可以恢复原状;等待下一个指领。我们会沿着这个顺序进行数次。

② 这个活动唯一的规则是:每一次的动作,必须和不同的同学合作。

③ 不知道同学们是否明白了?如有疑问请举手发问。

2. 游戏开始。

① 现在请两个人一组,化身为"意见不合的双头蛇"。
② 现在请三个人一组,化身为"打呵欠的乌龟"。
③ 现在请五个人一组,化身为"吐墨水的章鱼"。
④ 现在请八到十个人,化身为"抬左脚的蜈蚣"。

引导讨论:

1. 请每组同学说说如何快速完美地完成指令。
2. 省思在活动中,自己与他人的关系是怎样的?是否与实际生活中主客关系相同?

20.12 我是谁?

活动场地:室内外均可。

人员要求:20人以上。

材料准备:A4纸。

活动目标:协助学生认识自己眼中的我及他人眼中的我;提高学生彼此熟悉的程度,增加班级凝聚力。

活动流程:

1. 教师发给每位学生一张A4纸。
2. 学生两两分组,一人为甲,一人为乙(最好是找不熟悉的同学为伴)。
① 甲先向乙介绍"自己是一个什么样的人",乙则在A4纸上记下甲所说的特质,历时5 min。
② 教师宣布活动的规定为:"自我介绍者,在说了一个缺点之后,就必须说一个优点。"
③ 5 min后,甲乙角色互换,由乙向甲自我介绍5 min,而甲做记录。
④ 5 min后,教师请甲乙两人取回对方记录的纸张,在背面的右上角签上自己的名字。然后彼此分享做此活动的心得或感受,并讨论"介绍自己的优点与自己的缺点,何者较为困难?为何会如此?个人使用哪些策略度过这5 min?"。两人之中须有一人负责整理讨论结果。
3. 学生三小组或四小组并为一大组,每大组有六至八人。
① 两人小组中负责整理结果的人向其他人报告小组讨论的结果。
② 分享后,教师请每位同学将其签名的A4纸(空白面朝上)传给右手边的同学。而拿到签名纸张的同学则根据其对此位同学的观察与了解,在纸上写下"我欣赏你……因为……"。写完之后则依序向右转,直到签名纸张传回到本人手上为止。
③ 每个人对其他组员分享他看到别人回馈后的感想与收获。
4. 全班学生回到原来的位子。

引导讨论:

1. 教师请自愿者或邀请一些同学分享此次活动的感想与收获。
2. 了解真实的我与接纳真实的我重要吗?为什么?

20.13 优点与缺点

活动场地:室内外均可。

人员要求:20人以上。

材料准备:"优点与缺点"表格,每人一支笔。

活动目标:通过别人的评价,感受被赞扬和被批评。

活动流程:

1. 令每个参与者都知道他们将有机会对团队里的每一个人的优点与缺点进行反馈,也就是说,你喜欢或不喜欢某人的哪一方面。

2. 告知每个人这是一项保密的活动,没有人被告知是谁写的他的优点与缺点的内容。

3. 给每个人一张"优点与缺点"表格,请学生签名后传给旁边的同学,依次转圈填写,并告诉他们每人要为其他人至少写出一条喜欢或不喜欢的方面。

4. 全部填写完毕,组长收集每张答卷,并对表格中的每个人念出小组成员写给他的意见,组长首先要从自己的名字念起。

引导讨论:

1. 所有的意见都正确吗?
2. 有没有互相矛盾的意见?

第 21 章　校园——恋人板块

以下活动建议配合两性关系专题使用,亦可用于实践篇。

21.1　水手与姑娘

活动场地:室内外均可。

人员要求:20 人以上。

材料准备:事先印好的顺序选择表及小组统计表。

活动目标:深入探讨两性真爱的含义,省思性与爱的关系及性道德。

活动流程:

1. 指导者给全体成员讲一个故事。

一艘船遇上了暴风雨,不幸沉没了。船上的人中有 5 个人幸运地乘上了两艘救生艇。一艘救生艇上坐着水手、姑娘和一位老人;另一艘上坐着姑娘的未婚夫和他的亲戚。气候恶劣,波浪滔天,两只救生艇被打散了。

姑娘乘的救生艇漂到一个小岛上。与未婚夫分开的姑娘十分惦念未婚夫,千方百计寻找,但找了一天一点线索也没有。第二天天气转好,姑娘仍不死心,继续寻找,还是没有找见。有一天,姑娘远远地发现了大海中的一个小岛,就请求水手:"请修理一下救生艇,带我去那个岛上好吗?"水手答应了姑娘,但提出了一个条件,必须和他过一夜。陷入失望和困扰的姑娘找到老人,与他商量:"我很为难,怎样做才好呢?请你告诉我一个好方法。"老人说:"对你来说,怎么做正确,怎么做错误我实在不能说什么。你扪心自问,按你的心愿去做吧。"姑娘万般无奈,寻未婚夫心切,结果满足了水手的要求。

第二天早上,水手修好了救生艇,带着姑娘去了那个小岛。远远地,她看到了岛上未婚夫的身影,不顾船未靠岸,就跳进水里,拼命往岸上跑,一头扑进未婚夫的怀里,姑娘想:要不要告诉他昨晚的事呢?思前想后,还是说了实情。未婚夫一听,顿时大怒,一把推开她,并吼着:"我不想再见到你了!"转身跑走了。姑娘伤心地边哭边往海边走。见此情景,未婚夫的亲戚走到她的身边,用手拍着她的肩膀:"你们两人吵架我都看到了,有机会我再找他说说,在这之前,就让我来照顾你吧。"

2. 故事讲完后,指导者给每个成员发一张表,要求大家从刚才的故事中出现的 5 个人物(水手、姑娘、老人、未婚夫、亲戚)中,按照自己的好感程度做出选择并排序,然后简单地写下原因。

3. 选择完后在组内交流,每个人说明自己的想法,并统计全组的倾向性意见。

4. 通过听取他人的意见,小组成员受到启发,可以修正自己的意见。

5. 每个小组派代表发言。

引导讨论：

1. 请成员谈谈,你怎么看水手和未婚夫的行为?
2. 省思什么是真爱? 性与爱的关系是什么?
3. 什么是贞洁? 怎么样的性行为是道德的?

21.2 理想伴侣

活动场地：室内。

人员要求：班级人数。

材料准备：黑板、A4纸若干张、彩色笔、理想伴侣表。

活动目标：了解男女的理想择偶条件。

活动流程：

1. 说明活动方式,每人一张纸,给自己做一张征婚启事的海报,包含两部分内容,一是自己拥有的条件介绍,二是征求对象的条件(白马王子或白雪公主)。
2. 轮流站起来带着自己的海报展示给其他成员看,并选自己认为最理想的海报,并讨论之。
3. 共同讨论：找妻子十大条件及找丈夫十大条件,列于黑板上,展示"理想的伴侣"并对照理想伴侣表讨论。

引导讨论：

1. 何谓最理想伴侣? 能否找到?
2. 男女择偶条件有何不同?

理想伴侣排行榜见表21-1。

表21-1 理想伴侣排行榜

1. 找妻子的十大条件： ①能共同奋斗的;②孝顺的;③身体健康的;④善良的;⑤以家庭为重的;⑥专情的;⑦体贴的;⑧无不良嗜好的;⑨温柔的;⑩善解人意的
2. 找丈夫的十大条件： ①有责任感的;②顾家的;③上进的;④踏实的;⑤可靠的;⑥身体健康的;⑦坦诚的;⑧品格端正的;⑨有抱负的;⑩有内涵的

21.3 爱情大拷问

活动场地：室内。

人员要求：班级人数。

材料准备：表21-2、表21-3。

活动目标：加强大学生对爱情的认识,探讨并增进处理爱情问题的措施。

> 活动流程：

1. 指导者说明两性交往的四个阶段：
- 初步认识期（普通交往期）；
- 固定对象期；
- 论及婚嫁期；
- 订婚、结婚。
2. 其中发生的各种问题，请成员来思考讨论。
- 如何克服第一次与异性约会的不自在？
- 如何才算是固定交往对象的男（女）朋友？
- 如何建立跟维持彼此的亲密关系（感情）？
- 情侣二人彼此对关系不满时，如吵架，怎么办？
- 当双方父母不同意你们交往时，怎么办？
- 男女交往可至何种程度？可否同居？可否有婚前性行为？
- 何时进入婚姻？
- 如何避免发生不愉快的事情？
3. 简介男女性格的差异见表21-2，请成员思考自己与他（理想对象）的差异，见表21-3。

表21-2　男女大不相同

男性的性格	女性的性格
1. 理智重于感情	1. 感情重于理智
2. 重理论思考	2. 以直观方式判断事物真相
3. 独立判断，不受他人左右	3. 根据他人的暗示来做决断
4. 对流行不关心	4. 非常关心流行
5. 客观判断人和物	5. 能体会他人的心情

> 引导讨论：

1. 爱是什么？
2. 何谓真正的爱情？

表21-3　我和他（她）

我	他（她）	
		1. 温暖的
		2. 整洁的
		3. 靠自己的
		4. 敏感的
		5. 纯洁的
		6. 冒险的
		7. 独立的
		8. 心细的
		9. 胆小的
		10. 有主见的

我	他(她)	
		11. 胆大的
		12. 豪放的
		13. 亲切的
		14. 温柔的
		15. 端庄的
		16. 文雅的
		17. 有雄心的
		18. 富同情心的
		19. 冒失的
		20. 被动的
		21. 主动的
		22. 有领导才能的
		23. 纯情的
		24. 好支配的
		25. 好斗的
		26. 果决的
		27. 理性的
		28. 感性的
		29. 积极的
		30. 保守的

21.4 众志成城

活动场地：室外或宽敞的室内。

人员要求：每组6人，不限组数。

材料准备：报纸数张，口哨。

活动目标：增强异性之间的身体接触，同时体验合作的乐趣。

活动流程：

1. 分组，每组6人，每组一般为男女各半。
2. 领导者在地上摆上数张完全摊开的报纸，且每张报纸间需保持一些距离。
3. 领导者说明规则，告诉学生在领导者吹哨时，所有成员都必须进入所属小组的报纸中，无论用任何方式都可以，但前提是脚绝对不可以踏在报纸外。
4. 当所有成员完成第一个指示后，领导者再请成员将报纸折半，规则同上。依此规则将报纸越折越小，直到没有一组可以成功完成活动。
5. 请学生在各组中讨论及分享自己的感受。

注意事项:

1. 注意成员安全。
2. 领导者吹哨时机宜视学生的反应及任务的难度有所调整,一般而言,刚开始时可为 30 s 至 1 min,到后面时可为 1 min 到 1 min 30 s。

引导讨论:

请大家说说在活动中的体验和感受。

21.5 瞎子背瘸子

活动场地:室外或宽敞的室内。

人员要求:眼罩、椅子、气球、鲜花等若干。

材料准备:不限(男女生两人为一组)。

活动目标:训练男女生的沟通及配合能力,活跃气氛。

活动流程:

1. 男生站一队,女生站一队,通过一、二报数分组。
2. 指导者说明游戏规则:男生背女生,男生当"瞎子",用眼罩蒙住眼睛,女生扮"瘸子",为"瞎子"指引路,绕过路障,达到终点,最早到达者,为赢。其中路障设置可摆放椅子,须绕行;气球,须踩破;鲜花,须拾起,递给女生。
3. 最先到达终点的一组获胜,给予奖励。
4. 全班讨论交流分享。

引导讨论:

1. 请"瞎子"谈谈他被蒙住眼睛的感受,其"瘸子"为你指路后的感受。
2. 请"瘸子"说说在"瞎子"背上的感受。

21.6 你怎么看他/她?

活动场地:室内。

人员要求:35 人左右。

材料准备:无。

活动目标:觉察自我对性别角色的刻板印象。

活动流程:

1. 开场白。
2. 分组(共分五组,一组七到八人)。
3. 请各位分好组的同学画出你们心目中典型的男性、女性,并各写三个形容词来形容其特质,五分钟之后请各组推派一位代表上台解说你们所画的图。画之前组员之间可以进行简短的讨论。

4. 各组代表上台解说(每组 1 min,共计五分钟;各组代表解说完将作品贴于黑板上并点选下一组)。

5. 指导者总结:在我们刚才的活动当中,我们可以发现,当我们想到男性的时候,常会不假思索地认为他们应该是_____、_____、_____;当我们想到女性的时候,也常会自然而然地认为她们应该是_____、_____、_____,这些在我们脑海当中,认为男性应该是如何如何的、女性应该是如何如何的想法,我们把它称为"性别角色刻板印象"。

这些性别角色刻板印象虽然看不见、摸不着,但是却很真实地存在于我们的脑海当中,并且不断地影响我们对自己的看法还有与其他人的关系。那我们今天课程的主题就是"性别角色刻板印象",在接下来的课程活动中我们一起来探索与学习。

引导讨论:

1. 什么是性别角色刻板效应?性别角色刻板效应常见的有哪些?我们该如何看待它们?
2. 性别角色刻板效应的影响是什么?

21.7 你在看我吗?

活动场地:室内或宽敞的室外。

人员要求:不限。

材料准备:扑克牌数张、问题单(你的眼睛利不利)。

活动目标:促进异性交流与观察;能察觉他人的表情所代表的情绪。

活动流程:

1. 说明活动名称、活动进行方式。

指导语:今天我们的活动名称是"你在看我吗?"等一会儿需要男女同学两两一组,并互相观察对方。观察好后,我会问一些问题,考验大家观察的功力如何。这就是活动大概的进行方式。

2. 发给学生每人一张扑克牌。

指导语:现在请男女同学各站一排,每排第一位同学站起来数一下自己那一排总共有几人,数完后到老师这里拿扑克牌,然后发给同学,一人一张(指导者事先将牌分好,红的花色的给女生,黑的花色的给男生)。

3. 说明配对规则。

指导语:大家手上都有一张扑克牌,请找一位和你拥有不同颜色且两人数字相加或相减结果为十的伙伴,如果拿到数字十的,请找也是拿到数字十的伙伴,这样有没有不清楚的地方?好,开始寻找你的伙伴吧。

4. 让学生开始寻找伙伴,找到伙伴后,两两一组找位子坐下。

5. 说明接下来的活动规则。

指导语:等一下,请同学看着你的伙伴身体的上半部(腰部以上,包括手),你们需要仔细观察两部分,一是他的外表特征,二是他脸上的表情。每个人是观察者也是被观察者,大家可以想想现在自己有什么情绪或是想装出什么情绪,并且想一想要如何表达才能让你的伙伴知道呢?(停顿)待会结束后会发下问题单,检视自己的观察结果。

6. 让学生开始观察 2 min。

指导语:好,现在请同学面对面,计时 2 min,开始!

7. 观察停止,发下问题单(你的眼睛观察力如何?)让学生作答。

指导语:好,时间到了,请所有同学面向前面坐好,不可以再看你的伙伴,也尽量不要让你的伙伴看到你的脸。每个人手上是不是都拿到一张问题单了,现在请开始作答,要注意,不可以偷看旁边的伙伴!(停顿数分钟)如果写好了,请你的伙伴帮你看看总共答对了几题。

8. 学生分享与结束。

指导语:好,答对 13 题的请举手,答对 12 题的举手……现在请答对最多题的同学来和我们分享他是如何做观察及如何记忆的……今天这个活动的主要目的是促进异性交流与观察,同时帮助我们检视自己的观察力及是否能察觉到他人的情绪,这在人际关系中是扮演着非常重要的角色的。

引导讨论:

1. 如何做细微的观察?
2. 如何觉察他人的情绪?
3. 记忆的小技巧有哪些?

项目变化:

1. 可用其他方式配对(如仍用扑克牌,但是以花色相同或数字相同作为配对)。
2. 观察的范围和焦点可随主要活动不同、时间长短做变化。

问题单如下。

你的眼睛的观察力如何?

观察伙伴后,我们来测验一下你的观察力吧!

你的伙伴……

1. 头发是长的还是短的? 是直的还是卷的?
2. 头发的发色是:
3. 是否戴眼镜?
4. 衣服的颜色是:
5. 是否戴项链?
6. 是否戴饰品(包括手表)?
7. 眼睛是单眼皮还是双眼皮?
8. 是否有酒窝?
9. 眼珠的眼色是:
10. 有没有擦指甲油?
11. 脸上有没有痣?
12. 耳垂较大还是较小?
13. 伙伴的表情代表了什么情绪?

第 22 章 家庭领域活动

以下活动建议配合实践篇。

22.1 Happy family

活动场地：宽敞的室内。

人员要求：40 人。

材料准备：标示角色的小卡 40 张、五张情境故事的指导语（故事老师自定）。

活动目标：从活动当中了解一般家庭角色的行为；激发学生的表演能力。

活动流程：

1. 通过抽签分成五个家庭，每一个家庭八个人，爸爸、妈妈、爷爷、奶奶、哥哥、弟弟、姐姐、妹妹，分配好角色。

2. 老师解释并示范活动进行方式及注意事项。例如，故事情境念到妹妹在唱歌，扮演这角色的成员需要马上到各自的表演区，表演唱歌的样子。特别注意的是所有的动作要在各自的表演区完成。

3. 老师依序念出故事情境，而每个故事情境都有其完成动作的时间限制。同学依照故事情境开始活动以致最后组成为一个 Happy family。

4. 故事情境。

① 今天是妹妹的生日，爸爸妈妈买了一个草莓蛋糕给她，所以她很高兴地拍手大笑。（30 s）

② 哥哥与弟弟吵架，哥哥揍了弟弟一拳，弟弟哭了起来踢了哥哥一脚。（30 s）

③ 爷爷奶奶一大早起来去山上练太极没想到儿子与媳妇居然在那里练交际舞。（40 s）

④ 有一天爸爸妈妈偷偷出去约会不在家，家里只剩下我们四个兄弟姊妹、爷爷奶奶，哥哥、弟弟帮爷爷与奶奶倒茶，姐姐妹妹帮爷爷奶奶捶背。（60 s）

⑤ 有一天，爸爸载我们全家一起出去游玩，全家人都非常欢乐。（60 s）

引导讨论：

1. 在活动中，你们最后组成了一个 Happy family 时，你有什么感受？
2. 在家庭中，父母家人对作为孩子的你的角色期望是什么？你知道吗？
3. 如果和父母出现了沟通障碍，如何消除？

项目变化：

每组有三个成员，有爸爸、妈妈及小孩手牵手组成一个家庭，听老师指令，如"红杏出墙"

所有家庭的妈妈都要互换,"金屋藏娇"则是所有爸爸要换家庭,"离家出走"所有的小孩要换家庭,"家破人亡"则是所有成员都要互换。

22.2 新居落成

活动场地：室内。

人员要求：30人以上。

材料准备：家庭角色提示单(份数与班级人数相同)、相机。

活动目标：通过活动了解到家庭成员所扮演的角色,并通过小组讨论来了解彼此对家庭角色的看法,总结出各家庭角色的特点;使成员能彼此清楚表达自己的看法,倾听他人想法,针对不同的意见彼此沟通,达成共识;增进沟通技巧。

活动流程：

1. 说明活动名称、规则、相关注意事项。游戏规则如下。

① 团体成员抽签(家庭角色提示单),清楚自己所要扮演的角色。

② 规定以不能说话的方式去寻找组员,每组成员必须包括一位爸爸、一位妈妈、一位姐姐、一位哥哥、一位弟弟或妹妹,共五人组成一个家庭(依当时班级人数及分组数量调整每组人数)。

③ 当家庭成员到齐时,请扮演爸爸及妈妈的成员,手搭手组成一个家的形状,其他成员蹲在其中,并高喊"新居落成",以表示分组完成。

2. 团体成员开始抽签、分组(规定不能说话)

3. 分组完成后(小组做动作、喊口号),小组讨论家庭角色特点。

4. 各小组依序上台进行角色扮演及照相。

5. 说明活动目标。

注意事项：

1. 分组时应依照班级成员人数来规划每组人数,分配家庭成员角色。

2. 时间控制,避免花费太多时间。

3. 注意团体成员是否都能依照家庭角色提示单了解自己的角色,避免发生分组错误的情形。

4. 提示单的提示应清楚、明了、符合现况,参照学生的生活经验提供提示内容。

引导讨论：

1. 在自己的印象中,家庭中成员的角色特点是什么？各角色在家庭中有什么责任和义务？

2. 除了活动中所描述的爸爸、妈妈、哥哥、姐姐、弟弟、妹妹外,家庭可以由哪些角色所组成？

项目变化：

1. 在完成任务的口号上，可随意更改为与家庭有关的字词，如全家福、我的家庭真可爱等。
2. 可以将第二部分的拍照活动以小组接龙的方式替代，成为主活动，让学生脑力激荡"美满的家所必备的条件"，且要用形容词的方式来描述，例如，可爱的妹妹、和蔼的妈妈等，或对家人要亲切、对哥哥、姐姐要尊重等表现方式，鼓励同学将家人及相处之道描述的越详细越好。
3. 在不能说话的部分，可以加上一些规定手势让学生身体能够动起来。
4. 在拍照的部分，老师可以准备一些器材让学生挑选，使家庭中的角色呈现更明显。

22.3 再选你的父母

活动场地：室内外均可。

人员要求：20人以上。

材料准备：纸和笔。

活动目标：在游戏中弥补缺憾，表达长久以来压抑的情感，重新构筑个人的世界。

活动流程：

很多人看到题目，先吓了一跳，马上大不以为然，甚至愤然了。我父母是天下最好的父母，让我再选？这不是滑稽加大逆不道吗！请原谅，我没有冒犯你的意思，也不是为了震撼视听，哗众取宠，实在是因为这个禁区不得不谈，它和我们心理健康息息相关。

你还是孩子的时候，无力分辨哪些是真正的教导，哪些只是父母自身的宣泄。你如同恭顺的小伙计，把父母的言语、表情、习惯等，流水账般记录在脑海的空白处。父母塑造了你，你在不知不觉中套用着他们所展示的模板，在未经清理和重塑之前，你在很大程度上是他们的复制品。

游戏与对父母的孝顺、尊重无关，只是进行一次特殊的心灵探索。这个游戏很简单，只要一张白纸。不过请避开父母，尽量卸去负罪感，把情感干扰因素减到最小。

在白纸上写下"再选某某的父母"，某某就是你自己。然后请你郑重地写下你为自己再选的父母的名字。估计你要别扭一阵。虽然对父母有过种种不满，但真的把他们就地淘汰了，必有目瞪口呆之感。请坚持，游戏最艰难的地方就在这里。不必煞费苦心，你把头脑中涌出的第一个人名写下就是了。他们可以是你认识的熟人，也可以是传说中的神仙魔鬼；可以是已经逝去的皇亲国戚，也可以是依然健在的平头百姓；可以是动物植物，可以是日月星辰……再选父母的类型并不重要。重要的是你在这个游戏中弥补缺憾，表达长久以来压抑的情感，重新构筑你的世界。

引导讨论：

1. 你重新选择的父亲是谁？为什么？
2. 你重新选择的母亲是谁？为什么？

22.4 幸福感小测试

活动场地：室内外均可。

人员要求：20 人以上。

材料准备：事先印好的参考答案。

活动目标：测定个人的主观幸福感。

活动流程：

如果要画一只鸟和一个人的话,你会如何构图？

A. 一个人正看着笼中的鸟。
B. 一个人正追着飞走的鸟。
C. 一只鸟停留在一个人的肩上或手上。
D. 一个人正向飞远的鸟招手。
E. 一只鸟在上空飞行着,而这个人对这只鸟毫不在意。

参考答案

A. 你的幸福其实已近在眼前了,却受到了一些阻碍而让你无法如愿以偿。

B. 你正全力以赴为自己的幸福而努力,你想抓住自己的幸福,但又抓不住,正处于身心俱疲的状态中。其实有舍才有得,如果你认为眼前的幸福并不是真正的幸福,可就要做个决定了！

C. 不担心鸟逃走而和鸟玩的你,象征着你现在正处于幸福、满足的状态中,每天都觉得很快乐！

D. 这幅画的人物是不动的,只是向鸟招手,暗示你正等待幸福的来临,并且是以一种平静、平常心来等待,但人生中有许多事是要自己争取的,机会稍纵即逝,千万大意不得！

E. 人和鸟之间似乎没什么衔接点,这表示你对幸福似乎没什么特别的感觉,现在的你相当淡然,或许经过一些事后你已经顿悟想开了,对人生有了另一番见解！

引导讨论：

1. 自己想要的幸福是什么？
2. 怎样才能把握住自己的幸福？

22.5 谁是你的重要他人？

活动场地：室内外均可。

人员要求：20 人以上。

材料准备：纸和笔。

活动目标：了解一个人心理和人格形成的过程中起过巨大的影响甚至是决定性作用的人物。

活动流程：

游戏的程序比较简单，但分量可不轻。游戏的名字叫作："谁是你的重要他人？"

请在一张白纸上，写下"某某的重要他人"，这个某某当然就是你的名字。然后另起一行，依次写下"重要他人"的名字和他们入选的原因，这个游戏就完成了。

有人会问，什么叫"重要他人"？"重要他人"是一个心理学名词，意思是在一个人心理和人格形成的过程中，起过巨大的影响甚至是决定性作用的人物。"重要他人"可能是我们的父母长辈，或兄弟姐妹，也可能是我们的老师，抑或是萍水相逢的路人。

引导讨论：

1. 你的重要他人有哪些？
2. 他们对你产生了哪些重要影响？

附录 A 有关面对面说服的自我分析问卷

我的开场白是否创造了开放和轻松的气氛？
我是否采用了提问和参与式的介绍方法？
我努力去鼓励"忘掉从前想法"以在被影响者的头脑中创造一些不确定的事情吗？
我应用了认识不和谐理论吗？
对于被影响者对我本人的态度和他们对我试图影响他们的问题的态度，我给予了同样多的注意吗？
我是真挚而友好的吗？
在我努力的方向上我获得了态度的转换吗？
我恰当地使用了重复吗？
我采用了惧怕性诉求吗？
我采用了双边信息吗？
我对被影响者强调了其收益吗？
我是一步步地介绍我的想法吗？
我试图调动社会压力了吗？
我在友好、强硬和逻辑三种方式之间取得平衡了吗？
我在温暖和冷淡、支配和服从之间取得平衡了吗？

附录 B 人际特质问卷

1. 如果你突然急需一笔钱,但你正好没钱,你会向班上哪位同学借?为什么?
2. 如果你的男(女)朋友来找你,你不想理他(她),你会请班上哪位同学帮你去打发他(她)?为什么?
3. 如果你想聊天,你会去找班上哪位同学?为什么?
4. 如果你心情不好,想找人谈谈,你会去找班上哪位同学?为什么?
5. 如果你想讨论学业上的问题,你会去找班上哪位同学?为什么?
6. 如果你想谈一些专业性或严肃一点的话题,你会去找班上哪位同学?为什么?
7. 如果你必须参加一个正式的场合,但你没有正式的服装,你会向班上哪位同学借?为什么?
8. 如果你在生活上遇到一个大麻烦,需要人帮忙,你第一个想到的班上同学是谁?为什么?
9. 你觉得班上人缘最好的人是谁?为什么?
10. 你觉得班上最神秘的人是谁?为什么?
11. 平心而论,你觉得班上最有魅力的人是谁?为什么?
12. 你觉得班上的好好先生是谁?为什么?

附录 C 压力核查表

1. 觉得手上工作太多,无法应付。
2. 觉得时间不够用,所以要分秒必争。如过马路时闯红灯、走路和说话的节奏很快。
3. 觉得没有时间消遣,终日记挂着工作。
4. 遇到挫折时很易发脾气。
5. 担心别人对自己工作表现的评价。
6. 觉得上司和家人都不欣赏自己。
7. 担心自己的经济状况。
8. 有头痛、胃痛、背痛等毛病,难以治愈。
9. 需要借烟酒、药物、零食等抑制不安的情绪。
10. 需要借助安眠药帮助入睡。
11. 与家人、朋友、同事的相处令你发脾气。
12. 与人交谈时,打断对方的话题。
13. 上床后觉得思潮起伏,很多事情牵挂,难以入睡。
14. 太多工作,不能每件事都做到尽善尽美。
15. 当空闲时轻松一下会觉得不知所措。
16. 做事急躁、任性而事后感到后悔。
17. 觉得自己不应该享乐。

评分说明:

0～10分:精神压力程度低但可能显示生活缺乏刺激,比较简单沉闷,个人做事的动力不高。

11～15分:精神压力程度中等,虽然某些时候感到压力较大,仍可应付。

16分或以上:精神压力偏高,应反省一下压力来源和寻求解决办法。

附录 D 萨提亚女士真实的成长历程

♥1916年萨提亚出生,她妈妈在怀孕萨提亚期间经历自己父亲的离世,妈妈在哀悼自己父亲的同时,迎接萨提亚的出生。

♥1917年,萨提亚的两个早产双胞胎弟弟出生,双胞胎弟弟十分弱小,时刻面临死亡的威胁,妈妈所有的注意力都放在照顾双胞胎弟弟身上。爸爸经常待在酒吧。3岁的萨提亚感受到母亲对自己的疏离。

♥5岁时,萨提亚病重。她妈妈是一个宗教团体的一员,不给萨提亚就医。她爸爸违背妈妈的意愿把她送到医院。萨提亚在医院住了三个多月,只有医院的护士照顾她。当她回家时,家了又多了一个孩子,她的妹妹Edith出生。

♥6岁时,萨提亚的小弟弟Ray出生。随后她妈妈被沉重的生活压垮,陷入了近10年的抑郁。

♥萨提亚从7岁到16岁,照顾四个弟弟妹妹。11岁时,身高就长到了1.72米,大家都期待她像一个大人,其实她还是个孩子,但因为她妈妈抑郁,父亲酗酒,萨提亚学会了照顾自己。为了保护自己,她也学会了情感上与家人隔离。

♥萨提亚13岁时,美国经济大萧条,他们全家失去了农场。她妈妈意识到教育的重要性,在母亲的坚持下,全家搬到密尔沃基,萨提亚在那里完成高中学业。她喜欢学习和阅读。

♥1932年,萨提亚高中毕业,离家上师范学院,自己工作支付学费,1936年以优异的成绩取得教育学士学位。

♥1936—1941年,20岁时萨提亚已成为一名小学校长;后来成为四处旅行的教师,为了更好地了解学生,萨提亚开始家访,并开始学习社会工作。

♥1941年,萨提亚经历了第一次婚姻。婚后第二年,她身患重病,并知道不会有自己的孩子了。她不得不放弃拥有孩子的完整家庭的梦想。

♥1942—1949年,萨提亚陷入沮丧,她尝试了精神分析,但是没有效果。这是她人生的一个转折点。

♥1951年,萨提亚开始在芝加哥私人执业,第一次会见整个家庭,尝试运用后来被称之为"萨提亚模式"的方法为家庭做治疗,萨提亚在她具有创造性的、创新的、受欣赏的、有爱的、受人尊敬的工作中,成长为一名职业女性。在团体中,那些与她长期工作的同事和师友成了她的家人。她发展创新疗法,开创了她的家庭治疗的心理疗法。

♥1964年,萨提亚正式出版第一本书《联合家族治疗》,萨提亚运用其几十年的心理治疗临床经验,通过观察病人验证自己的家庭治疗经验模型,集合现象学技术、格式塔疗法、心理剧、罗杰斯来访者中心疗法的特点创建了萨提亚转化式系统治疗,亦即:萨提亚模式。

♥1988年,萨提亚女士因病故去,临别她对家人和朋友说:"不要因为我的离开而难过,而要因为我的来过而庆幸。"萨提亚女士相信每个生命都是价值平等的,她平生最大的愿景和希望就是——内在和谐,人际和睦,世界和平。

参 考 文 献

[1] KEIRSEY D. 请理解我:气质、性格与智能. 王晓静,译.北京:中国轻工业出版社,2001.
[2] 樊富珉. 团体心理咨询. 北京:高等教育出版社,2005.
[3] 科特勒,阿姆斯特朗. 市场营销. 北京:华夏出版社,2003.
[4] 冯刚. 大学,梦起飞的地方. 北京:清华大学出版社,2005.
[5] 高友德. 青年交往心理学. 长沙:湖南人民出版社,1988.
[6] 高校入学教育编写组. 赢在校园:大学新生入学必读. 北京:国家行政学院出版社,2007.
[7] 古畑和孝. 人际关系社会心理学. 王康乐,译. 天津:南开大学出版社,1986.
[8] 贺淑曼. 人际交往与人才发展. 北京:世界图书出版公司,1999.
[9] 黄希庭. 简明心理学辞典. 合肥:安徽人民出版社,2004.
[10] 黄希庭. 消费心理学. 上海:华东师范大学出版社,2007.
[11] 黄仁发,汤建南. 人际关系心理学. 合肥:中国科学技术大学出版社,1995.
[12] 金盛华,杨志芳. 沟通人生:心理交往学. 济南:山东教育出版社,1992.
[13] 金盛华. 社会心理学. 北京:高等教育出版社,2005.
[14] 金鸣. 做人处事心理咨询手册. 北京:华文出版社,2003.
[15] 净空法师. 十二因缘[EB/OL]. http://www.budaedu.org/ghosa/C009/T0196/.
[16] 净空法师. 十二因缘[EB/OL]. http://book.bfnn.org/article/0005.htm.
[17] 经理人培训项目编写组. 培训游戏全案. 北京:机械工业出版社,2006.
[18] 史坦纳. 别再闹情绪. 桂林:广西师范大学出版社,2001.
[19] 科尔曼. 社会理论的基础. 北京:社会科学文献出版社,1999.
[20] 李元授. 交际心理学. 武汉:华中理工大学出版,1997.
[21] 林南. 社会化资本:关于社会结构与社会行动的理论. 上海:上海人民出版社,2005.
[22] 梁乃崇. 认知结构的检讨. 第三届佛学与科学研讨会. 台北:圆觉文教基金会,1995.
[23] 梁乃崇. 心物交互作用与十二因缘. 第五届佛学与科学研讨会. 台北:圆觉文教基金会,1999.
[24] 梁乃崇,胡祖樱. 从十二因缘谈能知与被知的划分. 佛学与科学,2003,4(1):5-14.
[25] 蔺桂瑞,杨凤池,贺淑曼,等. 性心理与人才发展. 北京:世界图书出版公司,2001.
[26] 陆卫明,李红. 人际关系心理学. 西安:西安交通大学出版社,2006.
[27] 吕秋芳,齐力. 大学生心理健康与调适. 北京:华文出版社,2002.
[28] 聂振伟,贺淑曼,蔺桂瑞. 大学生心理健康必读. 北京:高等教育出版社,2004.
[29] 彭贤. 气功的"调"与十二因缘的关系. 第五届佛学与科学研讨会. 台北:圆觉文教基金会,1999.
[30] 乔建中. 现代心理学基础. 南京:南京师范大学出版社,2001.
[31] 申荷永. 社会心理学应用与原理. 广州:暨南大学出版社,1999.

[32] 孙奎贞. 现代人际心理学. 北京:中国广播电视出版社,1990.
[33] 王雷,董志凯,刘功. 人际关系基础. 沈阳:辽宁大学出版社,1987.
[34] 王雷. 协调人际关系的艺术. 太原:山西人民出版社,1989.
[35] 王登峰,崔红. 心理卫生学. 北京:高等教育出版社,2003.
[36] 魏星. 开心钥匙:心理现象探幽. 福州:福建科学技术出版社,2002.
[37] 吴汉德. 大学生心理健康. 南京:东南大学出版社,2003.
[38] 阿维拉. 天生情人 16 种. 沈阳:辽宁教育出版社,2003.
[39] 许又新. 调节与适应. 北京:北京出版社,2000.
[40] 张云. 公关心理学. 上海:复旦大学出版社,2003.
[41] 张岩松. 公关交际艺术. 北京:中国社会科学出版社,2006.
[42] 张进辅. 青年心理概论. 北京:高等教育出版社,2004.
[43] 张宝蕊. 如何建立良好的人际关系:知己知彼的艺术. 中美精神心理研究所.
[44] 周玉. 心理健康. 北京:中国华侨出版社,2002.
[45] 佐斌. 大学生心理发展. 北京:高等教育出版社,2004.
[46] 郑全全,余国良. 人际关系心理学. 2 版. 北京:人民教育出版社,2011.
[47] 丛扬洋. 萨提亚模式与自我成长. 武汉:武汉大学出版社,2016.
[48] 贝曼. 萨提亚转化式系统治疗. 钟谷兰,等译. 北京:中国轻工业出版社,2009.
[49] 贝曼.《全国高校心理咨询师萨提亚模式临床应用高级训练项目》咨询实务研习手册. 2015.
[50] 贝曼萨提亚中国管理中心. 萨提亚模式咨询师专业应用训练课程 Level II.
[51] 米纽秦,尼克. 回家:结构派大师谈家庭治疗的故事. 刘琼瑛,等译. 太原:希望出版社,2010.
[52] MicheI P. Nichols,Richard C,Schwartz. 家庭治疗基础. 林丹华,译. 北京:轻工业出版社,2005.
[53] 利特尔. 语言无法抵达之域:沙盘中的神经生物学和萨提亚模式. 彭贤,等译,郝宗媛,审校. 北京:新华出版社,2019.
[54] 亚隆. 成为我自己. 杨立华,郑世彦,译. 北京:机械工业出版社,2019.
彭贤,王恩娜. 萨提亚模式之花在中国的扎根与绽放. 大众心理学,2016(3).
[55] Irene Goldenberg Herbert Goldenberg. 家庭治疗概论. 西安:陕西师范大学出版社,2005.
[56] 萨提亚,贝曼,格伯,等. 萨提亚家庭治疗模式. 北京:世界图书出版社,2007.
[57] 萨提亚. 新家庭如何塑造人. 易春丽,叶冬梅,等译. 北京:世界图书出版社,2019.
[58] 萨提亚,贝曼,格伯,等. 萨提亚家庭治疗模式. 聂晶,译. 2 版. 北京:世界图书出版公司,2019.

后 记

《人际关系心理学》自2008年8月初版以来，受到了社会各界同仁，尤其是青年学子、家长、教育工作者、管理工作者、社会活动人士及广大心理学爱好者的首肯，多次加印，迄今修订两次。这使得我们备受鼓舞和鞭策，2013年再版以来，我们又有了许多新的学习与实操经验的积累，特别是萨提亚模式的引入，让人际关系心理教育与辅导更是如虎添翼，所以一直酝酿着再次修订。

此次修订，延续了第1版和第2版的基本框架，即全书共分为基础篇、应用篇、专题篇、实践篇和活动篇五部分。基础篇和应用篇涵盖了从基础知识到现实应用的人际关系的诸多方面，逻辑清晰，内容的一致性、层次性和条理性较强，我们没有做新的改动；另外，活动篇注重学生学习该课程时的深度参与，为了方便任课老师参考实施体验式教学与培训，为学生在课堂上创造大量实践、感受、思考与体悟的机会，对于培养健全人格和高情商的优秀人才仍具相当的现实意义，所以继续保留。本次修订中，专题篇我们删掉了"中国本土人际关系专题"部分（篇幅所限只好忍痛割爱，读者若对这部分感兴趣，请参阅第2版）；另外，我们将实践篇更新为：萨提亚模式在人际关系中的应用，并重点设计了学习者与自己、与他人、与原生家庭的大量半结构式人际关系课堂演练活动，之所以要彻底更新实践篇的内容与形式，原因有二：一是因为原来的实践篇，虽然对从校园到家庭的各类人际关系案例逐一进行了心理剖析，并提供了可贵的拓展知识和行动建议，但从2008年第1版到现在已经11年了，许多例子已经不是很贴合现代生活，我们希望能够与时俱进，跟上当代青年的脚步；二是为了使读者能更加清楚系统地了解和体验萨提亚家庭治疗模式及其在自助与助人中的应用，觉察和识别自己在人际互动压力情境下习惯性的应对模式，更好地指导自己的人际关系实践，主管自己的人际关系以及情绪体验。

此次修订主体构思及三级提纲由兰州大学彭贤副教授制定，修订的核心内容"实践篇：萨提亚模式在人际关系中的应用"，由徐州工业职业技术学院马千珉副教授和彭贤一起完成。另外，原书稿中的基础篇和应用篇由彭贤和新疆喀什师范学院李守龙老师一起编写和修订；两性关系专题由彭贤独自撰写和修订；活动篇由山东济宁医学院王平老师编著和修订。全篇统稿工作由彭贤完成。

本书在编写过程中参阅了大量的相关著作和资讯，在此，对他们的辛勤劳动表示感谢！本书在第1版的出版过程中，06级研究生陈思远协助整理了活动篇的部分资料，李晓敏女士、高宏女士、刘克苏先生、许主国先生、周诺贝同学为两性关系专题提供了珍贵的反馈意见，在第3版的修订过程中19级研究生吕孟凡参与了实践篇文字和图表的校对工作，在此向上述老师和同学表示诚挚的谢意！

最后，本书的第3版获得兰州大学医学"拔尖创新人才培养"项目——基础医学院2019

年度教材建设专项经费项目立项支持;也是彭贤主持的兰州大学《大学生心理健康教育线上线下混合教学模式构建及效果研究》项目(编号 201611)的成果之一。另外,北京交通大学出版社的韩乐女士为本书的再版工作提了很多好的建议并做了大量督促改进的工作,各位编者的家人,尤其是马千珉老师的爱人张海波先生也给予了默默的奉献与支持,在此一并致以诚挚的感谢!

编　者
2019 年 10 月